本书为全国高校古籍整理研究委员会项目《〈刘申叔遗书〉整理与研究》成果

本书由新疆石河子大学出版基金资助

彷徨与迷途

——刘师培思想与学术研究

郭院林 著

凤凰出版社

图书在版编目（CIP）数据

彷徨与迷途 ：刘师培思想与学术研究 / 郭院林著
. -- 南京 ：凤凰出版社，2012.5
ISBN 978-7-5506-1337-9

Ⅰ. ①彷… Ⅱ. ①郭… Ⅲ. ①刘师培（1886～1919）
—学术研究—文集 Ⅳ. ①B259.95-53

中国版本图书馆CIP数据核字(2012)第090848号

书　　名	彷徨与迷途——刘师培思想与学术研究
著　　者	郭院林
责任编辑	樊　昕
出版发行	凤凰出版传媒集团 凤凰出版传媒股份有限公司 凤凰出版社(原江苏古籍出版社) 发行部电话025-83223462
集团地址	南京市湖南路1号A楼，邮编：210009
集团网址	http://www.ppm.cn
出版社地址	南京市中央路165号，邮编：210009
经　　销	凤凰出版传媒股份有限公司
照　　排	江苏凤凰制版有限公司
印　　刷	江苏省句容市排印厂 句容市春城镇南，邮编：212404
开　　本	880×1230毫米　1/32
印　　张	10.875
字　　数	292千字
版　　次	2012年5月第1版　2012年5月第1次印刷
标准书号	ISBN 978-7-5506-1337-9
定　　价	39.00元

(本书凡印装错误可向承印厂调换，电话：0511-87871135)

目　录

序　一

安平秋

出身于江苏仪征经学世家的刘师培在中国近代学术史上占有重要地位。钱玄同在《〈刘申叔先生遗书〉序》中推举了清末民初在社会政治思想文化最具影响的十二位人物，刘师培位列其中。刘师培在古今学术思想、小学、经学、校释群书等方面所取得的卓越成就，至今少有人能望其项背。相对于在学术方面的建树，刘师培在政治方面的选择却让人叹息。也正是由于这个原因，无论时人还是后人，对刘师培短暂而富有才情的一生的评价常为大毁大誉。百年后的今天，回视刘师培其人其时之事，仍多有扑朔之感。

"旁推交通"，是乾嘉时扬州诸儒治学的遗规。像王念孙、阮元研究训诂，汪中研究诸子，焦循研究《周易》，黄承吉研究字学，都是采用"旁推交通"的方法而进行。作为扬州学派的殿军人物，刘师培将此作为毕生追求和实践的目标。以其《左传》研究为例，在继承家学的同时，刘师培对《左传》的研究已经不仅仅限于对旧注旧疏的梳理，而是对孔子与六经的关系、《左传》与《春秋》的关系、《左传》与《穀梁传》、《公羊传》的关系、《左传》在汉初的流行情况等，都作了精辟的论述。刘师培善于吸收近代西方社会科学研究方法和成果，如从《春秋》三传的语言研究入手，指出《公羊传》、《穀梁传》行文多疑似之词；运用比较的方法，指出《穀梁传》、《公羊传》在史事的阐述上受《左传》的影响等。这种用比较的方法，从不同的角度对经学进行研究，可以说是刘师培经学研究的一大特色。

在众多的清代学者当中，刘师培最为推崇的是戴震，他在《戴震传》中对戴震一生的学术成就作了全面中肯的阐述。他对戴震的认识和评价，也是与他自身的学术背景分不开的。除高度评价戴震的考据学成就之外，刘师培还十分强调戴学的“实用”原则，他还将戴震的实学特色进一步发展，将学问与实用结合起来，写了一系列有关民生问题的文章，这也是与时代的需要密切相关的。

纵观其一生，刘师培的学术观点总是随着他的思想观点的改变而发生一些变化。如在其著述中，刘师培对传统学术做了提纲挈领的总体勾勒，并对清代学术给予了特别的关注。我们会注意到，刘师培对清代学者及其学术的评价前后是有矛盾的，而这种矛盾恰恰是他的政治立场和政治观点发生变化的反映。郭院林注意到了这一特点，在他的论文中，常将对刘师培思想的研究与对其学术的研究结合起来，在学术与思想的互动中将对刘师培的研究引向全面和深入。

刘师培所处的年代，是中国社会大动荡大变革的年代。刘师培在乾嘉之学的基础上，又受到西方理论的影响，他在语言文字方面进行了不少新的尝试和探索，取得了令人瞩目的成绩。其中一个非常突出的方面，就是通过文字来考证古代社会情状，将语言文字的研究同社会历史的发展进行紧密结合。在汉字应用于社会方面，包括整理汉字和改革汉字等方面，刘师培也提出了不少创见。

在民国初期的学者中，刘师培的著述总量是十分突出的。对其著述本身进行切实深入的研究是我们对其人得出更准确的评价的前提和基础。钱玄同、黎锦熙等学术前辈在文章中一再谈到刘师培开启了他们对国学、对学术史的认识之门，时至今日，我们去读刘师培的《国学发微》等著作，里面的观念和思想，仍然极具生命力，仍然能给我们启迪。对刘师培的思想与学术进行深入研究，进而探讨中国从古典进入现代这一转型期的重要学者性格、心理、思想的特点以及近代学术发展规律，是十分有意义的工作。

郭院林教授现任新疆石河子大学中文系系主任。此前，他于2004年考入北京大学中文系做我的博士生，他的博士毕业论文就是以江苏仪征刘氏的《左传》学为中心。在此基础上，由对刘师培的思想以及刘师培在文学、小学、校雠学等方面的成就又做了进一步的研究。近年来,郭院林已发表了数篇研究刘师培思想及学术的论文。此次郭院林将其对刘师培研究的论文整理结集出版,对目前的刘师培研究将是一有益的补充。

2011.12.28

序　二

徐有富

郭院林2001年9月至2004年7月，在南京大学中文系从我攻读硕士学位。他提出硕士学位论文做《刘师培年谱》。刘师培是清末民初政坛与学界的一位大家，虽然只活了三十六岁，却留下了七十四部著作，著述总量达四百多万字，而且他的政治态度复杂多变。做这个题目难度是非常大的，但是考虑到编撰年谱，对培养收集资料、阅读资料、分析资料、利用资料的能力有很大帮助，许多学者都因此而获得成功，夏承焘著《唐宋词人年谱》就是一个范例。于是我随即表示赞成，他也凭藉《刘师培年谱》顺利获得了硕士学位。

研究生毕业后，郭院林负笈北京大学，师从安平秋先生攻读博士学位。也许在撰著《刘师培年谱》的过程中打下了一些基础，其博士学位论文的选题是《清代仪征刘氏〈左传〉家学研究》，他又因此而顺利获得了博士学位。毕业后郭院林忙于安家立业、结婚生子，在紧张而忙碌的教学工作之余，居然围绕着刘师培又发表了十多篇论文，并且还能结集出版。

这部论文集的前面有序论一篇，题为《刘师培研究概说》，分为生平与交游、学术思想、政治思想、著述整理四个部分，对与之相关的代表作作了介绍、分析与评价。作者学的是古典文献学，所以他撰写这些论文的基本路数还是从目录学入手，作者特别声明他专门编有《刘师培著述系年》、《刘师培研究论文索引》，作为附录也说明了这一点。

论文集大致分为四辑。第一辑第一篇为《保守与激进——刘师培的思想历程》,文中有一段话概括了刘氏的思想历程:“刘师培一生多变,从学业士子一变而为反满派的民族民主革命者,再变而为无政府主义者,三变而为君政复古的鼓吹者。”但是正如作者所说:“其未变的是对国学的热爱,他的转变很多时候都以‘援古经世’为原则。”所以论文特设“学术专业化的艰难转变”一节,论述了刘师培后期在国学研究方面所取得的巨大成就。

接下来的几篇是《彷徨与迷局——1903 年刘师培著述与活动透析》、《觉世的努力——刘师培在〈中国白话报〉中的著述研究》、《逃逸与出路——1905—1906 年刘师培著述与活动透析》、《〈天义报〉宗旨与刘师培、何震的妇女解放论》。从这几篇文章中,我们能够看到刘师培 1903 年夏因为参加科举考试失利至上海投身民族民主革命,以及 1907 年 2 月东渡日本成为无政府主义者的具体情况。这些论文说明,当时主张变革的风云人物,通常都将学术研究与政治活动紧密结合在一起而非作纯学术的探讨。任何事物都有一个发展过程,刘师培等运用白话文形式进行民族革命宣传活动实际上是“五四”时期白话文运动的先声。刘师培等既主张无政府主义,又向往人人平等的共产主义制度,应当被视为幼稚而大胆的探索与尝试,而不必过于认真地加以批判或表彰。

第二辑包括五篇文章,第一篇为《取宏用精,开新启后——略论刘师培治学特色》,着重论述了刘师培作为扬州学派殿军在“开新启后”方面的成就。前人已经注意到扬州学派具有融会贯通、求同存异的特点,郭院林将刘师培“会通”的治学特色归纳为“等视经子”、“平分今古”、“持平汉宋”、“会通中西”四点,颇有新意。特别是最后一点系时代所赐予,为扬州学派前辈学者所不可能具有。论文还谈到刘师培的道藏研究、敦煌学研究、神话研究、金石研究具有开拓研究领域的意义。作者认为刘师培提出器物为考古史料“成为日后王国维‘二重证据法’的滥觞”。论文指出“整理国故这一发明权应归于刘师培,而胡适的所作所为,只是对刘师培的回应”。凡此皆极具参考价值。以下各篇为《论策渊博,经义鸿深——由刘师培〈江南乡试墨卷〉看其早年学殖》、《刘师培的戴震学》、《刘师培在〈左传〉学史上的建树》、《清代学风与世风关系》。这些文章，或发现了新材料，或提出了新观点，均写得相当深入，从中可以窥见刘师培的扬州学派学术背景，而刘氏为时代潮流所裹挟，又在前人的基础上有了很大发展，我们就不一一细述了。

第三辑共有两篇文章，是谈刘师培在文学领域与小学领域的学术成就的。《刘师培文学文献研究》有几点值得注意，一是作者表示要"将文学论著与文学创作结合起来研究"，这使人想起程千帆先生既研究古代的文学理论，又研究古代文学的理论，要两条腿走路的主张。二是刘师培提倡白话，"恰好是近代白话运动与'五四'新文化运动的桥梁"。三是刘师培写过《南北文学不同论》，"明确提出文学地域论，从自然地理入手，推衍文学与地理之关系"。四是指出刘师培《中国中古文学史讲义》"只是通过排比胪列的原始史料说话"，"堪称文学史著作博采原始资料的典型"。五是刘师培早就指出"《全唐诗》中所载感时伤世之诗，均可与史书互证"，并举出十九个例子，比陈寅恪提出类似观点要早了三十多年。有此数点，刘师培在文学文献研究方面的显赫成就也就可想而知了。《刘师培小学与校雠学研究》阐述了钱玄同在《刘申叔遗书》序中所归纳的三条高识卓见：一、就字音推究字义；二、用中国文字证明社会学者所阐发古代社会之状况；三、用古语明今言，亦用今言通古语。郭院林在论述中还指出："刘师培撰有许多涉及普通语言学理论、传统语言学、语法学以及语言文字改革方面的文字。"刘师培也是最早提倡普通话的人。可见，刘师培在语言学方面的成就也是值得重视与参考的。

论文集最后一部分是《刘师培年谱》。该年谱在撰著体例上有不少优点：一是系年同时采用公元纪年、民国纪年、皇帝年号、干支纪年，颇便对照利用。二是凡引用材料一律注明出处，凡采纳他人成果一律予以说明，每年末附"著作系年"也注明了资料来源，从而增加了年谱的可靠性与使用价值。三是年谱侧重记述谱主的政治与学术情况，并尽量勾画出其发展转变的轨迹。作者还通过按语对一些不确定的事实作了辨析。总之，该年谱体例完善，资料翔实，论述清楚，能清晰展现刘师培曲折的生活道路与突出的学术成就。

本书表明作者在刘师培研究方面又朝前迈进了一大步，可喜可贺。捧读院林旧文新篇，一些前尘旧影又浮现在眼前。昔日相互切磋论文之乐是值得留恋的，勉为此序，重温一二，期待着作者取得更大的成绩。

2011 年 9 月 3 日于问津阁

刘师培研究概说

（序论）

刘师培一生正如一颗璀璨的彗星，挟带着一片光辉迅速地扫过中国近代学术的星空。他所涉及的每一个领域，无论激进的政治思想（无政府主义）还是传统的国学领域（经学与小学），都是成果斐然。他在清末民初是一个显赫的人物。且不说他三世传经的家学渊源和在政治舞台上令人注目的表现，仅在学术领域里能与章太炎并称“二叔”（章枚叔、刘申叔），便已说明他的地位。在短暂的三十六年生涯中，他留下了七十四部著作，此外还有一百多篇文章散载于各地各种刊物，未能收入《刘申叔先生遗书》，著述总量超过 400 多万字，蔚为大观。这个数量已超过了《鲁迅全集》（人民文学出版社 1956 年版）的字数，在 20 世纪初的学者当中，无疑是名列前茅的。这些著述不仅涉及经学、小学、校雠学等传统国学领域，而且还包括体现时代关怀的“预流”学问：政治、经济与教育，采取近代西方学术方法与体系研究中国学术。他的论政文章成为当时的一大亮点，曾博得“东亚卢梭”①、“激烈派第一人”②等称谓。刘氏作为扬州学派的殿军，又反映了该学派探索政治革命与学术

---

① 1903 年刘师培撰《中国民约精义》后，棣臣在《题〈国粹学报〉上刘光汉同志诸子》诗中称：“刘生一健者，东亚一卢骚。赤手锄非种，黄魂赋大招。人权光旧物，佛力怖群妖。倒挽天瓢水，回顾学海潮。”见《国粹学报》合订本第二年第十六期。

② 1904 年 3 月 6 日，刘氏在《中国白话报》上发表《论激烈的好处》，署名“激烈派第一人”。

革命的努力。钱玄同为《刘申叔遗书》所作的序言是一篇相当精要的"刘师培论"，对其学术上的评价为学界首肯："最近五十余年以来，为中国学术思想之革新时代。其中对于国故研究之新运动，进步最速，贡献最多，影响于社会政治思想文化者最巨。""在此黎明运动中最卓特者，以余所论，得十二人，略以其言论著述发表之先后次之，为南海康君长素（有为），平阳宋君平子（衡），浏阳谭君壮飞（嗣同），新会梁君任公（启超），闽侯严君几道（复），杭县夏君穗卿（曾佑），先师余杭章太炎（炳麟），瑞安孙君籀（诒让），绍兴蔡君孑民（元培），仪征刘君申叔（光汉），海宁王君静庵（国维），先师吴兴崔公觯甫（适）"。"此黎明运动中之刘君（师培）家传朴学，奕世载德，蕴蓄既富，思力又锐，在上列十二人中，年齿最稚。"对于刘氏的著述情况，钱玄同按纵向时段将其划分为前后两个时期："刘君著述之时间，凡十七年：始民元前九年癸卯，迄民元八年己未（1903—1919）。因前后见解之不同，可别为二期：癸卯至戊申（1903—1908）凡六年，为前期；己酉至己未（1909—1919）凡十一年，为后期。如较言之，前期以实事求是为鹄，近于戴学；后期以笃信古义为鹄，近于惠学；又前期趋于革新，后期趋于循旧。"①钱玄同对刘师培的家世、为人以及学术深为了解，这一学术分期从近代学术史和刘氏的一生入手，总体把握，可谓的当。刘师培试图重建国学，为学界引进了西方的理论，并力图使其与中国国粹融为一体，对即将面对世界潮流的中国民众，产生了较为深远的影响。然而就是这样一位先锋式的人物，在一九零八年后却急剧转变，首先是投靠端方，继而加入"筹安会"，从革命者一变为"叛徒"。刘师培思想变化的缘由甚多，"革命"后的疲惫可能是其中之一。正如殷海光论述革命激进派的变化所说："这些人士曾经正面或侧面攻击过传统文化，如今他们变成不同程度的保守主义者了。……这一变动只足以证明这些人士自己心情的变动。……然而革命的现实

① 钱玄同《〈刘申叔先生遗书〉序》，《刘申叔遗书》第28页。《钱玄同文集》第4卷，中国人民大学出版社1999年版，第319—320页。

结果，多少令他们黯然神伤。他们的热情减退，他们也看不清中国文化究竟怎样在流，并流向何方，在这前路茫茫之际，回返到过去毋宁是回返到灵魂的休憩所。"[①]对于这样一位近代怪杰，一个"不变"与"善变"的人物[②]，对其进行研究，进而探索身处中国从古典进入现代这一转型期的重要学者性格、心理、思想与近代学术发展规律是十分必要而有益的。

关于刘师培的研究至今大致经历了四个时期：1949 年以前为第一个时期，是起始时期，文章主要论述生平事迹。1936 年其主要著作由南桂馨、钱玄同等搜集整理，1939 年正式印成《刘申叔先生遗书》(74 册)，掀起第一个研究高潮；1949—1979 年为第二个时期，是落寞时期。该时期大陆地区仅有 1962 年张舜徽在《清代扬州学记·刘师培》中对其有论述，其余大都在海外，也主要是介绍性文章。1979—1989 年为第三个时期，是渐兴时期。这一时期论文数量上升，大陆研究还脱不开政治的局限，海外已经从学术各个方面进行研究，中国台湾有赵广洙的《刘师培的无政府思想》(硕士论文)、陈燕的《刘师培及其文学理论》和冯永敏的《刘师培及其文学研究》三部专著非常深入。1989 年—今为第四个时期，是发展时期。这一时期大陆学者真正能用学术的眼光来研究刘氏，研究达到了一个高潮，数量相当于前三个时期的总和。刘的著述也大量印行，总集和选集共十六种。同时逐渐形成一支研究队伍，其中有朱维铮、汪宇、李妙根、方光华、赵慎修、经盛鸿、李帆、陈奇、万仕国、赵广洙、陈燕、冯永敏、胡志伟、宋惠如、朱冠华、李孝迁等一批中青年学者[③]。下面对研究内容简要介绍。

---

① 殷海光《中国文化的展望》，上海三联书店 2002 年版，第 248—249 页。

② 参见朱维铮《刘师培：一个"不变"与"善变"的人物》，《书林》1989 年第 2 期。

③ 李帆《刘师培与中西学术》中"绪论"对各个时期刘师培研究的研究阐述详细，可参阅。

一、生平与交游

相关文章早期大多数是纪念、回忆、介绍性质，其中刘师培的朋友（如蔡元培、章太炎、钱玄同、陈中凡、尹炎武等）的回忆文章，多收入《刘申叔先生遗书》中，其文献价值较大。再有冯自由的《革命逸史》对刘氏变节亦有论述，可作为参考。其他材料简略粗疏，有互相转抄的现象。这是因为后人撰述多以刘氏朋友的文章为依据，而忽略其中的不真实或不准确之处，缺少新的发现，对既有材料挖掘不够。最早的真正系统研究刘氏生平的应是万易，他 1985 年在《文教资料简报（江苏）》第二期上发表了《刘师培年表》。万易是扬州人，可能曾见梅轼（字鹤孙）的《青溪旧屋仪征刘氏五世小记》（未刊稿，梅为刘氏的外甥）或听到相关的事迹，《年表》作得较详细，但是材料没有出处，而且有多处错误。经盛鸿等对某些错误发文予以纠正。刘氏经历复杂，交游广泛，其生平至今尚有诸多不明或存在争议之处：1. 1903 年刘氏是否应试中举以及为何到上海。尹炎武谓刘氏为“光绪壬寅举人”①，钱玄同《左盦年表》同。但钱谓刘于 1903 年春至汴参加会试落第，归途至上海，参加中国教育会②。此后凡言及刘氏生平的论著，均从钱说。1998 年朱维铮始提出异议，认为“1903 年春闱被取消。刘师培只可能于壬寅八月（1902 年 9 月）赴汴乡试中举，然临近会试，忽知此科会试将延至丙午（1906 年）举行，故大失所望，非‘下第’而归。钱说误，诸家沿钱说者亦误”③。朱氏以清政要文献为依据，论证有力。刘氏到上海的原因有家贫谋生、政治逃难、会试落第等说法，莫衷一是④。

① 尹炎武《刘师培外传》，《刘申叔先生遗书》第 17 页。

② 钱玄同《刘申叔先生遗书》卷首钱序，第 31 页。

③ 朱维铮《刘师培辛亥前文选》导言注七，三联书店 1998 版，第 22 页。

④ 赵慎修《刘师培评传·作品选》，中国文艺出版社 1998 年版。

2. 刘氏投靠端方的起因及途径。为章太炎出家筹款?① 意志软弱为政治诱奸?② 尚无定论。3. 刘氏辛亥革命后的生平。在北大任教期间的情况有李帆的《刘师培与北京大学》和王枫的《五四前后的刘师培》论及,二文认为刘氏"五四"期间并非有意与新文化运动相抵抗,不可简单的归结为"倒退复古"。其他问题,像与阎锡山的交往、加入"筹安会"的经过等,需要进一步考察清楚。4. 交游情况。钱玄同说:"申叔在时,因其前后主义之违异,有许多人对彼颇不满,不但同盟会、国民党一方面,即旧派诸老亦对他不满。……惟蔡先生(元培)与申叔可谓全始全终。自癸卯至己未十七年间,对申叔终无恶意及非议者,惟蔡公而已。"③现有文章谈到刘氏与章太炎、陈独秀、黄侃、蔡元培交谊与恩怨,亦仅是泛泛而谈,对于他与官僚(如端方、阎锡山、袁世凯等)、革命党人(孙中山、张继等)、学人(如廖平、蔡元培等)、报人(林獬、王郁人、邓实等)的关系,更缺乏研究。总之,刘氏生平还有很多疑点未能解决。方光华的《刘师培评传》、汪宇编辑的《刘师培学术文化随笔》书后都附有刘师培的简谱,李帆的《刘师培与中西学术》附有学谱,台湾学者陈燕与冯永敏的书中有专门章节讨论研究刘师培的生平经历。但都缺少全面的考察,而且多是重复作功,浪费人力物力。万仕国历时二十年撰成《刘师培年谱》一编(2003 年广陵书局出版),对于刘氏生平多所考证,材料原原本本,有益学界。

二、学术思想

相关研究涉及经学、文学、史学、小学、诸子学等各方面。最早

---

① 方光华《刘师培评传》,百花洲文艺出版社 1996 年版。

② 经盛鸿《辛亥革命一位风云人物的浮沉:刘师培三次思想剧变述论》,《民国档案》2001 年第 4 期。

③ 钱玄同《刘申叔先生遗书》序。

的一篇是杨赞襄的《书刘申叔〈南北考证学不同论〉后》，发表在1912《四川国学杂志》第3期。而后直到1985年姚伟发表《刘师培与资产阶级方志学》一文，学界逐渐重视对刘师培的学术研究。下面逐次论述：1. 经学方面。有宋惠如、朱冠华研究刘氏《左传》学的专著，陈奇发表论文7篇。《左传》是刘家四世所传之学，杨伯峻以为“近代人对《左传》最熟悉的，除刘申叔外，要数章太炎”。在其他经学方面刘氏也有独到见解。在这一领域研究相当薄弱。2. 文学方面。最早论述刘氏创作的是钱基博的《现代中国文学史》“骈文”一节，汪辟疆的《光宣诗坛点将录》也有评点。对他编写的文学史地位，鲁迅评价甚高。近期有台湾的陈燕、冯永敏二人的两部专著，大陆零星的几篇论文。冯永敏著的《刘师培及其文学研究》从文学观、创作论、文体论、文学史研究四方面论述理论，从韵文、散文、骈文、白话四方面论述创作，从而对刘氏文学方面的特点和成绩进行了全面而深入的研究。3. 史学及其他方面。刘氏继承扬州学派“兼容并包”的特点，以开放的态度用西方的学科分类体系界定史学，在夏承焘后撰定《中国历史教科书》，影响深远。都重万的博士论文和郑师渠、李铁军、李洪岩等从史学角度评论刘氏。李帆、李孝迁则从学术史角度论述刘氏先秦诸子研究和近代学术研究的地位与特色。方光华在《刘师培评传》一书中对刘氏的学术研究的观点与方法以及近代经学、史学、子学和语言文字学等方面作了综合研究，是一项总结性成果。刘氏在中西文化冲突与融合的时代背景下，在经学已经史学化的历史趋势中显示的特有的魄力与眼光，有其不可磨灭的地位。另外，他与国粹运动的密切关系也有待进一步研究。随着学界对刘师培认识的深入，刘氏的学术地位也会日益提高。

三、政治思想

刘氏一生思想多变，从举业士子一变而为反满派的民族民主革命者，再变而为无政府主义者，三变而为君政复古的鼓吹者，让人难以理解。他的朋友，如蔡元培认为“有小人乘间运动何震，劫持君为端方用”①。章太炎以为“草泽诸豪，素昧问学，夸大自高，凌蔑达士，人之贱忿，古今所同，非独君之过也”②。在《上端方书(二)》于1934年11月2日首刊于天津《大公报》后，高良左曾作评论③。此后对刘氏的后期人品评价一直不高。八十年代以来，对刘氏思想研究的论文大陆有20余篇，另有台湾赵广洙的硕士论文和香港胡志伟的博士论文。李妙根将刘氏的思想演变分为三个阶段：1903—1906年为宣传反清和提倡共和时期；1907—1908年为鼓吹无政府主义时期；1909—1919年为政治一再堕落时期④。文章还从阶级论（刘氏属小资产阶级、破产农民一类）的角度探讨了刘氏思想转变的原因。更多文章突出研究刘氏的无政府主义的历史意义与地位。刘氏的《天义报》（包括后来的《衡报》）比较重视农民问题，认为中国革命当以农民革命为主要内容，并主张首先组织“劳民协会”，然后组织“总同盟罢工”，让农民自动起来抗租抗税，驱逐官吏，而以建立工业与农业相结合的“人类均力”的社会为最终目标。刘氏的这些思想既有明显的进步意义，又有过分美化农民战争的特点⑤。经盛鸿从家庭身世、所受教育影响形成的内在思想根源以及外界的社会环境等方面论述刘氏的三次思想剧变⑥。方光华以为刘氏思想的剧变不同于梁启超、章太炎、辜鸿铭，刘氏“宿命论与务名心的混合往往使内心矛盾冲突更加激烈，

① 蔡元培《事略》，《刘申叔遗书》第18页。

② 章太炎《与刘君书(七)》，《刘申叔遗书》第23页。

③ 高良左《论刘师培与端方书》，《建国月刊》1936年第4期。

④ 李妙根《论辛亥革命前后刘师培的政治思想》，第78—89页，《求是学刊》1983年第4期。

⑤ 蒋俊、李兴芝《中国近代的无政府主义思潮》，山东人民出版社1991年版，第42—53页。

⑥ 经盛鸿《辛亥革命一位风云人物的浮沉：刘师培三次思想剧变述论》，《民国档案》2001年第4期。

影响对于社会问题的基本认识”①。这些论文大多从社会的角度论述，而很少从个人心理角度看问题。朱维铮以“不变”和“多变”观点看问题，其实恰是承认人的复杂性与立体性。因为对于刘氏生平缺乏具体翔实的了解，这必定影响对刘氏思想的理解。

四、著述整理

1934 年，刘师培的旧友南桂馨“发大愿，出巨资”，决心“刊行遗书全部”。在钱玄同、黎锦熙的具体指导下，终于在两年后(1936 年)印成了七十四册《刘申叔先生遗书》。正式发行则是 1939 年春夏之间。钱玄同编制《刘申叔先生遗书》时就曾说过其中多有遗漏②。1947 年张经黻在《经世日报·读书周刊》上发表《刘申叔著述年表》，是较早的对刘师培著作进行整理的工作。1990 年李妙根编选《国粹与西化：刘师培文选》辑得《遗书》中未收篇目 18 篇，朱维铮主编的《刘师培辛亥前文选》辑得 14 篇(含《与端方书》三封)，冯永敏在其著作《刘师培及其文学研究》标出《遗书》未收的篇目 127 篇。刘氏自己曾办报办杂志，文章发表于多种刊物，要网罗尽实在不易。《刘申叔先生遗书》编纂本身亦有缺憾，李帆曾发文指出其中编误之处，主要表现为一些文章编年不当，造成原因在于一篇文章在前后不同时期的刊物上发表，而编者所见不全致误。不过至今为止，刘氏著述保存较为完备，整理出版也取得很大进展。刘师培的著作已经出版十六种，可谓大观，这必将进一步推动对刘师培的研究。

然而这些研究论著中，对刘师培著述本身的研究却极为缺乏。

---

① 方光华《刘师培评传》，百花洲文艺出版社 1996 年版。

② 钱玄同《刘申叔遗书》卷首总目，江苏古籍出版社 1997 年版，第 4—9 页。又见《钱玄同文集》第六卷(书信)，中国人民大学出版社 2000 年版，第 185 页。

冯永敏在其著作《刘师培及其文学研究》标示出《遗书》未收的篇目127篇，李帆的《刘师培与中西学术》书后附有《刘师培学谱简编》，二书功莫大焉。

五、未来展望

刘师培是近代史上一位杰出的“少年国学大师”，多年来对其研究取得了一定成果，近来有加热的趋势。但还有不足：首先是对其生平缺少翔实的研究，而这必定会影响对刘氏进一步研究。所以，当务之急要集中力量搞好刘氏生平或相关内容的研究，如撰写《刘师培年谱》的工作。这就需要网罗原始材料（主要是从刘氏著作和交游的人物著述中搜求），而不是转抄现有的传记材料，以致以讹传讹，重复错误。第二步就是应该在现有文献整理的基础上重出《全集》，而不是出各种选本，浪费资源。第三步就应该从学术角度对其进行深入的研究。当初章太炎、蔡元培保释刘师培就是因为“今者文化凌迟，宿学凋丧，一二通博之才，如刘光汉辈，虽负小疵，不应深论，若拘执党见，思复前仇，杀一人无益于中国，而文学自此扫地，使禹域沦为夷裔者，谁之责耶?”刘氏作为扬州学派最后的传人，国学功底深厚，连章太炎也深为佩服，黄侃甚至行拜师礼。刘氏学问博大精深，现在研究还远远不够，尤其是他的经学几成绝学。相较而言，香港、台湾对刘氏的研究比大陆要深入、扎实，不过大陆学者逐渐认识到刘氏的重要性，大有后来居上的趋势。相信以后刘师培的研究在两岸三地的学者共同努力下会有大的发展。

六、本书构思

如果不弄清刘师培的相关文献，就没有摸清刘氏的家底；进而如果不对当代学界研究的文献进行研究,也就会茫然不知所向。基于此,本书选择研究刘师培文献学,因为学力有限,仅对其文学、小学、校雠学等方面进行探索,内容包括刘师培本人著述以及今人研究成果。刘师培文学研究成果建国后为人所认同,学界对其研究超过对他的经学研究,所以文学单列为一章。刘氏家传《左传》之学,所谓"四世传经"。然而刘氏所处时代特色是:中西交融;经学边缘化、史学中心化以及小学的独立,这些决定刘氏的经学研究成果谙哑无闻,但他在小学方面继承前人并总其成的学术成果仍值得借鉴,所以小学列为一章。刘氏后期在传统校雠领域着力甚大,学界以后的研究都有参考,所以专章论述他在校雠方面的研究。文献研究必须以文献为基础,因此这些论文写作之前就编写了《刘师培年谱》和《刘师培研究论文目录索引》,附录于文后。

刘氏在很多学术领域都有涉及,有些是开后世风气之举,同时他的思想多变,在当时颇有代表性。所以本书在文献学的基础上分别对刘氏的思想历程和学术特色作了研究。刘氏思想大致分为 1903 年前的举子求仕;1903—1907 年间民族民主革命;1907—1908 年间无政府主义;1908—1912 年间依附端方;1912—1914 年间漂泊西南;1914—1916 年间鼓吹帝制;1917—1919 年间北大任教。书中重点分析了前期刘氏的思想。对刘氏学术上的研究,除总论特色外,分别论述他早期学殖以及他的戴震学、《左传》学成就。

书中很多篇目可以单列成文,但汇总起来亦可见刘氏的思想与学术轨迹。兹不揣浅陋,掇拾成篇。

保守与激进

——刘师培的思想历程

刘师培在清末民初是一个显赫的人物，他所涉及的每一个领域，无论激进的政治思想（无政府主义），还是传统的国学领域（经学与小学），都是成果斐然。在短暂的三十六年生命中，他留下了七十四部著作，此外还有一百多篇文章散载于各地各种刊物，未能收入《刘申叔先生遗书》，著述总量超过 400 多万字，蔚为大观。在 20 世纪初的学者当中，无疑是名列前茅的。这些著述不仅涉及经学、小学、校雠学等传统国学领域，而且还包括体现时代关怀的“预流”学问：政治、经济与教育，采取近代西方的学术方法与体系研究中国学术。他的论政文章成为当时的一大亮点，为此他曾有“东亚卢梭”①、“激烈派第一人”②等称谓。他作为扬州学派的殿军，反映了该学派探索政治革命与学术革命的努力。

刘师培一生多变，从举业士子一变而为反满派的民族民主革命者，再变而为无政府主义者，三变而为君政复古的鼓吹者。人知刘师培多变表象，而不知其不变之精神；知三变之迹，而不知其三变之理。刘师培处于天崩地裂的时局，又素怀士大夫式的救世情

① 1903 年刘师培撰《中国民约精义》后，棣臣在《题〈国粹学报〉上刘光汉同志诸子》诗中称：“刘生一健者，东亚一卢骚。赤手锄非种，黄魂赋大招。人权光旧物，佛力怖群妖。倒挽天瓢水，回顾学海潮。”见《国粹学报》合订本第二年第十六期。

② 1904 年 3 月 6 日，刘氏在《中国白话报》上发表《论激烈的好处》，署名“激烈派第一人”。

怀，所以不甘作一个纯粹的学者。他所精熟的经学本来就是经世的作品，所以他试图从中吸收救世的药方。他利用文化为手段，希望救世，但这种“援古经世”的方式在国家近代化历程中遭到了遗弃。刘师培是一个优秀的学者，但却是一个蹩脚的思想者。

一、民族民主革命

刘师培父祖三世治《左传》，而家运不兴，三代前人寿命不永，难以自立，依人入幕。经济拮据而仕途不顺是前人留下的一个“情结”。能够引以自慰的是家传左氏之学（《春秋左氏传旧注疏证》），而这一任务三代未能完成。这又是一个家族遗传的“心病”。刘师培生于此种家庭，接受优秀的家庭熏陶和传统文化的教育是一个方面，另外，亦无形中增加一种忧患意识，一种心理焦虑与压力。刘师培自小聪慧，以振兴扬州学派自任，亦是家世使然。刘师培自幼勤奋，生性孤僻。继承家学，对古文经学颇有心得。以古文字学《说文》为起点，沿袭二王（王念孙、王引之）训诂、音韵之法，汲取扬州学派前贤的成果，对儒家经典获得了自己的看法。此一点恰是刘氏赖以安身立命之本。

刘师培生于乱世，近代中国面临着尖锐的阶级矛盾和严重的民族危机，半殖民化程度加剧。出生当年中法战争爆发；十岁，中日战争爆发。在内忧外患面前，有志之士纷纷寻求救国自强之路。政治上，康、梁变法；孙中山建立“兴中会”；义和拳运动蜂起。学术上，张之洞提倡“中学为体，西学为用”；康有为、廖平今文经学兴盛；章太炎《訄书》追求古文经学学术真理。而扬州历史上的屠杀事件，前此16年的教案事件，以及家中研习王夫之的影响，使得刘师培较早就孕有民族革命思想。刘师培所处时世，与父祖时期相比，中国残败局势有过之无不及。凡有责任之志士仁人无不以救亡存种自任。而刘师培救亡存种的手段就是继承其家学而来的“以礼治左”，在《春秋》中发掘“华夷之辨”。据刘师培自称其民族民主革命思想历程为：

> 光汉幼治《春秋》，即严夷夏之辨。垂髫以右，日读姜斋、亭林书，于中外大防，尤三致意。窃念天下兴亡，匹夫有责；《春秋》大义，九世复仇。值此诸夏无君之时，仿言论自由之例，故近年以来，撰《黄帝纪年说》，撰《中国民族志》，撰《攘书》，垂攘狄之经，寓保种之义。①

刘师培自小读《东华录》、《扬州十日记》、刘宝楠《胜朝殉扬录》、黄宗羲《明夷待访录》以及王夫之等人的书，由于书中反满情绪影响，形成传统种族意识。据其自述，20 岁之前撰《扬民却虏录》、《读船山丛书札记》等著作，表达自己对华夷关系的看法②。华夷之辨始于春秋，清初王夫之、顾炎武、黄宗羲等提倡。刘师培民族主义形成的思想渊源有家传《春秋》之夷夏之辨的观念。刘家虽是传统的书香门第，但却与反满思想有一段特殊的渊源。刘自幼承受黄宗羲、王夫之反清思想的影响，其祖父刘毓崧曾位职于南京曾国藩所设的印书局，负责监督刊印王夫之全集，其曾祖刘文淇也收集过五、六世纪异族侵华的有关史料。而且刘文淇的挚友刘宝楠曾辑录《胜朝殉扬录》。这些无疑为刘的反满理论提供了极好的思想材料。

1903 年刘师培来到上海，思想认识提高很快。他改名光汉。钱玄同回忆说：

> 刘君之更名"光汉"，实有重大之意义，在用此名之时期，刘君识见之新颖，与夫思想之超卓，不独为其个人之历史中最

---

① 1904 年 2 月 29 日《致端方书》，《端方全宗档案》，转见王凌《有关刘师培的一则反清史料》，《历史档案》1988 年第 3 期。又见万仕国《刘师培年谱》，第 46 页。

② 光汉《甲辰年自述诗》，《警钟日报》1904 年 9 月 10 日。

> 宜表彰之一事，即在民国纪元以前二十余年间有新思想之国学诸彦亦有甚高之地位。①

刘师培结识众多的民主革命人士，有蔡元培等人，尤其是章太炎。章太炎对刘氏家学渊源的激赏，趣味相同，引刘氏为知己，为其延誉，从而激励了刘师培革命的兴趣。章氏入狱后，刘氏继续用文字倡导民族主义斗争，占尽风光，声名大震。又与陈独秀、柳亚子等相交往，推动革命与文学的发展。正如陈奇所论述的，"章炳麟对刘师培的影响是巨大的"。刘师培思想的三次变化都与章炳麟的影响密不可分②。

《黄帝纪年说》与《论留学生之非叛逆》都是刘师培鼓吹反清革命的文章，其立论的基点都是《春秋》中的"夷夏之辨"思想。后文为叛逆二字辩诬，利用训诂手段为其正名："所谓叛逆者，叛同种之谓也，叛祖国之谓也。""同种者何？即吾汉族是矣；祖国者何？即吾中国是也。"据此，则今日学生"欲排除异种而保同种"，欲排俄排法而保中国，其所作所为是真正的爱种爱国之举。《黄帝纪年说》提出以黄帝纪年取代现行的帝王年号纪年的主张，其目的是为了标立民族特性与变革封建政治。尤其值得注意的是，该文后附有《黄帝降生后大事略表》，其内容突出三个方面史实：民族斗争史、君权与"民权"消长史，再就是文化史。"黄帝之时代，文化胚胎时代也；唐尧之时代，文明渐起时代也；周武时代，文治极盛时代也。故于其即位也，特记之。而孔子者，又集中国学术之大成者也，故与其降生也亦记之。"这就表明刘师培的革命内容远不止政治革命，他要更深层的文化革命，他重视文化并且利用文化为其张目。他所作文章的思维方式仍然不出古文经学家推崇三代，尊崇史实的作法。章士钊回忆道：

---

① 钱玄同《刘申叔遗书》总目，第8页。

② 陈奇《刘师培思想研究》，贵州人民出版社1999年版，第30页。

> 故此说露布，不啻为舆论矗立一指方向之界牌，使天下之士分途奔集而无歧误。盖当时革命、立宪两党，文字相伐，互立职志，一则曰君立，一则曰共和；一则曰保教，一则曰保种。由此发轫，两方所用年号，于焉不同。前者为康梁一派，用孔子纪年；后者孙黄一派，用黄帝纪年。此清朝末期之趋势如此。①

这篇文章第一个对“黄帝纪年论”进行专题论述，其文公然称清政府为“北敌”，倡言“欲保汉民族之生存，必以尊黄帝为急。黄帝者，汉民族之黄帝也，以之纪年，可以发扬汉民族之感觉。”刘师培首倡“黄帝纪年”，很快为“排满革命”论者普遍接受。

1903年10月，续王夫之《黄书》之后，刘师培撰《攘书》。《攘书》包括华夏、夷裔、夷种、苗黎、胡史、溯姓、渎姓、辨姓、变夏、鬻道、帝洪、罪纲、史职、周易、孔老、正名等16篇，以攘夷为主题，服务于反清大业。该书以中原地区的汉族为中心，以其他民族为四裔，主张严格区分华裔之界，其意在唤起汉族人民的反清意识。刘师培考证中国各民族的起源及其演变的历史，目的在于发扬《春秋》“立中外之防”的“微言大义”：“自孔子言裔不谋夏、夷不乱华，而华裔之防，百世垂为定则。”这就为推翻清朝统治的革命事业寻找理论依据、历史依据和舆论支持。此书影响广泛，被誉为“空前之作”。黄天《题攘书》称：“此书即麟经，读之当奋起。”（《题〈攘书〉》，《警钟日报》，光绪三十年九月一日）吴樾云“乃知前此梁氏之说几误我矣”②，从此放弃了改良主张，走上了反清革命道路。棣臣写诗赞道：“刘生今健者，东亚一卢骚。赤手锄非种，黄魂赋大招。人权光旧物，佛力怖群妖。倒挽天瓢水，回倾学海潮。”（《题〈国粹学报〉上刘光汉同志诸子》，《国粹学报》合订本第二年第16期）

① 《章士钊全集》第八册，第184页。
② 吴樾《暗杀时代序》，转引自冯自由《革命逸史》第三集，第200页。

刘师培思想由民族革命的排满逐渐发展到民主革命。在《古政原论》、《两汉学术发微论》、《周末学术史序》、《悲佃篇》和《中国历史教科书》等著作中，刘师培发掘中国传统文化中的民本思想，宣传民权学说，其一，民为邦本。“古代帝王咸以神道临民，惟民为邦本之义尚未尽沦”（《古政原论》）；君由民立。“盖草莽之世，君由民立，世袭之制未兴”（《古政原始论》）。刘师培对三纲说和天命观的批判，抓住了传统文化封建性的核心问题。刘按照资产阶级的平等学说，指出君纲、父纲、夫纲说的极端不合理，指出天命观是愚昧迷信的产物，君权神授完全是骗人的鬼话。他的批判侧重于利用经学中某些带有民主性的思想资料进行；经学是封建时代独尊的学派，传统文化的封建性也以经学为典型，因而刘师培批判的矛头也主要指向经学。刘师培以经攻经的批判方式，收到了特殊效果。

续黄梨洲《明夷待访录》、卢梭《民约论》之后，刘师培作《中国民约精义》，交林少泉办的镜今书局印行。该书宣传近代西方的平等、自由思想。宣传天赋人权，破除君权神授思想；提出人民是国家主体的口号，批判君为臣纲；主张以法立国，反对人治；要求实现民主共和，废除君权。该书通过对数千年来中国各民族兴衰胜败历史的考察、剖析，阐述传统的“夷夏之辨”思想，鼓吹“攘夷”、“排外”，即内覆清廷、外御列强。《中国民族志》则志在探讨中国各民族的斗争与融合，以及中国人民与帝国主义的矛盾，唤起国人的反帝意识。

由于时代背景的特殊性，刘师培论学具有了鲜明的民族主义倾向，尤其评价清代学者，这种情绪表现得很明显。刘师培搜集有关史籍与民间传闻，写成《邗故拾遗》、《广陵三奇士》等文，为樊名英、范荃、罗煜等清初扬州抗清志士、明代遗民立传扬名。他进行的排满革命，以文化民族主义恢复民族自信，藉学论政：“孔子有言，裔不谋夏，夷不乱华，而华夷之防，百世垂为定则。”出于当时排满革命的政治需要，刘师培将西学的民族、民主思想与传统的“尊王攘夷”、“民本”思想相糅合，大谈种族革命，宣传民族主义，这对当时的政治革命运动有一定的积极作用。必须指出的是，他的民族主义思想时常表现出了大汉族主义的狭隘性，但是他的民族思想不仅仅是针对满族的，同时还具有反帝的性质。在《中国民族志》中立有“白种之侵入”一章，对西方帝国主义的侵略本性是有所察觉的①。

发掘中国的传统学术，特别是明末以来近三百年间进步思想家重立志、重责任心、重独立、反对趋利避害、反对奴性的思想，教育、启发人们警醒、觉起，承担起救国救民的责任，是刘师培鼓吹御侮、反清的又一形式。《刘练江先生的学说》、《论责任》、《泰州学派开创家王心斋先生学术》、《中国思想大家陆子静先生学说》(《中国白话报》第 9、10、17、18 期)等文章从历史、地理、学术、教育、法律、宗教等不同角度，多侧面地阐发民族民主革命思想。通过对祖国天文地理的介绍，激发人们爱国思想和革命精神，分析未来革命战争的特点及政策。刘师培的早期民族民主革命活动主要有参与“对俄同志会”，编辑《俄事纪闻》、《警钟日报》，虽然参与暗杀王之春，但他说到底还是以文化宣传为特点。刘氏立论的基点都是《春秋》华夷之防的思想，论述的主要方式也是考证，征引范围涉及经史子集。

1905 年正月二十日(2 月 23 日)，《国粹学报》创刊于上海。刘师培任该刊主笔，在该刊第 1 期发表《周末学术史序》。《国粹学报》为上海大型国学丛刊，为国学保存会机关杂志，该志以“发明国学，保存国粹”为宗旨，以国学“救亡图存”。设社说政篇、史篇、学篇、文篇、博物篇、美术篇、地理篇、丛谈、撰录、藏书志、绍介遗书等门类，刊有《国粹学报序》、《古学复兴论》、《国学无用辨》、《原儒》等一系列阐扬国学精义，发皇汉学国魂，光复黄、帝、尧、舜、禹、汤、文、武、周公、孔子之思想文化的文章，宣传以国学为“立国之本”，保存国粹。既严厉批判改良派泥古守旧的今文经学，又指责向西

① 刘师培《中国民约精义·序》，《刘申叔遗书》，第 563 页。

方学习为“醉心欧化”，倡言明夷夏之辨，重夷夏之防，尊王攘夷，爱国保种。鼓吹“排满革命”，实行民主共和；反对保皇立宪而维护清朝专制统治。1912 年 9 月停刊，总计发行 82 期。旋改名《古学汇刊》继续出版①。国粹派希望重振古典哲学，造成中国的文艺复兴，他们认为一旦古典文化精练，必可以使国家走上富强②。1908 年刘师培在《国粹学报》三周年祝辞③中指出当时现状是：“浅夫舍旧而谋新，学士因贫而辍业，势必典籍日湮，丛残莫掇。”在这种情况下谈论保存国粹，是不是可能呢？刘师培并没灰心，而认为“鲁冢弦歌，不以干戈而辍，商歌金石，不因环堵而更”，“有志之士，共秉此忱，通塞有时”。保存和发扬国粹，就可以“激动种性，增进爱国的热肠”（章炳麟《演说录》，《民报》第 6 号）。刘师培所发掘、宣扬的是传统文化中的爱国主义、民主主义思想，激发民族自尊心和自信心，然简单等同，牵强附会，其现实主义的态度，随心所欲，自相矛盾，缺乏严肃性和一贯性。

刘氏论学文字大半见于《国粹学报》。据郑师渠统计，在《国粹学报》的 82 期中，其中 80 期刊有刘师培的文章（第 41 和第 43 两期没有），刘师培著述在该刊中连载过的就有 33 种，在该刊部分发表五十余种④。从中可见刘对国学大力倡导之功。刘师培主张的教育具有两个特点：一、不局限于文化思想方面的教育，范围较为广泛，“有军国民之教育，有实业之教育，有普通国民之教育”⑤。二、他提倡广大民众的普及教育，着眼开启广大民众的智力。

---

① 参看章开沅主编《辛亥革命辞典》，武汉出版社 1991 年版。

② 许守微《论国粹无阻于欧化》，《国粹学报》第二期。

③ 刘师培《〈国粹学报〉三周年祝辞》，《左盦外集》卷十七，《刘申叔遗书》，第 1791 页。

④ 郑师渠《晚清国粹派》，北京师范大学出版社 1993 年版。

⑤ 《刘光汉君提议》，《警钟日报》1904 年 4 月 7 日。

二、无政府主义者的“乌托邦”

刘师培在1907—1908年间思想达到了激进的顶端，率中国知识分子之先提倡无政府主义，一反以往的民族民主革命主张。此后又从这个顶端迅速地下移，投入端方幕下，转为传统保守。在这两年中，刘师培经历丰富，从事《民报》编辑，组织社会主义讲习会，编辑《天义》、《衡报》，红红火火；不久却一跌而为人称作“叛徒”。人生比戏剧还富于变化。在这些变化的背后却始终有一样没有变，那就是他对国学的态度。如果说前阶段刘氏是改革固有文化以求中华文化能与世界文化并立的话，那么现阶段刘氏则更钟爱传统，欲保留传统。

刘师培曾说：“东渡以后，察其隐情，遂大悟往日革命之非。”1907年3月，章太炎与张继、刘师培、苏曼殊、陶冶公等在日本发起“亚洲和亲会”，中国、日本、越南会员近百人。据陶菊隐称：日本无政府主义者幸德秋水在《平民新闻》发表一文，主张亚洲各国社会党联合起来，首先由中日两国革命党携手合作，以为之倡。章太炎、刘师培两人热烈表示赞成。章太炎与流亡在东京的印度革命党人共同发起组织了亚洲和亲会①。有日本学者指出：“该会旨趣十分明显，与孙文等人期待帝国主义列强、特别是日本援助这种对帝国主义的认识，尖锐对立。”②又任鸿俊说：章太炎“虽主《民报》笔政，但其政治主张亦不全与同盟会相合，如《代议然否论》一文，显然与当时革命党中的民权论大有出入”③。无政府主义理论使刘师培早期的民族民主革命思想产生了变化，宣传无政府革命优

---

① 陶菊隐《筹安会“六君子”传》，第122页。

② ［日］富田升《社会主义讲习会与亚洲和亲会——明治末期日中知识界人士的交流》，《国外中国近代史研究》第22辑。

③ 见《追忆章太炎》，第269页。

于民族民主革命，批评了民族民主革命的目标和民生主义的主张。1907年6月10日，刘师培通过何震，以女子复权会的名义在东京创办《天义报》。创办人何班，主要撰稿人刘师培，出版一十九号，于1908年4月改名《衡报》。《天义报》第一册《破坏社会论》对民生主义彻底否定，文说："今之言计学者，多倡土地国有之说。夫此说果行，似足夺资本家之势力，然土地既为国有，则必有分配之机关，既有分配之机关，则必有执政之人。如曰一国之民当听命于执政之人耶，则与专制、立宪、共和之政府何异？岂非彼为主治之人而民为被治之人乎？"《天义报》反对在中国进行一场资产阶级民主革命，革命派的民族、民权、民生三大主义都受到指责。民族主义被指责有三大错误：学术之谬、心术险恶、政策之偏。7月10日，刘师培发表《人类均力说》于《天义报》第三卷，文章称"共产主义"社会，就是"扫荡权利，不设政府，以田为公共之物，以资本为社会共产，使人人做工，人人劳动"。25日，《无政府主义之平等观》在《天义报》上发表，认为"欲维持人类平等权，宁限制个人之自由权"，"无中心故可无政府，无畛域故可无国家"。刘师培遂成为无政府主义者。

1907年7月10日，《天义报》第3期发表《人类均力说》，充分展示了刘师培无政府主义"乌托邦"蓝图，他设想"破坏固有之社会，破除国界"，"凡人口达千人以上，则区画为乡。每乡之中，均设老幼栖息所。人民自出生以后，无论男女，均入栖息所；老者年逾五十，亦入栖息所，以养育稚子为职务"。另设阅书和会食（共同进餐）之地，作为人民共集之区。在这样的社会里，没有任何"在上"之人，连管理和指挥生产的人员也不需要。他设想，由于社会产品无限丰富，因此可以听任人们"各取所需"。何震在八至十合册《论女子当知共产主义》一文中说："无论什么东西，都不准个人私有。凡吃的、穿的、用的，都摆在一个地方，无论男人女人，只要做一点工，要多少就有多少，同海里挑水一样，这就叫做共产制度。到那个时候，不独吃饭不要靠人，还天天都有好饭吃，还可以有好的穿，好的用，好的玩。"

刘师培的无政府主义所欲达的目标是想既避免现存社会包括西方、日本民主社会的弊端，又超越中国革命党人排满兴汉所要达到的目的——建立类似西方民主政权的汉人政府。他谙熟中国历史，所以思考问题往往会从这一点出发，觉得中国社会和欧洲、日本不同，国情特殊，与无政府主义社会最为接近，即"中国自三代以后，名曰专制政体，实则与无政府略同"。"故中国现今之政俗，最与无政府相近"，"无政府革命，凡种族革命之利无不具，且尽去其种族革命之害。况实行无政府，则种族、政治、经济、诸革命均赅于其中"①。"若于政府尚存之日，则维新不如守旧，立宪不如专制"②。"中国自战国以后，封建之制久更，政治悉偏于放任"(《刘师培与端方书》)。刘师培习惯于采用中国传统视角诠释无政府主义，把中国历史上出现过的"无君论"看作"与无政府之说同"，《鲍生学术发微》(《天义》第8、9、10卷合册，1907年10月30日)将道家学说与无政府思想画了等号，将"无君"、"废人治"视作无政府之表征。对中国士人而言，无治主义不仅是一种政治理想，也是一种文化理想。"中国国粹之存亡，亦视共产无政府主义之实行与否而已"(刘师培《衡书三篇》，《衡报》第10号，1908年8月8日)③。在某些地方，刘师培力图弥合马克思主义、社会主义和无政府主义之间的分歧，《天义》第6期《欧洲社会主义与无政府主义异同考》一文，于叙述了欧洲社会主义思想的起源、派别和发展阶段后说："社会主义多与无政府主义相表里"，"若合群的无政府主义，其共产一派则与社会主义不殊"，"社会主义必有趋向无政府之一日，若徒执社会主义，而排斥无政府主义，此则偏于一隅之见耳。"

---

① 震、申叔《论种族革命与无政府革命之得失》，《天义》第6、7卷，1907年9月1日、15日。

② 申叔《论新政为病民之根》，《天义》第8、9、10卷合册，1907年10月30日。

③ 李帆《歧路彷徨——也论刘师培的政治选择》，《文史知识》2002年第6期。

刘师培的无政府主义思想带有浓烈的国粹主义色彩，他说到废除人治、实行无政府主义，就引用老庄的虚无主义，鲍敬言的“无君”说，佛家的出世思想；说到暗杀，就大谈古代刺客侠士之风；说到巴枯宁，就说李贽就是中国的巴枯宁，比欧洲巴枯宁还早几百年；说到共有制，就引证上古的井田制，《礼记》的“共财”大同记载，东汉张鲁的“义舍”，近代的“义田”、“义庄”以及会党的贫富相扶。每立一说，大都如此引证。这恰恰是刘师培论学论证一贯的作风，那就是“援古经世”。这种方式把那些陌生的新名词、新学说用中国人所熟悉的传统文化加以解释，使人易于理解，易于接受。但这种简单的比附难以使人对新的思想有真正的了解，难以让人弄清新旧思想本质的区别，存在着美化古人思想、诱发人们恋旧情绪的危险。也正由于这样，刘师培激进的思想深层已有保守的复古思想。他认为资本主义的专制较之封建专制有过之而无不及，倘若推翻清朝统治以后不立即实行无政府，则“维新不如守旧，立宪不如专制”[①]。他上书端方，认为自西学传入，国学衰微，学生“于经史巨义，浅尝辄止……《书》、《雅》、《记》弃若糟粕，排摒剪刈，靡所不用其极。邪说蔓延，罔知所届。又或稍窥故编，昧于择别，援饰前言，穿凿附会，妄歧种界，撼国本而基内忧。思乱之徒，遂得资彼片言，荧惑民庶。是则学术不正，下则为人心之蠹，上之则贻宗社之忧”。所以当务之急是“必自振兴国学始”(《上端方书》)。1916年初，在护国战争已经打响、袁世凯被迫宣布推迟登极之时，刘师培犹在《中国学报》发表《君政复古论》、《立庙议》，为帝制鼓噪。他引经据典，说古论今，力图证明今日中国当行帝制。“肇有生民，乃树思牧，一人治之，兆民由之，历代因循，斯风靡替……《春秋》之义，以贵理贱，君薨书子，以明继体，言君位之不可一日无也”。他认为“天生烝民，无主则乱”(君政复古论)。由于只看到近代进程的黑暗面而忽略历史先进性，同时对古代文化与制度的迷恋，导致

① 刘师培《论新政为病民之根》，《天义》第8—10卷合册。

刘师培很容易由激进走向保守，1908 年他投入端方幕府也就有了依据。

三、学术专业化的艰难转变

从 1908 年起，刘师培远离近代历史发展的大潮流，走进个人的研究圈子，研究方法与内容都是传统的，再也难见创新之论。革命形势如火如荼，而刘氏却钻进故纸堆，离开革命阵营后追随端方，考证金石，研究经子，虽有收获，但毕竟有限。他的政治思想也日趋保守。曾经的革命者，在辛亥革命成功之日，几成革命的对象。虽得旧友相救，刘氏终不再言革命，不见章太炎。洪宪时期，与革命背道而驰，参与"筹安会"，帮助袁世凯篡夺帝位。然而他这一次又被历史嘲弄，帝制失败后，流落天津。所幸最后几年进入北大教授文学史，生命再次焕发光彩。奈何天不惜才，短命而逝，时值英年，遗恨学林。

1909 年至南京，刘师培公开倒入端方幕府。（尹炎武《刘师培外传》）之后，刘师培参与敦煌卷子的考释。刘师培以当时他能看到的伯希和供应的少数材料为依据，撰写《敦煌新出唐写本提要》19 篇，1910 年 11 月 21 日开始连载于《国粹学报》第七十五至八十二期。这是对传统的"四部书"残卷进行的最早的深入研究，以考订写卷年代、进行文字校勘、评定写卷价值等为主。极为精审扼要，可称典范之作。开创敦煌研究之先声①。1910 年孟冬，旅居北京白云观研究《道藏》。《读道藏记》（未完）刊于《国粹学报》第七十五至七十七、七十九期。法国汉学家施舟人评论道："（中国本土）第一位比较科学的研究道教的人是刘师培（1884—1919），他是清代著名的学者刘毓松（1818—1867）的后代。1910 年，他在北京白

① 据白化文《中国敦煌学目录和目录工作的创立与发展》，《古典目录学研究》，第 256 页。

云观读《道藏》。……当然，刘氏在这么短的时间是不可能看完《道藏》的，而且他在1934年出版的《读道藏记》中并没有多少提要。但因为刘氏是一位有名的学者，他到白云观读《道藏》的故事后来成了一段佳话，所以此事还是颇有影响的。”①是年《国粹学报》取消社说，用通论代替，多是学术著作。邓实在《第六年国粹学报更定例目》中表明该刊物的变化，目的就是为了更好的“罔逸拾残”，“庶几复古，无愧先民”，反映了复古的倾向。

据尹炎武称：“辛亥改国，由蜀入晋，居未久，山西都督阎锡山荐师培于大总统袁氏，授参政院参政。”（尹炎武《刘师培外传》）1915年刘师培作《国情论》、《告同盟会诸同志》，为袁世凯称帝鼓噪。8月，刘师培经杨度拉拢，成为拥护洪宪帝制的筹安会“六君子”之一。蔡元培称刘师培“忽为杨度等所勾引，加入筹安会”②。

刘师培在蜀期间，与廖平（季平）相交，学术上认同古文经学，兼容今文经学。王森然对刘氏学术传承与变化有论：“（廖平）故先生之学，春秋其大宗，礼制其骨干，及学益宏远，世之讥笑亦因之，惟仪征刘师培独能知先生之真，故称道逾恒，左庵四世以左氏世其家，方其作《王制集证》，犹不信有今古之分，及既接先生，遂专治《五经异义》、《白虎通义》，其作《白虎通义》定本，辨析今古家法，极于毫芒，晚成《周官古注集疏》、《礼经旧注考略》，遂以礼为宗，其推明两汉说礼沿革，足以辅先生之说。自先生之学行，能知其底蕴者，一人而已。刘师培进而推明古今文立说之所由异，言礼不同之故，一则以为洛邑镐京之制有殊，一则以为东周西周之礼不一，义既难定，说亦不著，惟微词示而已。不同于先生张大其辞，廖刘两家立言之不同，而推本于礼则一，其辨析今古文则一。惟其说明今古相异之故乃不同耳。进而两人共同研究齐鲁之学，先生以鲁学为今文正宗，齐学消息于今古之间，而燕齐为古学，以壁中书为鲁学，为今文；刘左庵以壁中书为鲁学，鲁学为古文，而齐学为今

① 施舟人《中国文化基因库》，第158页。

② 蔡元培《刘君申叔事略》，《刘申叔遗书》，第18页。

文。”[①]刘师培称颂廖氏经学“由《穀梁》而兼治《公羊》，故主于礼制而不废神运之说，实以鲁学而兼究齐学，其长在《春秋》礼治……为魏晋以来所未有”。蒙文通称“世之真知廖先生学问者，与其谓康南海，不如谓刘申叔”。

刘氏这一阶段的活动主要在四川、山西、北京。在四川蒙旧人谢无量相延，教授国学院，与今文经学大师廖季平互相切磋，学术上能够兼容并包，而思想上倾向佛老，相信天命。山西是他的一个驿站，北京谋得参政之席亦可说达到了刘氏家族仕途的高峰。然而结局却是惨状空前，惶惶如丧家之犬。对于洪宪帝制与筹安会的认识，严复事后有所论述，或有助于认识刘师培的意图，附志于此，以备一说。

> 夫中国自前清之帝制而革命，革命而共和，共和而一人政治，一人政治而帝制复萌，谁实为之？至于此极。彼项城固不得为无咎，而使项城日趋于专，驯至于握此大权者，夫非辛壬党人、参政两院之捣乱，靡所不为，致国民寒心，以为宁设强硬中央，驱除洪猛，而后元元有息肩喘喙之地故耶！不幸项城不悟，以为天下戴己，遂占亢龙，遽取大物。一着既差，威信扫地。呜呼，亦可谓大哀也已。筹安会之起，杨度强邀，其求达之目的，复所私衷反对者也。然而丈夫行事，既不能当机决绝，登报自明，则今日受责，即亦无以自解。惟是公于取消帝制，复劝项城退位，则万万不能，何则？明知项城此一去，则天下必乱，而必至于覆亡。[②]

正如殷海光论述革命激进派的变化原因时所说：“这些人士曾经正面或侧面攻击过传统文化，如今他们变成不同程度的保守主义者了。……这一变动只足以证明这些人士自己心情的变动。……然

① 王森然《廖平先生评传》，《近代名家评传：初集》，第76—81页。

② 严复《与熊纯如书札节钞》第十八，《学衡》18期，转引自牛仰山、孙鸿霓《严复研究资料》，第64页。

而革命的现实结果，多少令他们黯然神伤。他们的热情减退，他们也看不清中国文化究竟怎样在流，并流向何方，在这前路茫茫之际，回返到过去毋宁是回返到灵魂的休憩所。”①

1918 年之后刘师培在北大任教，刘师培从此谢绝交游，专心讲学，重新将精力放在古文经学的源流研究之中，试图在学术研究中树立起他的尊严。他曾担任的研究科目有经学、史传、中世文学史、诸子四科②。此外他还参与国史编纂会议，提交编纂报告③。刘师培负责通史部政治史长编之“志”和文明史长编之“风俗”。他为这项工作付出了很大的心力，在事务员与书记的协助下，很快就编出了大量稿本。此期刘师培的文学教学深得推许，杨亮公曾有回忆：“刘申叔先生教中古文学史，他讲的是汉魏六朝文学源流与变迁。他编有《中国中古文学史讲义》。但上课时总是两手空空，不携带片纸只字，不得已时偶尔写一两个字，多是残缺不全。”“刘先生教我们于汉魏六朝文学中每人任选择一两家作专题研究。他认为研究任何一家文学必须了解其师承所自、时代背景及个人身世。”④还在女高师担任《文心雕龙》课程⑤。1917 年刘师培撰《中国中古文学史讲义》。鲁迅先生给予高度评价⑥。

① 殷海光《中国文化的展望》，第 248—249 页。

② 《文科国学研究所启事》，《北京大学日刊》1919 年第 24 期。

③ 《北京大学日刊》1918 年第 24、25 期。

④ 杨亮公《早期三十年的教学生活》，《杨亮公先生丛著》，第 661 页。

⑤ 程俊英《陈钟凡老师在女高师》，《学林清晖》，南京大学出版社 2003 年版，第 53 页。

⑥ 1928 年鲁迅说：“我看过的已刊的书（指中国文学史一类），无一册好。只有刘申叔的《中古文学史》倒要算好的，可惜错字太多。”《鲁迅全集》第九卷，第 350 页。在《魏晋风度及文章与药及酒之关系》的著名演讲中，鲁迅推荐说：“研究那时的文学，现在较为容易了，因为已经有人做过工作……辑录这时代文学讲座有刘师培的《中国中古文学史》……对于我们的研究有很大的帮助。”同时声明：“我今天所讲，倘若刘先生的书里已详的，我就略一点；反之，刘先生所略的，我就详一点。”

刘师培在“五四”新文化运动时期支持学生创办《国故》，这是一个“以昌明中国固有之学术为宗旨”的月刊。然而刘氏决没有与新文学对抗之意，他也不热心新旧文学之争，而且与陈独秀一直保持良好的交往。据周作人回忆，该刊虽奉刘师培为首，但主办者实为号称“黄门侍郎”的黄侃的弟子们，刘“只顾做他的考据文章，别无主张”，其实他并不关心这场斗争①。8月刘师培卧疾，生计困顿，连医药费也无从措办。11月18日，刘师培因肺结核病逝世于北京和平医院，年仅三十六岁。临终说：“我一生应当论学而不问政，只因早年一念之差，误了先人清德，而今悔之已晚。”刘师培一生不停地追求人生灿烂的极致，然而命运弄人，一个天才，一个少年国学大师留下太多的遗憾而离开尘世。

刘师培后期思想虽遭人诟病，但在学术上仍取得了相当的成就。据陈奇统计，他平生经学著作70多万字，其中50多万字为后期所作②。分量较大的16种经学著作，90％以上作于后期。他自称为“信心之作”的《礼经旧说》和《周礼古注集疏》也作于此时。刘师培有关《春秋》和《左传》的著述9种，除《读左札记》外，其余均作于后期。刘师培后期学术研究真正进入到专业化，治学范围涉及经、史、文字、校勘等，尤其是对古籍校雠上取得了很大的成绩。刘师培学问渊博，识断精审，校书取材广泛。他校《晏子春秋》，在考察前人成果之后，认为“《晏子》之书，疑义尚多未发”，虽经多家校注，佚文、错简、脱衍、讹误仍时有所见，“因以孙、徐二刻为主，旁考唐宋类书所引，兼及明刊各本，凡诸子之文与互同者，亦互相勘正，疑义奥词，间加发正”③。他还提出校勘两个方法：明文字通假；明词例。他将自己校勘古籍的过程归纳出来的通则写成《古书疑义举例补》，对俞樾《古书疑义举例》一书予以补充9则，为学界重视。

美国学者考察晚清中国保守主义者时，认为“当时无论是主张

① 周作人《知堂回想录》，第661页。
② 陈奇《刘师培思想研究》，第375页。
③ 刘师培《自序》，《晏字春秋校补》，《刘申叔遗书》，第1752页。

革命的学生,变法派抑或是清廷官员们都被具有排外性的古典文化所吸引”①。自刘师培曾祖刘文淇开始的刘氏《左传》家学,他提出要纠杜之失,并用礼治左。这是对《左传》研究方法的一个新开拓,继承从戴震以来反对宋儒理学思想,进而跟从凌廷堪的“以礼代理”思想,并将其运用到《左传》研究。这是治学的哲学指导。刘师培浸染家学,故而对所有问题都从自身学殖出发,援古经世,妄图从古代经学中探讨一种现世的良方。结果是凿枘不入,不仅自己身败名裂,而且在一定程度阻碍历史进程,堪为一叹。

中国学人往往以天下兴亡为己任,故而往往将自己的学问看作经世之术,很少真正从学术本身探讨问题,尤其是中国经学,每个时期各自不同,但其根本要害就在于用经典解决现实问题,它不是纯粹的学术研究,而是当下的政治哲学。刘师培就是在今文与古文之间歧路彷徨,一方面他对中国古代经典六经有一个清醒的认识,那就是所有经典都是先王史册。但是由于经学家法与师法的局限,使得他强要为《左传》争得经学地位,而经学特点就是:礼、例、义。这些东西在刘文淇时代已经强调只重礼,即对典章制度的考察,而不言例。但是刘师培却走得更远,欲图为左氏争得经学正统地位。由于迷信经典,结果事事以此为据,反而落人笑谈。在“五四”之后,经学为文学、史学夺其要席,成为显学。刘师培在后期逐渐远离政治,走上了学术专业的道路,在学术史得以独成一家。而今经学又兴,但愿不要走入歧途,而真正从继承民族文化与纯粹学术研究出发。

(原载《石河子大学学报》2008 年第 1 期)

---

① Martin Bernal 著,刘静贞译《刘师培与国粹运动》,《近代中国思想人物论——保守主义》。

彷徨与迷局

——1903 年刘师培著述与活动透析

一

1903 年是中国近代史上不平凡的一年。这一年革命思潮蓬勃发展，特别是沿海及航运发达的一些城市，各种改革、民主的声音此起彼伏。《浙江潮》、《国民日日报》等刊物创刊，“《苏报》案”发生，《革命军》、《猛回头》、《警世钟》等作品风行，拒法、拒俄运动展开，科举考试废八股、改策论。诸多有标志意味的事件使得这一年“成为革命行程一个关键的转折年头”①。面对社会的巨变，知识分子重新考虑自己的出路。

刘师培(1884—1919)，江苏仪征人，字申叔，号左盦，论学论政皆有显赫之声名。与同时代梁启超、章太炎、辜鸿铭相似，刘氏一生思想多变，从举业士子一变而为反满派的民族民主革命者，再变而为无政府主义者，三变而为君政复古的鼓吹者。1903 年对于刘师培来说，也是极为不平凡的一年，这年不仅是刘师培著述与革命活动的开始，而且也是他人生转变的开始。钱玄同将清末思想解放称为“黎明运动”，认为“此黎明运动中之刘君(师培)家传朴学，

---

① 李泽厚《中国近代思想史论》，人民文学出版社 1979 年版，第 295 页。

奕世载德，蕴蓄既富，思力又锐”①，巍然一代国学大师。他出手不凡，著述不仅涉及经学、小学、校雠学等传统国学领域，而且还包括体现时代关怀的“预流”学问：政治、经济与教育，采取近代西方的学术方法与体系研究中国学术。他的论政文章成为当时的一大亮点，为此他曾有“东亚卢梭”②、“激烈派第一人”③等称谓。在文学上刘师培也取得了人生第一次收获，仅此一年他创作诗词二十多首。正如周作人说：“在他的笔下，没有做不好的文章。”④这一年，刘师培经历科举——落第——彷徨——攘夷排满——暴得大名。在内心彷徨无计时，时代的机遇却格外厚爱，大落之后大起，在革命队伍中赢得盛名。

二

1903年3月，刘师培赴开封会试，此前将其振兴地方教育、教育救国的一系列思考写成《留别扬州人士书》一文，刊于《苏报》。其中内容有：勉励学子留学外国（尤其是游学东京）；在教育内容方面，注重知识普及与蒙学教育；对于教育经费，他则设想于扬州城中筹募，“每户收学费五角”，如还有不足，则“官立义塾”；在教育对

① 钱玄同《刘申叔先生遗书》序言，《刘申叔遗书》，江苏古籍出版社1997年版。

② 1903年刘师培撰《中国民约精义》后，棣臣在《题〈国粹学报〉上刘光汉同志诸子》诗中称：“刘生一健者，东亚一卢骚。赤手锄非种，黄魂赋大招。人权光旧物，佛力怖群妖。倒挽天瓢水，回顾学海潮。”见《国粹学报》合订本第二年第十六期。

③ 1904年3月6日，刘氏在《中国白话报》上发表《论激烈的好处》，署名“激烈派第一人”。

④ 周作人《北京大学感旧录》，《文史资料选辑》第83集，第156页。

象方面,“以家庭教育为基,而妇女实据其本”[①]。该文的逻辑起点是“非学无以立国”。这与刘师培家族四世传经的背景密切相关,他本人引以为自豪并得到当时人认可的也是学术[②],所以无论论学论政,他大多以学问为凭资。此文将教育意义扩大亦可见一斑。文章显著学术思想特色则在“实行欧化主义,而不必托言国粹也”。而其行文也引用法皇拿破仑之言:“幼儿之命运,全关其母之智愚若何。”据李帆统计,1903 年刘师培著述《中国民约精义》征引西书有卢梭《民约论》、亚当·斯密《原富》;作《中国民族志》征引桑原骘藏《东洋史要》、白河次郎与国府种德的《支那文明史》、高田早苗《国家学原理》[③]。由此可见刘师培接触了大量西方文化,这也可以看出刘师培会通中西的努力。刘师培关注并接受西学,赞同留学,与当时整个社会风气以及地理位置、学派特色相关[④],此外就是他对人生出路与利益的考量,清政府奖励游学,“予以出身之阶,学成返国,不患无致用之期”。此时刘师培仍然迷恋着清廷,仍然想象着父辈的科举道路。毕竟他少年即有“神童”之称,加上“红豆三传,儒林趾美”的家庭荣耀,如果不是时局不利,博取功名应该不难。

---

① 刘师培《留别扬州人士书》,原载《苏报》1903 年 3 月 10 日“学界风潮”,转引自万仕国辑校《刘师培遗书补遗》,广陵书社 2008 年版,第 38—40 页。

② 1912 年 10 月章太炎与马良、梁启超发起函下考文苑,仿造法兰西学院,下设研究院,此事由于所需的经费太多而没有成功。所拟邀请教师名单中刘师培教群经。章太炎对其《左传》之学称赞非常,黄侃拜师亦因为刘的经学。钱玄同编《遗书》时亦以群经为首。

③ 李帆《刘师培与中西学术——以其中西交融之学和学术史研究为核心》,北京师范大学出版社 2003 年版,第 83 页。

④ 李帆《刘师培与中西学术——以其中西交融之学和学术史研究为核心》,北京师范大学出版社 2003 年版,第 61 页。

三

1903 年刘师培沿着运河从开封到徐州,从南京到扬州,又从扬州辗转到上海。他的诗词都反映了落第后的迷茫与彷徨,变换与空虚。曾经的举人、经魁,在会试出榜后只能返回扬州,途经历史名城徐州,联想到古代在这里有多少豪杰志士,成就伟业,现在想想自己的境遇,内心产生了强烈的失落与无奈。"系马台空,斩蛇剑杳,霸业都付销沉。试重向黄楼,纵目指东南,半壁控淮阴,衰草平芜。大河南北,天险谁凭?"(《一萼红·徐州怀古》)站在船上,想起这里曾经多少风流人物金戈铁马,铸就伟业,而自己只能在船上摇摆不定。历史伟人的豪壮与自己现实的衰落形成了鲜明的对比,自己的事业也随着这江水而逝。由于少年早成,刘师培自视甚高,"空叹英雄不作,竖子成名"(《一萼红·徐州怀古》),然而却又无可奈何,对于出路与真理极为迷惑,"华严弹指维摩劫,转问如何是法门?"(《泛舟小金山》)于是产生迷茫与哀伤,"烟雨幂池台",而"新歌荡古哀"(《莫愁湖》)。一路走来,充满了漂泊沦落的愁苦:"乾坤如此不归休,独向江南赋壮游。天堑敢矜形势险,名山划断古今愁。劳劳歌哭凭谁诉,历历云山淡不收。我亦天涯感沦落,年年江上棹归舟。"(《癸卯夏游金陵》)对于这个"鸾凤窜伏神龙隐"的现实,他只有"搔首江天恨有余"(《癸卯夏记事》)。对于命运难以把握,"微物乘其中,荣枯难自知"(《秋风萧瑟,池荷零落,感而赋此》),"苍狗浮云变换虚,纵横贝锦近如何?"(《癸卯夏记事》)浮云变换,自己的命运就像这浮云一样飘忽不定,时有时无,不知所措。

早年参加府试时,刘师培《咏花木兰院》一首有警句云:"木兰已老吾犹恨,笑指花枝空自疑。"①当年刘师培年方十七,诗文冠

---

① 据冒怀苏《冒鹤亭先生年谱》,学林出版社 1998 年版。

场，是岁秋闱，连中乡榜，可谓少年得志。然而诗句中却充满了暮气，有极强的急迫感和忧患感。而此次开封落第，更加强化了他的焦虑，看到宿迁道中的杏花，不免睹物神伤，由花及人，想到“天涯飘零似汝”，更念及时光流逝，“阅东风几度，看万点花飞，春光又暮，芳心自苦。惜玉颜憔悴，瑶华无语”①。他眼中所见是暮春与落花，“衰草”(《一萼红·徐州怀古》)，“残秋”(《怀桂蔚丞先生》)，“夕阳”(《泛舟小金山》)。他年才弱冠，却有“俯仰百年身似客”(《泛舟小金山》)之叹。一种对光阴流逝的感伤通过景点的描述而被表达出来，这种自然风景恒久鲜明地反衬了人世的脆弱和短暂。然而对于一个年轻人来说，诗词中的时间观念与其说是对人生的参悟，不如说是急于求成的焦虑感。

张灏说：“当我们从他(刘师培)的文章到诗作时，仿佛从一个豁然开朗的白昼世界步入了一个阴云笼罩的阴暗世界。”②而这个“阴暗世界”的形成与其传统文人的家庭背景不无关系。刘师培生时，其父爇香神前，忽潸然下泣。其叔父刘富曾在旁问：“生儿如愿，极喜庆事，何反感伤为？”③刘父当时念及家运衰弱，父辈寿命不永，中年得子，家学有人，自然感叹。然而亦无形中增加刘师培振兴家族之责任，于其一生中施无限压力，以后学业早熟，性格变异亦与此不无关系。科举会试落第后，刘师培内心极度痛苦与失望。父祖三世治《左传》，而家运不兴，经济拮据而仕途不顺，《春秋左氏传旧注疏证》三代未能完成④。生于此种家庭，刘师培接受优秀的家庭熏陶和传统文化的教育，面对祖业及祖上科举梦想都未

① 刘师培《一萼红》(宿迁道中见杏花)，《刘申叔遗书》，江苏古籍出版社1997年版，第1942页。

② 张灏《危机中的中国知识分子——寻求秩序与意义》，新星出版社2006年版，第196页。

③ 刘富曾《亡侄师培墓志铭》，《刘申叔遗书》，江苏古籍出版社1997年版，第16页。

④ 参阅郭院林《清代仪征刘氏〈左传〉家学研究》，中华书局2008年版。

如愿,无形中又增加一种忧患意识,一种心理焦虑与压力。家庭背景决定刘师培本是个走科举道路的传统文人,然而科举落第以及科举制度的改革使得刘师培处在了社会的最边缘。带着苦闷与彷徨,他在人生道路上寻找属于自己的历史舞台。

四

距离上海很近,航运发达,又是交通枢纽的扬州较早开风气之先,各式新刊书报不仅种类多,而且受众广①。刘师培早年即与报人王郁人(钟麟、无生)结交,且读过《浙江潮》②。在科举无望,父亲早逝的情况下,作为家里唯一的男丁,刘师培必须负担起养家糊口的责任,“乃从友人江都王钟麟(无生)游上海”③。夏间到上海,在梅福里遇章太炎、章士钊、陈独秀、张继、谢无量等并与之结交④。刘氏一直在家庭庇荫与母亲慈爱下生长,对人情世故是生疏的。他在上海与诸人朝夕谈论,思想日新。会试未中,心中甚为愤郁,以往的科举信念遂转向为高涨的革命观点。当时上海是国内民主革命的中心地带,章太炎在《苏报》上鼓吹排满革命,积极从事革命活动。何况他的学术著作,被章太炎誉为“胜得清酒三升”⑤。两人学问兴趣相投,都主张古文经学,从此成为莫逆之交。受章太炎影响,刘师培思想翻然一变,从此绝意科场,主动投身民

① 参阅万仕国《刘师培年谱》,广陵书社 2003 年版,第 31 页。

② 梅鹤孙遗稿《刘师培的家学渊源及其生平杂记》,《扬州文史资料》第七集,第 100 页。

③ 尹炎武《刘师培外传》,《刘申叔遗书》卷首,江苏古籍出版社 1997 年版。

④ 章士钊《论近代诗家绝句》,转引自《汪辟疆说近代诗》,上海古籍出版社 2001 年版,第 91 页;蔡元培《刘君申叔事略》,《刘申叔遗书》,江苏古籍出版社 1997 年版,第 18 页。

⑤ 章炳麟《与刘光汉书一》,《国粹学报》一。

主革命活动。有了革命前辈的提携，加上刘师培接触新鲜事物较快，并且善于学习，他似乎很快找到了实现自己人生价值的历史平台。

是年7月1日，刘师培作《黄帝纪年论》，第一个对“黄帝纪年论”进行专题论述，提出以黄帝纪年取代封建帝王纪年，认为黄帝轩辕氏“为吾四百兆汉族之鼻祖……乃造文明之第一人，而开四千年之化者也。故欲继黄帝之业，当自用黄帝隆生为纪念始”。其文公然称清政府为“北敌”，倡言“欲保汉民族之生存，必以尊黄帝为急。黄帝者，汉民族之黄帝也，以之纪年，可以发扬汉民族之感觉”。“黄帝纪年”很快为“排满革命”论者普遍接受。文章是为革命派和立宪派论战而发，“盖当时革命，立宪两党，文字相伐，互立职志，一则曰君立，一则曰共和，一则曰保教，一则曰保种。由此发轫，两方所用年号，于焉不同。前者为康梁一派，用孔子纪年，后者孙黄一派，用黄帝纪年”①。作为古文经学的传人，刘师培很偷巧地就能站在革命派一方反对“保教”②，至于说黄帝是否确有其人，其所举三条论据是否确立则在其次。与革命理论相关的“保种”之说提出了“民族者，国民特立之性质也”③，在一定程度上提出了近代国家概念，可惜未作深论，接着是以其特长作文献考据。尤其局限的是，刘氏为了论战的需要，称满洲为“北敌”，则有大汉族主义倾向，对于满洲的认识亦是错误的。

1903年10月，刘师培续黄梨洲《明夷待访录》，仿照卢梭的《民约论》作《中国民约精义》。该书宣传天赋人权，破除君权神授思想，提出人民是国家的主题口号，批判君为臣纲；主张以法立国，反对人治；要求实现民主共和，废除君权。刘师培关注民生，了解人民疾苦，利用西方的天赋人权思想，积极挽救生活在水深火热中

① 《章士钊全集》第八册，文汇出版社2000年版，第184页。

② 古文经学认为尊师为周公而非孔子，此是今古文一大分歧。

③ 《黄帝纪年论》，《刘申叔遗书》，江苏古籍出版社1997年版，第1662页。

的人民。此书影响广泛，被誉为“空前之作”。该书编纂方式是“因搜国籍，得前圣囊哲言民约者若干篇，篇加后案，证以卢说，考其得失”①。刘师培另撰有《中国民族志》。该书志在探讨中国各民族的斗争与融合，以及中国人民与帝国主义的矛盾，唤起国人的反帝意识。续王夫之《黄书》撰成《攘书》十六篇。《攘书》是以中原地区的汉族为中心，以其他民族为四裔，主张严格区分华裔之界，其意在唤起汉族人民的反清意识。

五

以往学界分析刘师培，大都沿袭王国维对中西文化的“可爱”与“可信”的两难态度进行分析，即如王汎森所说的：“从刘师培身上可以看到一种两难，一方面是反西化的西方主义，一方面又是反传统的传统主义。从他身上可以看出一个既传统又现代的学者挣扎于一个艰苦时代的痕迹。”②实际上，对于刘师培的分析，必须看到学人热衷政治与功名的考量，由于有了个人与集团利益的因素，所以论学论政多不纯粹。前期加入革命活动是如此，后期赞同复辟亦是如此。这年由于传统信仰的破灭，刘氏更为猛烈地对当权者的攻击，表现出非常革命的姿态，甚至参与暗杀。此后他自称“激烈派第一人”、“光汉子”，这当然是一种表态，因为这样不仅可以赢得革命的盛名，而且与章太炎益加相投。

刘师培善于把近代西方社会科学研究的方法和成果，吸收到中国传统文化研究中来，开拓了传统文化研究新境界。但其根本没有从学术角度去看待西学，他只是借先进的思想与方法为其中学服务与提供理论支持，虽然涉及中西，但还没有达到汇通的境

① 《刘申叔遗书》，江苏古籍出版社 1997 年版，第 563 页。

② 王汎森《中国近代思想与学术的系谱》，河北教育出版社 2001 年版，第 2 页。

界。“他不过是借西学为中学开辟道路，他的中西观，虽然主观上要求：参互考验，以观其会通，但在实际操作过程中，往往只能做到‘会’的层次，对中西学术进行简单的附会，而不能真正做到‘通’的高度”①。对于擅长文献资料，他也是本着“援古经世”的原则撰文，所以此阶段文章和后期文章主张多有相背，前期主张拼音文字，而后力主《说文》；前期说黄帝纪年，而后又大谈《君政复古论》，为袁世凯新朝拟定年号，一切以自己的主张为转移，学术成了他随意舞弄的利器。早在1906年，章太炎就对这样的做法做过批评。章氏反对将经学研究与致用联系起来，认为国粹研究应该将历史文化的客观真实性摆在第一位，而不必去寻求历史文化的现实意义。对运用西方学术原理来分析中国历史文化的作法，章太炎也作了批评②。

由于时代不同，刘师培与祖上三世的科举梦想却有着很大的不同。祖上三代以考取功名入仕，然后为官为国，走的是传统士人的老路。刘师培身处乱世，内忧外患，科考改革，国家分裂，壮志难酬，漂泊不定。他被迫改变自己的仕途，积极学习和接受西学，接触进步人士，就是为了能够寻找到属于自己的一条人生道路。1903年，科举未中的刘师培内心充满了迷茫与愤怒，社会巨变迫使他踏上了革命之路。由举子到革命人，这是他一生中多变的第一变。无论怎么转变，有一点没有变，就是他要找到一个实现自身价值的舞台。刘师培“出生于天崩地裂的时局，又素怀士大夫式的救世情怀，所以不甘做一个纯粹的学者”③。过于重名利的他希望能够在这个历史舞台上出类拔萃，树德建言。刘师培以经世致用

---

① 郭院林《清代仪征刘氏〈左传〉家学研究》，中华书局2008年版，第140页。

② 章太炎《与人论朴学报书》，《国粹学报》1906年第11号（总二十三期）。

③ 郭院林《清代仪征刘氏〈左传〉家学研究》，中华书局2008年版，第206页。

为生存准则，为找到实现自己的价值的平台，在科举无门的情况下，像其祖辈一样入幕，不过是进入了新时期“幕府”之中，跟随了新的“幕主”章太炎，也由此暴得大名，与章太炎并称“二叔”（章枚叔、刘申叔）。由于对革命并没有清醒的认识，“对革命意志不坚”，同时好意气用事①，所以当其革命逐渐失去其所追求的花环而逐渐显现艰难困苦时，他也就自然倒向革命的对面，1908年他投靠端方也就可以理解了。不管刘师培一生如何欲求政治地位与声誉，多次转变，恰如死后挽联所称：“曲径危桥都历遍，出来依旧一吟身。”②他临终说：“我一生应当论学而不问政，只因早年一念之差，误了先人清德，而今悔之已晚。”③论政虽然热热闹闹了一阵子，最终他留给后世的更多是他的学术成果。

刘师培不甘于做一个平平淡淡的人，想通过各种途径成就功名，实现自己的价值，光宗耀祖。面对纷繁复杂的政治场，刘师培没有考虑怎样从政，天真地认为知识可以改变社会现实的苦难。他是“根本不懂政治的人物，除读书不糊涂之外，做人处事无一不糊涂”④。刘师培步入革命，援古经世，正如陈平原所说：“体现了近代中国学人的追求和陷阱。”⑤一个优秀的学人摆不好自己的位置，看不清迷局，受其诱惑，也会失身落水，成为政治斗争的牺牲品。尤其是当事者以学术为晋升之阶，论政论学都不能客观对待，于学界亦不免贻害后世。

---

① 高拜石《热中功名步歧途——刘申叔近利自误》，《新编古春风楼琐记》第二集，台北正中书局2002年版，第78页。

② 陈独秀主持了刘师培的丧事，并用康有为的诗权作悼文。郭院林《刘师培年谱》，南京大学2001年硕士论文。

③ 据梅鹤孙遗稿《刘师培的家学渊源及其生平杂记》，《扬州文史资料》第七集，第104页。

④ 陶菊隐《筹安会“六君子”传》，中华书局1982年版，第245页。

⑤ 陈平原《激烈的好处与坏处——也谈刘师培的失节》，《东方文化》1999年第2期。

1903 年刘师培主要著述与活动

<table>
<tr><th>活动与著述</th><th>地点</th><th>时间</th><th>出处</th><th>主要思想</th></tr>
<tr><td>筹备会试</td><td>扬州</td><td>1903 年前</td><td>《刘师培年谱》</td><td>入仕</td></tr>
<tr><td>《留别扬州人士书》</td><td>扬州</td><td>3 月 10 日</td><td>《苏报》</td><td>教育改革</td></tr>
<tr><td>参加开封会试</td><td rowspan="2">开封</td><td rowspan="2">4 月 5 日及此后一段时间</td><td rowspan="3">《左盦词录》《匪风集》</td><td rowspan="2">吊古怀人</td></tr>
<tr><td>《卖花声》、《宋故宫》、《怀桂蔚丞先生》</td></tr>
<tr><td>《一萼红》、《扫花游》、《泛舟小金山》、《癸卯夏游金陵》、《莫愁湖》、《癸卯夏记事》、《端阳日偕地山、泽山谷人泛湖》等</td><td>徐州
宿迁
扬州
镇江
南京</td><td>5 月 6 日开封放榜，落第返扬。</td><td rowspan="2">彷徨与迷茫</td></tr>
<tr><td>离家出走，赴上海</td><td rowspan="9">上海</td><td>夏间</td><td>《刘师培年谱》</td></tr>
<tr><td>《创设师范学会章程》</td><td>6 月 12 日</td><td rowspan="2">《苏报》</td><td rowspan="2">教育改革</td></tr>
<tr><td>《论留学生非叛逆》</td><td>6 月 22 日</td></tr>
<tr><td>《黄帝纪年论》</td><td>7 月 11 日</td><td>《国民日日报》</td><td>“保种”主义</td></tr>
<tr><td>《扬州六百二十之纪念》</td><td>10 月 20 日</td><td>《江苏》第 7 期</td><td rowspan="5">经世致用、攘夷排满、民主革命</td></tr>
<tr><td>《中国民族志》</td><td>11 月</td><td>中国青年会出版</td></tr>
<tr><td>创刊《俄事警闻》</td><td>12 月 15 日</td><td>《刘师培年谱》</td></tr>
<tr><td>《中国民约精义》</td><td>10 月</td><td>镜今书局出版</td></tr>
<tr><td>《攘书》</td><td>本年</td><td>《刘申叔遗书》</td></tr>
</table>

（原载《社会科学论坛》2010 年第 1 期）

觉世的努力

——刘师培在《中国白话报》中的著述研究

1904年,以上海为中心,南方地区创办白话报达到高峰,是年存世白话报刊20余种,其中尤以《中国白话报》最具代表性。1903年12月林獬在上海创办了《中国白话报》,12月19日刊行第1期,至1904年10月停刊,共出24期。初为半月刊,1904年6月23日第13期起改为旬刊。设论说、历史、地理、传记、新闻、时事问答、学说、实业、教育、科学、歌谣等栏目。这是一份形式和内容都十分独特的报纸,公开地、不遗余力地宣传反帝救国、排满共和,具有鲜明的革命立场。它以下层群众和青少年,而不是以知识分子为主要宣传对象。因此,它使用的语言不是旧文人习用的文言文,而是通俗易懂的白话文。它的发行代办处,北至京、津,南至广州、香港,西达成都、西安,东至济南,最多时达到40多处。这使《中国白话报》发生了广泛的影响,成为辛亥革命准备时期影响最大的白话刊物。

《中国白话报》主要撰稿人刘师培(1884—1919),江苏仪征人,字申叔,号左盦。1903年他在民族主义革命阵营与学术界声名鹊起,赢得"少年国学大师"的称号,与章太炎(枚叔)并称"二叔"。他大力发掘传统文化中的"攘夷"、"民本思想",鼓吹"排满"、共和。当时革命阵营最为有力的鼓吹工具当属办报,刘师培先后为《苏报》、《国民日日报》、《俄事警闻》(后更名为《警钟日报》)等多种报纸撰稿。刘师培在《中国白话报》发表的文章,已确知的有45篇,内容涉及历史、地理、传记、学说等栏目。作为近代白话文运动的先驱者,刘师培以白话为载体,以民族意识、民权意识、科学意识为主要内容对民众进行启蒙宣传，成绩卓著，为“五四”思想启蒙运动和白话文运动做了先导。为方便读者全面了解刘师培在白话文创作的努力，现以国家图书馆藏《中国白话报》为依据，将刘师培的白话文著述内容列表、分析如下。

刘师培在《中国白话报》中的著述表格

栏目	篇名(著述)	篇数	所在刊期	刊载时间
地理	长江游/西江游/元旦述怀/论中国地理的形势/说运河/运河诗四首/论山脉·中干/论山脉·南干/讲地理的大略/论北干山脉/论亚洲北干山脉/论中国沿海的形势	12	第5期/8/8/10/12/12/14/15/16/18/21至24期合刊	1904.2.16/1904.3.31 1904.3.31/1904.4.30 1904.5.29/1904.5.29 1904.7.3/1904.7.12 1904.7.22/1904.8.10 1904.10.8
历史	学术/兵制/田赋/刑法/宗教/教育/中国历史大略	7	9/11/12/13/14/15/19、21至24期合刊	1904.4.16/1904.5.15 1904.5.29/1904.6.23 1904.7.3/1904.7.12 1904.8.20
学术	刘练江先生的学术/论责任/说君祸/讲民族/泰州学派开创/论西汉大儒董仲舒先生学术/说立志	7	9/10/11/15/17/21至24期合刊/20至24期合刊	1904.4.16/1904.4.30 1904.5.15/1904.7.12 1904.8.1/1904.10.8 1904.10.8
传记	孔子传/中国革命家陈涉传/中国排外大英雄郑成功传/攘夷实行家曾襄闵公传	4	10、13、14期连载/16、17、19/20及21至24期合刊/21至24期合刊	1904.4.30/1904.7.22、1904.8.1、1904.8.20 1904.8.30/1904.10.8
学说	中国理学家颜习斋先生的学说/黄梨洲先生的学说/王船山先生的学说/中国思想家陆子静先生学说	4	5/6/7/18	1904.2.16/1904.3.1 1904.3.17/1904.8.10

续 表

栏目	篇名(著述)	篇数	所在刊期	刊载时间
歌谣	昆仑吟/《美哉中国歌》附记/板荡集/劳民集	4	4/11/17/20	1904.1.31/1904.5.15 1904.8.1/1904.8.30
教育	军国民的教育/讲教育普及的法子/讲授国文的法子/	3	10/13/14	1904.4.30/1904.6.23 1904.7.3
论说	满江红/说法律/论列强在中国的势力	3	3/11/21 至 24 期合刊	1904.1.17/1904.5.15 1904.10.8
来稿	论激烈的好处	1	6	1904.3.1

一、民族历史与国民性

刘师培出身精研《左传》世家，谙熟经史百家典籍。追述数千年来的民族史，阐明严中外之防的《春秋》大义，依然是他宣传反清、反帝的主要方式。在《中国白话报》中，他的历史文章相当于普及读物，但民族主义色彩尤为强烈，文章多以汉族势力变化为脉络，论述自三皇五帝到近代的中国历史。在《中国历史大略》一文中，他开宗明义提出，研究中国历史第一要注意的就是“华夷的界限”。文章将中国分为四个时期，三皇、五帝、夏、商、周为上古期，系“汉族增势时期”；秦、汉、隋、唐为中古时期，系“汉族扩张的时代”；五代、辽、宋、夏、金、元、明为近古时代，系“汉族衰弱时代”；清为近世，系“异族窃占时代”，也即清兵入关建立清朝及西方列强入侵的时期①。《昆仑吟》则以歌谣的形式，叙述中华民族自远古开

① 《中国历史大略》，《中国白话报》第 19 期。

始至近代数千年兴衰演变的八个历史时期[①],阐明《春秋》"内夏外夷"大义是中华民族自立、强盛的精神支柱。面对当时的国家破败,他积极思考对策:"因思造化理,大运终循环。力尽敝五材,火中退暑寒。我欲乘风扣帝阍,为遣巫咸招国魂。旋乾转坤云雷电,说法更吐千叶莲。"诚如林獬在《附记》中所云,这"是一部二十二史,是一部民族志,其富于历史知识、种族之思想,字字有依据,而复寓论断于叙事中"[②]。为将种族革命理论进一步深化,他通过深厚的学殖,摘录鲁恭、何休、程颐、程颢、胡安国、朱熹、陈亮、郑所南、王夫之等历代思想家讲民族的话,演绎为白话,加上按语,教人们懂得"分别华夷"的道理,起而实现光复大业。"自满洲入关以后,不许中国人讲夷狄,……我们中国人,哪里能够不讲排外呢?列位列位,快点儿起来提倡民族吧!"[③]这些文章将汉族以外的政权视为对汉族的侵略,具有显著的种族意识。文章评判历史,剖露种族革命之志,提出"立国首树威,非种当先锄"[④]。其原因一方面是他的家学传承,另一方面也是整个革命阵营的主导思想。

中国为什么会沦落到列强瓜分,内忧外患不断的情形?刘师培则从国民性的角度予以剖析。他挖掘近三百年间进步思想家们重立志、重责任心、重独立、反对趋利避害、反对奴性的思想,教育、启发人们警醒、觉起,承担起救国救民的责任。他认为伪君子处事圆通,专扮出一派"平和"、"中立"的面孔,"遇着忤时抗俗的事情,他就不肯做了。……不是怕有祸,就是怕坏名",因此"专恨那一种

---

① 八个时期分别为:一是三皇五帝华夏族兴起时期;二是四夷交逼,周王室衰微的春秋时期;三是征伐拓土的秦汉时期;四是夷族入华的魏晋南北朝时期;五是收复失地的隋唐时期;六是华夏文化被破坏的辽、宋、夏、金、元、契丹、金和蒙古时期;七是汉族势力重开天的明代时期;八是神州沦陷的清代时期。

② 《昆仑吟》,《中国白话报》第4期。

③ 《讲民族》,《中国白话报》第15期。

④ 《元旦述怀》,《中国白话报》第8期。

趋利避害的伪君子”①。中国的衰亡都误在“平和”二字，只有激烈行动，中国才可以一天天好起来。他批判那些“又获名，又获利，又能保全身家妻子”的“平和党”，指出：“平和党的为害，也共洪水猛兽夷狄一样”，强调“激烈有三大好处”：一是“无所顾忌”，二是“实行破坏”，三是“鼓动人民”。大声疾呼：“如果不激烈，再过几年，连一个做事的人都没有了，可不是把中国弄的灭亡么？”②为此，他署名“激烈派第一人”。

在《论责任》一文中，他摘引顾炎武、李颙、颜元、孙奇逢、陆世仪、胡承诺、王夫之、唐甄、阎若璩、毛奇龄、李塨、焦循、阮元、魏源、鲁通甫等“近三百年大通人的话”，译为白话，加上按语，指出：“天下顶可恨的人，是个不做事。这个不做事的缘故，都是因为不晓得自己的责任。……就是国破家亡他也不管，就是夷狄乱华他也不问，就是外国来瓜分，他也不听。”这种麻木不仁、没有责任心的现状，就是“亡国灭种的大患”。他催促中国的老百姓，都要明白自己的责任，赶紧出来办事，只有这样，中国才有光复的一天③。此外，他还强调个人意识的独立性。他赞赏王艮和他的弟子韩贞、朱恕等都是不迷信古人、不迷信今人，晓得怀疑，立志做圣人的学问家。“不能争胜，就不能独立。所以这一种人，我都说他是奴性。既然是个奴性，哪里还有人格呢？”④陆九渊的学术同样“是个无所凭藉的，又是个无所依赖的”。他教做学问的人，“个个都自立，个个都平等”。唯有如此，才能扫除奴性，才能独立自主，才能立志。“大约人的志气，是个做事的先导。……大约不晓得立志的人，都由于不晓得自立。唯有不假他人的人，方才能够叫做独立”⑤。革命是惊世骇俗、空前绝后的大事业，那种奴性十足、瞻前顾后的人，是不

① 《刘练江先生的学说》，《中国白话报》第 8 期。

② 《论激烈的好处》，《中国白话报》第 6 期。

③ 《论责任》，《中国白话报》第 10 期。

④ 《泰州学派开创家王心斋先生学术》，《中国白话报》第 17 期。

⑤ 《中国思想大家陆子静先生学说》，《中国白话报》第 18 期。

可能有勇气投身其中的。这些较早分析国民性的文章,是刘师培宣传御辱、反清的重要内容与特色。

二、地理学与爱国主义

以中国地理学宣传爱国主义、宣传革命,是刘师培文章的一大特色。《中国白话报》第11期发表了梅岩的《美哉中国歌》,歌词满怀激情地赞美中国交通便利,物产丰饶,“我国民兮我中邦,必飞扬腾踔而无对兮!”刘师培为之作《附记》,热情地向读者推荐,认为读了这类歌谣,“爱国的心,自然油然而生了”。在《长江游》、《西江游》、《论山脉》、《论北干山脉》等文章中,他详细、系统地介绍了长江、西江(珠江)的发源地、主流和支流的流经区域,中国北干、中干、南干三大山系的发源地、正干和支干绵延的区域,进一步帮助人们了解祖国的山川形势,感受祖国山河的壮丽,激发爱国之心。在普及地理知识的同时,他还介绍了列强瓜分中国领土的历史。近代中国的衰弱,列强入侵是外因,内因则是清政府的腐败无能,投降卖国。辽东半岛的旅顺、大连、山东半岛的胶州湾、威海卫,上海的吴淞,浙江的定海、镇海,福建的厦门,广东的虎门,都是沿海的险要,海防的重镇。可是,“满清政府里面,把胶州让德,把广州湾让法,把沿海的形势,弄得一点儿都没有,就是外国来瓜分,也都是一点儿不能抵抗的了”①。西江发源地云南南境也被英法两个列强占领,并通过连接境外的铁路来加强统治的侵略行为。西江由云南流入广西,干流、支流遍布广西全境,这里却已经落入了法国的势力范围。出广西东镜重镇梧州,西江便流入了广东西境,再向东至广州,南折入海。这里,就是近代西方列强入侵的起点:“广州的南边,有几座大角、小角的炮台,都很坚固的。到了道光的时

---

① 《论中国地理的形势》,《中国白话报》第10期。

候，又被英人陷下去。所以广东的省城，被英人夺过两回，香港、九龙的地方，都做英人的属地，可不是广东的大耻么！”①

刘师培还利用地理学来阐述内夏外夷的思想。“中国的地方，是我们汉族的中国，不是他们异族的中国，……我们不把中国的地方复过来，哪里能够对得住黄帝呢？哪里能够对得住国民呢？列位列位，快点儿起来光复吧！”与民族主义革命派在南方起事相呼应，他还把地理学的研究同未来的革命战争联系起来，指出：“不晓得地理的形势，就不能晓得古今的战争”；不晓得古今的战争，就不会打未来的战争。他认为，中国的地理重心，秦、汉以前在西北，魏晋南北朝时期移至江淮以北，唐宋时期则移到了江南。南方是最好用兵的地方，明末抗清最激烈的地方在江南，吴三桂起兵云南，太平天国起兵广西，都是证明。“这样看起来，南方的地方，一定是可以起事的了。况且现在南方的人，明白的很多，交通又很便当，所以光复的事情，都要由南边做起”。在详细介绍了北干、中干、南干三大山脉的发育、延绵状况以后，他指出，南方的山区，必然是未来中国革命战争首先爆发的地方。“南干的山脉，是个顶长不过的。大约中国到了现在，南边的地方，是个最有可望的。南边的好处，都是因为山谷众多。既然山谷众多，这地方自然险要了。……如若要实行光复，都是要从这地方动手的”②。近代中国，资本主义经济最先在南方特别是在东南沿海的省份发展起来，资产阶级、小资产阶级群体最先形成于南方，民主思想最活跃的地区也是在南方。太平天国、戊戌维新、辛亥革命，中国近代三大革命运动的领袖都出生在南方，绝非偶然。

刘师培凭借他渊博的学识，清晰的头脑，细致的分析，得出了“光复的事情，都要由南方做起”的结论。辛亥革命的实践，证明了他的预见。他甚至为革命胜利以后的边防问题作出筹划，他认为，明代以前，边患主要来自北方，边防的重点在北疆的陆上防卫。明

① 《西江游》，《中国白话报》第8期。

② 《论中国地理的形势》，《中国白话报》第10期。

代倭寇起，东南海防问题开始出现。到了近代，西方列强频频从海上入侵，东疆海防成为边防重心。“中国果然光复，沿海的防备，是万万不可少的。没有海防，就断断不能立国”①。

三、民权与民主革命

攘夷排满、反帝救国而外，刘师培在文章中更多地关注民权，即“挣政治的事业”，并把它与“挣国土事业”、“挣种族事业”同列为中国要做的三件大事之一。作为近代知识分子的他又从法律制度的角度批判封建专制主义。他指出，“中国的政体都是君主专制。”在这种制度下，法律不是体现人民的意志，而是君主的意志，“皇帝的意思就是法律”，百姓根本没有参与制定法律的权利；法律只对百姓有约束力，“做皇帝的人不受法律约束”②。中国自古以来法律的制定是以礼制为主，不似外国以权利为主，“但礼制两字，本是专制的护符，依礼制定刑，自然就不能平等了。所以中国的法律，是最重君权、父权、夫权的，把臣权、子权、女权，弄得一点儿都没有。凡侵犯皇帝共在家庭犯罪的，不问是非都说他是大逆。这样看起来，中国的刑法，以权势为主，并不以公理为主”。中国不仅有阶级压迫，而且还有民族压迫，尤其是辽金元清时代的法律“是个极不平等的，又是个极惨虐不过的”。在辽国，“凡契丹杀汉人的，一概不加罪，蕃民把汉人打死的，不过拿牛马抵偿。到了汉人打死蕃民，却要抵命，还要把他家内的人，没为奴婢”。至于清朝，刑罚“是个顶惨毒不过的。况且满人的刑罚，决不平等。满人欺负汉人，到了汉人告状，都是汉人理屈，满人打死汉人，还可以不偿命。这种不合公理的刑罚，真真是五洲万国未有的了，哪里能够不革命?”他得出结论，中国的法令，“是个专制国的法令，不是立宪国的

① 《论山脉(南干)》,《中国白话报》第 15 期。

② 《论法律》,《中国白话报》第 11 期。

法令;是个族治国的法令,不是民政国的法令。所以所用的刑罚,大抵还是野蛮。中国果然要光复,都要改变法令”①。这种法律上的极端专制、极端不平等、极端酷虐,就是中国人民要革命、要光复的重要原因之一。他说,革命以后,仿效西方的三权分立和司法制度,把法律的制定权交给百姓。

深厚的学术根基与传统文化的底蕴让他很容易对封建文化予以有力一击。他指出,孔子的学术之所以能够被统治者垂青,“是因为孔子的说话,共他们所行的专制政体,很有相近的地方,有名分尊卑的话头,很可以压制百姓,所以把孔教尊的了不得。……就是夷狄入中国,也要用孔子的学术来愚弄中国人民。所以孔子的学术,就一天一天大起来”。孔子的学说同专制政体有什么相同的地方?答案是:“孔子的意思,最重君权。……说皇帝最尊,是个受上天敕封的,皇帝以下无论甚么臣民,都是一同儿受皇帝统治的。”在伦理上,孔子“着重私德,不着重公德。他说的话,大约都是个人对个人的伦理。所以他对齐景公说道,君君臣臣父父子子”②。古文经学的家学传统,让他排斥将孔子立为教主的做法,同时能洞悉历代帝王利用孔子加强思想统治的居心叵测。

他进一步从观念上指出,迷信与愚昧是封建专制主义的护身符。封建帝王为了证明自己的统治的神圣不可侵犯性,编造出了天人感应、君权神授的谎言,声称人世之外,还有一个上天的世界、鬼神的世界。说上天也是一个神,“上天是能够兼管人世的,所以人间的祸福,都是听天作主。又说皇帝是个天子,皇帝直接受天统治,百姓间接受天统治”③。他吸收近代西方的天文学知识,解释天象。指出所谓天,其实是一个由无数星辰构成的宇宙。太阳系是宇宙中的一个星系,太阳是恒星,围绕它旋转的有 9 颗行星,地球就是其中的一颗。他解释说,风雨雷电都是自然现象,而不是什

① 《刑法》,《中国白话报》第 13 期。

② 《孔子传》,《中国白话报》第 10、13、14 期。

③ 《宗教》,《中国白话报》第 14 期。

么“天意”的征兆。风、雨、露、冰、雪、雹是“湿热两气做成的”；彩虹是下雨初晴的时候，太阳光照射在雨滴上而形成的；打雷和闪电是一种放电现象；月亮是得了日光才在夜间发亮，恒星才是“自己吐光照夜”。“这种道理，都是地文学，共天象有关系的。从不通的人看来起，都说是象垂于天了。他哪里晓得各种天文，都是在地上发源的呢，这就真真可笑了”①。

他根据达尔文的生物进化论阐述了生命的起源，生物由藻类逐渐演变，“到了鸟兽孳生以后，又渐渐的变成人类。这都是地质生物的妙用，也是天演自然的次序”。自然界遵循“天演”进化的过程，人类社会同样适于“天演”进化的过程。由此，他以社会进化为依据，论证封建制度必然要让位于资本主义制度。今天所以要革命，就在于专制恶劣，君权不好，革命就是要改变这种君主专制的局面，代之以民主制度②。他把中国古代大思想家们说的话，“凡牵涉平权自由的”，摘录出来，演绎成白话，教人们“懂得革命两个字，也是中国的通人很赞成的，就是颠覆政府的事情，也是有人做的了”③。古人“限君权，张民权”，今日的民权革命是符合古人之道的④。他所主张的革命，不再是历朝历代那样以暴易暴，封建王朝的重复，不是商汤、周武王一类的革命，不是王公的革命，不是代表“个人意思”的革命，不是出于“一家一姓的兴亡”的革命，不是“变异君位”的革命，而是像陈涉一样的农民、士兵的革命，是百姓的革命，是“出于国民公意”的革命，是法国大革命一类的革命⑤。这些评论虽然显得牵强附会，但毕竟借此点明了反清革命的民主性质、反封建性质。

---

① 《讲地理的大略》，《中国白话报》第 16 期。

② 《讲地理的大略》，《中国白话报》第 16 期。

③ 《论君祸》，《中国白话报》第 11 期。

④ 《西汉大儒董仲舒先生学说》，《中国白话报》第 21 期。

⑤ 《中国革命家陈涉传》，《中国白话报》第 16、17、19 期。

四、革命途径与军国民教育

刘师培力主用激烈的手段来实现革命的目标。他极为推崇"中国激烈派"代表刘永澄。刘永澄生当明万历年间,在宦官专政、朝臣弄权、政治腐败、世道颓废之际,他不怕招祸,不怕坏名,不顺世媚俗,不随波逐流,忤时抗世,高风亮节,砥柱颓波。由此看来,"刘先生的宗旨,可不是顶激烈的么!"今天的中国,最缺少的就是这种激烈的精神,最需要的就是这种激烈的精神。"中国的人个个说平和,个个主中立,就没有一个讲激烈的了"。要矫正这种弊病,"不用激烈的手段,断断不行"。更何况,中国现在的时局,内忧外患,"危急的了不得,再不用一种激烈的手段,哪里能把事情办得成功?……就是这一班讲排满革命的新党,还是不能实行激烈的手段,中国的前途,真真是无望的了"①。

他反复强调:"现在的中国,除了激烈两个字,无论用哪种主义,都不能好起来。"于是他明确主张要"实行革命"、"实行破坏"、实行"暴动",用暴力革命的手段去推翻清朝统治。"天下的事情,没有破坏,就没有建设。这和平党的人各事都要保全,这激烈派的人各事都要破坏。我明晓得这破坏的人断断不能建设,但是中国到了现在,国里头的政府既坏的不堪,十八省的山河都被异族人占去了,中国的人民不实行革命,断断不能立国,就是破坏两字,也是断断不能免的了"。日本的倒幕战争,青年意大利党人的起义,巴黎革命,奥国革命,"哪一个不是破坏的事?况且中国的事情,没有一桩不该破坏的。家族上的压抑,政体上的专制,风俗、社会上的束缚,没有人出来破坏,是永远变不好的。……所以由我看起来,无论甚么暴动的事情都可以出来做,就是把天下闹得落花流水,也

---

① 《刘练江先生的学说》,《中国白话报》第9期。

不失为好汉”。“没有这激烈派的人，就不能做空前绝后、惊天动地的大事业”。他批驳那种革命会破坏社会秩序的论调：“虽破坏的时候，各事扰乱，中国的百姓都要吃亏，但不吃这种亏，是断断不能享福的。”[①]1904 年 11 月 19 日，刘师培与万福华在上海设计并参加行刺王之春行动[②]。1904 年，拒俄运动高涨，王之春却采取联俄的举动。刘师培、林獬决心用暗杀手段，予以严惩。暗杀未遂，刘师培被拘一天后方还。刘师培策划的暗杀案，“倡导了长江下游对于满清亡国君臣直接行动的先声，激发了一股革命青年杀身成仁的志气”[③]，也为自己赢得了很高的社会声誉。

与手段上的激烈主张相呼应，刘师培提出了实行军国民教育的意见。所谓军国民的制度，就是“全国皆兵的制度”；军国民的精神，就是全民“尚武”的精神。“我们中国的百姓，不晓得尚武的道理，就不能一天立国了”。全民皆兵，人人尚武，就不愁没有驱逐列强出中国之一日，就不愁没有排满光复之一日。“军国民的教育，是现在教育中顶要紧的”。如何进行军国民的教育？他提出了三条。第一，要注重“精神教育”。精神教育之中，又要首重爱国思想的教育。要让军人懂得打仗是为了百姓，为国家，而不是为皇帝一家一姓；懂得为保卫国家而打仗，也就是保卫自己的小家。“不能守国，就连自己的身家，一同儿都没有了”。其次，要进行“名誉心”的教育。要改变贱视从军的陈旧观念，树立当兵荣耀的思想。要培养士兵勇往直前的精神，树立为国献身光荣的思想。“大约军事顶好的事情，是个不顾自己的一身，代百姓保国，就是旧话所说的国而忘家了”。第二，要教士兵读书写字，掌握文化，了解国家的防务，了解战争史，研究战例，掌握海战陆战的要领，“懂打仗的法

① 《论激烈的好处》，《中国白话报》第 6 期。

② 参见《文史资料选集》第十九辑，《章士钊全集》第八册，第 150—154 页。

③ 张曼西《辛亥招募革命骑兵记》，《中国近代史资料丛刊·辛亥革命》第 7 册，上海人民出版社 1957 年版。

子”。没有知识的军人不过一介武夫,智勇双全才能成为常胜将军。第三,“要有强力”,让士兵有强壮的体魄。有了这种军国民的精神,“还有甚么不能光复的呢?”[①]早在 1903 年拒俄运动兴起之初,日本东京的中国留学生就发起成立军国民教育会,进行军事训练,准备开往拒俄前线。上海爱国学社闻讯,也成立了军国民教育会,进行操练。刘师培的军国民教育思想,即渊源于此。

五、白话文主张与影响

1904 年 1 月 17 日,刘师培在《中国白话报》上首次发表白话文章《做百姓的事业》,一年多时间在该刊及《扬子江白话报》上发表几十篇白话文,参与编辑《中国白话报》与《安徽俗话报》[②]。文学进化有一大关键,即由古语之文学变为俗语之文学。刘师培在很多文章提到语言的通俗化,在这方面刘氏可以说是先天下倡。1904 年 4 月,刘师培在《警钟日报》发表过《论白话报与中国前途之关系》一文,指出白话报对于中国普及近代文明的极端重要性:“白话报者,文明普及之本也。白话报推广既久,则中国文明之进步固可推矣。”他认为,当今的世界,是民族主义流行的时代,是自由民主流行的时代。要驱逐列强在中国的侵略势力,要推翻清朝封建专制统治,实现中国的独立和自由,不能仅仅靠少数知识分子和社会上流,更多地要依靠人数众多的下层群众;革命宣传的对象,更多地要面向那些种田的、做手艺的、做买卖的、当兵的。要使他们读书识字,要使他们读得懂听得明白,非用白话文不可。文言之报,“仅适于学士大夫之目,而不适于农工隶卒之目也。且中国之民,号四百兆,而农工隶卒之数,数倍于学士大夫。今聚四百兆之民,而受报界之影响者,仅及于上流社会,何其与文明普及之旨

---

① 《军国民的教育》,《中国白话报》第 10 期。

② 参见万仕国《刘师培年谱》卷一,广陵书局 2003 年版。

向背与?”中国的文字,偏重于文言文,与白话文脱节,一般人识字读书颇多困难。白话文则是口头语言与书面语言的统一,一般人识字容易,阅读也容易。“盖语言与文字合,则识字者多;语言与文字分,则识字者少。……故白话报之创兴,乃中国言文合一之渐也”。白话报足“助觉民之用,上至卿士,下至齐民,凡世之稍识字者,皆可家置一编,而觉世之力愈广矣”①。甚至有一段时间认为汉字阻碍表达,撰有《中国文字流弊论》,提出了改革的策略:“宜用俗语”、“造新字”。

钱玄同对刘师培的小学特点与成就进行了全面分析和评价,认为刘氏前期研究小学,有三个创举:一、“就字音推究字义”,二、“用中国文字证明社会学者所阐发古代社会之状况”,三、“用古语明今言,亦用今言通古语”。而“其关于应用者,刘君以为宜减省汉字点画,宜添造新字,宜改易不实用之旧训(说见《攘书·正名篇》及《外集》卷六《中国文字流弊论》);宜改用拼音字,宜统一国语(说见《读书随笔》“音韵反切近于字母”一条)。凡此数端,甚为切要,近二十年来均次第进行,可谓先知先觉矣”②。

刘师培的白话作品大多集中发表于《中国白话报》。他在四十余篇文章中,从历史、地理、教育、学术各个侧面,反复地宣讲“夷夏之辨”思想、民权思想,反复宣讲激烈的好处,鼓动人们投身“排满革命”,实现“光复”大业。这些作品在辛亥革命前期发挥了宣传革命、鼓舞群众的作用。阿英在《传记文学的发展》中曾经对刘师培这部分作品的贡献进行过肯定:“在辛亥革命的文艺斗争中,还非常突出的运用了‘人物传记’的表现形式,通过人物的介绍与论评,获得了很大的宣传效果。我们不能忽视当时文史工作者在这一方面投入的巨大劳动。用历史教育了人民,宣传了革命。……当时的作家们,在各种白话报上,编写的白话传记有:《黄帝》、《孔子

① 万仕国辑校《刘申叔遗书补遗》,扬州广陵书社 2008 年版,第164 页。

② 钱玄同《刘申叔先生遗书》序,《刘申叔遗书》,江苏古籍出版社 1997 年版,第29 页。

传》、《中国革命家陈涉传》、《中国排外大英雄郑成功传》等……都是宣传民族革命、爱国主义和武装起义的。”①这三篇即出自刘师培手笔。刘师培白话文题材繁多，除了传记文学作品之外，还有论说文、叙述文、游记文等，其中论说体从中国传统文体发展而来，刘师培充分发挥了这种文体的游说风格，但却用白话写成，因而既平易近人，又深入人心。游记体则于山川形胜的自然美中寄托了对国家处境及人民生活的思索，蕴藉深刻，启人深思。在介绍地理知识中，穿插历史与现实的中国处境，以此唤起群众的爱国心和自豪感，激发起民众的革命意识。

总体而言，刘师培的白话文创作，在内容上揭露列强的入侵，宣传民族革命，启迪民智，进行近代教育，在艺术上则荟萃众流，归于实用，造语平浅，在晚清反帝救亡、争取民族独立的斗争中发挥了重要作用，闪耀着民族革命思想的光辉，实开“五四”时期白话文创作的先河。

（原载《云梦学刊》2011 年第 6 期）

① 《传记文学的发展——辛亥革命文谈之五》，《阿英文集》，三联书店 1981 年版，第 835 页。

逃逸与出路

——1905—1906 年刘师培著述与活动透析

一

1905 年兴中会、华兴会、光复会合并组成以孙中山为首的同盟会。同盟会把革命运动带到一个新阶段，“革命派有了统一的组织、纲领和领袖”①。这一年，中国知识分子逐渐认识到当时中国的主旨是统一和民族主义。以往对于朝廷的批判更加显露，清政府与革命党人的对立趋于尖锐。与此同时，中国境内秘密会社日益发展，在 1906 年成为中国境内最活跃和最强大的反政府力量②。作为这时期激进知识分子一员的刘师培，在遭到清廷通缉后，四处逃窜，加入同盟会与秘密会社，积极思考国家与个人的出路。

刘师培(1884—1919)，江苏仪征人，字申叔，号左盦。明末清军南下时，扬州人民曾进行了英勇地抵抗，遭到了清军野蛮地屠杀。这里汉族人民的反清民族意识一直非常强烈。从刘师培写的《邗故拾遗》、《广陵三奇士传》等大量诗文中，可以看到扬州人民的反清斗争传统曾给以他很大的思想影响。而刘师培在青少年时期

① 李泽厚《中国近代思想史论》，人民文学出版社 1979 年版，第306 页。

② 相关论述参阅费正清编《剑桥中国晚清史》第 9 章第 2 节《革命的联盟》，中国社会科学出版社 1985 年版，第 549 页，560 页。

广泛阅读的大量封建文化典籍，其中也有一些如黄宗羲《明夷待访录》、王夫之《黄书》这样的进步著作，这为他民族民主思想的形成提供了一定的营养。1903 年他崭露头角，在民族主义革命阵营与学术界声名鹊起，赢得“少年国学大师”的称号，与章太炎（枚叔）并称“二叔”。

但从 1905 年起，刘师培开始了一段漂泊逃逸的生活。3 月 25 日，《警钟日报》因抨击清政府外交上的失败引起德国领事馆的注意，报馆横遭查封。刘师培系主笔，被通缉。于是他化名金少甫，逃往浙江嘉兴，隐藏在平湖大侠敖嘉熊家，助理“温、台、处会馆”事①。是年 9 月 8 日，他以光复会会员身份加入同盟会。10 月，刘氏应陈独秀、洪泽丞邀请，赴芜湖安徽公学、皖江中学、赭山中学任教。在进步学生中，他组织“黄氏学校”，密谋“暗杀”工作。后又参与组织岳王会，与陈独秀、柏文蔚、李光炯效法岳飞抗击金兵、至死不变的精神，竭力于排满复汉的革命斗争②。1906 年冬天，刘氏因在安徽公学用革命思想讲授历史和伦理学，公开宣传反满反清革命，引起清政府的注意。鉴于清廷监视日严及对革命党人迫害日烈，刘师培听从马君武建议，应章太炎等人的邀请，于 1907 年 2 月 13 日携妻何震，姻弟汪公权并苏曼殊一起，东渡日本③。

生活虽是漂泊，但刘师培在 1905、1906 两年间著述十分丰富，仅诗词就有 70 余首。正如周作人所说：“在他的笔下，没有做不好的文章。”④汪辟疆在《光宣诗坛点将录》中将刘师培比作“地飞星八臂哪吒”项充，位于章太炎与黄侃之间。汪辟疆认为刘师培“博学瓌词，一时无两”，其诗“由亭林上窥浣花，气韵深稳。又五言出

① 陶菊隐《筹安会“六君子”传》，中华书局 1981 年版，第 122 页。

② 陶菊隐《筹安会“六君子”传》，第 122 页。沈寂《辛亥革命时期的岳王会》，《历史研究》1979 年第 10 期。

③ 马以君《苏玄瑛（曼殊）》，柳无忌《南社人物传》，社会科学文献出版社 2002 年版。

④ 周作人《北京大学感旧录》，《文史资料选辑》第 83 集，第 156 页。

入鲍谢，自然高古。入蜀以后，诗境益拓，气体益高，盖学人而兼诗人也”①。刘师培诗词创作以杜甫为宗，因为类似的流徙经历与对人生的感悟，风格亦显得沉郁苍凉，此间作品几乎都表露出失望、伤感、愤懑的情绪。

四处逃亡的生活，使刘师培常常感怀自己漂泊无定，无所作为。“孤鸿飞江渚，万里渡潇湘”（《孤鸿》），正是从上海遭通缉到逃亡嘉兴、芜湖辗转生活的写照。由此而产生忧郁，“西风吹湘水，鸿雁有哀音”（《古意》）。在《咏怀》（五首）中，刘师培愁苦不堪，“我生如飘蓬，天地安可托”。这种感情来源于生存困境，“霜露逼岁寒，朝开暮已落”。而诗人同时也在思考人生的抉择，诗中以被捕获的网中之鱼和飞入树林的林中之鸟的形象来表征两种生存选择，他自己选择了后者，“宁为投林鸟，不为吞钩鱼”，“君看投林鸟，犹借一枝居。游鱼吞钩去，何时返江湖”（《杂咏》两首）。漂泊途中，刘师培不免生思乡怀亲之情，“冀北雪花飞，鸿归人未归，衡阳春色暮，系帛汉时宫，云山隔万重”（《菩萨蛮·咏雁》），“采之寄所思，所思在东海”（《幽兰吟》）。

素怀“修齐治平”理想的刘师培在恶劣的现实状况下无法施展抱负，空余感叹，“嫦娥漫诩通灵术，大地山河已不同”（《寒夜望月》）。在刘师培笔下，多用“幽兰”这一意象，一方面表现传统知识分子的高洁怀抱，另一方面又无所作为，不免伤怀，于是“芙蓉泣湘江，幽兰愁澧浦”（《效长吉》）、“幽兰纫佩空相赠，椒椴当帷已不芳”（《楚词》）。刘师培许多诗中自比屈原，内心常陷入孤独绝望，时时流露出矛盾、彷徨与迷惘，“风骚共推激，英贤遇坎坷”（《读楚词》集杜）。不知向何处去，也有欲避世外的想法，“漫说桃园堪避世，武陵犹有问津人”（《书怀》）。即使如此，刘师培却没有放弃，始终坚守理想，也不乏气魄之作，“快此际，乘风破浪，指东南，九万里鹏程，立向蓬莱高处，目断瑶京”（《一萼红·题碧海乘桴图》）。四处

① 《光宣诗坛点将录》，《甲寅》刊载，转引自张宏生《汪辟疆说近代诗》，上海古籍出版社 2001 年版，第 91 页。

漂泊使他不禁感慨时光易逝，“堪叹好梦烟消，年华水逝，俯仰悲陈迹”(《壶中天慢·元宵望月》)。“春去也，落花流水，毕竟春归何处，游丝横路，那挽得韶华小驻”(《长亭怨慢·送春》)。感慨之余，刘师培寻找着属于自己的历史舞台。

二

受传统的“夷夏之辨”思想的熏陶，加以“家贫不能自给”[1]，使得刘师培从幼年起就较多地接触到当时中国的黑暗现实，激起对社会的不满与怀疑。刘师培正是带着这种破产小生产者较多的哀怨情绪和易于偏激的反抗精神，被卷进民主革命的潮流。在这种哀怨情绪和偏激反抗精神指导下，他就比较容易接受当时种种新颖的改革社会的思想学说。面对当时国事混乱不堪，外国势力蚕食中国，刘师培认为这一切都得由满人负责，因此种族革命与政治革命并行不悖[2]。为此，他坚持“排满革命”的宣传，赢得很高声誉。早在1903年，刘师培首倡“黄帝纪年”，很快为“排满革命”论者普遍接受[3]。张继称赞他“以光复汉族为职志，孕育磅礴，振聋发聩，其勇气尤大，有过人者”[4]。

但他不甘仅仅作一个革命理论家，还积极投身当时的革命暗杀活动中去。

这一时期革命人士推崇“暗杀”、“恐怖革命”等信念。梁启超曾在檀香山参加秘密会社，1900年发表演说赞成暗杀行为，至1904年10月还称誉俄国的恐怖分子，说：“大哉刀剑！圣哉炸

---

① 见《刘申叔遗书》卷首，江苏古籍出版社1997年版。

② 《普告汉人》，民报临时增刊《天讨》。

③ 《章士钊全集》第八册，文汇出版社2000年版，第184页。

④ 张继《序》，《刘申叔遗书》卷首。

弹!”[1]1904 年春,由蔡元培发起在东京留日学生中成立秘密暗杀团,计划从搞政治暗杀入手,逐步行刺大清王朝政府各级掌权官员,最终行刺杀掉慈禧太后,彻底推翻大清王朝的封建统治。1905 年 9 月 24 日清政府出洋考察五大臣在北京车站被炸。刺客吴樾自己被炸裂胸腹,手足皆断,当场身死,后被孙中山称赞为“浩气长存”。

作为有识之士,刘师培认为中国形势已万分危急,只有用破坏、暴力的手段进行革命,主张实行暗杀。1904 年 11 月 19 日,刘师培与万福华在上海设计并参加行刺王之春行动[2]。1904 年,拒俄运动高涨,王之春却采取联俄的举动。刘师培、林獬决心用暗杀手段,予以严惩。暗杀未遂,刘师培被拘一天后方还。刘师培策划的暗杀案,“倡导了长江下游对满清亡国君臣直接行动的先声,激发了一股革命青年杀身成仁的志气”[3],也为自己赢得了很高的社会声誉。

在芜湖安徽公学任教期间,刘师培以教员职业为掩护,积极进行革命活动,组织黄氏学校,从事暗杀活动。他后来参与组织岳王会,“与李光炯诸友,皆歃血为盟加入团体”,“盖岳武穆抵抗辽金,至死不变,吾人须继其志,尽力排满”[4]。岳王会意在效法岳飞抗击金兵、至死不变的精神,竭力于排满复汉的革命活动。皖南革命之风,自此始兴[5]。

对于革命活动,刘师培较早深刻地看到其中问题。1905 年 9 月 29 日,刘师培撰成《醒后之中国》,该文认为,爱国主义思想不仅表现在外国打来时挺身而出,抗击外敌,捍卫国家和民族的利益,

---

① 参阅费正清编《剑桥中国晚清史》第 9 章,第 549 页,560 页。

② 参见《文史资料选集》第十九辑,《章士钊全集》第八册,第 150—154 页。

③ 张曼西《辛亥招募革命骑兵记》,《中国近代史资料丛刊·辛亥革命》第 7 册,上海人民出版社 1957 年版。

④ 柏文蔚《五十年经历》,《近代史资料》1979 年第 3 期,“抵抗辽、金”有误,当为抗金。

⑤ 陶菊隐《筹安会“六君子”传》,第 122 页。

而且还表现在日常的具体事业上。"所谓既醒之中国人也,能自牺牲其人是也:或牺牲其身以钻研科学,输入智识焉;或牺牲其身以诛杀盗贼,炮弹自焚焉;或牺牲其身以尽瘁教育,作成人才焉。醒之途万,报国之途万,要须各尽其一分子之职分,殚精竭力,死而后已"。这样,我们的国家就有希望了。反之,如果整天高唱爱国调子,不脚踏实地干,那就不行,"徒拾革命排满之空说,附和保皇立宪之谬论,自命曰志士志士,曰吾既醒矣。此等志士日多则中国日危"。不论革命还是改良,空谈是危害无穷的。

该文还独特地提出了宗教民族的问题,实际上是一个对国民进行爱国和民主教育的问题,指出:"国民必有宗教。宗教者,进化之伴侣也。然世运日新,犹太之古箴,断不足为不变之圣典,且上帝非实有。新中国宗教者以国家为至尊无对,以代上帝,一切教义,务归简单,且随人类之智识,经教会若干议员之允可,可得改良。既经群认为教义,则背之者为叛国家,由众罚之,以代地狱。有功于国家者,若发明家,侵略家,教育家,由众赏之,以待天堂。"①这里明确提出国家至上的主张,明显是鉴于当时外侵而发,是其民族主义思想中反帝救国、争取民族独立思想之一端。

《醒后之中国》一文是光辉灿烂的篇章,却有些美中不足。刘师培在文中狂热地幻想将来中国要以汉族为中心,"宗主地球",在世界上称王图霸。这显然是中国封建社会传统的王霸思想与天朝大国思想加上次帝国主义心态在他身上的反映,这些思想在很大程度上冲淡了其思想的光彩。

三

刘师培尝试多种救国途径,而文化救国是其一贯主张。在经

① 刘师培《醒后之中国》,《醒狮》第1期,署名"无畏"。

历了仕途梦想破灭和革命活动的洗礼后,刘师培特别注意通过教育开启民智,提出了振兴地方教育,通过教育救国的主张。

清末"新政"首先改革教育,1905 年 9 月 2 日废除科举。刘师培亲身经历这些改革,在 1902 年江南乡试中,刘师培中第十三名经魁[①]。这是中国历史上首次废试八股文[②],考试内容在传统四书五经经义外,新增加中国政治史事论与各国政治艺学策,对现实的关注明显加强。刘师培对这些改革密切关注而且感情复杂,他自小擅作科场文章,然而科举废除将其显亲扬名的仕途幻梦击碎。

关注基础教育是刘师培的一贯主张,1906 年他所编的小学教科书五种:《经学教科书》、《伦理学教科书》、《中国文学教科书》、《中国历史教科书》、《中国地理教科书》,由上海国学保存会全部出齐,为后世相应学科的发展作出了重大贡献。在《中国地理教科书》中,刘师培热情地歌颂祖国山河的壮丽,激励人们的爱国思想和反抗精神,科学地揭示了地球和生物的起源,解释自然现象,批判天人感应和君权神授说。《伦理学教科书》是中国近代最早以西方资产阶级伦理学说为指导编写的较为系统地阐述伦理学的著作,是刘师培建立中国近代资产阶级伦理学的实践。《中国历史教科书》是中西学术交汇的产物,"不专赖中国典籍。西人作中国史者,详述太古事迹,颇足补中史之遗,今所编各科,于征引中国典籍外,复参考西籍,兼及宗教社会之书,庶人群进化之理,可以稍明"[③]。这也是中国新史学的尝试。

刘师培对于中国的教育改革是有清醒认识的。他在《论中国教育之弊》一文中愤激地说:"教育愈普及,则中国愈危。"之所以如此,是因为创学者无培人才之意,肄学者以求升迁。针对此种弊端,刘师培亦提出应对之法,"欲矫此弊,于入学之童,均需先定其

---

① 梅鹤孙遗稿《刘师培的家学渊源及其生平杂记》,《扬州文史资料》第七辑。

② 商衍鎏《清代科举考试述录》,三联书店 1958 年,第 65 页。

③ 《中国历史教科书》第 1 册,《凡例》,第 16 页。

趋向，仍属空言也。广兴实业，以富庶民，使家给人足，庶出而求学，不致持速成之见，以自锢其心”①。

对于地方教育，刘师培极力倡导设立藏书楼。1906 年 8 月 9 日，他在《国粹学报》第 19 期上刊登《论中国宜建藏书楼》，认为建立藏书楼，是保存国学、复兴古学的重要措施之一，能为人们研究历史和古代文化创造必要的条件。为此，他建议各州各邑“普编书籍志，博采旁收，悉著薄录，他日按薄而稽，见存之籍，则檄郡邑上其书；秘异之编，则命写官录其副……此则国学昌明之渐也”，并专门撰写《劝各省州县编辑书籍志启》，拟定了编辑凡例。终于至 1906 年 11 月，国学保存会藏书楼开楼，“东南文献，或在于斯”②。

刘师培率先清醒地意识到保存民族文化的重要性。1905 年正月二十日(2 月 23 日)，《国粹学报》创刊于上海。刘师培任该刊主笔，发表系列文章，总结、阐发我国学术，大力倡导国学。该刊以“发明国学，保存国粹”为宗旨，以国学“救亡图存”。刘师培宣传以国学为“立国之本”，保存国粹。既严厉批判改良派泥古守旧的今文经学，又指责向西方学习为“醉心欧化”，倡言明夷夏之辨，重夷夏之防，尊王攘夷，爱国保种。鼓吹“排满革命”，实行民主共和；反对保皇立宪而维护清朝专制统治③。1905 年国学保存会藏书楼成立，其中以邓实、黄节、刘师培个人藏书为基础。刘师培担任国学讲习会正讲师，并编了上述五种讲义。同年《国学发微》开始在《国粹学报》连载。“国学”一名起于清末，与当时欧美西方文化所传入的“西学”相对而言，中国固有的学术称为“中学”。一直到刘氏撰写《国学发微》，“国学”一词成为国人对中国传统学术的通称。12 月 16 日，《群经大义相通论》在《国粹学报》第 11 期上开始连载，其中有《公羊孟子相通考》、《公羊齐诗相通考》、《毛诗荀子相通考》、《左传荀子相通考》、《穀梁荀子相通考》、《公羊荀子相通考》、《周官

① 万仕国辑校《刘申叔遗书补遗》，广陵书社 2008 版，第 450 页。

② 黄节《国学保存会藏书楼开楼小集记》，《国粹学报》第 22 期。

③ 参看章开沅主编《辛亥革命辞典》，武汉出版社 1991 年版。

左氏相通考》、《周易周礼相通考》八篇。文章从群经的思想、理论出发，论证了《公羊传》、《穀梁传》、《诗经》、《荀子》、《左传》之间在思想和义例上是相通的，充分体现了清代扬州学派兼包并蓄的主张。

刘师培的民族主义思想宣传有浓郁的学术气息，“藉学论政”是其突出特色。刘师培家学渊源，国学造诣深厚，能以历史知识立论，考辨明析，旁征博引，有一种特殊的魅力。因此，他的文章不仅慷慨激昂，更有一种学理贯注其中，以理性的力量鼓舞人心，从而深受社会中上层尤其是知识分子群体的欢迎。

《天义报》宗旨与刘师培、何震的妇女解放论

一

1907年6月10日(阴历4月30日),何震等对"男女阶级"与社会革命等现存问题"目击心伤,故创为女子复权会,讨论斯旨,以冀实行其目的。又虑此理之不能共喻也,故刊《天义旬报》,以作本会之机关报"①。该报创办于东京,通信地址是东京牛込区新小川町二丁目八番地。此后出版一十九号,于1908年6月15日停刊。

该报第一篇社论《女子宣布书》虽然用了几乎多半的篇幅表述了对历史和现实的妇女问题的关注,强调"故欲破社会固有之阶级,必自破男女阶级始",但是其归结宗旨还是"夫居今日之世界,非尽破固有之阶级,不得使之反于公;居今日之中国,非男女革命与种族、政治、经济诸革命并行"。其《简章、宗旨和命名》为:"以破坏固有之社会,实现人类之平等为宗旨,于提倡女界革命外,兼提倡种族、政治、经济诸革命,故曰《天义》。"这也就表明《天义报》虽然是作为"女子复权会"的机关报,故而重视宣传妇女解放,但同时明确《天义报》所提倡者不惟妇女解放,而且兼及种族、政治、经济诸革

---

① 《天义报》该号编辑兼发行人题为震生,震生或即何震的化名。发起人除了何震之外,还有陆恢权、徐亚尊、周怒潮、张旭等人。引文为本号何殷震所撰《社论:女子宣布书》。中央编译局藏有《天义报》原本。

命,其宗旨是无政府主义性质——尽破固有之阶级,固有之社会。

如果说《女子宣布书》和《简章、宗旨和命名》表达尚不够清晰的话,那么创刊几个月后何震对《天义报》创办缘起及其宗旨的演讲应该是再明确不过了。她说:“吾于一切学术,均甚怀疑,惟迷信无政府主义,故创办《天义报》,一面言男女平等,一面言无政府。盖无政府之目的,在于人类平等及无特权。若男女平等,亦系人类平等之一端,女子争平等,亦系抵抗特权之一端,并非二主义相背也。”①这也就是说,何震并没有将女子解放和无政府主义对立看待,而是认为二者相辅相生,革命的最终目的还是无政府,因为这样就可以达到包括女子平等在内的人类平等。

刊登在《复报》1907 年 7 月第 10 期刊载申叔(即刘师培)写的《天义报启》,其中详细述说办报原因和宗旨:“自民族主义明,然后受制于异族者,人人均以为辱;自民约之论昌,然后受制于暴君者,人人均以为耻;自社会主义明,然后受制于富民者,人人均以为羞。由是种族革命、政治革命、经济革命,遂为人民天赋之权。……故今之论者所言之革命,仅以经济革命为止,不知世界固有之阶级,以男女阶级为严。……居今日之中国,非男女革命与种族、政治、经济诸革命并行,亦不得合于真公。”创办《天义报》的目的就是要补充以往言革命之不足,“以破坏固有之社会,实行人类之平等为宗旨,于提倡女界革命外,兼提倡种族、政治、经济诸革命”。“每册以二十页为限,首图画、次社说、次学理、次时评、次译丛、次来稿、次杂记、均以醒世齐民为主”。刘师培与其妻子论调基本一致,甚至有些用语也基本相同。这里又一次提到“女界革命”只是包括在诸多革命之内的一种,其目标是实现人类的平等。

在《天义报》创刊之前的 3 月,同盟会领导集团分裂,在东京发生了第一次“倒孙运动”。刘师培与何震都曾加入章太炎与张继、陶冶公等在日本发起“亚洲和亲会”,而这个组织的思想来源于日

① 公权《社会主义讲习会第一次开会记事》,《天义报》第 6 期,1907 年 9 月 1 日。

本无政府主义者幸德秋水在《平民新闻》发表的文章，主张亚洲各国社会党联合起来，首先由中日两国革命党携手合作，以为之倡。章太炎、刘师培两人热烈表示赞成[①]。也就是说，刘氏夫妇在《天义报》之前已经有无政府主义思想。自从刘师培、张继在《天义报》第二卷上刊登广告，发起组织社会主义讲习会，这是中国最早的无政府组织[②]。刘师培等人在《天义》上发表了篇幅越来越多的有关无政府主义的观点和论述，该报对社会主义讲习所的报道也是踵事增华，而刘师培成为体现这种宗旨的主将。直到1908年1月，由于日本政府的镇压，《天义报》对“社会主义讲习会”的活动未做报道，直到《衡报》发刊，才继续发表消息，但已改名“齐民社”。

无政府主义的一些基本原则与女权主义并不相抵触和矛盾，它们往往是一致和相通的，妇女问题是无政府主义的主题之一。美国学者阿里夫·德里克认为“无政府主义不是要求废除政府，而是要废除一般意义上的权力；这里所说的权力也并不指局限于政府内的权力，而是分散在社会各机构内的宽泛意义上的权力。无政府主义者最关注的是家庭，但家庭并不会消除社会上的权力问题”[③]。从这个意义上来说，《天义报》从一开始就是一份无政府主义性质的报纸，不过它的特色恰恰表现在标榜“女界革命”而已，不能据此认为提倡女界革命和无政府主义背道而驰[④]。柳亚子曾经如此描述《天义》：“抑记者旷观女界之机关，以东京为盛，若《天

① 陶菊隐《筹安会“六君子”传》，中华书局1981年版，第122页。

② 吴雁南等主编《中国近代社会思潮》第二卷，湖南教育出版社1998年版，第404页。

③ [美]阿里夫·德里克著，孙宜学译《中国革命中的无政府主义》中文版序，广西师范大学出版社2006年版。

④ 刘慧英在《从女权主义到无政府主义——何震的隐现与〈天义〉的变迁》一文中强调以何震为代表的天然女权主义者和以刘师培为代表的无政府主义者之间的对立。参见《中国现代文学研究丛刊》2006年第2期。这恰恰是没有很好理解无政府主义的表现。其实刘师培夫妇无论是宣传“女界革命”还是“无政府主义”，他们都是步调一致，琴瑟和偕的，详见下文论述。

义》，则创无政府主义。"[①]曹世铉分析了丸山松幸和小野川秀美对《天义报》无政府主义性质认识的误差，认为《天义报》从第一期《简章宗旨》开始就已经能够断定其为无政府主义刊物[②]。正是因为这样，学界才认为东京无政府主义者与巴黎无政府主义者在基本前提上是一致的：革命的社会范围、道德基础、世界目标及以教育为实现无政府主义的重要工具等[③]。

《天义报》编辑在后来逐渐认识到：在社会问题解决之前，妇女问题不可能得到根本的解决，由此开始将宗旨进行调整。在1907年10月出版的该报第8期中，宗旨修订为"破除国界、种界，实行世界主义；抵抗世界一切之强权；颠覆一切现近之人治；实行共产制度；实行男女绝对之平等"[④]。这次就进一步明确无政府主义特色与其宣传内容，而妇女问题相对来说已经退后。《衡报》第2号（1908年5月8日）《天义报》广告："宗旨：(1) 实行世界主义；(2) 抵抗一切强权；(3) 颠覆人治；(4) 实行共产制度。"这儿已经将妇女解放问题刊落。追究其宗旨变化的原因，与其理论水平增加有关，因为他们逐渐认识到将"女界革命"提到不适当的地位，"欲破社会固有之阶级，必自破男女阶级始"[⑤]，把妇女解放看作是人类解放的先决条件，以为一切革命都应自"女子解放"开始，这是颠倒本末的说法。

与刘师培志同道合的张继早年专门编译了《无政府主义》的小

---

① 柳亚子于1907年为他人代作《〈神州女报〉叙》一文，见《柳亚子选集》上册，北京人民出版社1989年版，第90页。

② [韩]曹世铉《清末民初无政府派的文化思想》，北京社会科学文献出版社2003年版，第72页脚注。

③ [美]阿里夫·德里克著，孙宜学译《中国革命中的无政府主义》，广西师范大学出版社2006年版，第94页。

④ 曹世铉认为这次表述"不过是《天义》第二卷的宗旨内容的重复记载"，其实这里必须注意的是，这里语言位置的微妙变化。

⑤ 何震《女子宣布书》，《天义报》第1号，1907年6月10日。刘师培《天义报启》也有相同语句，见《复报》1907年7月第10期。

册子[1]，1908 年 1 月由日本流亡欧洲，他亲身体验了欧洲共产村[2]。张继两次致信刘师培，介绍世界革命形势，指出“西方普通人士均言中国人无革命之资格，革命党人亦谓中国仅有革命之空言，恐难成事”，“欧美革命均属社会革命，与中国革命之性质不同”，提出应当效法法、英革命党人：一、设立工党，“以劳民为基础”，运动群众参加革命；二、提倡生活节俭，痛改旧习，不论国内国外，深入贫民宣传革命。而且他指出中国立宪的可笑，“中国之人欲立于世界上博荣誉，舍革命别无他法”[3]。对《天义报》宗旨，他也作了建议：“《天义》总需接续出版，因东方吾党之机关，除日人所刊《平民新闻》外，唯有此报，惟需将女子复仇诸语稍加改变，当以自由恋爱为最确当，且西方革命党舍英国外，亦鲜有男女之界者，惟以社会革命为主而已。”[4]张继这些信件对刘师培夫妇无政府主义思想有很大影响。当时国内其他思想派别也对无政府主义有一些批评，如《民报》就指出无政府主义是只顾破坏不要建设的革命[5]。在国际和国内思潮与革命形式变化面前，《天义报》及时调整自己的宗旨也完全是必要的。由于经费无着落，而且革命形势的紧张，为避免日本政府的注意，1908 年 4 月 28 日，《衡报》替代《天义报》在东京出版，托名澳门平民社。

二

《天义报》作为女子复权会的机关刊物，男女问题、家庭问题及

---

① 葛懋春、蒋俊、李兴芝《无政府主义思想资料选》上册，北京大学出版社 1984 年版。

② 《张继君来函》，《衡报》第 10 号，1908 年 8 月 8 日。

③ 《张继君由伦敦来函》，《衡报》第 4 号，1908 年 5 月 28 日。

④ 《张继君由巴黎来函》，《衡报》第 4 号，1908 年 5 月 28 日。

⑤ 《辛亥革命前十年间时论选集》第二册上第二卷序，三联书店 1978 年版，第 21 页。

女性和社会等主题文章占了该报内容的大半[①]。作为编辑兼发行人的何震与作为主要撰稿人的刘师培他们的文章代表了该报的妇女解放的主要观念。刘师培早得大名，被人誉为“少年国学大师”。但其妻何震有必要介绍一下。何震（1886—1919?），仪征人，原名何班，字志剑，何承霖（字春海）的二女儿。母殷氏，江苏甘泉人。她有两个哥哥，名叫何家辂（誉生）、何家勤；一个姐姐，叫何采苹[②]。何震幼年在家，秉承闺训甚严。1904 年 5、6 月间，刘师培回到家中把其接到上海，改名何震，送进爱国女校学习，经常出入于上海文化界中。从此“刘光汉偕何震”云云就成了一道风景。此等举动，应属于开风气之先者[③]。刘氏夫妇被上海革命党人比作普鲁东和索菲亚。1907 年何震随同刘师培一起东渡日本，跟随苏曼殊学习绘画，1908 年间回国后随夫辗转宁、津、京、川等地，1919 年刘师培（申叔）死后，她神经病发作，曾在北大校门外伏地痛哭，后来削发为尼，法名小器，再后来就不知下落，有人说她已经去世了[④]。

何震有影响的活动时间主要在 1907—1908 年之间，而这段时间恰恰是刘师培成为无政府主义者的时间，难怪有人怀疑何震办报及撰文多出于刘师培之意愿。不过据现有文章来看，虽然二人文章用语多有雷同，但很多文章明确标识“何震”，二人合撰的也标识出来，还有部分标识“震述”，因此可以认为：何震确实表达了自己一些思想，尤其是女子解放论调。刘氏夫妇对于“女界革命”一唱一和，桴鼓相应，可谓琴瑟和偕了。归纳起来，他们的文章主要指出了“男女阶级”（即指男女性别的社会差异）的现象，探讨了男

---

① [韩]曹世铉《清末民初无政府派的文化思想》，社会科学文献出版社 2003 年版，第 106 页。

② 据刘师培《何大姑哀赞》，见《左盦外集》卷二十，《刘申叔遗书》本，江苏古籍出版社 1997 年版。

③ 据赵慎修《刘师培评传》，中国文艺出版社 1998 年版，第 18 页。

④ 据柳亚子《南社纪略》，上海人民出版社 1983 年版，第 5 页。

女不平等原因，提出实现男女平等的途径及最终目标。

何震指出中西男女性别差异的社会表现："世界固有之阶级，以男女阶级为严。无论东洋有尊男轻女之风也，即西洋各国号为男女平等者，然服官议政之权，均为女子所无，则是女子所有之权，并贱民而不若。更反观之于中国，则夫可多妻，妻不可多夫，男可再娶，女不可再嫁，服丧则一斩一期，宾祭则此先彼后。即有号有均平者，既嫁之后，内夫家而外母家，所生子女，用父姓而遗母姓，又安得谓之公平乎？夫男女之间，其制度失平且若此。"①这里突出的特点就是何震反对西方式的民主自由。该文作者署名何殷震，何为父姓，殷为母姓，将父母姓氏同时置于名前，表现了何震的男女平等思想。

何震还谈到了下层女子，她既看到她们自食其力的一面，同时也深深地体察她们的至辱和至贱，与中上层妇女相比，"虽幽闭之苦稍泯，然谓之肉体解放则可，谓之精神解放则不可。况所谓肉体解放者，均女子之至辱者也，又均女子之至贱者，可不叹哉！"在此，何震更看重的是女性的精神解放，而非肉体或性的解放，同时她对旧制度中下层妇女的肉体解放寄予了深切的悲哀和愤懑之情。何震如此透彻地强调女性的自尊，强调女性解放的立足点是"救世"和"改造社会"②。

刘氏夫妇均能从历史与现状对女性问题予以关注，而且从财富分化的经济学角度和历史发展角度分析男女不平等的原因。刘师培《无政府主义之平等观》一文从人类发展历史分析了男女不平等的原因，指出："惟明于男女不平等，由于古代以女子为俘囚，则知男女不平等由于强迫使然，不得谓之合公理矣。"③《论女子劳动问题》指出财产不均是女子沦为娼妓的原因，"以为公产之制行，无

① 何震《女子宣布书》，《天义报》第1号，1907年6月10日。

② 震述《女子解放问题》，《天义报》第七卷，1907年9月1日。

③ 申叔《无政府主义之平等观》，《天义报》第4、5、7期，1907年7月30日。

论男女,人人均力,对于民生日用之物,尽相当之劳力,即有自由使用之权。由雇工之劳动,一变而为平等之劳动,庶几人人均独立,不复倚于人,亦不复受役于人。此乃世界之幸,又岂仅女子之幸哉!”①

何震较早地从社会角色的定位来分析了男女不平等的原因,认为男女没有必然的区别,而是后来人为意义的建构才有了男女的区别。她说:“凡所谓男性女性者,均习惯使然,教育使然。若不于男女生异视之心,鞠养相同,教育相同,则男女所尽职务亦必可以相同,而男性女性之名词,直可废灭,此诚所谓男女平等也。”②

何震在首期《天义》上的首篇文章中喊出了“男子者,女子之大敌也”这样偏激的口号,声称:“故欲破社会固有之阶级,必自破男女阶级始。所谓破男女阶级者,即无论男女,均与以相当之教养,相当之权利,使女子不致下于男子,男子不能加于女,男对于女若何,即女对于男亦若何。如有女下男而男加女者,则女界共起而诛之,务使相平而后已。夫以男女阶级之严,行之数千载,今也一旦而破之,则凡破坏社会之方法,均可顺次而施行,天下岂有不破之阶级哉!”③从这可以看出何震试图从妇女解放开始进行社会革命,这就将“女界革命”提到了不适当的地位。接着何震在第二卷上发表了她篇幅最长内容最重要的文章《女子复仇论》,它连载于第二、三、四、五卷和八、九、十卷合册。在这篇长文中,何震全面而详细地清理了以儒家为代表的中国传统文化对妇女的种种限制和压抑,揭露了历代将儒家歧视妇女的学术,奉为经典的本质:“黠者援饰其说以自便,愚者迷信其说而不疑,而吾女子之死于其中者,遂不知凡几。”喊出了“儒家之学术,均杀人之学术也”的口号④。

① 畏公《论女子劳动问题》,《天义报》第5、6期,1907年8月10日,9月1日。

② 震述《女子宣布书》,《天义报》第1号,1907年6月10日。

③ 震述《女子宣布书》,《天义报》第1号,1907年6月10日。

④ 震述《女子复仇论》,《天义报》第三卷,1907年7月10日。

何震将孔子出妻视为儒家重男轻女的一个源头:"孔丘者,儒家之鼻祖也,而其人即以出妻闻。传子暨孙,均有出妻之行。盖以暴行施之于妻,莫孔门若。孟轲者,儒家之大师也,因入室而妻失迎,遂谋出妻,其专制室人为何如!"①

虽然说何震的文章对男权主义和中国传统存在较为激进的批判,但是所有文章的指向都是要求性别平等,最终是所有人员——所有职业、所有年龄、所有阶层(不只是男女)的绝对平等。女子复仇的对象也不是男子,而是所有压迫的对象。她不仅主张"革尽天下压尽妇女之男子",还要"革尽天下甘受压制之女子",包括女子"甘事多妻之夫者"及未嫁女嫁再婚男者②。何震看到男女性别、职业、历史、幽闭禁淫之非、批判欧美女性伪自由、伪平等、自觉主动求得解放,"要而论之,妇女解放问题,当使为妇女者,人人同享解放之乐"。要求职业独立、参政平等:"故今日之女子,与其对男子争权,不若尽覆人治,迫男子尽去其特权,退与女平,使世界无受制之女,亦无受制之男。夫是之为解放女子。夫是之为根本改革。"③刘师培在设想的实行无政府之方法纲领亦列男女平等一项:"丙、不论男女,及若何之年,即服若何之工役,第次而迁,实行人类均力之说,以齐人类之苦乐;丁、实行男女上绝对之平等。"④1907 年 7 月 10 日,刘师培发表《人类均力说》于《天义报》第三卷,文章称"共产主义"社会,就是"扫荡权利,不设政府,以田为公共之物,以资本为社会共产,使人人做工,人人劳动。"25 日,《无政府主义之平等观》在《天义报》上发表,认为"欲维持人类平等权,宁限制个人之自由权","无中心故可无政府,无畛域故可无国家"。何震在

① 震述《女子复仇论》,《天义报》第三卷,1907 年 7 月 10 日。

② 去非子译述《破坏社会论》,《天义报》第一卷,1907 年 6 月 10 日。同期《女子复权会简章》也有近似的提法。

③ 震述《女子解放问题》,《天义报》第七、八、九卷合册,1907 年 9 月 1 日到 10 月 30 日。

④ 《天义报》第 4、5、7 期,署名申叔。

《人类均力说》文后按语里表达了在权力与义务上均求平等，而其途径就是“人类均力”——“人人不倚他人之谓也，亦人人不受役于人之谓也”。要求做到职业平等，“今之倡重男轻女之说者，均以女子所尽职务，不及男子，若行此法，则男女所尽职务，无复差别”①。

从这些文字可以看出，刘氏夫妇论述的妇女解放是超越了男女性别的解放，是更广泛的人类意义上的平等与自由，因此，不能将何震看作女权主义者，应该说，何震自《天义》第1期起，甚或更早就已经是无政府主义者。单单看其某一篇或某段文字而断定何震是女权主义者肯定会断章取义②。刘氏夫妇旗帜鲜明地要推倒男尊女卑的社会制度和习俗，聚集起受男权传统压迫的女性群体为争取女性的尊严和权益而奋斗。

何震提出了“女界革命”的具体主张：一、实行一夫一妻制；二、女子出嫁后不从夫姓，以父母姓并列；三、男女并重，父母对儿子和女儿应一视同仁；四、男女受同样的养育，教育同等，职务同等，妇女应参与各种社会生活；五、夫妇不谐则告分离，在分离之前则双方均不能以任何形式与第三者结合，否则，就被视为违背第一条；五、以初婚之男配初婚之女；六、废尽天下之娼寮，去尽天下之娼女，以扫荡淫风。针对当时某些人认为“男既多妻，女亦可多夫，以相抵制”的观点，何震进一步阐述道：“男子多妻，男子之大失也，今女子亦举而效之，何以塞男子之口乎？况女子多夫，若莫娼妓，今倡多夫之说者，名为抵制男子，实则便其私欲，以蹈娼妓之所为，此则女界之贼也”③。这些主张大多合理，反映了中国妇女摆

① 《天义报》第3期，1907年7月10日。

② 刘慧英《从女权主义到无政府主义——何震的隐现与〈天义〉的变迁》一文中强调何震的天然女权主义者特色，主要从何震的单篇或单段文字论证，有时甚至对后面明确说出的宗旨视而不见，臆断何震早期的女权表现。见《中国现代文学研究丛刊》2006年第2期。其实，何震活动时间很多，一年内思想有其连贯性。

③ 何震《女子宣布书》，《天义报》第1号，1907年6月10日。

脱男权和夫权的强烈愿望。《女子复权会简章》所列的办法也是先女子而后世界:"对于女界之办法有二:一曰以暴力强制男子,二曰干涉甘受压抑之女子;对于世界之办法有二:一曰以暴力破坏社会,二曰反对主治者及资本家。"①这表明他们始终不单独提倡女权主义,而是将妇女解放纳入社会革命中一起考虑。

此外,何震不赞同西方式的女子自由,而主张女性要有立身之术,要有实学。其《致留日女学生书》云:"顾乃弃立身之术而取野蛮自由,去实学以空言平等。"②这样的思想后来鲁迅在小说《伤逝》中加以发挥,认为"爱是要有所附丽的"。何震从女性的独立出发,提倡女性平等不能空谈,而要有实学的经济基础。可惜她没有深入阐发。

三

刘师培、何震宣扬的无政府主义所欲达的目标既想避免现存社会包括西方、日本民主社会的弊端,又超越了中国革命党人排满兴汉所要达到的目的——建立类似西方民主政权的汉人政府。刘师培曾说:"东渡以后,察其隐情,遂大悟往日革命之非。""盖孙文本不学之徒,贪淫性成,不知道德为何物。"刘谙熟中国历史,所以思考问题往往会从这一点出发,他觉得中国社会和欧洲、日本不同,国情特殊,与无政府主义社会最为接近,即"中国自三代以后,名曰专制政体,实则与无政府略同"。"故中国现今之政俗,最与无政府相近","无政府革命,凡种族革命之利无不具,且尽去其种族革命之害。况实行无政府,则种族、政治、经济、诸革命均赅于其

① 刘师培《人类均力说》《天义报》第3期,1907年7月10日。

② 何殷震《致留日女学生书》,《天义报》第1号,1907年6月10日。

中”①。“若于政府尚存之日，则维新不如守旧，立宪不如专制”②。“中国自战国以后，封建之制久更，政治悉偏于放任”（《刘师培与端方书》）。刘师培习惯于采用中国传统视角诠释无政府主义，把中国历史上出现过的“无君论”看作“与无政府之说同”，《鲍生学术发微》将道家学说与无政府思想画了等号，将“无君”、“废人治”视作无政府之表征③。对中国士人而言，无治主义不仅是一种政治理想，也是一种文化理想。“中国国粹之存亡，亦视共产无政府主义之实行与否而已”④。

何震在《天义报》第1号绘有女娲像，并题有赞词。其中女娲不再像《山海经》中出现的抟土造人时的形象，也不是以往仕女图，而是身着和服的女性，这表明她所理解的历史图像深受当时所处的环境——日本的影响。何震赞词题道：“于穆娲皇，厥姓惟风，断鳌足，杀黑龙，先禹有功，抑下鸿，辟除民害，逐共工，是宜报功崇德，与轩羲并隆。”作者试图将女娲与轩辕等中华民族的男性开创者相提并论，一方面表明她的女性解放立场，另一方面也表明她的资源来自中国传统文化。在《天义》的前期集中推出一批前近代时期思想家有关男女平等或批判封建纲常的言论，例如：李贽、唐甄、戴震等。与主流的女权启蒙一味向西方寻求“真理”不同，《天义》似乎要到中国历史土壤中汲取那些偏离主流文化传统的男女平等的思想萌芽，以此作为他们的理论根据和素养。何震的无政府主义思想很明显表现在对强权的批判，对以往道德与制度和是非标准的否定上。她说：“所谓是非者，强者所定之是非也，强者之对于

① 震、申叔《论种族革命与无政府革命之得失》，《天义报》第六、七卷，1907年9月1日、15日。

② 申叔《论新政为病民之根》，《天义报》第八、九、十卷合册，1907年10月30日。

③ 刘师培《鲍生学术发微》，《天义报》第八、九、十卷合册，1907年10月30日。

④ 刘师培《衡书三篇》，《衡报》第10号，1908年8月8日。

弱者皋凡权力所能制者，制以权力；权力所不能制者，制以道德。权力制人于有形，道德制人于无形。使无量之人屈服于空理之下，莫敢抗己，此真所谓空理杀人矣。”[①]李贽曾经提出不以圣人是非为是非，戴震指出的理学家以理杀人，这些传统的学术资源恰恰是刘、何思想的源头。这一直是《天义报》的一大特色，亦即文化本土主义。

1907年7月10日，《天义报》第3期发表《人类均力说》，设想“破坏固有之社会，破除国界”，“凡人口达千人以上，则区画为乡。每乡之中，均设老幼栖息所。人民自出生以后，无论男女，均入栖息所；老者年逾五十，亦入栖息所，以养育稚子为职务”。另设阅书和会食(共同进餐)之地，作为人民共集之区。在这样的社会里，没有任何“在上”之人，连管理和指挥生产的人员也不需要。他们设想，由于社会产品无限丰富，因此，可以听任人们“各取所需”。何震在《天义报》八至十合册《论女子当知共产主义》一文中说：“无论什么东西，都不准个人私有。凡吃的、穿的、用的，都摆在一个地方，无论男人女人，只要做一点工，要多少就有多少，同海里挑水一样，这就叫做共产制度。到那个时候，不独吃饭不要靠人，还天天都有好饭吃，还可以有好的穿，好的用，好的玩。”这里他们虚构了一个极端平均的社会，表明他们骨子里还渗透着“均贫富”，“不患寡而患不均”的思想，他们虽然对近代文明的弊端有清楚的了解，但是并不能确立正确的途径达到人类的解放，所以他们的一些措施和想法显得幼稚。也正是因为这样，《民报》当时就有一些批评，认为无政府主义是越过了历史发展的进程[②]。

(原载《云梦学刊》2010年第3期)

---

① 何震《道德与权力》，《天义报》第1号，1907年6月10日。

② 张枬、王忍之编《辛亥革命前十年间时论选集》第二册上第二卷序，三联书店1978年版，第21页。

取宏用精，开新启后

——略论刘师培治学特色

刘师培(1884—1919)，字申叔，号左盦，江苏仪征人。他以短暂的36年生命从学从政，留下了七十四部著作，这些著述不仅涉及经学、小学、校雠学等传统国学领域，而且还包括体现时代关怀的“预流”学问：政治、经济与教育，采取近代西方的学术方法与体系研究中国学术。“新文化运动”的急先锋钱玄同认为当时50年为中国学术思想的黎明时代，而“此黎明运动中之刘君(师培)家传朴学，奕世载德，蕴蓄既富，思力又锐”(《刘申叔先生遗书序》)，可见其对刘氏的推崇。刘师培力图重建国学，为学界引进了西方的理论，并使其与中国国粹融为一体，对即将而对世界潮流的中国民众，开新启后，产生了较为深远的影响。本文就刘师培的通达的治学特色、治学领域的开拓以及学术地位进行论述，以窥其博大精深。

一、会通学术分歧的努力

作为“扬州学派”的殿军，刘师培以“绍述先业，昌扬扬州学派自任”(尹炎武《刘师培外传》)。刘师培继承家学传统，兼有吴、皖两派之长，既能确守汉诂，条源析流，又能辞外见义，学求致用。刘师培的知识结构不局限于儒家的经典，对经、史、子、集、道藏、内典以及西学均有涉猎。刘师培论学贵“通”，他多次说到要做“通儒”，鄙斥“仅通一经，确守家法者，小儒之学也”。他试图纠合传统学术的分歧，进而达到发扬国粹，建设民族特色文化，恢复国民信心的目的。他对中国学术思想史、经学史、文学史、文字学、伦理学等方面研究均有导夫先路之功。他不仅要打通经史，平分今古文经学，而且还要调和汉宋，沟通中西。

（一）等视经子

与今文经学家一味强调经史之别不同，刘师培在经史观念上比较通达。他继承龚自珍的学说，从学术起源的角度论证六经皆史，认为“六经皆周公旧典”，“成周一代之史，悉范围于六经之中”。西周时“史官记言记动，仍仿古代圣王之制，故《易经》掌于太卜，《书经》、《春秋》掌于太史、外史，《诗经》掌于太师，《礼经》掌于宗伯，《乐经》掌于大司乐”。“《春秋》者，本国近世史之课本也”，“若孔子六经之学，则大抵得之史官”，“六经本先王之旧典，特孔子另有编订之本耳。周末诸子，虽治六经，然咸无定本，致后世之儒只见孔子编订之六经，而周世六经之旧本，咸失其传。班固作《艺文志》以六经为六艺，列于诸子之前，诚以六经为古籍，非儒家所得私”。因此他再三申明“六经之书，确为三代之古籍典章”（《刘申叔遗书·经学教科书·古学出于史官论》）。

基于六经皆史的观念，所以他以六经为史料，研究历史，以之“考古代之史实，以证中国典制之起源，观人类进化之次第”。成书于 1905—1906 年间的《中国历史教科书》是其史学代表作，该书体制上仿照西方历史作品的章节体，纵向上按照历史进化次序划分阶段，横向上按社会政治、文化思想、军事经济等分类叙述，加以分析，探索社会发展规律。“于征引中国典籍外，复参考西籍，兼及宗教、社会之书，庶人群进化之界可以稍明”，进而扩大了“六经皆史”的涵义，认为“上古时代之学术，奚能越六经之范围哉？”

刘氏撰史，期于“繁简适当”，内容力求简明，在体例上仍不脱“以经证史”的模式，参考资料仍以经学古籍为主。而且，从其思想来看，也是从经学中汲取民族革命的要素进行鼓吹反满革命，终极目的在于发扬国粹以保种保国。刘师培倡导“六经皆西周之史书”，发挥经书中华夷之辨，目的最终在于进行民族革命。

（二）平分今古

刘师培首先从学术发展史的角度分析了经学的产生，而且不承认有所谓今古文经学的说法。他认为今古文师传相同，都是诠释《春秋》的，“《春秋》作于孔子，三传先师持说实同”，“《春秋》三传，同主诠经”（《刘申叔遗书·春秋左氏传例略》）。古文经源于孔子六经之学，三传相通。“孔子之以六经教授也，大抵仅录经文以为课本”，“弟子各记所闻，故所记互有详略，或详故事，或举微言……然溯源流，咸为仲尼所口述，此《春秋》所由分为三，《诗经》所由分为四也”（《刘申叔遗书·汉代古文学辩诬》）。他取消今古文的区别，认为“近代学者知汉代经学有今文家古文家之分，吾谓西汉学派只有两端：一曰齐学，一曰鲁学”，“然鲁学之中亦多前圣微言大义，而发明古训亦胜于齐学，岂可废哉?”（《刘申叔遗书·国学发微》）这就是说，所谓的“微言大义”并非今文学家的专利，而是今古文所共有的。

通过学术史考察，刘师培指出：“《春秋》三传其分歧始于汉初，汉代以前同为说《春秋》之书。治《春秋》者或并治其书，以同条共贯。”今古文的区别仅在文字不同，“今文者，书之用汉代通行文字者也；古文者，书之用古代文字者也”（《刘申叔遗书·汉代古文学辩诬》）。这就证明今古文经没有根本区别，有的区别仅仅是外在形态而已。即使到了东汉之时，“经生虽守家法，然杂治今古文者亦占多数”，“无识陋儒，斥为背弃家法，岂知说经贵富乃古人立言之大公哉?”（《刘申叔遗书·国学发微》）同时又指出：“且当此之时，经师之同治一学者，立说亦多不同。”这就是刘氏站在通儒的立场，抨击固守家法的做法。

（三）持平汉宋

汉学与宋学是儒学中的两大派别，汉学侧重儒家经典的训诂考据，而宋学则注重儒家经典的“义理”，两者各有师承，各有渊源。

刘师培认为:"曾子、子思、孟子皆自成一家言者也,是为宋学之祖;子夏、荀卿皆传六艺之学者也,是为汉学之祖也。"(《刘申叔遗书·国学发微》)孔子均具师儒之长,所以汉学、宋学都渊源于孔子。这样就轻而易举地解决了历来汉学与宋学的"道统"之争,汉学、宋学都是得孔学之一端发展而成,都是孔学"道统"的继承人了,几百年来汉宋之争原本一家。他认为门户之见都是可笑的,"但以合公理为主,不分汉宋之界"。

汉学与宋学的差异在于"汉人循律而治经,宋人舍律而论学,此则汉宋学术得失之大纲也"。汉宋各有所长,各有所短:"夫汉儒经说,虽有师承,然胶于言词,立说或流于执一。宋儒著书,虽多臆说,然恒体验于身心,或出入老释之书,故心得之说亦间高出于汉儒,是在学者之深思自得耳。"(《刘申叔遗书·汉宋学术异同论》)

刘在《国学发微》中提出了对汉宋学术进行"以类区分,稽析异同,讨论得失"的主张。他首先揭示了汉宋门户之见遮蔽了对汉宋学术作客观的认识,"东原诸儒于汉学之符于宋学者,绝不引援,惟据其异于宋学者,以标汉儒之帜。于宋学之本于汉学者,亦屏弃不言,惟据其异于汉儒者,以攻宋儒之瑕,是则近儒门户之见也。然宋儒之讥汉儒者,至谓汉儒不崇义理,则又宋儒之忘本之失也"。

(四)会通中西

刘师培素有深厚的旧学根柢,但是他并不排斥西学。他试图会通中西,或者藉西证中,从而达到树立民族文化的信心。从1902年《江南乡试墨卷》第三题《中外刑律互有异同,自各口通商日繁,交涉应如何参酌损益,妥定章程,令收回治外法权策》来看,刘师培对于当时世界形势颇为了解,所以才能得到考官评语"论治能识欧亚"。刘师培有关史学的著作深受当时西学新潮的影响,尤其显著为对"进化史观"的认定。刘师培曾作《读天演论》二首,通过描写景物的季节更替,"感此微物姿,亦具争存志",表达对《天演论》"物竞天择,优胜劣汰"思想的理解。刘师培对西学也十分看重,并深以自己不通外文未能及时获得新知为憾。他有诗曰:"西

籍东来迹已陈，年来穷理倍翻新。只缘未识佶卢字，绝学何由作解人。”(《甲辰年自述诗》)

刘师培运用进化理论和西方社会学、考古学、文字学知识，对上古社会作了探析。《古学出于史官论》发挥其考据学之长，以简明而又坚实的证据论证了己之所见，语虽扼要但殊少纰漏。《周末学术史序》分学术为16类，《经学教科书》已经运用了经学研究的新方法。用西方的学科分类体系界定中国古典学问并以此分类为体裁撰著学术史。以西方的学科分类体系界定中国古典学问，则完全是刘的独创。(李帆《论刘师培学术史研究的地位与特色》)他所著的《中国历史教科书》，是一部公认为以进化论思想指导下的新型历史教科书。为了使“人群进化之理可以稍明”，他认为书写中国历史应该注意“历代政体之异同”、“种族分合之始末”、“制度改革之大纲”、“社会进化之阶级”、“学术进退之大势”，这些都反映了进化论思想在历史研究中的应用。此书除征引中国典籍外，并参考若干西籍，目的尤在使“人群进化之理可以稍明”(《中国历史教科书·凡例》)。

在接受西学的出发点上，刘师培是借西学佐证中学，甚至与“西学中源”有类似。刘师培的新学结构以社会学、历史学、哲学为骨干，谈不上成体系地了解和接受西学，尚未做到圆融贯通的中西学交融，刘师培吸纳西学的出发点和最终目的都在中学。在历史、思想、学术诸方面将中国与西方进行比照，然后试图会通。但是他自小受国学熏陶，国学始终是他立命之本，他甚至没有像王国维等人理性上趋于西学，而情感上却依然顾念中学的心理分裂，他不过是借西学来为中学开辟道路，所以他对中国前途充满乐观。要而言之，刘氏的“中西观”，虽然主观上要求“参互考验，以观其会通”，但是在实际的操作过程中，往往只能做到“会”的层次，对中西学术进行简单的附会，而不能真正做到“通”的高度，对中西学术的认识未脱晚清洋务派“中学为体，西学为用”的思维窠臼。由于时代原因，他还有保存国粹，与西学一争高低的企图，不免存有意气之争，这也影响到了他对“中西会通”作进一步的探索。

二、研究领域的开拓

（一）道藏研究

刘师培从小就博览群籍，“内典道藏旁及东西洋哲学，无不涉猎及之”。清末宣统庚戌年（1910）孟冬，刘师培旅居北京白云观，披阅《道藏》，对37种道经加以勾玄提要，随笔记录，计37篇，录成一帙，名曰《读道藏记》（未完）（《国粹学报》第7卷，第1—5期，第75至77、79期。1911年），是为近现代最早的《道藏》提要。该《记》又被收入《刘申叔先生遗书》第69册，以及丁福保编《道藏精华录》、胡道静等主编《道藏要籍选刊》等书中。在后来的《读道臧记》的序中，他叙述了这段经历：“迄于咸、同之际，南《藏》毁于兵，北《藏》虽存，览者逾勘，士弗悦学，斯其征矣。予以庚戌（1910）孟冬旅居北京白云观，乃启阅全《藏》，日尽数十册，每毕一书，辄录其序跋。”法国汉学家施舟人评论道：“（中国本土）第一位比较科学的研究道教的人是刘师培（1884—1919），他是清代著名的学者刘毓松（1818—1867）的后代。1910年，他在北京白云观读《道藏》。”（施舟人《中国文化基因库》）

（二）敦煌学研究

刘师培有幸亲见早出的敦煌材料，并且迅速着手进行研究，开敦煌学之滥觞。1909年9月4日，京师学者在六国饭店设宴招待伯希和，侍读学士恽毓鼎在致辞中，正式提出影印其中精要之本的要求，伯希和表示“自可照办”。具体实施者，是罗振玉。罗氏又请端方襄助，敦请伯希和出售所携和已运回国的四部要籍写本照片，伯氏如约，陆续寄到，端方分交罗振玉和刘师培考释。（荣新江《北京大学与敦煌学》）1911年初，刘师培撰成《敦煌新出唐写本提要》19篇。刘师培以当时他能看到的伯希和供应的少数材料为依据，撰写成篇，1910 年 11 月 21 日开始连载于《国粹学报》第 75 至 82 期。这是对传统的“四部书”残卷进行的最早的深入研究，以考订写卷年代、进行文字校勘、评定写卷价值等为主。极为精审扼要，可称典范之作，开创敦煌研究之先声。（白化文《中国敦煌学目录和目录工作的创立与发展》）刘师培已于 1911 年在《敦煌新出唐写本提要》（《国粹学报》辛亥第 4 号）中，据《新唐书·艺文志》和《太平寰宇记》，考出了《贞元十道录》的名称和作者，对地志类文献进行整理和研究，并指出了该卷与传世史志的异同。

（三）神话研究

1905 年 10 月 20 日刘师培《国粹学报》上发表的《读书随笔》子目有《易言不灭不生之理》、《〈山海经〉不可疑》。《〈山海经〉不可疑》一文，据“西人地质学谓动植庶品递有变迁”的新知识，再引汉武梁祠所画证明“《山海经》所言皆有确据，即西人动物演为人类之说也”。他接受“地球之初，为草木禽兽之世界”的观念，视“西国古书多禁人兽相交，而中国古书亦多言人禽之界”的现象为“古之时人类去物未远”明证；则“《山海经》成书之时，人类及动物之争仍未尽泯，此书中所由多记奇禽怪兽也”，“既如此，此书所言自不可疑”。就史学方法而言，值得注意的是刘师培提出后人对所不及见之事物，“谓之不知可也，谓之妄诞不可也”。这正是后来的趋新疑古派与旧派正统学者相近之处，两者皆视其未见之古事物为不存在，所异者一以为“伪造”，而一以为“妄诞”也。另外刘氏对《穆天子传》、《楚辞》、《列子》等包含丰富的神话文献进行了研究。

（四）金石研究

刘师培的父亲很重视石刻文献的收集，他自己也能灵活运用金石材料进行研究。1909 年为端方考订金石，称为“匋斋师”，撰有《论考古学莫备于金石》、《晏子春秋补释》、《蜀中金石见闻录》等专文，另外零散的见于各种文章。如“其旁订金石文字也，于虢盘正月丁亥以三统术推之，定为三日”（《先府君行略》）。重视金石材料对于考古的价值(《论考古学莫备于金石》),研究范围包括钟鼎、宋砖、汉碑、残砚、画像等等,凡有益考古之金石,刘氏皆能为己所用。利用金石证明的问题也很广泛,不局限于清儒的文字考据,而扩展到社会学领域,如《中国古用石器考》一文证明中国社会发展经历了由石器—铜器—铁器的发展,可谓新天下耳目。《唐张氏墓志铭释》考地理,《周代吉金年月考》考历法,涉及内容广泛全面。惜乎天不予年岁,系统难成。

三、"二重证据"之滥觞

在近代,学术研究方法日益丰富、完善,一些大家纷纷提倡新方法,发掘新材料。刘师培也提出了独创一格的见解,成为日后王国维"二重证据法"的滥觞。刘氏对"考古"的概念理解比较开阔,在《古政原始论·总论》中,他主张运用书籍、文字、器物三者互证的方法,再借以西方社会学所得出的定例检视之,即可以考究"古代人群之情况"。他认为,考迹皇古,"厥有三端":一曰"书籍",五帝以前无文字记载,但"世本诸编去古未远",此外《列子》、《左传》、《国语》、《淮南子》等书,其"片言单语,皆足证古物之事迹";二曰"文字",中国文字始于久远,"文字之繁简,足窥治化之深浅(中国形声各字,观其偏旁,可以知古代人群之情况……)";三曰"器物",木刀石斧,今虽失传,但刀币鼎钟,于考古都"珍如拱璧"(《古政原始论·总论》)。刘氏意识到外来的新知与固有的材料两者参证对古代史的研究的进展很有意义。他所谓的书籍、文字、器物这三种材料,如依其来源和性质区分,则可归纳为地下实物与纸上遗文二种。他虽未明确提出这两种材料互相释证的具体方法,但却已注意到其间颇具互补性,因此主张引进西方田野考古学,发掘地下遗物。这两点见解均体现于《中国历史教科书》中。从中可以看到日后王国维二重证据法的滥觞。1925 年王国维在清华讲授《古史新证》,他说:"吾辈生于今日,幸于纸上之材料外,更得地下之新材料。由此种材料，我辈故得据以补正纸上之材料，亦得证明古书之某部分全为实录，即百家之不雅驯之言亦不无表示一面之事实，此二重证据法惟在今日始得为之。”杨向奎对此补充修正，他说：“过去，研究中国古代史讲双重证据，即文献与考古相结合。鉴于中国各民族间社会发展之不平衡，民族学的材料，更可以补文献、考古之不足，所以古史研究中的三重证据代替了过去的双重证。”在这一方法体系的发展上，刘氏不能说不具有先锋开导之功。

四、国故整理之先行

刘师培率先清醒地意识到保存民族文化的重要性，终其一生为国学发扬不懈努力，为后来胡适的国故整理导夫先路。

1904 年刘氏即发表《论孔教与中国政治无涉》、《论中国并不保存国粹》、《读某君孔子生日演说稿书后》等文，同康有为、梁启超为首的保皇派展开针锋相对的论战，澄清学术真相，表明他对传统文化的看法。他认为“孔子者，中国之学术家也，非中国之宗教家也”(《论孔教与中国政治无涉》)。1905 年刘师培又积极参与国学的保存与重建工作，刘氏担任国学讲习会正讲师，该会以国学为“立国之本”，保存国粹。刘氏编有五种讲义：《伦理教科书》、《经学教科书》、《中国文学教科书》、《中国历史教科书》、《中国地理教科书》。1905 年创建的国学保存会藏书楼，就是以刘师培、邓实、黄节个人藏书为基础，初约 6 万卷，后扩充至 20 多万卷。在《国粹学报》的 82 期中，其中 80 期刊有刘师培的文章(第 41 和第 43 两期没有)，刘师培著述在该刊中连载过的就有 33 种，在该刊部分发表 50 余种。(郑师渠《晚清国粹派》)1913 年 7 月，刘师培在山西创办《国故钩沉》杂志，发表了几篇文章。该刊仅出一期即停刊。1919 年 1 月 26 日，《国故》月刊社在刘师培宅正式成立。刘师培、黄侃出任《国故》总编辑，陈汉章、马叙伦、康宝忠、吴梅、黄节、屠孝寔、林损、陈钟凡出任特别编辑，其中马叙伦、吴梅、黄节三人为南社社员，张煊、薛祥绥、俞士镇、许本裕等十名同学出任编辑。

整理国故这一发明权应归于刘师培，而胡适的所作所为，只是对刘师培的回应（朱维铮《失落了的“文艺复兴”》）。刘师培在这方面的努力确实率天下先，而且与后来的整理国故相比更具特色与深刻性，它是对民族危机的独特思考。国粹派之所以为国粹派，不仅在于他们感受到了民族的危机；而且更主要还在于，他们看到了民族危机与文化危机的一致性，相信文化危机是更本质、更深刻的民族危机。他们提出了“保种、爱国、存学”的口号，大声疾呼：爱国之士不仅当勇于反抗外来侵略，而且当知“爱国以学，读书保国，匹夫之贱有责焉”的道理（《国学保存会小集序》）。刘氏决不是一个纯粹埋头于故纸堆里腐儒，而是具有满腔爱国之情的学者。

（原载《古典文学知识》2009 年第 2 期）

论策渊博，经义鸿深

——由刘师培《江南乡试墨卷》看其早年学殖

1902年10月，刘师培19岁，于南京参加补行庚子、辛丑恩正并科江南乡试，中得第十三名经魁。这次乡试成为科举制度改革后策论的第一次实战。早在1898年四月间康有为向光绪皇帝进呈《请废八股折、试帖楷法，试士改用策论折》，提出废弃用八股文、试帖诗等试士之法而改试策论。但随着"百日维新运动"的流产，其建议未见实行。1901年清政府下达了废除八股取士改试策论的上谕，1902年真正实行，考试内容为第一场试中国政治史事论五篇，第二场试各国政治艺学策五道，第三场试四书义二篇、五经义一篇①。刘师培墨卷文章为：一《汉文帝减租除税而物力充羡，武帝算舟车、榷盐铁、置均输而财用不足论》、二《元初遣速不台、拔都等西征，其兵力之盛，直至斡罗息以西论》、三《中外刑律互有异同，自各口通商日繁，交涉应如何参酌损益，妥定章程，令收回治外法权策》、四《人之言曰：为君难，为臣不易。如知为君之难也，不几乎一言而兴邦乎》②。

刘师培在学术上是一个早慧的人，自幼勤奋，继承家学，汲取

---

① 商衍鎏《清代科举考试述录》，三联书店1958年版，第65页。

② 刘师培《江南乡试墨卷》有刻本流传，国家图书馆普通古籍阅览室藏有刘氏家刻线装本。朱卷署名"鲁源"，后未见用。该墨卷卷首有刘师培一支家族简谱，上溯十九世祖，旁及堂从姻亲，有利于清楚了解刘氏社会关系。

前贤，可惜1903年之前文章流传甚少①。而1902年乡试墨卷可窥刘师培早期学殖修养。

一

策是策问，论是议论，策论乃就当时政治某一具体问题加以论说，提出对策的文章。刘师培墨卷四文，分别对汉武帝经济政策、元代用兵盛衰情况、当时中国领事裁判权以及《论语》中"为君难，为臣不易"意义进行论述，提出自己的看法。

在第一篇艺文中，刘师培首先从传统的观念提出"财聚民散，财散民聚"的说法，而后引申出"藏富于民，天下之公利也"的观点。作者认为秦汉以来多征寡取不足为评判政策优劣的标准。然后切题，陈述"汉文帝十三年，减租除税而物力以充，武帝元狩四年置均输官，算舟车缗钱；元鼎元年，榷盐铁，而财用不足"这一现象，摆出常人"皆以文帝为能藏富于民，而武帝不能藏富于民"的观点，并进行反驳，"非必以寡取于民为仁政"。接下来就分析文帝薄赋轻徭的背景与必要性在于"承酷刑苦役之后"，"言治者以休养生息为急"。而时势变化，如果沿用文帝政策，"势必至府库空虚，司农竭蹶，而百务废弛"。所以文帝后即有加征的建言与政策，到武帝时"欲息外患，势不得不以强兵为急，然欲谋强兵又不得不先筹富国"，故而"舟车之算，盐铁之榷，均输之置，亦武帝不得已之策也"。那么，武帝最大的问题在哪儿呢？刘师培认为在于"穷奢"，包括修游观、行封禅、兴巫蛊之狱、饰宫室。因此，"人君之言利，有利万民、利一己之分，取于民而有益于民，虽多取之不为暴；取于民而无益于民，虽寡取之不为仁"。

① 万仕国辑《刘申叔遗书补遗》1903年前有《和阮文达公秋桑诗并序》(1899)、《早期文十一篇》(1902)和此墨卷，而《早期文十一篇》亦不能确定。参阅《刘申叔遗书补遗》，广陵书社2008年版。

诚如墨卷卷首批文所云，此文“征引繁富，笔阵稳成”。文章能“抉发源流”，从古论今，“探原而入，眼高于顶，笔大如椽”，批驳已有观点，自出机杼，戛戛独造。

与前文扫尽陈言，以见识取长相比，第二篇艺文更以坚实深厚的知识作为基础。文章分析了蒙古西征的具体时间与线路，“太祖之用兵，由南路进速不台，曷思麦里、哲别将之；太宗时之用兵，由北路进拔都贵，由蒙哥、速不台将之”。对蒙古西征，作者眼界不仅在于蒙古部落本身发展，更从整个西方政治格局与实力比较出发予以分析，提出蒙古能够胜利西征在于“兼弱”、“招携”、“审势”三策，当时“正十字军远征之后，罗马宗教从此衰微，犹太故基尚沦异域。希腊之内忧未弭，拉丁则国王无存，人民承苦役之余，国运值战争之后。故蒙古乘其隙，得以张兵力于西方”。西征之后，“声教所及，可谓广矣”，“数传之后，内变旋生”，“千里版图，分崩离析”。作者没有停留在政治史的盛衰得失的分析上，而是从文化的角度指出西征促进了东西文化的交流，对应开篇“蒙古之西征，亚人西渐之机也”，而“欧人东渐之端，实基于此”。

文章不仅以《元史》纪、传相互印证，而且以《蒙古秘史》和西史证明，“西北地舆及元代行军之处，博稽古史，证以西书，域外山川，宛然如绘”（衡鉴堂原批）。从而成为定论。作者“博通中外”，“能识欧亚古今来兴衰气象”（本房加批语），让人感觉“万卷罗胸，环球在目，以明快之笔，写曲折之情，遂觉恣肆汪洋，鸿纤毕举，非寒俭家所能梦见”（本房原荐批）。

如果说前二艺是就中国历史进行论述而言，那么第三艺则是就现实问题进行探讨。前两题相当于给材料论述，而此题更多需要自己提出具体措施——交涉应如何参酌损益，妥定章程，令收回治外法权？文章首引罗马法律作为依据，指出治外法权与罗马法律相背。然后推原“治外法权之说，非始于上古也，亦非行于欧洲”，而起于突厥西侵之时。接着叙述外强在中国设立领事裁判制度的过程及其三个弊端：“失国家之权”，“乖均势之道”，“乖法律之平”。在此背景下，作者提出具体办法：“改定刑律”，“参酌西律”，

“设法学学堂”，“废苛严之法”，“除刑讯之文”，“澄清牢狱”。针对西人可能“以风俗宗教不同为辞者”，作者以土耳其、日本的案例为依据，加上西方公法，“各国人民之居他国，仅有公权无私权，则治外法权之事，不当施于中国也明矣”。

从文章可知，作者对中国口岸条约现状较为了解，领事裁判权如何从《南京条约》、《天津条约》、《烟台条约》逐步成为现实。而且作者对中外法律的差异较为熟悉，指出罗马法与现行领事裁判权相悖，极为有力。但是其措施仅仅一条，即参照西方法律，改进中国刑律而已。虽然和列强说理不可能有用，用改进法制这方法收回治外法权是痴人说梦。但法制改革的建议则不可谓不正确。

第四艺是传统的四书义。刘师培首先破题，“揆孔子之意，岂非以邦国之盛于为人君者之裁理庶职哉？”然后发挥他的强项，推原其始，从《虞书·禹谟》、《皋陶谟》义引出“国家之责分属于君臣”，而后由周公言行得出为君者怀“无轻民事”之心。然后分析孔子此言的背景与用意，“夫子引此语以告定公，殆欲矫当时鲁君臣之失耳”。接着进一步推论，“孔子之说，……亦万世君臣之通义也”。通过历史发展分析，刘师培认为“君者因理民之事而设，而臣者亦因佐理民事而设者”。如果后世遵行孔子所云，“为君者以艰难勉其臣，为臣者以艰难戒其君，何至有君臣淫逸之讥，富贵骄人之举哉？”

此文能“详人所略”之处在于对君主确立的契约法则，“自民事日繁，国事日众，民情恶劳而好佚，乃推一智而明者为之主，使一国人民之事，悉集于君之一身”。这也就是说君为民立，故而衡鉴堂原批：“重民权立论稍偏。”本房原荐批此文：“援引民权君权之义，看书桶底落，行文翻水成，妙在不阑入东西洋时事，只字单词，一以浑融出之，斯为雅称。”文章不仅指出君要知难，而且臣子也要佐理民事，因为孔子此话“殆所谓举君以概臣耳”。看书如此，确可当得“切理厌心”（本房加批），“经义鸿深”（大主考户部右侍郎兼管钱法堂事物戴批）。

从上可以看出，刘师培早期学术修养深厚，不仅对传统的经史了然于心,而且对当时的西学亦有涉猎,故而能在科举中拔贡。

二

刘氏家族四世传经,但并不绝意仕进。四代人中,有八人中得贡生,在当时学界亦当引以为美谈,而刘师培乡试中举的年龄在诸人中又是最小的,见下表。

刘氏学人乡试情况①

姓 名	年龄	时间	考试情况
刘文淇(1789—1854)	25	1814	擢为扬州岁试一等第一
	30	1819	拔取优贡生。此后十四次礼闱不售,1836年绝意进取
刘毓崧(1818—1867)	20	1838	岁试一等二名,补廪善生
	22	1840	科试第一,拔优贡生。此后十赴乡闱不举
刘寿曾(1838—1882)	19	1857	以解经擢高第,补增广生员
	26、38	1864、1876	两中副榜
刘贵曾(1854—1898)	12	1866	补增广生员
	22、35	1876、1889	副贡生
刘富曾(1847—1928)	41	1888	江南乡榜有名
	42	1889	会试挑取誊录,签分国史馆
刘显曾(1851—1928)	37	1888	乡榜有名
	41	1892	会试中式第六十三名。殿试后成进士,以主事分吏部转郎中

① 此表据郭院林《清代仪征刘氏〈左传〉家学研究》第一章《仪征刘氏家学谱系》制成。中华书局2008年版。

续 表

<table>
<tr><th>姓 名</th><th>年龄</th><th>时间</th><th>考 试 情 况</th></tr>
<tr><td>刘师苍(1874—1902)</td><td>25</td><td>1897</td><td>选拔贡</td></tr>
<tr><td rowspan="2">刘师培(1884—1919)</td><td>16</td><td>1900</td><td>应府试,以诗文冠场</td></tr>
<tr><td>19</td><td>1902</td><td>第十三名经魁</td></tr>
</table>

刘师培少年时期文思敏捷,早已传为佳话。据其外甥梅鹤孙记忆,1894 年秋,刘师培才 11 岁,初习诗赋。其姐偶取庭前凤仙花汁染指甲,刘师培在旁看见,也要其姐替他染。姐未允,但说如能作一首诗即可。刘师培在一个下午就做了六十几首《凤仙花》绝句,第二天又足成一百首。当时亲友传诵,称为神童。早年读书书院,刘师培每月考书院,均得十余两膏火(旧时书院给学生的津贴)。前夕得题,次晚即须交卷,若有兼人之勇,除自己名字外,最多再用他人名字作一两本,也就吃力了。刘师培穷一日之力,如数完成,竟得正课十余名,外有副课。正课得银数两,因此有钱得偿购买黄金镜架心愿,此事戚友传为美谈。也就在那个时候,刘师培已经熟练掌握制作艺文之法,以往书院月考每次题目有制艺、诗文、算学、词赋各种①。另据其堂弟刘师颖称:“当夫志学之岁,笃嗜《左氏春秋》,研经而外并及子史。其答客难也,尝证穆王西征之事;其应射策,历举苗冈种族之事,出语惊其长老,记问冠于朋从。”②射策是选士的一种以经术为内容的考试方法,主试者提出问题,书之于策,覆置案头,受试人拈取其一,叫作“射”;按所射的策上的题目作答。这也就说明刘师培在 15 岁时就精熟场屋文章。1900 年 7 月,17 岁的刘师培补县学生员,应府试,以诗文冠场。冒广生(字鹤亭)阅其卷子并录取之。据冒氏回忆:“予中乡榜,刘申

① 据梅鹤孙遗稿《刘师培的家学渊源及其生平杂记》,《扬州文史资料》第七集,第 101 页。

② 刘师颖《刘申叔先生遗书跋》,《刘申叔遗书》,江苏古籍出版社 1997 年版,第 2407 页。

叔尚在小考。扬州府试，知府沈笔香延予阅卷，得申叔考卷，字如花蚊脚，忽断忽续，丑细不成书，但诗文冠场。如此卷不放府案首，决不能得秀才。予乃将其八股诗赋，密圈到底，竟压府案。诗题《咏扬州古迹》七律四首，其咏花木兰院一首有警句云：'木兰已老吾犹恨，笑指花枝空自疑。'尤为俯仰感慨。是岁秋闱，连中乡榜，申叔见予，尊为知己。"①

刘师培少年时期被看作神童，善于著文，这与其勤奋分不开。刘师培幼惠，自小从母学，后从塾学，年十二既读毕《四书》及《五经》。博学强记，出语恒惊长老②。另据刘师颖称："兄赋质睿敏，儿时偶阅书疏，背诵一字不移。"③15岁时，父亲去世后，随母学《毛诗》郑笺、《尔雅》、《说文解字》诸书。十行俱下，经目不忘。未冠即耽思著述，服膺汉学，以绍述先业，昌扬扬州学派自任④。除基本经典外，刘师培还读《荀子》、《佚周书》，旁考近儒之说，间有撰述，日后仿孙诒让《周书斠补》而作《佚周书补释》⑤，仿俞樾《古书疑义举例》的"约举其例，以治群书"治学方法而撰写《古书疑义举例补》⑥，读章学诚《文史通义》，立志赓续，为日后作《国学发微》打下基础⑦。喜读周秦典籍，对于学派源流留心关注，立志著述《周末学术史》，日后撰成《周末学术史序》十七篇⑧。读《东华录》、《扬州

① 冒怀苏《冒鹤亭先生年谱》，学林出版社1998年版，第162页。

② 蔡元培《刘君申叔事略》，《刘申叔遗书》，第18页。

③ 刘师颖《刘申叔先生遗书跋》，《刘申叔遗书》，第2407页。

④ 尹炎武《刘师培外传》，《刘申叔遗书》卷首。

⑤ 刘师培《佚周书补释序》，《刘申叔遗书》，第1206页。

⑥ 刘师培《古书疑义举例补》序言："幼读德清俞氏书，至《古书疑义举例》叹为绝作。"收入《刘申叔遗书》及中华书局1956年版《〈古书疑义举例〉五种》一书。

⑦ 刘师培《国学发微序》："予少读章氏书，思有赓续。"《刘申叔遗书》，第477页。

⑧ 刘师培《周末学术史序》总序："予束发受书，喜读周秦典籍，于学派源流，反复论次，拟著一书，颜曰《周末学术史》。"《刘申叔遗书》，第504页。

十日记》、刘宝楠《胜朝殉扬录》、黄宗羲《明夷待访录》以及王夫之等人的书，由于书中反满情绪影响，形成传统种族意识。据其自述，20 岁之前撰《扬民却虏录》、《读船山丛书札记》等著作，表达自己对华夷关系的看法①。

从乡试墨卷看，刘师培对《史记》、《元史》等非常熟悉，史学基础扎实。一方面或许刘氏家族自有应考的技巧，另一方面又与其家学不可分离。刘氏家族虽以经学名家，但在史学方面亦有传统。刘文淇著述大抵考订经史及阐幽之文为多，史学方面究心司马光《资治通鉴》，钩稽正史地理之沿革，水道之变迁，尤所谙悉。据《史记秦楚之际月表》，知项羽曾都江都；核其时势，推见割据之迹，作《楚汉诸侯疆域志》三卷。据《左传》、《吴越春秋》、《水经注》诸书，知唐宋以前扬州地势南高北下，较分运河形势不同，作《扬州水道记》四卷②。刘毓崧旁通经史诸子百家之书，著有《史乘通义》四卷，校勘宋元《镇江府志》、《旧唐书》、《舆地纪胜》等书。刘寿曾有《南史校义集平》，尝总修《江都县志》，分纂《江宁府志》、《上元、江宁县志》，刘贵曾著有《春秋历谱》传世。刘富曾曾为编订《宋会要初编》二百九十一卷，续编七十五卷。又曾为南陵徐积余先生延纂《南陵县志》，编辑山川人物指画区引，推为名作。己丑科会试挑取誊录，签分国史馆③。刘师苍艺无不精，尤熟《元秘史》，有著作《国语注补辑》、《元代帝王世系表》，于历代西域地图，了如指掌④。刘师慎少治《元史》、尤精西北地理。推治边徼古今沿革，披图按史，无不该宗。刘师培经常与他通信讨论《元史》。日后刘师培写成

---

① 光汉《甲辰年自述诗》，《警钟日报》1904 年 9 月 10 日。

② 刘文淇生平材料依据：丁晏《候选训导刘君墓志铭》；刘宝楠《清故优贡生候选儒学训导刘君墓表》；[日]小泽文四郎《仪征刘孟瞻（文淇）先生年谱》，《近代中国史料丛刊》第八十一辑，台北文海出版社有限公司 1972 年版。

③ 梅鹤孙遗稿《刘师培的家学渊源及其生平杂记》，《扬州文史资料》第七集，第 96 页。

④ 刘富曾《亡侄丁酉科举人师苍墓志铭》；袁镳《刘张侯传》、《碑传集补》卷五十二。

《重刊洪氏元史西北地理附录释地序》(收入《左盦外集》)、《元史西北地附录补释》二卷即受其影响①。

除家庭环境外,整个社会风气对刘师培也有极大影响。当此之时,西学输入急剧增长,“以1902年到1904年为例,三年共译文学、历史、哲学、经济、法学等社会科学书籍327种,占总数61%”②。扬州地近上海,学术文化素来发达,而且有接纳外来人才和风气开放的传统,故而西学思想容易输入。刘师培墨卷中多处引证“西史”,对西欧政治格局了然于胸:“当此之时,欧东小国,棋布星罗,处黑海之北者为撒吉喇,处黑海以东者为端可萨斯,处额济勒河之旁者为不里阿耳,处里海之西南者为瓦夕的毛夕里,与钦察康里之势,若辅车之相依。蒙古知其然也,或饵之以利,或迫之以威,使小弱诸邦悉为属国。”(第二篇艺文),同时对罗马法律熟悉,对中外法律进行对比,以及引用“西人之论公法者”观点,对于土耳其和日本国取消领事裁判权的论述(第三篇艺文),都可见出刘师培对西学的了解。不仅如此,刘师培还接受了西方学术思想。墨卷中关于“取于民而有益于民,虽多取之不为暴”的思想(第一篇艺文)与亚当斯密的《原富》思想相近,而第四文中民权君权的论述,则是卢梭《民约论》的继承。1903年10月,刘师培续黄梨洲《明夷待访录》、卢梭《民约论》作《中国民约精义》。该书宣传天赋人权,破除君权神授思想;提出人民是国家主体的口号,批判君为臣纲;主张以法立国,反对人治;要求实现民主共和,废除君权。而这些思想在场屋艺文已经初现端倪。刘氏接触西学与引用西学,则从此艺文可见③。

① 刘师培《仲兄许仲先生行状》,《刘申叔遗书》,第1836页。

② 熊月之《西学东渐与晚清社会》,上海人民出版社1994年版,第14页。

③ 李帆以为“刘师培第一篇涉及西学的文章应为《小学发微》”,不确。参阅李帆《刘师培与中西学术》,北京师范大学出版社2003年版,第67页。

三

刘氏学人中，尚有刘显曾光绪壬辰(1892)会试朱卷、刘师苍光绪丁酉(1897)科乡试拔贡卷流传于后世①。而他们的朱卷艺文真实地反映了清末科举出题与士子的知识结构变化。刘显曾是刘家凭科举获取功名最高的。据朱卷记载，刘显曾光绪戊子(1888)乡试中式第三十九名，覆试二等第六十一名；会试中式第六十三名，覆试二等第十一名；殿试二甲第八十三名，赐进士出身；朝考一等第三十六名，钦点主事签分吏部。他是清末科举的代表，与汤潜、张元济、蔡元培、夏孙桐、朱家宝、王仁俊、郭曾淮、叶德辉、唐文治等同榜。虽然大清已如日落西山，但科举内容一仍往日，以制艺文和诗赋为题。其会试朱卷共有三篇艺文，分别是《子曰：君子矜而不争，群而不党。子曰：君子不以言举人，不以人废言》、《斯礼也，达乎诸侯、大夫及士庶人》、《井九百亩，其中为公田，八家皆私百亩，同养公田》和《赋得柳拂旌旗露未干》(得春字，五言八韵)。第一艺文题目出自《论语》，作者"以经训诂题"，开篇即提出"学与识，悉本经训，持身接物均无偏矣"。然后就对题目意义进行解释，对关键词"矜"、"争"、"群"、"党"进行训诂，如"矜，训为矛柄，矛主击刺；争，引也，从覆手爪，亦有夺攘义"。然后又从反面论述"矜而争，客气之用也；群而党，乡愿之流也。言举人，人废言，则浮薄坏雅道"。整篇艺文就围绕孔子的两句话绞绕，显得空泛、没有思想。第二篇艺文题目来源于《中庸》，作者就要解释为什么周朝能对先祖以天子礼祭祀？首先对此句出现的背景进行分析，虽然周部落失官，"追王大、王季，上祀先公以天子之礼"并对此解释"追自西伯受封，入为大夫，出为列侯，礼典亦渐著矣"。然后对"礼"进行解

① 俱收入顾廷龙《清代朱卷集成》第389册，台北成文出版社1992年版，分别见于第47—75页和第359—365页。

释,提出“礼之著为经者,未尝不可达夫权也”,强调礼的权变性。接着对“达”字进行训诂:“达本从羊,羊有善称,见礼之善美毕臻”,“达又从走,走有行训,见礼之推行尽利”,从而出题用意:“武周所以本亲亲之意,用以各亲其亲,由斯礼以推暨之,所以大一统无外之规以成风俗之厚也。”第三篇艺文则“以畴人学辅经训,以古文家作制义,规度时艺,通经驭变”(本房加批),全文对“井亩之数,所以私养公也”进行论述,特色在于熟悉算术。

刘显曾三篇艺文最大特色就在于对题目进行疏解,“笃信郑学,不紊家法”(本房原荐批)。考官对其文章也认为“有根柢,有论断,经生之文也”(本房原荐批),然而这个“经生”不是“经世致用”之人,而是“皓首穷经”之书蠹。制艺文脱离现实,没有思想,在故纸堆里打转,也就不足为奇了。

相比而言,刘师苍文章则显示出科举内容的新动向。其制艺文《所谓大臣者以道事君,不可则止》和《赋得风云感会起屠钓》(得吟五言八韵)。制艺文首先破题,提出“大臣有事君之节,以道为行止而已”的观点,然后对大臣素质进行论述,“以守先待后之责任于吾身,而民彝物则之大原早由止善明诚而得”,“惟此朴忠悃款之身,用以纲维乎社稷”。像这样坚持大臣独立人格的言论,只有在改良风气盛行之时才有可能出现。到刘师培民权与君权之论,则完全是新思潮的产物了。

刘氏学人三份考场朱卷反映了中国科举艰难的改变,1902 年是中国科举的关键年,江南乡试题与刘师培制艺文从侧面折射出当时知识分子的知识结构已有变化,开始面向世界,学习世界各国的先进文化。

附录:

一、《汉文帝减租除税而物力充羡,武帝算舟车、榷盐铁、置均输而财用不足论》

先圣之言曰:王国富民,伯国富士,仅存之国富大夫,亡国富仓府。此言何谓哉?盖即《大学》“财聚民散,财散民聚”之意矣。

夫古之善理财者，藏富于国，不若藏富于民。藏富于国，一己之私利也；藏富于民，天下之公利也。秦汉以降，君尊而民远，为上者不图天下之公益，而独谋一己之私藏。于是少府设其官，水衡司其职。凡一切声色宴游之费，无一不取之于民。乃一二言利之臣复相与搜刮锱铢，横征暴敛，使膏囤于上，泽竭于下，以博兴利之名。为之民者，不知国用之何在，见上之寡取于民也，则颂之为贤君；见上之多取于民也，则目之为虐政。呜呼，此亦未观夫古人富国之意矣。

昔汉文帝十三年，减租除税而物力以充，武帝元狩四年置均输官，算舟车缗钱；元鼎元年，榷盐铁，而财用不足。世之论者，皆以文帝为能藏富于民，而武帝不能藏富于民矣。不知古人藏富于民者，在于以一国之财治一国之事，仍散之一国之民而已，非必以寡取于民为仁政也。夫文帝之时，承酷刑苦役之后，言治者以休养生息为急，故薄赋轻徭，可称仁德。若承平之日久，生齿日烦，物力日诎，而犹沿文帝之法以取民，势必至府库空虚，司农竭蹶，而百务废弛，不且与蕴利厚藏者如出一辙耶？故文帝减租除税以来，贾生上贵农之书，晁错进入粟拜爵之书，而景帝即位之初，复田租之半，诚以寡取于民，非谋国之良法也。若武帝之时，承文景富庶之后，欲息外患，势不得不以强兵为急，然欲谋强兵又不得不先筹富国，舟车之算，盐铁之榷，均输之置，亦武帝不得已之策也。向使武帝不侈游观，不行封禅，巫蛊之狱不兴，宫室之居不饰，则虽多取于民，亦不过因民之利而利民而已，何至有民穷财匮之事哉？

由是言之，文帝时之富饶，由于文帝之崇俭，武帝时之虚耗，由于武帝穷奢。崇俭，故不谋一己之私藏；穷奢，故不谋天下之公益。此文帝、武帝之世，国家所以有贫富之殊也。若以租税为可除，则租税之出于民，所谓集全国人民所输纳以供国家行政之用也。朝廷集公众之财以治公众之事，民事日繁，国用日益，即租税亦日加。若并此而无之，则是蹈白圭二十取一之说矣，国家何由成立哉？如以武帝之兴利为非，则《周官》之制，凡市廛门关、山林川泽之所有，无不设厉禁而征之，推之司市为征商之官，墨人司敛市之职，取民之赋,可谓众矣。何以先王行之而不为疟乎?盖人君之言利,有利万民、利一己之分,取于民而有益于民,虽多取之不为暴;取于民而无益于民,虽寡取之不为仁。彼以取民之多寡,判人君之仁暴者,何足以知理财之精义哉?

国朝仁厚之泽,远迈前古,恒普赐田租,普免逋赋,以损上而益下。然名臣若靳辅、孙家淦之流,皆以取民过轻为虑,则文帝之法仅可施于一时也,明矣。议者抑武帝而崇文帝,亦独何哉?

二、《(衡鉴堂原刻)元初遣速不台、拔都等西征,其兵力之盛,直至斡罗息以西论》

自古民族之竞争有二:亚历山大之东征,欧人东渐之机也;峨特之西徙,蒙古之西征,亚人西渐之机也。而蒙古之西征,有太祖时之用兵,有太宗时之用兵。太祖之用兵,由南路进速不台,曷思麦里、哲别将之;太宗时之用兵,由北路进拔都贵,由蒙哥、速不台将之。《元史·速不台传》云,奏请讨钦察随,引兵绕宽田(定)吉思海,〔展〕转至太和岭,遇其部长玉里哲及塔塔〔哈〕儿,方聚于不租河,众溃走。又至阿里吉河,与阿罗斯、大小密赤〔思老〕遇,一战降之,大略阿速部而还。其进兵之路,盖由今里海西南绕高加索山,沿额济勒河而至端河流域也。《曷思麦里传》云:招谕曲儿忒,(是)〔失〕儿湾沙等城悉降。谷儿只及阿速部以兵拒敌,皆战败而降。又招降黑林城,进击斡罗思于铁儿山,克之。其进兵之路,盖由今(是)〔失〕尔湾、角尔只绕黑海东北,循尼日甫诺克而至孩儿桑也。此皆南路进兵之道,即《秘史》所谓“再命速不额台勇士征驰北康林等十一部落,渡亦的勒、札牙黑二水,直至乞瓦锦、客儿绵等城”也。

然太祖之时,得其地而不能有,故太宗之时,复有命将出师之举。《元史·定宗(传)〔纪〕》云:从诸王拔都西征,至阿速境,攻围木栅山寨。是为征阿速部之师也。《地理志》注云:岁丁酉,师至宽田吉思海旁,钦察酋长八赤蛮逃避海中。宪宗又与诸王拔都征斡罗斯,至亦列赞城。是为征钦察阿罗斯之师。《速不台传》云:乙未,太宗命诸王拔都西征八赤蛮,令速不台统诸军,虏八赤蛮妻子于宽田吉思海,诸王讨兀鲁思部,围秃里思哥城,不克。遣速不台往,一战获其主也列班,诸城皆下。经哈咂里(河)〔山〕,攻马扎(里)〔儿〕部,拔都等五道分进,速不台出奇计,诱其主怯怜至漷宁河,遂拔其城。是为由阿罗斯渡多瑙河至匈牙利之师。此皆北路进兵之道,即《秘史》所谓"再速不额台的后援巴秃大王等,降其康里乞卜察等三种,破其斡鲁斯种城,悉杀虏其人,惟阿速惕等城百姓虏得虏了归附。得归了"也。而征之西史,则拔都所率之众直由孛列儿侵西列西阿,复破其连合军于利固尼资,败匈国军于达儿马尼亚,兵锋所及,直至威尼耳斯。以今地证之,蒙古之势力已及于德意志之东北,奥斯马加之东南,意大利之北境矣。岂不胜盛!

虽然,蒙古初兴,仅斡难河源一隅地耳,非有匈奴、突厥之强也,非有契丹、女真之大也。其所以并灭尔乞,破克列,取乃蛮,降汪古,灭花喇子模,以征服欧西之地者,岂仅恃牧蓄蕃息、骑马精强而已哉?盖得其所以制胜之道矣。夫蒙古西征之时,正十字军远征之后,罗马宗教从此衰微,犹太故基尚沦异域。希腊之内忧未弭,拉丁则国王无存,人民承苦役之余,国运值战争之后。故蒙古乘其隙,得以张兵力于西方。是曰兼弱,其策一也。且当此之时,欧东小国,棋布星罗,处黑海之北者为撒吉喇,处黑海以东者为端可萨斯,处额济勒河之旁者为不里阿耳,处里海之西南者为瓦夕的毛夕里,与钦察康里之势,若辅车之相依。蒙古知其然也,或饵之以利,或迫之以威,使小弱诸邦悉为属国。是为招携,其策二也。亚欧之境,限以大山,乌拉岭以阻东西,高加索山以防西北,天然难逾,足为屏蔽。蒙古之西征也,则凿石开道以通其程,设障通邮以防其塞,探马赤之官既立,中书省之令旋行,使万里之外地势周知,是为审势,其策三也。此蒙古之兵所以非欧西所及也。

嗟乎!辽大石之勤远略,仅河中府之一隅;铁木儿之逞兵威,无欧罗巴之片土。惟元当拔都、速不台西征之后,西方之土,属于钦察之疆,以萨来为王庭,以金党为国号。而宪宗之世,复以乞俾镇守斡罗思,以括其境之户口,声教所及,可谓广矣。自此以降,托克托有贡马之来,月即别有袭位之告,西北之疆,仍沾王化。乃数传之后,内变旋生,始也分白党喀山之邦,继也析为客勒姆、月祖伯之境,又继而成为悉毕儿、大斡儿朵之封。千里版图,分崩离析;百年封土,颠覆倾危。宜万剩之于前,月马取之于后,而拔都之后裔,仅存布哈耳、机洼二弱国矣。前日武功之盛,果安在耶?则甚矣,强国不足恃也。虽然,蒙古西征之役,固为欧人之患矣。然欧人东渐之端,实基于此。故马洛哥罗东游以来,为欧亚使节交通之祖,而俄人开疆于北,西葡航海于南,亚人西渐之世,遂一变而为欧人东渐之世矣。履霜坚冰,其来也渐。观于速不台、拔都西征之事,可以知其故也。

三、《中外刑律互有异同,自各口通商日繁,交涉应如何参酌损益,妥定章程,令收回治外法权策》

罗马法律之言曰:在界限之外者,服界外官员管理。斯言也,岂非外交之通义哉?自治外法权之说起,而西人之在他境者,得以己国法审断己民,而与罗马之法律背矣。夫治外法权之说,非始于上古也,亦非行于欧洲也。惟突厥西侵之时,未谙西国外交之意,遂令各国自理其民。近年以来,凡欧洲之对东方诸国者,皆仿此以定条约,是为领事裁判制度。方中英之定《南京条约》也,不过曰:"设领事官,理商贾事,宜与地方官公文往来"而已。自《天津条约》定,而中国地方官与领事会同审办矣。自《烟台条约》成,而华人由华官问罪,英人由英人问罪矣。数年以来,通商日繁,交涉日盛,小民之排外日益切,朝廷之外交日益艰。推原其始,岂非治外法权致之哉?

盖治外法权弊有三端焉:一曰失国家之权。凡国之所以成立国者,以其有行法之权及守律之权也。故公法家之言曰:凡自主之国,所有国内法律可依己意而定,他国不得讥评,并不得与闻。诚以国家主权所行之地非他国权力所能侵入也。今乃托保护域外人民之说,以侵他国司法之权,则守律之权废而自主之权失矣。其弊一也。二曰:乖均势之道。夫中国与欧洲各国国际上既行平等之仪,则国家权力之所及,自应一律平均。乃中国人民之在檀香山、瓜哇、旧金山者，西人以不齐之法待之，而中国未尝诘责。西人之在上海、宁波者，中国以本国之法治之，而西人不能强从，是明明不以平等待中国矣。其弊二也。三曰乖法律之平。夫斗殴杀伤之罪，同为法律所不容。乃西人之杀吾民者，仅处以徒刑禁狱；而吾民之杀西人者，则处以死刑。同罪异罚，公理何存？其弊三也。此治外法权之事，所以为中国之巨患也。

今欲令西人收回此权，莫若以改定刑律为始。夫中西刑律，虽有异同，大约中国之律严，西国之律密；中国之刑重，西国之刑轻。欲参酌损益，有四条焉：西人狱讼，首重律师，为律师者，必以法学士为进身之途。故处则研究法律之科，出则推明法律之用。若中国之制，则为讼师者首干禁令之条，为士人者不习申、韩之术，故奸吏之定谳，得随己意为重轻。今欲参酌西律，莫若设法学学堂，使《法学通论》诸书，悉为士人所习。其策一也。西人之法，由暴趋仁；中国之刑，由宽而趋酷，若凌迟、灭族诸罪，乃五洲所希。今欲参酌西律，莫若废苛严之法，而以死罪为至重之刑。其策二也。古人之断狱也，狱成而孚；而西人之断狱也，亦有直证、曲证之别。故敲朴之刑不设，钩距之术不行，国无冤民，狱无定谳。若中国之制，首设刑讯之规，迫以疾言，诱以甘言，三木之下，何求不得？故狱吏因之以周内，民情因之以不伸。今欲参酌西律，莫若除刑讯之文。其策三也。西人之入狱也，寝食有其期，休息有其所，有病院以司其疾，有牧师以化其非。故法极周详，刑无苛酷。若中土之狱，几与巴黎巴士的狱相同，吏逞淫威，地邻污秽。今参酌西律，莫若澄清牢狱，使与泰西各国无殊。其策四也。四策既行，庶西人治外法权，不能施之于中国矣。

虽然，使西人而收回此权，固为中国之利矣。然骤以此议商之西人，必有以风俗宗教不同为辞者。不知土耳其素崇回教，与欧洲各国时起战争，何以近年以来，各国承认其列入公法乎？日本之与中国，同在亚东，何以日本改从西律以来，竟能于明治三十三年收领事专断之权乎？且西人之论公法者，谓彼国人来此国，必有暗服此国法律之心，故国家之治其罪也，得与本国人一律。而近世研究国家之学者,至为各国人民之居他国,仅有公权无私权,则治外法权之事,不当施于中国也明矣。倘中国改刑律而从之,又何患此权之不可复哉?

四、《人之言曰:为君难,为臣不易。如知为君之难也,不几乎一言而兴邦乎》

上古之时,一国之中,君与臣共治。君也者,理一国之事也;臣也者,分人君之忧者也。是以为君者司一国之主权,为臣者,负辅君之责任。自公天下易为家天下,然后臣任其劳,君任其逸。为君者不曰理一国之事,而曰谋一己之私;为臣者不曰分人君之忧,而曰尽服从之义。是以百务废弛,政令壅塞,而邦国倾危。孔子知其然也,故以"为君难,为臣不易"之语告定公,而复申之曰:"如知为君之难也,不几乎一言而兴邦乎?"揆孔子之意,岂非以邦国之盛于为人君者之裁理庶职哉?

不观《虞书》之言乎,《禹谟》之言曰:"后克艰,厥后臣克艰,厥君政乃乂。"而《皋陶谟》则曰:"兢兢业业,一日二日万机。"由前之说观之,则国家之责分属于君臣;由后之说观之,则国家之权悉操于君上。其故何哉?则以上古之时,君与民近。凡一国之事,悉以为君者身任其责也。定公之祖,厥为周公。周公者,周之臣而鲁之君也。观其作《无逸》以诫成王之耽乐,作《七月》以陈王业之艰难,非言为君者之难乎?朝见七十士,一沐三握发,非以为臣者之不易乎?故当此之时,君以严恭寅畏为心,臣以鳏职旷官为诫,治定功成,君臣一德。推原其始,岂非由为君者怀"无轻民事"之心哉?

乃春秋之时,鲁邦不兢,筑楚宫、修鹿囿,君心骄矣。季孙堕费,孟氏筑成,臣心侈矣。因骄奢而生懈堕,因懈堕而忘忧劳,遂使君臣之间,相忍为国,虽曰由臣下之窃柄使然,使定公果以治民为心,又何患邦之不可兴哉?夫子引此语以告定公,殆欲矫当时鲁君臣之失耳。

虽然,孔子之说,岂仅告定公而已哉?亦万世君臣之通义也。何则?上古之时,只有民而已。自民事日繁,国事日众,民情恶劳而好佚，乃推一智而明者为之主，使一国人民之事，悉集于君之一身。是君之忧劳，固千万于天下之民者也。及国运日盛，治运日兴，以天下之大，非一人所能独治，乃设群工以分治之，使之尽心于国家，以辅人君所不逮。是则君者因理民之事而设，而臣者亦因佐理民事而设者也。是以职愈高者任愈重，名愈尊者任愈危。《召诰》所以有"顾畏民嵒"之词，而《周易》所以著"四多惧"之象也。孔子举此语以告定公，殆所谓举君以概臣耳。傥后世法此语而行，则为君者以艰难勉其臣，为臣者以艰难戒其君，何至有君臣淫逸之讥，富贵骄人之举哉？无如后世之主，不知民务之当勤，为君者以之责臣，为臣者以之责君，君不忧天下之忧而乐天下之乐，臣不知国家之义而徒知朝廷之尊。揆其为说，不且与孔子大相悖哉？观孔子告定公之言，可以知其故矣。

刘师培的戴震学

在中国思想史、学术史上，戴震具有非常重要的地位。他是我国18世纪中叶著名的考据学家、自然科学家和思想家，生处“康乾盛世”，学识淹博。当时的著名学者王昶在《戴东原先生墓志铭》一文中这样评说：“东原之学，苞罗旁搜于汉、魏、唐、宋诸家，靡不统宗会元，而归于自得；名物象数，靡不穷源知变，而归于理道。本朝之治经者众矣，……端以东原为首。”[①]诚如王昶所说，戴震在许多学科领域都取得了很大的成就。戴震一生困顿，但著述甚多，达40余种，其中包括小学、测算、典章制度、地理、义理等领域，亦涉及目录、版本、校勘、辨伪、辑佚诸方面。戴震是公认的考据大家、当时学界中心人物之一，友朋、弟子及再传弟子甚多，知名者除钱大昕、纪昀、朱筠、王昶等人外，尚有金榜、洪榜、程瑶田、段玉裁、任大椿、孔广森、王念孙、王引之诸人。受戴氏影响者亦不少见，尤其是扬州学者，如汪中、焦循、李惇、贾田祖、刘台拱、凌廷堪、阮元等人。他们或推崇戴氏考据学成就，传播其学；或循戴氏考据学方法，从事经史考证，成绩斐然。经过他们的努力，戴氏考据学逐渐发展为蔚为大观的一派之学，成为乾嘉时期与惠栋吴派并行的皖派。但是在戴震的心目中，考据之学固然十分重要，义理之学则为其最终目的，他临终自称：“仆生平论述最大者，为《孟子字义疏证》一书，此正人心之要。今人无论正邪，尽以意见误之名曰理，而祸

---

① 《戴震全书》卷七，黄山书社1995年版，第32—33页。

斯民，故《疏证》不得不作。”①所谓“经之至者，道也。所以明道者，其词也；所以成词者，字也。由字以通其词，由词以通其道，必有渐”。无论是在追随江永求学时，还是在与惠栋相见后，由考据进而上求义理都是其一生追求不懈的目标。故而对生平著作，自认是以考据求义理的“《孟子字义疏证》为第一”②。其治学次第基本是由小学训诂到上求义理，或可说其所治之学大体为两类：考据之学与义理之学。

作为考据学家的戴震与作为思想家的戴震，在治学态度、治学方法以及建构其义理之学思想体系时，尽管侧重点、出发点不同，但其归宿、目的却是一样的：即都在于阐明和发掘隐含在“经言”背后的迥异于程朱之学的“价值系统”。因此，对戴震的两种研究途径不应绝然分离，而应是相辅相成。但是学术界对戴震的全面认识却是经历了很长的曲折之路，能够做到不为外界学术权威、风气和政治干扰，理性地按照其内在的逻辑理路进行探讨，其中经历了好几代学人的努力。在戴震生前与死后很长时间里，他的义理之学，却因知音寥寥，相对被冷落。章学诚是戴氏义理学的最早知音③，但他虽能赏识戴氏《原善》、《论性》诸篇，却不赞成他攻击朱子。戴震《孟子字义疏证》之类的义理著作当时读者不能通其义，门人中仅洪榜认可并推崇，以为功不在禹下。为此洪榜还与乾隆

① 《与段若膺书》，《孟子字义疏证》，中华书局1982年版，第186页。

② 段玉裁《戴东原集序》，《戴东原集》卷首，宣统二年渭南严氏成都刻本。戴震《与是仲明论学书》，《戴震集》，上海古籍出版社1980年版，第183页。

③ 章学诚曾指出：“凡戴君所学，深通训诂，究于名物制度，而得其所以然，将以明道也。时人方贵博雅考订，见其训诂名物有合时好，以谓戴之绝诣在此。及戴著《论性》、《原善》诸篇，于天人理气，实有发前人所未发者，时人则谓空说义理，可以无作，是固不知戴学者矣！”章学诚《文史通义》外篇三《答邵二云书》，仓修良编《文史通义新编》，上海古籍出版社1993年版，第553页；章学诚《文史通义》内篇二《书〈朱陆〉篇后》，仓修良编《文史通义新编》，第76页。

朝倡导汉学风气最力、最维护考证的朱筠有过争论①。此后有焦循、凌廷堪私淑戴震，汪中、阮元、孙星衍等人亦对戴震义理思想有某种程度的继承。尽管如此，但比起考据之学的兴盛，戴震义理学清末之前始终处于边缘状态，甚至可以说，戴学后续者大都只承继了一半的戴学，戴震的完整形象已不甚清晰了。戴氏考据学一直传人甚众，义理学却被人忽视。其地位是学术史上的，而非思想（哲学）史上的。

今日戴震在学术、思想上完整地位的确立，与清末学者对他的阐扬密不可分。李帆《章太炎、刘师培、梁启超与近代的戴学复兴》一文对此已经有论述，他认为在这方面，章太炎有首倡之功，刘师培有完善之力，民初梁启超等人借纪念戴震诞生200周年之机所掀起的研究高潮，促使戴学渐成显学②。但他仅从历史角度，按时间先后顺序进行考述，很少从学术内在影响进行分析，略嫌空泛粗疏。本文试图详细分析戴震学近代以来发展脉络，重点说明刘师培在戴学研究中的重要地位与价值，以及他的研究所以如此的原因与特点。

所谓戴学其实就是关于戴震研究的研究，是关于戴震研究的知识系谱。这里就有一个不断添加的过程，戴学也就在不断地被解释过程中逐步完善。在清末之前的关于论述戴震的文章，有钱大昕的《戴东原传》，洪榜的《戴先生行状》，段玉裁的《戴东原先生年谱》，凌廷堪的《东原先生事略》等文章，江藩在《汉学师承记》也颇为推崇。正如上文所说，这些论说都是片面的，戴学也是模糊的。今日戴震在学术、思想上完整地位的确立，钱穆、侯外庐都认为章太炎有首功。钱穆在《中国近三百年学术史》"戴东原"一章说："近儒首尊东原者，自太炎，特取其排击程、朱，以清末治程、朱

① 江藩《国朝汉学师承记》卷六《洪榜》，中华书局1983年版，第98页。
② 《安徽史学》2003年第4期。

率恶言革命也。”[①]侯外庐也说章太炎“是近代首先评论戴学的人”[②]。其实这个说法是不准确的。章太炎对戴震的论述不仅没有大的突破，反而有很大的成见掺入其中，不仅过于简略，而且带有政治意图，借题发挥，决不是科学研究的开始。从1900年的《学隐》到1902年的《清儒》，章太炎确是论及了戴震。《学隐》以魏源攻击戴震等乾嘉考据学者的话为由头，斥责魏源媚清，目的却是斥责康有为等媚清。他在《学隐》十三这样论述：“定宇殁，汉学数公，皆拥树东原为大师。其识度深浅，诚人人殊异。若东者原，观其遗书，规模宏达，执之故可知。当是时，知中夏晼黯不可为，为之先鱼子虮虱之势，足以藉乎？……士皆思偷鍻禄仕久矣，则惧天谐媚为疏附，窃仁义于侯之门者。故教之汉学，绝其炼裔异谋，使废则中权，出则朝隐。如是足也，借使中用如魏源，能反其所述《圣武记》以为一书，才士悉然，东原方承其流奔命不给，何至槁项自縶，缚汉学之拙哉？”[③]《清儒》非专论戴震之文，只是在纵论清代学术时表彰了戴震及其后学，并对吴、皖两学之分际有精辟考论[④]。1906年章太炎作《悲先戴》，高度评价戴震的《孟子字义疏证》，说它足以激发人们对清朝统治者的仇根，为民请命，却为乾隆、纪昀歪曲利用，

---

① 钱穆《中国近三百年学术史》，商务印书馆1997年版，第396页。

② 侯外庐《近代中国思想学说史》上册，生活书店1947年版，第384页。

③ 《检论》卷四，《章太炎学术史论集》，中国社会科学出版社1997年版，第348页。

④ 章太炎这样评论：“震生休宁，受学婺源江永。治小学、礼经、算术、舆地，皆深通。……凡戴学数家，分析条理，皆缜密严瑮，上溯古义，而断以己之律令，与苏州诸学殊矣。……大抵清世经儒，自今文而外，大体与汉儒绝异。不以经术明治乱，故短于风议；不以阴阳断人事，故长于求是。短长虽异，要之皆征其通雅。”《清儒》，《中国现代学术经典·章太炎卷》，第256—259页。

教训就是"不可同专制者说理"①。然而此文强调戴震义理学"悉推本于晚周大师,近校宋儒为得真";戴氏反对宋儒义理之说,实针对清廷帝王之暴虐而发,明显受民族革命思想的影响,所以并未能从学术上指出他的价值。章太炎最主要的论戴著作《释戴》作于1910年,进一步阐发戴氏义理学,仍主张戴氏之说有针对清廷帝王之意,且认为其学名虽托诸孟子,而其根源,则当上溯于荀子,其理欲之论与程朱之说相异者,在于二者之范畴不尽相同②。在这些文章中,章氏始终存有先在的成见,那就是戴震的考据学是无奈而为,义理学是暗藏革命思想的。其实他从来没有认真考察戴学的内在发展理路是什么,在一定程度上具有抬高汉学以抵抗今文学派的门户之见,虽然在一定意义上抬高了戴震的地位,但是显然有欠科学。这当然与当时的社会革命形势有关,章太炎作为革命

---

① "吾悲夫戴君之术,以理夺势,而曰:'今之治人者,视古之贤圣体民之情,遂民之欲,多出于鄙细隐曲,不措诸意。''及其责以理也,不难举旷世之高节,著于义而罪之。尊者以理责卑,长者以理责幼,贵者以理责贱,虽失谓之顺。卑者幼者贱者以理争之,虽得谓之逆。''人死于法,犹有怜之者,死于理,其谁怜之!'(《孟子字义疏证》卷上"理")呜呼!戴君生雍正末,亲见贼渠之遇士民,不循法律,而以闽洛之言相稽。哀矜庶戮之不辜,方告无辜于上,其言绝痛。桑荫未移,而为纪昀所假,以其惩艾宋儒者,旋转以泯华戎之界。寿不中身,愤时以陨,岂不故耶?"《悲先戴》,《民报》1906年11月第九号,《说林》,署名太炎。

② "戴震生雍正末,见其诏令谪人不以法律,故摭取闽、洛儒言以相稽,觇司隐微,罪及燕语。……震自幼为贾贩,转运千里,复具知民生隐曲,而上无一言之惠,故发愤著《原善》、《孟子字义疏证》,专务平述,为臣民愬上天。明死于法可救,死于理即不可救。又谓衽席之间,米盐之事,古先王以是相民,而后人视之猥鄙。其中坚之言尽是也。震所言多自下摩上,欲上帝守节而民无瘴。……究极其义,及于性命之本,情欲之流,为数万言。夫言欲不可绝,欲当即为理者,斯固棣政之言,非饬身之典矣。……明之君臣,负洛、闽之法度。纪昀以来,负戴震之法度。……问者曰:戴震资名于孟子,其法不去欲,诚孟子意耶?……寄于儒名,更宾老聃,以孟轲为冢子,斯所谓寓言哉!"原载《学林》第二册,1910年,选自《太炎文录初编》文录卷一,陈平原编校《中国现代学术经典·章太炎卷》,河北教育出版社1996年版,第536—537页。

型的学者，论学难免受到政治目的的影响。直到后来的《蓟汉昌言》六卷(1933)中论述戴震之学时还有偏颇，说戴震"自谓理在事物，则失之甚远也。然要其归，则主乎忠恕"。又比附戴震为萧曹，阳明为子房，"其术相背，以用世则还相成也"①。当然，章氏的学术地位使得他的戴学论也产生了很大作用。后来钱穆在《中国近三百年学术史》中还说："排击程、朱之谈，太炎亦复不取。然其分辨欲当即理，乃棣政之言，非饬身之典，实旨言也。至东原著书初意，是否如太炎所云云，兹可勿论耳。"②不过，钱穆在后来区分戴氏与颜李关系，是针对章氏而发。同时指出戴震与荀子相似处则不能不说受章的启发③。

真正对戴震之学做出较全面系统的论述与估价，从而推动了戴学复兴的，是继之而起的刘师培。1905 至 1907 年间，刘师培通过《南北学派不同论》、《东原学案序》、《戴震传》、《近儒学术统系论》等一系列专论或通论性著述，系统地阐释了戴震之学，使戴学面貌一下子清晰起来，从而开始了戴震学真正的科学研究，为后人研究戴学开辟了道路。

1905 年《南北学派不同论》一文连载于《国粹学报》第 2、6、7、9 期，其中的《南北考据学不同论》章节中，首先依照戴震的观念，用考据一词涵盖义理、考据、辞章④。从这里也可以看出刘氏对考据学广义理解深受戴震的影响。在对清代考据学前期大家的摭拾与

① 《章太炎学术史论集》，中国社会科学出版社 1997 年版，第 348 页。

② 钱穆《中国近三百年学术史》，商务印书馆 1997 年版，第 396 页。

③ "今考东原思想最要者，一曰自然与必然之辩，一曰理欲之辩，此二者，虽足与颜李之说相通，而未必为承袭。至从古训明义理，明与习斋精神大背。若徒以两家均斥程、朱，谓其渊源所自，则诬也。"又"是东原之所指为性者，实与荀卿为近，惟东原以《孟子》性善之意移而为说耳"。钱穆《中国近三百年学术史》，商务印书馆 1997 年版，第 392—396 页。

④ "近代之儒，所长者固不仅考据之学，然戴东原有云：'有义理之学，有词章之学，有考据之学，则训诂典章之学皆可以考证一字该之。'"语见《刘申叔遗书》，江苏古籍出版 1997 年版，第 554 页。

校勘之学的论述中,刘氏都有不满意之处,或“富于引申,寡于裁断”,或“鲜下己意,义尚墨守”。直到论及江永时才对徽学的“实用”给予高度评价,尤其是戴震。文中要言不繁,不仅精要地论述了戴震的学术成就,而且重点评价了戴震治学的特点与方法。“戴氏之学,先立科条,以慎思明辨为归,凡治一学立一说,必参互考验,曲证旁通”,“实事求是,以实用为归”。这就点出了戴震治学与他之前的学者不同特色,这也是戴震独特的历史地位所在。在方法上指出戴震“辨彰名物,以类相求,则近于归纳”。尤其可贵的是,刘氏将戴震的考据学与义理学相提并论,指出戴氏能够“于正名辨物外,兼能格物穷理”。而且戴震的“格物者格物类也,穷理者穷实理也。与宋明虚言格物穷物者不同”①。《孟子字义疏证》的作用是“凡俗学之误民者,必排击防闲,使卮言日绝”②。在这里刘氏论述了戴氏的哲学成就。这样刘氏对于戴震的学术有一个具体而全面的论述。与章太炎简单的比附相比,刘氏则更重视从学术特点出发,从而真正彰显了戴震的学术地位。

戴震本以考据学为学界瞩目,而刘师培 1905 年在《国粹学报》第 5 期发表的《东原学案序》却基本不谈其考据学,而以其超迈前儒的义理学为阐释对象,指出:“近代以来,鸿儒辈出,鄞县万氏、萧山毛氏渐知宋学之非,或立说著书以与宋儒相诘难,而集其成者实惟东原戴先生。东原之书,以《原善》、《孟子字义疏证》为最著。”在清儒中,“惟东原解字,其界说最为精严”,同时指出戴震说“理”与宋儒的不同,东原解“理”为分,以理为同条共贯,欲在理中;归纳戴震的义理学特点是:“必衷训诂,则功在正名,讲学不蹈空虚,则学趋实用。”③刘氏充分肯定了戴震的历史地位,“中儒之言理欲,未

① 《刘申叔遗书》,江苏古籍出版 1997 年版,第 559 页。

② 《刘申叔遗书》,江苏古籍出版 1997 年版,第 556 页。

③ 《左盦外集》卷十七,《刘申叔先生遗书》,江苏古籍出版社 1997 年版,第 1763 页。

有及戴氏者"[①]。1906 年《国粹学报》第 13、14 期连载《戴震传》,刘氏对戴震有了一个全面的评述,其中观点与以前没有大的变化,对戴震的考据学和义理学各方面综合论述,其中阐明戴震治学特点是:"一字之义,必本六书、贯群经以为定诂。""非求之六经,孔孟不能得,非从事于字义制度名物,无由通其语言。"这里不仅仅是考据、义理并重,而是强调"是则先生之学,以小学为入门"。也就是说,以往清代政治权威与学术权威所看重的戴震的考据学在这里成了义理的基础,真正的目的在于求得义理:"则先生之言性理,殆所谓特立成一家之言者与?"[②]至此,戴震学术的价值才全面展示在人们面前。刘氏的论述在很长时间没有被人超越。甚至后来的胡适很多观念都是在此基础上提出来,比如他说戴震"在清儒中最特异的地方,就在他认清了考据名物训诂不是最后的目的,只是一种明道的方法。他不甘心仅仅作个考据家;他要作个哲学家"。胡适归纳出戴学异于清儒的两个要点("此学不仅在故训";"空所依傍,而惟求其是")也没有超出刘氏的论述[③]。

在刘师培之前,对戴震的论述,除了章太炎之外,还有王国维和梁启超。1904 年王国维撰《国朝汉学派戴阮二家之哲学说》,指出戴震的《原善》、《孟子字义疏证》,阮元的《性命古训》等,"皆由三代、秦、汉之说以建设其心理学及伦理学。其说之幽远高妙,自不及宋人远甚。然一方复活先秦之古学,一方又加以新解释,此我国最近哲学上唯一有兴味之事,亦唯一可纪之事也"[④]。他认为清人

---

① 《左盦外集》卷十七,《刘申叔先生遗书》,江苏古籍出版社 1997 年版,第 1760 页。

② 《左盦外集》卷十八,《刘申叔先生遗书》,江苏古籍出版社 1997 年版,第 1821—1823 页。

③ 胡适《戴东原的哲学》,台湾商务印书馆 1963 年版,第 26 页。1925 年刊于《国学季刊》,其中往往强行将考据学作为科学方法与作为思想的民主画上等号,并没有将戴震学术放在科学研究的基点。

④ 王国维《国朝汉学派戴阮二家之哲学说》,《王国维遗书》第三册,上海古籍出版社 1983 年影印版,第 482 页。

的义理学不如宋人，对戴震的义理学也不过是区别于考据学的琐碎特点而稍具哲学特色罢了，也并没有对其思想深入论述。梁启超在 1904 年[①]发表的《论中国学术思想变迁之大势·近世之学术》中谈及吴、皖考据学时，基本依据章太炎《清儒》一文以立论。他虽对戴的治学方法有所赞扬，认为“惠戴之学，固无益于人国，然为群经忠仆，使后此治国学者，省无量精力，其勤固不可诬也”。但是“惠、戴之学，与方、姚之文，等无用也”[②]。王、梁对戴震的这些论述，都是浮光掠影的，戴震的学术在他们文中是半个身子，残缺不全。1924 年 1 月 19 日，是戴震诞辰 200 周年纪念日，以此为契机，由梁启超、胡适等著名学者发起，北平学界在安徽会馆隆重举行了各种活动，使对戴震的研究达到了高潮，戴学由此渐成显学。

刘师培之所以能够正确而全面地把握戴震，这与他的学术背景是分不开的。刘师培作为扬州学术[③]的殿军人物，推寻扬州学术源流时常常借重戴震与皖派。在《南北考证学不同论》一文中一则说：“戴氏弟子，舍金坛段氏外，以扬州为最盛。”再则说“扬州经学之盛，自苏常外东南郡邑，莫之与京焉”，有时徽扬并称：“徽扬之儒，功在知新，精于考核，以穷理为归。”[④]而且刘的家学渊源推算起来也是戴学的流衍，他的曾祖父刘孟瞻（文淇）先生“是江氏之三传”。这些都能激发刘氏的学术责任和自豪感，常常以振兴戴学自任，“故先生之学，惟扬州之儒得其传，则发挥光大，固吾乡学者之

---

① 夏晓虹先生认为，1902 年 3 月起《论中国学术思想变迁之大势》陆续在横滨的《新民丛报》“学术”栏发表，署名“中国之新民”。对固有文化的批判意识，即是肯定优胜之处的分量往往不及揭发短缺来得重。西哲的启示在梁启超摆脱崇古尊圣的旧学体系上确实发挥了至关重要的作用。见《论中国学术思想变迁之大势》导读，上海古籍出版社 2001 年版。

② 梁启超《论中国学术思想变迁之大势》，上海古籍出版社 2001 年版，第 124 页。

③ 此处不称扬州学派而称扬州学术，是依据孙钦善先生《清代考据学的分期和派别》一文的观点，参见《中国文化研究》2004 年春之卷。

④ 《刘申叔遗书》，江苏古籍出版社 1997 年版，第 557 页。

责也”①。在这样的大的学术背景下，加上他自“予束发受书，即服膺东原之训诂”②，认为戴震之学“探赜索隐，提要钩玄，郑、朱以还，一人而已”③。

除对戴震和皖派考据学的强烈认同与称誉外，刘氏还是戴震义理之学百年后的知音。他不仅对其以《孟子字义疏证》为代表的义理学成果给以充分肯定和多方阐释④，而且用学术实践发扬其义理学，他的《理学字义通释》实为仿《孟子字义疏证》之作。他曾数次征引戴震《与是仲明论学书》中的话：“由字以通其词，由词以通其道，必有渐。”表示认同和遵循，并在学术实践中作为基本方法加以运用。可以说，他之推崇戴震，是出于自身的学术追求。当然，他的这些作法最近的影响可以追溯到阮元。阮元也是主张“推明诂训，实事求是”，并且在《揅经室集自序》中说：“圣人之道，辟若宫墙，文字训诂其门径也，门径苟误，跬步皆岐，安能升堂入室乎？学人求道太高，卑视章句，譬犹天际之翔出于丰屋之上，高则高矣，户奥之间未实窥也。或者但求名物，不论圣道，又若终年寝馈于门庑之间，无复知有堂室矣。是故正衣尊视，恶难从易，但立宗旨即居大名，此一蔽也，精校博考，经义确然，虽不逾闲，德便出入，此又一蔽也。”⑤

刘师培对戴震的研究，很大一个特点就是抓住了戴学的“实用”原则。戴震认为理不是先天具有的，而是存在于客观事物之中，人具有认识客观事物及其规律的能力，通过学习和践履，即可把握事物之则(理)。他说“就事物言，非事物之外别有理义也；‘有物有则’，以其则正其物，如是而已矣。就人心言，非别有理以予之

---

① 《刘申叔遗书》，江苏古籍出版社1997年版，第1823页。

② 《左盦外集》卷十七，《刘申叔先生遗书》，江苏古籍出版社1997年版，第1763页。

③ 《刘申叔遗书》，江苏古籍出版社1997年版，第1823页。

④ 《刘申叔遗书》，江苏古籍出版社1997年版，第1759页。

⑤ 阮元《揅经室集》卷一，《四部丛刊》本。

而具于心也;心之神明,于事物咸足以知其不易之则”①。因此他认为“凡事履而后知,历而后难”②。在道德修养上,戴震对理学闭门静坐,“冥心求理”的所谓复人性之初的做法深恶痛绝,认为道德修养离开践履,不见诸行动,不外缘木求鱼。他说《大学》“明明德”,是说行事有德行,“人咸仰见,如日月之悬象著明,故称之曰‘明德’。倘一事差失,则有一事之掩亏”③。又说:“人伦日用之事,实责诸身,观其行事,身之修不修乃见。”④“征之践行,身之修不修乃见。”⑤戴震“实事求是,以实用为归”,讲学不蹈空虚,则学趋实用。当然这里不仅仅是现实用处,更多的指实学,偶尔也指学问与国计民生的好处。“实学”重实证,就其取证特重汉儒经注,又称“汉学”。刘氏四世传《左氏春秋》之学,所以看重汉学亦为家学传统。不过刘氏的“实用”有时确指真正的用处,比如在不满清代校勘与辑佚学而对徽学赞扬的标准就是因为徽学所作比较有利于民生。评价戴震的地理学是“地理家致用之学也”⑥。而且刘师培早年曾经写过《农民疾苦调查会之章程》、《中国民生问题论》⑦,还作过民生问题以及经济问题的演讲⑧。刘氏一生对实学很是重视,所以能够发掘戴氏的实学特色。

另外,刘师培还保持了扬州学者所具有的“会通”的特点,所以对戴震能够全面认识。刘氏虽家传古文经学,但是在四川国学院时与今文经学大师廖平相交甚欢⑨。就其治学范围而言,也继承

① 《孟子字义疏证·理》,中华书局1982年版,第7页。

② 《戴震集》,上海古籍出版社1990年版,第190页。

③ 《孟子字义疏证》附录《答彭进士元初书》,第164页。

④ 《孟子字义疏证》附录《孟子私淑录》卷上,第133页。

⑤ 《孟子字义疏证》附录《中庸补注》,第205页。

⑥ 《刘申叔遗书》,江苏古籍出版社1997年版,第1822页。

⑦ 原载《天义报》第八至十合册,署名申叔。

⑧ 参阅万仕国《刘师培年谱》,广陵书社2003年版。

⑨ 龚谨叔《蒙文通先生传略》第185页,蒙季甫《文通先兄论经学》第59页,蒙默《蒙文通学记》。

了戴学,《遗书》包括群经及小学、学术及文辞、群书校释、文集,对于六书、九数、制度、名物等考据学都有研究,而且也撰有义理学著作《理学字义通释》。戴震多次提出和论述了自己的经典解释方法论,如:"凡学始乎离词,中乎辨言,终乎闻道。离词则舍小学故训无所藉,辨言则舍其立言之体无从相接以心。""惟空凭胸臆之卒无当于贤人圣人之理义,然后求之古《经》;求之古《经》而遗文垂绝、今古悬隔也,然后求之故训。故训明则古经明,古《经》明则贤人圣人之理义明,而我心之所同然者,乃因之而明。""学者大患,在自失其心。心全天德,制百行。不见天地之心者,不得己之心;不见圣人之心者,不得天地之心。不求诸前古贤圣之言与事,则无从探其心于千载下。是故由六书、九数、制度、名物,能通乎其词,然后以心相遇。"①这样一些方法为刘氏所接受并予以肯定:"惟东原解字其界说最为精严。"②"会通古说,匡违补缺。"③

再次,刘师培还能从历史和社会学的角度进行思考,最明显就是从徽州的地理环境出发。他说:"皖南多山,失交通之益,与江南殊,故所学亦与江南迥异。"④刘氏论戴学没有孤立地看戴震,而是把他放在整个学术史来论证"南北学派不同",这样就有高屋建瓴的视野,不至于像章太炎那样为政治目的所拘束,从而能够得出比较正确的观点。

综上所述,刘师培因为独特的学术背景以及自己的学术兴趣,较早对戴学作出了全面而正确地评述,是戴学的得力功臣。

（原载《中国典籍与文化》2006 年第 2 期）

---

① 分别见于《戴震文集》,中华书局 1980 年版,第 165 页、第 168 页、第 177 页。

② 《刘申叔遗书》,江苏古籍出版社 1997 年版,第 1759 页。

③ 《刘申叔遗书》,江苏古籍出版社 1997 年版,第 556 页。

④ 《刘申叔遗书》,江苏古籍出版社 1997 年版,第 556 页。

刘师培在《左传》学史上的建树

刘师培是近代史上一位杰出的少年国学大师，他年吝著丰，短短的三十六年生命却为中国学术提供了七十四部学术著作。钱玄同论当时五十余年以来中国学术思想大势，认为那是"中国学术思想之革新时代"。他所提出的"黎明期"（1884—1917）于国故研究之新运动，进步最速，贡献最多，影响社会政治思想文化最巨者十二人，"皆能发抒心得，故创获极多"，而刘师培名列第十位且年龄又最小。

刘师培恰处在怀疑《左传》之风逐渐强盛时期。在这种情况下，刘师培作为《左传》学家，必须为《左传》正名，力挽颓势。刘师培所采取的策略就是从历史传承上进一步阐明《左传》的真实性，这是顾炎武以来众多《左传》学者已经做了的事情；而他最为显明的特色还在于吸纳今文经学的理论，为《左传》搭建了经学的理论结构。到了刘师培，不仅使得《左传》学有了清晰的理论，而且使《春秋》学达到了真正的合流。

一、《左传》学面临的挑战

（一）清代今古文经学之争

清儒沈钦韩曾归纳历史上《左传》的四次灾难：

> 一是《公羊》、《穀梁》立为博士之后，今文博士因为利禄声誉原因力排《左传》；二是杜预埋没《左传》义理，章句名物不显；三是孔颖达修正义，服氏之学亡；四是啖助、赵匡、陆质、刘敞等攻击《左传》。

沈氏指出的第一次灾难只能算是《左传》学发展的受挫，因为真正的《左传》学只有到了刘歆才开始。

沈氏局于成见，将杜预、孔颖达等《左传》学成绩一笔抹杀。其实倒是杜预《集解》将《左传》发扬光大，孔颖达正义进一步树立《左传》地位。真正对《左传》学造成威胁的，就是沈氏所说的啖、赵学风，这只是一个开端，及至刘逢禄才真正对《左传》形成灾难，因为他不仅要将《左传》逐出经的范畴，而且怀疑它的正确性。这对于《左传》学才是致命的打击，在学术界掀起轩然大波。清代今文学者对《左传》的否定，成为清末今古文问题的核心。

晚清嘉庆年间(1796—1820)刘逢禄旧话重提，作《左氏春秋考正》，摘取《左传》中五十凡例，作为刘歆窜改《左传》的赃证。这就掀起了一次更大规模的今古文之争，绵延二百余年。这是中国学术思想史上第一部系统地怀疑《左传》的学术专著。刘逢禄站在今文经学家门户的立场上，对《左传》提出了全面的质疑，谓《左传》不传《春秋》，又称《左氏》经过了刘歆的伪造，其中的“君子曰”、“书曰”等史论皆为刘歆所增。他以《史记》为据，推断现在的《左传》和汉代《左传》不同，“以(《史记》)年表所载事，实与今《左传》多违，知今本非史公所见之旧也”，“太史公时名《左氏春秋》，盖与《晏子》、《铎氏》、《虞氏》、《吕氏》之书同名，非传之体也”。他说：“东汉之季，古文盛行，《左氏》虽未立学官，而并列经传久矣。《左传》以良史之材，博闻多识，本未尝求附《春秋》之义，后人增设条例，推衍事迹，强以为传《春秋》，冀以夺公羊博士之师法，名为尊之，实则诬之。”他指出：“余尝以为经之可以条例求者，惟《礼·丧服》及《春秋》而已，经之有师传者，惟《礼·丧服》有子夏氏，《春秋》有公羊氏而已。”他认为《左传》是一部历史著作，这就否定了《左传》经学的地位。

到了戊戌变法前后,今古文经之争(《左传》问题是争论的焦点)由学术领域而蔓延至政治领域。康有为借此学术问题在政治上进行改良,今古文经之争的问题遂成了万众瞩目的一个社会热点。康有为认为,后世之所以对孔子和《春秋》产生了那么多的歧义,罪魁祸首就是刘歆,是刘歆伪造了古文经学,尤其是伪窜了《左传》。他继承刘逢禄等的论调,从《左传》的经文分篇、续经、经传不合等问题质疑今本《左传》与《春秋》的关系,进而论证今本《左传》的解经语是后人增窜之文,从而全面否定了《左传》的价值。古文经书皆来自刘歆伪造,《左传》则是作伪之始。康有为树立起反对自东汉至清代学者们所尊奉的古代经传的旗帜,力辩刘歆所争请立于学官的古文经均系伪造,故称"伪经";刘歆伪经的目的就是为了王莽篡汉制造理论根据,湮没了孔子真经,是新莽一朝之学,与孔子无涉,当称"新学",所以他1891年刊行所著《新学伪经考》。

当革命派登上历史舞台后,清算刘逢禄、康有为等的今文经说,就成为必不可少的理论准备。刘师培是革命派营垒中的健将,遂以深厚的《左传》学功力痛驳刘逢禄、康有为,从而一方面在政治上批判了保皇改良之陈说;另一方面,刘氏之否定康氏的刘歆造伪说,其史学建设的意义更为重大,它为现代史学流派中反疑古一支的崛起开启了先河。

(二)《公羊》学的理论建树

张之洞1903年所写《学术》诗云:"理乱寻源学术乖,父仇子劫有由来。刘郎不叹多葵麦,只恨前榛满路栽。"自注曰:"二十年来,都下经学讲《公羊》,文章讲龚定盦,经济讲王安石,皆余出都以后风气也。遂有今日,伤哉!"这便是《公羊》学在维新前后风气的真实写照。

清代《公羊》学导源于赵汸,其后分为两个方向发展,一为庄存与、刘逢禄、龚自珍、魏源、廖平、皮锡瑞、康有为等发扬"微言大义",这是学界经常注意到的今文经学;另一方向则是孔广森、凌曙、陈立而下重“属辞比事”的今文经学，虽治今文经，但方法不过朴学之一端。

庄存与强调《春秋》非记事之史，不书多于书，启发读者于语言文字之外推求圣人的微言大义。传其学者刘逢禄，发愤研治《公羊》学，重理《公羊》学的统绪。他精心撰写《春秋公羊学何氏释例》，提出《春秋》体现了孔子经世之志，为后世制法；唯有《公羊传》才得其真传。由此他要继承董、何，重新发扬早已幽暗的“圣人之微言大义”，求得儒家学说中的“经宜权变”、“损益制作”的真谛。他深入发掘和系统整理，总结《公羊》学三十例，显示出《公羊》学乃是有义理、例证、自成体系和义法的学说，尤其是“张三世例”、“通三统例”、“内外例”。张三世例阐发变易进化的历史哲学，所见异辞、所闻异辞、所传闻异辞显示了历史发展阶段的不同；通三统例则论证治国之道“穷则必变”，论述治国的制度、办法应随时代而变化，具有政治哲学的特色；内外例阐发《公羊》学通过历史阶段的进化实现“大一统”的观点，并表达“夷狄进至于爵”，并与华夏平等的开明态度。《春秋公羊学何氏释例》为清代《公羊》学树立了宏大的规模。康有为于1897年撰成《孔子改制考》，宣扬孔子改制，是与变法维新活动相终始的，《公羊》学说的变易性、政治性和可比附性在康有为手里得到了最大程度的发挥。

与刘逢禄重在讲例不同，凌曙在《公羊》学的建树上表现在将《公羊》礼化，并用属辞比事的方式探求其礼。凌曙重视《春秋》中的礼，认为：“礼有三起，礼理起于太乙，礼事起于遂皇，礼名起于黄帝，迨至唐虞，命秩宗典三礼而祭天地宗庙之属，爰分天地人，而三礼之名乃立……西伯目击王章礼坏乐崩，故设礼经三百，威仪三千，官礼萌芽，造端于此……六经之道同归，礼乐之用尤急。”他试图将《公羊》学指向礼的范围，他说：

> 属辞比事，经生恶其烦苛，故喜新学者趋于简易，未析全经之旨，已夸独得之奇。检式荡然，藩篱决矣。……于是考群儒之说，综列史之文学，寻堕绪业守专门，撰《公羊礼说》一卷，

屈彼空言，伸兹孔见，议论征诸古人，论不离于师法。要使礼归至当，不越三百三千。嘉庆己卯（1819）夏五月端阳粤之羊城。

他鉴于义例的各持一说，难有定论的原因，所以立志作些扎实的功夫，那就是在《公羊》中寻求古礼。在该书“讥不亲迎”条他批评当时学者“不通《春秋》之例者，不足与言《春秋》之礼”。那么怎样才能通《春秋》之例呢？依凌曙的意见，只有“属辞比事”才能见出其中之例。凌曙对此进行了专门的解释：

礼曰：属辞比事，《春秋》之教也。《汉书·陈宠传》注：比，例也。《刑法志》师古曰：比，以例相比况也。《春秋》之世，功有小大，罪有浅深，非例不明。《管子》、《春秋》之记注周公凡例，诸侯国史也。例之说由来久矣（胡毋生——何休——董仲舒），例莫详于《公羊》。至于《左氏》之例，始于郑兴，贾徽，徽从刘歆受《左氏春秋》，兴从博士金子严为《左氏春秋》，其子郑众、贾逵各传其家学，亦有条例以释《春秋》。《穀梁》之例始于范宁，别为略例一百余条。唐以前无不言例者，至宋人以为都无义例，全凭赴告之辞，始置例于不讲矣。

刘氏家族承扬州学派的一贯认识，对于义理之说不甚关心，但在“以礼治《左》”上则不可忽略其受凌曙的影响，尤其是凌曙所谈：

史重事，经重义，未修之《春秋》，鲁史也，既修之《春秋》，孔经也。古者人君动则左史书之，言则右史书之。《春秋》是动作之事，左史其职也。此指未修之《春秋》而言。若已修之《春秋》，重义而不重事。孟子曰：其事则齐桓、晋文，其文则史。孔子曰：其义则丘窃取之矣。事与义之辨，岂不彰明较著也哉？若舍《公羊》而求义，是水行而弃舟楫也……然则《公羊》其治经之梯航也乎？吾以为治是经者，由声音、训诂而明

> 乎制度、典以进求夫微言大义……《公羊》重义，则适于求义；然用于求礼则未必如《左传》。

凌曙治礼的同时，也强调“例”：“《易》、《礼》、《春秋》，此皆以例言者也，其中有正例、有变例，有变例中之正例，有正例中之变例，更有变例之中变例也，参伍错综，非比而同之，不能知也。”

晚清《公羊》学在理论建设上对《左传》学形成了威胁，但同时也激发并启示了《左传》学者的研究。如果说刘文淇以下三代治《左》主要受凌曙《春秋》礼观念的话，那么到了刘师培则学习了论战对手关于义例的说法，从而使得《左传》理论框架得以成立。

二、梳理《左传》学历史

刘师培清楚地认识到今文家创伪经说对于古文经的毁灭性打击，“此说一昌，则古文之经将废；且非惟古文之经将废已也，凡三代典章人物载于古文经者，亦将因此而失传，非惟经学之厄，亦且中国史学之一大厄矣”。刘师培应对《公羊》今文学者对《左传》的批评，他撰有《读左札记》、《春秋三传先后考》、《左氏不传春秋辨》、《周季诸子述左传考》、《左氏学行于西汉考》、《史记述左传考自序》、《司马迁左传义序例》等文章，对《春秋》名义与精神进行了阐发，然后对《左传》传承历史进行了梳理，从而为《左传》正名。

刘师培首先对《春秋》与《左传》的性质进行了探讨。他认为《春秋》名一书二，前史后经，“史出鲁臣所录，经为孔子所修”。孔子史记，历史事件的记录是其主要内容，孔子不以空言说经。刘师培采取汉儒之说，以为《春秋》立名之由是取法四时之“中”，春为阳中，秋为阴中，借以引申使人君动作不失中之意。写作内容上，古《春秋》既是度量国君行止的昭礼之书，那么有关君主行事记录，范围必定包括了礼文之况，当时各国政治及社会情势。《春秋》既然是据于行事而作，亦即借着史事见得名分之正，若不明行事之来龙去脉，空以义理说经，则遗人空言之讥，不见行事本末，又何以明其名分之所以正？所以孔子道名分不能没有行事根据，《春秋》经文行事之文不足，而《左传》说明行事，是可以见圣人笔削之旨。左丘明因孔子史记，具论其语，成《左氏春秋》。但是《春秋》自有其要旨。《左传》一方面承自鲁史，具有史的特性；另一方面《左传》目的在于阐述《春秋》经文大义，亦即《左传》为解经而作，所谓"事因史记，而旨主阐经"。

针对今文家的观点，刘师培凸显《春秋》作为史书的意义。《左盦外集》有《汉代古文学辩诬》，起首便阐发"事亦即史"的重要性："六经之所记者，事也；舍事则无以为经。然记事之最详者，莫若古文之经。"刘师培据此认为："《春秋》一书，所道者名分，而所重者事也。"如果孔子"舍事而言义"，那就是"托于空言"。他指出：

> 孔子所修《鲁史》，以《春秋》名，则记事之法必符史官所记。《春秋》一书，援古制以匡今失，惟所言皆先王之制，故所举之事均用史册旧文而加以褒贬。孟子言孔子作《春秋》，即言孔子因古史以为《春秋》也。故又言其事则齐桓、晋文，其文则史。《春秋》惟所言皆先王之制，故所举之事均用史册旧文而加以褒贬。

这是说，《春秋》之义毕竟是要靠齐桓公、晋文公的史实，要靠春秋时确实实行过的典制为其骨干的，它毕竟是离不开史文，如果没有史实，《春秋》之义无从谈起。太史公《十二诸侯年表序》论孔子撰《春秋》是"西观周室，论史记旧闻，上纪隐，下至哀之获麟，约其辞文，去其烦重，以制义法"。孔子之论"史记旧闻"，这个"论"离不开史。所以说"六经均先王旧典，六经之所记者事也，舍事则无以为经"。

刘师培认为历史叙述与评论也是经义表现的方式之一。首先他从学术起源角度阐明学术的性质与发展和史官有密切的关系。六艺是史官的记录成果。史官的种种记录可以说皆密切关系经国济民的方针与措施，也就是说六艺之学是与经世之业分不开的。在解经体例上，刘师培认为："以经教授，虽资口述，然经文而外，恒有附记之文，丘明作传，即本于斯。"刘师培通过扩充传的含义不仅在于口耳之传，这就从经传体例上论证了《左传》经学的合法地位。《左传》与其他二传相比，具有鲜明的特色：左氏传古文经十二篇，而公、榖、邹、夹诸家所传《春秋》经等皆十一篇，所载经文竟长至哀公十六年，而《公》、《穀》所载止于哀公十四年；与经文不完全配合，或经有传无，或传有经无的现象；释经方式上也有不同，《左传》依编年分述传文，而《公》、《穀》是随经文释义解经方式，在叙述一段经文后随之有传文的说明。这些特色恰是今文经学家攻击《左传》不传《春秋》的由头。

刘师培则从记事详细的重要性上分析了《左传》的价值，认为"记事之最详者，莫若古文之经"。因为古文经如《周官经》、《左氏传》大抵近于征实，事实是历史的主干。征实亦即求真的同义语，是为历史学之价值所在。至于《左传》中有那么多经所不及的史实，刘认为："特左氏于孔子所演讲者，复参考群书，传示来世。仲尼讲授之时，不过仅详大旨，必非引诵全文，盖左氏复据百二十国宝书以补之耳。《左氏》一书，本于百二十国宝书，记载较实，故战国学士大夫，莫不尊为信史。"

刘师培为了证明《左传》经学史上的合法地位（甚至是优越性），他正面立论采取了直接依据史实证明《左传》传承、间接依据秦汉著书多引《左传》，从而第一次梳理清楚了《左传》学历史；反面驳斥了今文经学家所立论的一些证据，从而让人确信《左传》优于《公》、《榖》。他认为《春秋》与《周官》之大义相符合，《春秋》大义可就《周官》所载制度考察；汉代学者多征引《周官》以阐明经传，故知《春秋》、《左传》与《周官》三者可互通。得益于诸子学，他将《左传》对照于秦汉诸书，如《韩非子》、《吕氏春秋》及《淮南子》等书的内容，说明先秦诸子诸书采用《左传》。在《左氏不传〈春秋〉辨》一文，阐明《左传》不仅传《春秋》，也就是解释《春秋》，而且《左传》对于《春秋》的解释也要比《公羊》和《榖梁》详尽得多。刘氏指出，《韩诗外传》、《战国策》、《韩非子》、《吕氏春秋》都有"《春秋》之记"、"《春秋》戒之"的记录，将以上诸典籍涉及《春秋》云云的史实与《左传》相互比勘，不仅史事相同，而且遣词用语的先后相袭也明白无误。由此可知以上诸典籍的《春秋》即是指《左传》。

针对今文家对《左传》的攻击，刘师培也采取了入室操戈的手段，发掘《公》、《穀》先师有关《左传》的若干提法。他一方面肯定今文经学中《春秋》的严华夷之防的思想，同时也着力挖掘《左传》中的这一思想。利用经典进行政治斗争的自觉意识很强，《左传》也有了民主、民权等内容。对改良派《公羊》学说进行了批判，在《论孔子无改制之事》一文中认为"考之其时，度之于势，稽之于书，觉孔子改制之说，实有未可从者"，"周秦以前无有称孔子为素王者，以孔子为素王始于纬书"。刘师培指出，今文经学家这样理解完全是误读，素王仅是泛称，指"有道之人"。这就从根源上打击了今文经学。

刘师培继承家学，注重文献学研究。他从学术源头上进行研究，论证"左氏之学，当战国时已盛行于世"，并且举证《韩非子》、《吕览》等典籍都多本于《左传》，从而证明"秦火以前，左氏一书，久行于世。诸子百家均见其书，非徒《韩非子》一家已也"。古文经源于孔子六经之学，三传相通。在《国学发微》文中，刘师培对经学的发展过程，尤其是今古文之争的历史进行了梳理："西汉之时，经学始萌芽于世，武帝虽表彰经术，然宣帝即位，重法轻儒，说经之儒，犹抱遗经，拳拳勿失。故今古文之争未起。"真正造成今古文对立的开始是"自刘歆移书太常"，而今古文争论最为明显的是东汉时期，"东汉之初，今文学盛行，中叶以后则今文屈于古文"。西汉末年，《春秋》有严氏、颜氏学，皆属《公羊》家言，《穀梁》仅立博士，《左传》未立学官……自贾逵著《左传》章句，而服虔、颖容、谢该咸治《左传》，郑、许大儒亦喜《春秋》古文学，是古文《春秋》兴于汉末也。盖东汉初年，古文学派皆沿刘歆之传，虽为今文学所扼，未克大昌，然片语单词，已为学士大夫所崇尚，后经马、卢、郑、许注儒之注释，流传至今。而且《春秋》与《左传》的联系在西汉得到了今文经师的承认：

> 汉《严氏春秋》引《观周篇》云：孔子将修《春秋》，与左丘明乘如周，观书于周史，归而修《春秋》之经，丘明为毛传，共为表里。《观周篇》乃《孔子家语》篇名，而引于汉人，且引于《公羊》经师，则《左传》为释经毛书，固《公羊》家所承认矣。刘向《别录》云：左丘明授曾申。刘向素以《穀梁》义难《左传》，而于《左传》之传授言之甚详，则《左传》为释经之书，又《穀梁》家所承认矣。

“西汉初年，学者多治古文”，即使今文家也不废古文。“东汉之时，经生虽守家法，然杂治今古文者亦占多数”。今古文之争起于刘歆移书太常，以东汉为最著，其本质是“托通经致用之名，在下者视为利禄之途，在上者视为挟持之具”。

刘师培利用《汉书·艺文志》记录，阐明《左传》传承经过。《春秋》之学，自左丘明作传，六传而至荀卿，复由荀卿授张苍，是为《左传》学之祖。两汉《春秋》学之传授：西汉之初，传《春秋》者有《左氏》、《公羊》、《穀梁》、《邹氏》、《夹氏》五家，邹氏无师，夹氏有录无书，惟贾谊受左氏学于张苍，世传其学。此后师承如下：

贾嘉——贯公——贯长卿——张敞

张禹——尹更始——胡常——贾护

翟方进——刘歆

尹咸——刘歆

刘歆是《左传》学真正的创始人，此后刘歆——贾徽、郑兴——贾逵、郑众，加上陈钦、陈元父子，延笃、马融、颖容皆为《左氏》学，郑玄初治《公羊》，后治《左氏》，以所注授服虔，经过几代人共同努力，终于使得《左氏》之说大行。

及至魏晋南北朝隋唐时期，《公》、《穀》之学渐衰，而《左传》学派内部分为杜预与服虔两派，互相排击，服氏说行于河北，传承有徐遵明、张买奴、李铉、刘灼、卫翼隆、李献之、周乐逊、刘炫、张仲、崔灵恩申服难杜;杜氏说行于江左,有预孙杜垣传其学,姚文安、虞僧诞申杜难服,孔颖达作《正义》专用杜注,汉学尽亡。赵匡、啖助、陆淳掊击三传,以己意说经,别成一派。

宋元明时期废弃传注,专论书法,发明尊王之旨,荡弃家法。以《左传》为主者有苏辙、吕祖谦、程公说、吕大圭、赵汸、童品、傅逊、魏了翁、冯时可。清代治《左氏》者自顾炎武作《杜解集证》,朱鹤龄《读左日钞》本之,而惠栋、沈彤、洪亮吉、马宗琏、梁履绳咸纠正杜注,引申贾、服之绪言,以李贻德《贾服古注辑述》为最备,而刘文淇的《春秋左氏传旧注疏证》始集众说之大成。

刘师培通过检寻学术史,参考《四库全书提要》、《经义考》、《春秋大事表》,理清了《左传》学发展的历史轨迹。他继承其曾祖刘文淇之说,考察孔子、左丘明与战国、西汉诸家《左传》流传情况,以及三传关系。通过对《左传》学史的考证清理,证明《左传》在先秦和汉代广为流传,并非刘歆伪造,是传《春秋》的。诚如钱玄同所说:刘师培对于学术思想最能综贯群书,推十合一。

三、建构《左传》学理论

刘师培尤为突出的成绩不仅在于对《左传》学历史进行了梳理,而且首次引进今文经学家的义例观念,为《左传》学理论框架作出了卓越的贡献。刘师培分析了近代研治《左传》者不如治《公》《穀》者众多的原因:"一因卷帙浩繁,一因汉儒无完全之注,一因后儒斥为伪书。"并且指导治《左传》门径,"其待后儒之讨论者约有三端:一曰礼,二曰例,三曰事"。《春秋》所以有微言大义者恰在于它的例,所谓例即是属辞比事的书法。刘逢禄(1776—1829)以《春秋公羊学》闻名,撰《春秋公羊何氏释例》,寻其条贯,正其统纪,以微言大义刺讥褒讳挹损之,文辞洞然,推极属辞比事之道。柳兴恩(1795—1880)以毛公师荀卿、荀卿师穀梁,而《穀梁春秋》,千古绝谊,唐以后无治之者,乃纂《穀梁春秋大义述》三十卷,倡明鲁学,成一家言,其第一为《述日月例》。孙星衍撰《春秋集证》,谓"《春秋》事迹见于诸子百家者甚多,皆三传所缺。此编网罗放失旧闻,窃附史学之后,不为解经而作,故事迹详而议论不录"。受此启示,刘师培欲将周秦两汉之书援引《左氏》者,分类纂录。刘师培鉴于其他二传皆有言礼之作,而《左传》又多周礼,因此想疏通证明《左传》中的古礼,所以建议:

> 若能仿刘氏治《公羊》,柳氏治《穀梁》之例,别为一书,吾知其必胜于征南矣。且《左氏》一书,为东周之信史,周末之书,多引《左氏》。昔孙渊如先生作《春秋集证》,大约即群书之本于《左氏》者,以考其异同。惜其书失传,未有刊本。若能仿阮氏《诗书古训》之例,凡周秦两汉之书其援引《左氏》者,分类纂录,附于《左氏》原文之后,以证《左氏》非伪托之书,此亦左氏之功臣也。

这篇札记不仅是刘氏研治《左传》的大纲,而且可以展示他治经之法。由于《左传》详于史实而较少义理的特点,以往《左传》研究多注意史实考据,而对于其中微言大义阐发者较少。刘师培分析了《左传》研究的不足,试图向其他二传大家学习,分别吸取他们各自的长处,以达到《左传》研究的完整体系。在这里刘师培完全摒弃了今古文经学的家法局限,而是取其所需。在礼、例、事三者之外,刘师培还提到:"若夫历谱地舆之学,治《左氏》者多详之,惟考证多疏,董而理之,殆亦后儒之责与?"刘师培卓越的功绩在于他吸纳今文经学的治经方法,补充《左传》学,从而建构起《左传》学的理论框架。

清代乾嘉学者虽然强于考据,接武东汉,但是在《左传》研究上并没有阐发汉儒家法条例。相反的倒是后起的今文经学家明确界定了今、古经学的区别,阐明两汉今古之学,尤其显著者是廖平的《今古学考》和皮锡瑞的《经学历史》与《经学通论》。古文经学家对经学理论似乎建树不多,杜预《春秋序》以《春秋》大义乃周公制法,孔子所述，所谓书法多为史官之遗。但杜预的说法遭到今文经学家的攻击，古文经学家亦多不满。及至刘师培才奋起完善，与今文经学角立。

刘师培继承父祖欲归纳左氏独特的《五十凡例》的遗志，对《左传》诠释经文书法、义例的表现方式进行归纳总结。他首先对经传性质进行严格的"标例"，从概念上对经传进行界定，避免了各执一词。这方面的著作有《左盦外集》之《春秋原名》和《左盦集》中的《孔子作春秋说》、《古春秋记事成法考》，论述了孔子作经的目的与《左传》的性质。在此基础上，刘师培进一步完整归纳书法、义例，对《左传》传经方式具体说明，著有《春秋左氏传答问》、《春秋左氏传时月日古例考》、《春秋左氏传古例诠微》、《春秋左氏传传例解略》以及《春秋左氏传传注例略》、《春秋左氏传例略》等著作，通过这些著作，表明《左传》传经的特殊方式。这一思维方式明显与此前古文家不同，而是吸纳今文学者的成就，对《左传》学进行了改造。通过严密论证，刘氏对《左传》事义兼求，完成了《左传》学的理论建构。

《春秋》透过书法传达孔子的经世旨意，因此解释书法的传文义例是三传解释的重心所在。以往学者多认为《左传》义例不完整，故而重于论述其史事，这样就会遗人把柄，逐《左传》出经入史。刘师培第一次归纳《左传》义例，认为实际上《左传》的义例比二传更完整。他认为《左传》除了"凡"、"书曰"之类的义例外，还有引而未发的义例。他还搜罗贾、服旧注，大略标举出传文义例的类别与表现方式。《左传》义例不同于《公》、《穀》二传直接示例者，他认为经、传的史事有不同的记录方式，不仅经文与经文之间有所不同，经文与传文也有不同，透过这些不同的记录方式，以表现《春秋》大义。刘师培以《史记·三代世表序》和《三统历》记录，论证"《春秋》一经首以时月日示例"，而三传例各诠经，但是《左传》"传文所著书日例，仅'日食'、'大夫卒'两端，余则隐含弗发，以俟隅反"。汉儒虽然曾有归纳，但是仅存百一，所以他要重理日月例。刘师培弟子陈钟凡对其《左传》学进行了归纳：

> 少承先业，服膺汉学，以《春秋》三传同主诠经，《左传》为书，说尤赅备。审其义例，或经无传著，或经略传详。以传勘经，知笔削所昭，类存微旨。又引月冠事，明经有系月不系月之分，创获实多，亦较二传为密。

刘氏所言义例与《公羊》学所言义例有明显区别，《公羊》学主张"于所书求不书"，寻求其中的"微言大义"的政治哲学与历史哲学。而刘氏所言义例则是于语言文字中归纳的行文规律，这也就是所谓的"属辞比事"的方法。这一方法来源于凌曙，而远源则是元人赵汸。刘氏家族所谓"例"不同于杜预《释例》。杜预认为所谓凡例，"乃周公所制礼经"。杜预《春秋集解》自序云："其发凡以言例，皆经国之常制，周公之垂法，史书之旧章，仲尼从而修之，以成一经之通体。"《左传》隐公七年云："凡诸侯同盟，于是称名。故薨则赴以名，告终称嗣也，以继好续民，谓之礼经。"杜注云："此言凡例，乃周公所制礼经也。十一年不告之例。"又曰："不书于策，明礼经皆当书于策，第仲尼修《春秋》，皆承策为经。丘明之传，博采众记，始开凡例。"

刘师培从《左传》学史看出杜预《左传集解》历来为人所不满者恰在于他的《释例》，比如崔灵恩每文句常申服以难杜，遂著《左氏条义》以明之(《南史·儒林传》)。乐逊"著《春秋序义》，通贾、服说，发杜氏违"(《北史·乐逊传》)。刘师培认为"杜预之误，属于训诂典章者，其失小，属于义例者，其失巨"。所以刘氏不同意杜预的意见，认为《左传》凡例多出于丘明之意。他首先从孔颖达对杜预《序》所作正义入手分析，孔云："杜言发凡五十，皆是周公旧法。先儒之说《春秋》者多矣，皆云丘明以意作传，说仲尼之经，凡与不凡，无新旧之例。"刘氏认为这里所谓先儒，即是贾、服诸儒，亦即"汉儒以凡例多出于丘明之意"。孔疏云"凡例是周公所制，其来亦无所出"，从而推论孔疏不以杜说为然。接着刘氏论证先儒所说的正确性：

> 《周礼》太宰掌建邦之六典。郑注云:"典,常也、经也、法也,王谓之礼,经常所乘以制天下也。邦国官府谓之礼,法常所守,以为法式也。"是《礼经》即《周典》。《周典》之例,国例也。《春秋》之例,史例也。史例与国例不同,若谓《左传》凡例即周公所定之《礼经》,是混史例于国例之中也。赵子常曰:"《春秋》之后,《周典》散失,左氏采合残缺,傅以己意,略示凡例,凡五十条。杜氏一定为周公所制,而不考其不通于经,则亦陋矣。"丁氏晏《杜解集语》曰:"《左传》昭二年传,晋韩宣子观书于鲁太史氏,见《易象》与《鲁春秋》,曰:'周礼尽在鲁矣。'"杜氏依此传文,遂附会五十发凡,为周公礼典,臆说无据。按赵、丁之说是也。五十凡例乃左氏一家之学,异于《公》、《穀》。盖褒讳抑损之义,三传所同。《左传》所载凡例,乃丘明据师说以释经旨者也。既有此例,则知《左传》必辅经而行,绝非经外之书。注《左传》者惟贾君于传文所载凡例外稍明义例,后儒议其杂入《公》、《穀》之说为自淆家法,实则左氏自有其义,而贾君传之,非贾君自为合并也。

同时,刘师培更进一步推导,既然《春秋》的微言大义在三传都要有体现,"褒讳抑损之义,三传所同",那么作为三传之一的《左传》也不例外。"《左传》所载凡例,乃丘明据师说以释经旨者也。既有此例,则知《左传》必辅经而行,绝非经外之书"。那么以往《左传》经师中很少有人传其义例,只有贾逵才"于传文所载凡例外稍明义例"。这不能不说是刘师培的一大发明。贾逵杂以《公》、《穀》释《左传》,这是刘师培以前《左传》学者都能承认的。贾逵通古文而不摒弃今文,注意名物训诂和史实说明,但在整体治学上仍然重在义例。他迎合现实大一统"崇君父、卑臣子、强干弱枝"的需要,以《左传》附会谶记以媚人主,为争取《左传》的合法地位,努力从《左传》里搜索出"微言大义",甚至不避直接引用《公》、《穀》。刘文淇认为"贾、服杂以《公》、《穀》释《左传》,是自开其罅隙,与人以可攻"。循此思路,刘师培撰写了《春秋左氏传时月日古例考》、《春秋左氏传古例诠微》、《春秋左氏传注例略》、《春秋左氏传例略》等文章发明《左传》义例，其义例分为“时月日例”、“名例”、“礼例”、“事例”、“词例”。另外，对于《左传》中评论之语，刘师培也肯定为左丘明所作。

皮锡瑞这样评价《左氏》学者：“治《左氏》者，先观杜解、孔疏，再及李贻德《贾服辑述》，以参考古义，顾栋高《春秋大事表》以纵览事实，然亦只是《左氏》一家之学，于《春秋》之微言大义，无甚发明。”然而到了刘师培，就弥补了这一缺陷。刘师培在杜预之后欲图为《左传》重建一套义例，通过借助恢复旧注，并且在旧注中寻求不同于其他二传，又不同于杜预义例的崭新的《左传》义例。刘师培弥补了杜预的观点，认为周公的制礼作乐固为周初之盛事，然而制度之施行，有因时、地、事而损益的情况：

> 由周代之制亦前后不同，如武王所行之政，殊于文王之治岐，而周公所定之制，又殊于武王所开国之初。盖侯王之制，异于王畿，而守成之法，又异于开创。是犹西汉初年之制，异于孝武时代也。故西周末之制，又与周初不同。东周以降，更无论矣。

这才真正是借复古为解放。刘师培继承家传古文之学的同时，又汲取了今文经学家关于家法义例的阐释，用以建构《左传》阐释理论体系。

（原载《中国典籍与文化》2008 年第 4 期）

清代学风与世风关系

——以刘师培家族为例

一

清代读经的风气经过了长时间的酝酿才逐渐形成。正如钱大昕所说：

> 自宋元以经义取士，守一先生之说，敷衍附会，并为一谈，而空疏不学者，皆得自明经师。间有读汉唐注疏者，不以为俗，即以为异，其弊至明季而极矣。国朝通儒，若顾亭林、陈见桃、阎百诗、惠天牧诸先生，始笃志古学，研覃经训，由文字、声音、训诂，而得义理之真。①

宋、元、明时代学者不喜古学而好自抒己见，及至清初顾炎武等大儒力排纯主观的王学，开拓了客观性科学研究的学风。阮元对此评论道：

> 学术盛衰，当于百年前后论升降焉。元初学者，不能学唐宋儒者之难，惟以空言高论，易立名者为事；其流至于明初《五

---

① 钱大昕《臧玉林经义杂识序》，《潜研堂文集》卷二十四，陈文和主编《嘉定钱大昕全集》第 9 册，江苏古籍出版社 1997 年版，第 375 页。

> 经大全》易极矣。中叶以后，学者渐务于难，然能者尚少。我朝开国，鸿儒硕学，接踵而出，乃远过乎千百年以前。乾隆中，学者更习而精之，可谓难矣，可谓盛矣。①

阮元以自己多年切身经验总结了清代学术发展的轨迹。清代学者惩明季士大夫"空谈心性"之弊，针对宋、明学人治学的缺陷与不足，痛定思痛，崇尚实学，转而经营务实之风。

乾嘉学者以读经研史为能事，这与清廷统治者的提倡密切相关。清高宗登基之后，向地方大力推布经史，提倡实学。乾隆元年(1736)三月十三日，清廷下令，颁发《十三经》、《二十一史》于各省府州县；三月二十四日，颁发官修诸经说于太学。乾隆九年(1744)八月，清廷再度提倡科举士子讲求经学，提出"务以经义与《四书》文并重"，"不得专重《四书》文而忽经义"，这是因为乾隆认为六经为载道之书。乾隆四年(1739)八月十六日金坛贡生蒋振生依石经式，手书十三经正文，为清廷奖励，给国子监学正职衔。乾隆十二年(1747)三月六日，鉴于岁月经久，梨枣日就漫漶，清廷重刻《十三经注疏》，高宗撰序，号召学人"笃志研经，敦崇实学"，认为这样才能"经义明而儒术正，儒术正而人才昌"②。经过政府提倡，学风有了极大改变。章学诚论述道：

> 国初崇尚实学，特举词科，史馆需人，待以不次，通儒硕彦，磊落相望，可谓一时盛矣。其后史事告成，馆阁无事，自雍正初年至乾隆十许年，学士又以《四书》文义相为矜尚。……至目通经服古谓之杂学，诗古文辞谓之杂作。士不工《四书》文，不得为通，又成不可药之蛊矣。今天子右文稽古，《三通》、

① 阮元《十驾斋养新录序》，陈文和主编《嘉定钱大昕全集》第7册，江苏古籍出版社1997年版，第1页。

② 参阅陈祖武、朱彤窗著《乾嘉学术编年》，河北人民出版社2005年版，第38、78、659页。

《四库》诸馆以此而开，词臣多由编纂超迁，而寒士挟策依人，亦以精于校雠辄得优馆，甚且资以进身，其真能者，故若力农之逢年矣。而风气所开，进取之士，耻言举业。①

清代学者中，钱大昕以经术称，其学求之《十三经注疏》，又求之唐以前子、史、小学。大昕推而广之，错综贯串，发古人所未发②。江永专心《十三经注疏》，而于《三礼》功尤深。王念孙八岁读《十三经》毕。嘉庆四年十月下旬，臧庸将友人严元照赠宋本《尔雅》在广东付梓，呼吁重刻宋本《十三经注疏》。"近日读经之士，多思重雕十三部注疏，而未见有发轫者。盖因资费浩繁，善本亦难一时具得"③。李诚甚至一人撰《十三经集解》二百六十卷，或如周春著《十三经音略》十三卷④。学林趋于实学，一方面是国家提倡号召确实起了作用，另一方面也是不得已的行为。因为太平盛世，人心向学，但国家取材有限，所以许多学者只好耗精神于经典之中，既可获名，又能顺应国家嘉奖，未尝不是最佳选择。正是在官学与私学共同努力之下才造成了清代经学之盛⑤。

清代考据学兴盛后，学者依据《十三经注疏》中保存的汉儒注释来探求经传旨意，是学者治经的基本途径。清代扬州学者较早

① 章学诚《章学诚遗书》卷九《答沈枫墀论学》，文物出版社1985年影印本。

② 赵尔巽等《清史稿》，中华书局1976—1978年版，第13193页。

③ 《尔雅》臧氏拜经堂本卷末《重雕宋本尔雅书后》，转引自陈祖武、朱彤窗著《乾嘉学术编年》，河北人民出版社2005年版，第564页。

④ 赵尔巽等《清史稿》，中华书局1976—1978年版，第13222、13224页。

⑤ 马宗霍接受章太炎的观点，认为："（康熙、乾隆时期）此等官学，摭拾周勤，理解终少，名为折中，实持两阿。……所谓经学复兴，当不在是。清世经学之盛，盖在私学。"见氏《中国经学史》，北京商务印书馆1998年版，第140页。笔者认为，经学风气的形成，上有好者，下必盛之，虽私学成就胜于官学，但官学倡导直接推动了私学发展。

关注《十三经注疏》[①]。乾隆四十六年(1781),焦循购得《十三经注疏》,价格昂贵,得阅不易[②]。阮元作为汉学的"护法神",从多方面推进对《十三经注疏》的研究。他在嘉庆六年(1801)担任浙江巡抚时,在诂经精舍给生员出题《唐孔颖达五经义疏得失论》,今《诂经精舍文集》卷六收有相关论题的论文五篇。另外,阮元延聘段玉裁、顾广圻等人校勘《十三经注疏》,后来完成《十三经注疏校勘记》二百四十三卷。嘉庆二十年(1815),阮元于江西巡抚任职时开始刊刻《十三经注疏》,此即南昌府学刊本。仪征刘氏家族继承了乡先贤重视《十三经》的做法。刘文淇抄写《毛诗正义》,作《左传旧疏考正》及《尚书序传疏大意》,可见其钻研《十三经注疏》用力之深。刘文淇在《左传旧疏考正》序提到年已二十,方才读《毛诗疏》,"后乃得《十三经注疏》,依次校勘,朝夕研究"。这固因扬州研究《十三经》风气之盛才能如此,否则以刘氏家境,根本无力购买。其著作《左传旧疏考正》条举《左传正义》中的义疏,证明是出自刘炫《述义》。其子刘毓崧著有《周易》、《尚书》、《毛诗》、《礼记》旧疏考正各一卷,《尚书旧疏考正》、《周易旧疏考正》收入《皇清经解续编》,其他未见。据能见之二书,可见其研究方法和目的都与刘文淇相同。其孙刘寿曾比较《十三经注疏》中各家优劣得失,作《十三经注疏优劣考》一文。虽然时间跨度达到百余年,但可见乾嘉学者重视经书的研习,而治学门径亦可由此窥视一二。及至其曾孙刘师培将清代汉学分为怀疑、征实、丛缀、虚诬诸阶段。刘氏家学兴起于嘉庆、道光之际,介于"征实派"与"丛缀派"之间,而后刘氏子弟处"丛缀"

---

① 参考林庆彰《刘文淇〈左传旧疏考正〉研究》。林先生认为要研究扬州学派,就不可忽略阮元和刘氏家族对《十三经注疏》的研究。

② 郑伟章《文献家通考》下册,中华书局1999年版。傅增湘《藏园群书经眼录》卷一焦循汲古阁刊本《十三经注疏》自跋云:"购此书时实无资,书肆索钱五千,仅得二千。谋诸妇,以珠十粒质三千,珠价实数倍,以易赎寡取之,然究未能赎也。购一书艰难若此,子孙不知惜,或借人,甚或散失,真足痛惜,故书以告之。"

学风下笃守“征实”之代表。刘师培对此阶段考据特色论述道：

> 自征实之学既昌，疏证群经，阐发无余，继其后者，虽取精用弘，然精华既竭，好学之士，欲树汉学之帜，不得不出于丛缀之一途。一曰据守，二曰校雠，三曰摭拾，四曰涉猎，甚至考订一字，辨证一言，不顾全文，信此屈彼。——然所得至微！①

清代学者如顾炎武、惠栋、马宗琏等对杜预的《左传集解》在考证方面的疏失进行了纠正补充，李贻德的《左传贾、服注辑述》辑佚汉儒诸说，并对杜注说解予以驳斥。而沈钦韩则更是对杜预做法痛心疾首。刘师培在《经学教科书》中论述清初《春秋》学特色及《左传》学兴起过程，他认为顺康之交，说《春秋》者仍然仿效宋代学者喜空谈的治经方法；及至毛奇龄才以经文为纲，但是没有家法。惠士奇、顾栋高体例都不严密。治《左传》者自顾炎武作《杜解集正》开风气之先，其后朱鹤龄、惠栋、沈彤、洪亮吉、马宗琏、梁履绳等都纠正杜注，引申贾、服之绪言②。清初至康熙年间，大致兼宗三传，以义例论述为主；雍正及乾隆初，则风气逐渐转变，《左传》渐兴；嘉庆晚期，《公羊》学渐被作为政治改革的依据，从而兴盛。顾炎武《左传杜解补正》不取唐宋以后学者论述，而依据汉、魏经说，其后学者多取法。重视汉注，贾逵、服虔等汉代经说，成为清中叶学者研究《左传》之主要方式。

---

① 刘师培《近代汉学变迁论》，《左盦外集》卷九，《刘申叔遗书》，江苏古籍出版社 1997 年版，第 1541 页。

② 刘师培《经学教科书》第一册第三十三课《近儒之春秋学》，《刘申叔遗书》，江苏古籍出版社 1997 年版，第 2086 页。

二

清人治经方法可以概括为家法说、以小学治经、以史地校勘作为辅助以及博通众经方能通一经。

(一) 治经重家法

王鸣盛认为:"学问之道,首识字,次穷经,次考史。然史学不必有所专主,而字学、经学则必定其所宗,文字宜宗许叔重,经义宜宗郑康成,此金科玉条,断然不可改移者也。……夫说经之必有所专主,此汉经师所谓家法。"①治学内容或有不同,但治经必要有所宗主,而这个宗主就是家法。在《春秋内传古注》序中,他进一步对家法进行论述:"汉儒说经,各有家法。何谓家法?经者,夫子之所修,而七十子传之。递相接受,以及于汉儒,必定从一家以名其学,故谓之家法也。"汉代经学所谓家法,也就是师弟传授,专守一家之学的态度。汉人治经,各守家法,博士教授,专主一家。先有师法然后才有家法,家法是在师法基础上分出来的。皮锡瑞认为:"前汉重师法,后汉重家法,先有师法,而后能成一家之言。师法者,溯其源;家法者,衍其流。"《易》先有施、孟、梁丘三师,而后施家分出张、彭之学,孟家分出翟、孟、白之学,梁丘家有士孙、邓、衡之学。汉人最重师法,师之所传,弟之所受,一字勿敢出入;背师说即不用②。治经碻守汉师家法,不入元、明人谰言者,实始于乾隆时,分堧树帜,则有东吴、皖南两派③。经学之所以如此重视家法,这是因为"三传各有得失,学者守一传即笃信

① 王鸣盛《仪礼管见》序,褚寅亮《仪礼管见》,《丛书集成初编》本。

② 皮锡瑞著,周予同注《经学历史》,中华书局 1981 年版,第 91,45—46 页。

③ 参阅马宗霍《中国经学史》,商务印书馆 1998 年版。

一传。倘将参而从焉，恐所取者适一传之所适，所废者反一传之独得”(孔广森《公羊通义》)。刘氏治经，首重家法，《春秋》三传相异者必申明《左传》之特色。此一传统亦清儒遵循汉儒(东汉)治经门径而作也。

正如阮元所说：“夫汉人治经，首重家法，家法亦称师法，前汉多言师法，后汉多言家法。至唐，承江左义疏，惟《易》、《书》、《左氏》为后起者所夺，其余家法未尝亡也。自有破樊篱者，而家法亡矣。”①之所以要重视汉儒家法，那是因为“通经当以近古者为信，……必先从记传始，记传之所不及，则衷诸两汉，两汉之所未备，则取诸义疏，义疏之所不可通，然后广以宋元明之说”②。正是为了探求经典的真意，他们才要求得汉儒之义。如果不尊家法则本义不可求。经学本有今古之歧，所以必须明确家法才能避免杂说混淆。如顾炎武、钱大昕、阮元等皆主张“用汉儒家法以治史”③，并取得了相当可观的成就④。顾广圻论经学云：“汉人治经，最重师法。古文今文，其说各异。若混而一之，则缪辐不胜矣。”⑤如果没有家法，那就会不知如何下手。因为家法沦亡，那么就需要众多学者去考证，去辑佚。嘉庆元年(1796)五月，阮元为段玉裁《周礼汉读考》撰序，表彰段氏业绩，力主“训诂必宗汉人”。即使一些思想比较解放的学者对于家法也不敢违背，如金榜治《礼》最尊康成，然博稽而精思，慎求而能断。尝援《郑志》答赵商云：“不信亦非，悉信亦非。”曰：“斯言也，敢以为治经之大法。故郑义所未衷者必纠正之，于郑氏家法不敢诬也。”⑥所以仪征刘氏研究《左传》，注

① 阮元《研经室二集》卷七《王西庄先生全集序》，《丛书集成初编》本。

② 卢见曾《经义考》补刻本序，朱彝尊《经义考》，中华书局 1998 年版。

③ 支伟成《清代朴学大师列传》，岳麓书社 1986 年版，第 399 页。

④ 参阅钱大昕《关中金石记序》、《山左金石志序》，《潜研堂集》卷二五，上海古籍出版社 1989 年版，第 415 至 416 页；阮元《释门》，《研经室集》一集卷一，中华书局 1993 年版，第 31 至 33 页。

⑤ 赵尔巽等《清史稿》，中华书局 1976—1978 年版，第 13192 页。

⑥ 赵尔巽等《清史稿》，中华书局 1976—1978 年版，第 13201 页。

重家法，也是大势所趋。

在一定程度上说，家法并非孤陋之习，而是为了确定范围，在众多的经义中确定取舍。家法与经学自身的特点密切相关。近代学者柳诒徵在《中国文化史》书中云：

> 世尊乾嘉诸儒者，以其以汉儒之家法治经学也。然吾谓乾嘉诸儒所独到者，实非经学，而为考史之学。考史之学，不独赵翼《廿二史劄记》，王鸣盛《十七史商榷》，或章学诚《文史通义》之类，为有益于史学也。诸儒治经，实皆考史，或辑一代之学说（如惠栋《易汉学》之类），或明一师之家法（如张惠言《周易虞氏义》之类），于经义亦未有大发明，特区分畛域，可以使学者知此时代此经师之学若此耳。其于三礼，尤属古史之制度，诸儒反复研究，或著通例（如江永《仪礼释例》，凌廷堪《礼经释例》之类），或著专例（如任大椿《弁服释例》之类），或为总图（如张惠言《仪礼图》之类），或为专图（如戴震《考工记图》、阮元《车制图考》之类），或专释一事（如沈彤《周官禄田考》、王鸣盛《周礼军赋说》、胡匡衷《仪礼释官》之类），或博考诸制（如金鹗《求古禄礼说》、程瑶田《通艺录》之类），皆可谓研究古史之专书。即今文学派标举公羊义例（如刘逢禄《公羊何氏释例》、凌曙《公羊礼说》之类），亦不过说明孔子之史法，与公羊家所讲明孔子之史法耳。其他之治古音，治六书，治舆地，治金石，皆为古史学，犹不待言。①

这就指明所谓家法其实就是为了“区畛域”，这样就可明白不同时代不同学者各自的特色。至于治经成就，在经学家看来当然是经，而后人以泛史观识之，亦未尝不可。仪征刘氏欲为《左传》恢复旧注，并且予以疏证，他们所取也多是汉人之注，唐以后不采，而且决

① 柳诒徵《考证学派》，《中国文化史》，东方出版中心 1988 年版，第 747 页。

不敢以《公羊》、《穀梁》之说掺入，也就是严格遵循家法。

（二）以小学为梯航

家法只是方向，而以小学治经才是其具体手段。清代乾嘉学者形成一致认识，欲通经学必先通小学。惠栋认为："汉人通经有家法，故有五经师，训诂之学，皆师所口授，其后乃著竹帛，所以汉经师之说，立于学官，与经并行。五经出于屋壁，多古字古言，非经师不能辨。经之义存乎训，识字审音，乃知其义。是故古训不可改也，经师不可废也。"①因为圣人的思想记录在五经之中，而其传授最初是口耳相传，即使著录在竹帛之上仍然需要训诂才能确切明白。汉儒谨遵家法，所以汉诂近于圣人作经之意。那么要求得经义，自然由求得确切训诂开始。"不识古训则不能通六义之文，而求其意，欲识古训，当于年代相近者求之"②。乾隆十四年(1749)戴震著《尔雅文字考》十卷初成，主张"儒者治经，宜自《尔雅》始"，这是因为"古故训之书，其传者莫先于《尔雅》，六艺之赖是以明也。所以通古今之异言，然后能讽诵乎章句，以求适于至道"。戴震《与是仲明论学书》认为"一字之义，当贯群经，本六书，然后为定"③。戴震于乾隆三十四年(1769)为余萧客著的《古经解钩沉》撰序，阐发由训诂以通经，通经以明道的治学主张，因为"经之至者道也，所以明道者其词也，所以成词者未有能外小学文字者也。由文字以通乎语言，由语言以通乎古圣贤之心志"。嘉庆十三年(1808)五月，王念孙为段玉裁《说文解字读》撰序，重申"训诂明而小学明，小学明而经学明"。这也就是说，清儒相信义理完全可以在经文训诂中得到，"非别有义理出乎训诂之外者也"④。正因为这样，他们才

---

① 惠栋《九经古义述首》，《九经古义》，《丛书集成初编》本。

② 卢文弨《尔雅汉注》序，臧庸《尔雅汉注》，《丛书集成初编》本。

③ 戴震《戴震文集》卷九，中华书局1980年版。

④ 钱大昕《经籍籑诂序》，《潜研堂文集》卷二十四，陈文和主编《嘉定钱大昕全集》第9册，江苏古籍出版社1997年版，第377页。

要从小学作起，认为这样才能“实事求是”。

桂馥尝谓：“士不通经，不足致用；而训诂不明，不足以通经。”①钱大昕致钱大昭信谓：“六经皆以明道，未有不通训诂而能知道者。欲穷六经之旨，必自《尔雅》始。”②“穷经之道，必先识字；识字之要，又在审音”③。刘师培也有继承扬州学者的认识，1907年他在《字诠自序》一文中说：

> 察来之用，首恃藏往，舍睹往轨，奚知来辙？《小戴·礼运》历举饮食、宫室诸端，由后溯前，以昭递嬗。吾谓：政俗迁移，礼制损益，夏殷而上，书缺有间，欲阐发厥隐，惟恃文字。察所从之形，一也；穷最先之训，二也；一字数义，求其引申、假借之故，三也。④

清代学者都能以小学作为治经的手段。他们认识到小学训诂对于经义理解的重要性，而且为了切近原典本义，所以他们主张尽量用汉人训诂，而这思维发展的极端也就是“惟汉是从”，也正因为这样，他们的考据学有时就显得固执而琐碎。

清代承学之士，咸以小学为治经入手而从事于考证。臧琳导夫先路，惠栋以汉学名家，戴震尤其显者，其后王念孙、段玉裁专以小学名家，然小学通而精力已竭，无暇于经学义理⑤。这正是当时许多经学家所担心的。小学与经学的关系应当是手段和目的的关

---

① 赵尔巽等《清史稿》，中华书局1976—1978年版，第13230页。

② 赵尔巽等《清史稿》，中华书局1976—1978年版，第13234页。

③ 阮元《研经室遗文辑存》卷上《十三经音略序》。

④ 刘师培《字诠自序》，《左盦集》卷四，《刘申叔遗书》，江苏古籍出版社1997年版。

⑤ 参阅马宗霍《中国经学史》，商务印书馆1998年版，第157页。

系，不能因为手段而忽略了目的[①]。但是随着现代科技的发展，语言学独立出来，而经学多作其研究材料，这也是“婢作夫人”吧。

（三）以史地校勘作为辅助

在清代乾嘉学者中，大都以“读书必先校书”为原则，一时涌现了许多精于校勘的专家。如卢文弨、顾千里遇书即校，遍及四部，博涉一派，专精一派。刘氏经学与校雠相提并论，“其校雠经籍，思误是适，则顾氏涧薲流也”[②]。刘文淇诸人为岑氏校勘《旧唐书》，用《册府元龟》，这是因为《册府元龟》所采唐五代事，不独用刘昫、薛居正二家之书。当其修《册府元龟》时，唐五代各朝实录存者尚众。故今《册府元龟》所载，每与旧史不尽同。可以校史，亦可以据以补史也[③]。《册府元龟》常见，比《太平御览》多一倍。《御览》每条注明出处，便于引据。到乾隆中四库馆辑《五代史》用《永乐大典》而辅以《册府元龟》，遂引起注意。刘毓崧《通义堂文集》卷七《舆地纪胜校勘记序》：“凡地志在《纪胜》之前者，如《元和志》、《寰宇记》、《九域志》、《舆地广记之类》，实《纪胜》所本。在《纪胜》之后者，如《方舆胜览》多沿袭《纪胜》之说；《一统志》、《方舆纪要》，每引用《纪胜》之文。其详略异同，足资校订。以及史传、说部、诗文集，可以补脱正讹者，并为条举胪陈。其未有显据者，则存以待考，亦疑事无质之义尔。”

仪征刘氏学人治学之余多为人校雠书籍，所以他们校勘学也自有一套。刘毓崧《通义堂文集》卷八《王氏船山丛书校勘记自序》提

① 章太炎以为戴震所谓“先通小学然后通经”的意思是担心学者误以小学即经学，溺于其中而不知返。马宗霍以为段、王之学可资说经，但于经之大义无当。廖平也以为若以文字为致用，则如炊沙做饭，势所不行。参阅马宗霍《中国经学史》，商务印书馆 1998 年版。

② 徐乃昌《清故举人拣选知县仪征刘先生墓志铭》，梅鹤孙著、梅英超整理《青溪旧屋仪征刘氏五世小记》，上海古籍出版社 2004 年版。

③ 陈垣《册府元龟》序，中华书局影印明本，1950 年版。

出要忠实原稿，刘寿曾《传雅堂文集》卷一《北堂书钞校雠商例答蒯礼卿》提出分次校书。卷五《校刻汉书凡例》提出活校，材料采取涸泽而渔的原则。南桂馨认为刘师培的学问“一切以校勘为基，惟其援证博而推阐精，遂能使古书坚城悉破”。刘师培曾论清代校雠家曰：

> 卢抱经好改古书，自命择善而从，其实专取文从字顺。俞荫甫可谓聪悟绝人，然展一卷于案上，自以其学问审定之。前人已有之佳校，不屑一问也。其校语佳者，往往与前人雷同。……校雠之善者，莫如顾千里。然琐碎已甚，不能举大义。高邮所以不可及者，在其虽凭平生学问，又具诸本异同也。申叔既交绝于同盟，铤而走投端幕。端氏多善本书，申叔相从入都，所见益富，校雠益广。①

刘氏家族作为书香门第，自己还有不少藏书，喜好金石，这也有助于刘氏治经。刘寿曾《寄示苍儿》诗中有“万卷楹书留尔读”，万卷之说或有夸张，但刘氏家藏书籍甚多，亦是事实。《文献家通考》记有缪荃孙《艺风藏书续记》有其明兰格抄本《钦明大狱录》二卷，缪跋云：“世间传本绝少，此本仪征刘恭甫寿曾旧藏，亦罕觏之秘籍也。汪宗沂手跋曰：同学仪征刘恭甫家多藏书，以癸酉秋得《钦明大狱录》二卷于金陵书市，定为明人抄本，因以见示余。”②《婴暗题跋》有一条：“《说苑》二十卷影印，刘申叔藏宋刻本。”跋云：“邓秋枚（实）影印作留真谱者，与拜经楼所藏同一刻本，兹取置卷首，以见宋本之面目。……”③这都可见刘氏藏书应该不少，其中不乏精善之物。1853 年刘文淇于邵伯市获汉延熹西岳华山碑旧

① 南桂馨《刘申叔先生遗书序》，《刘申叔遗书》，江苏古籍出版社 1997 年版。

② 郑伟章《文献家通考》，中华书局 1999 年版，第 1079 页。

③ 梅鹤孙《青溪旧屋仪征刘氏五世小记》，上海古籍出版社 2004 年版，第 78 页。

拓本，撰《汉延熹西岳华山碑旧拓本跋》。刘毓崧携其所藏《西岳华山庙碑》见示曾国藩，曾在日记中评论："在世所传三名本之外。三名本者，一、长垣本，宋漫堂、成亲王等所递藏，后归刘燕庭者也；一、四明本，全榭山及范氏天一阁所递藏，后归阮文达者也；一、华阴本，王史、朱笥河所递藏，后归梁茝林者也。刘氏本，则其父文淇孟瞻于扬州市肆得之，久不称于世，亦可宝也。"①

钱大昭尝谓注史与注经不同，"注经以明理为主，理寓于训诂，训诂明而理自见。注史以达事为主，事不明，训诂虽精无益也。"这就表明在传统乾嘉学者意识中经史泾渭分明，不可跨雷池一步。因为《左传》自身特点与刘氏精通史籍的原因，刘氏作《春秋左氏传旧注疏证》却往往得以史证经。

（四）欲通一经必先通群经

王昶在致汪中的信中主张读经须循序渐进，不可躐等速成，他认为"通五经实所以通一经，孔孟谓博学要归反约"。"今之学者，当督以先熟一经，再读注疏而熟之，然后读他经，且读他经注疏，并读先秦、两汉诸子，并十七史，以佐一经之义，务使首尾贯串，无一字一义之不明不贯。熟一经，再习他经亦如之，庶几圣贤循循慥慥之至意。若于每经中举数条，每注疏中举数十条，抵掌掉舌，以侈渊浩，以资谈柄，是躐等速成，夸奇炫博，欺人之学，古人必不取矣"②。万斯大学精《春秋》、《三礼》，治经"以为非通诸经不能通一经；非悟传注之失，则不能通经；非以经释经，则亦无由悟传注之失"③。"通诸经以通一经"，意即以诸经异同互较，详略互补，透过比较发明经义④。清初学者提出"以经释经"，以本经文为主，将儒

① 曾国藩《曾国藩日记》第二册，岳麓书社 1987 年版，第 9 页。

② 王昶《与汪容甫书》，《春融堂集》卷三十二。

③ 赵尔巽等《清史稿》，中华书局 1976—1978 年版，第 13170 页。

④ 黄宗羲《万充宗墓志铭》以及毛奇龄《西河合集·经集·凡例》都提出治一部经书，不能只通一部经书，要"通诸经始可通一经"。

说暂置勿问等等，在方法上运用了历史的观点，有系统地依照时代先后将经和传注区别开来，提出以"经"为主要、以后世儒说为次要的观念。这样做，至少比较不容易陷入历代传注儒说是是非非的重围，较诸前人，方法上实较为严密①。

正是基于这样的观念，所以刘文淇而立之年开始读经，在《诗》、《书》、《左传》等方面颇有研究，而他们家要为五经旧疏一一考证，也可以证明他们的通儒之学。尤其是刘师培，经学著作二十多部，对于《左传》、《周礼》等深入研究，真正践行通群经而通《左传》了。

三

晚近著名学者王国维论清代学术云："国初之学大，乾嘉之学精，而道咸以来之学新。"②王先生简要地将清代学术划分为三个阶段，而且将其特点概括为"大"、"精"、"新"，同时认为嘉庆与道光时期是中后期清学分界点。从这一界点开始，清王朝政治与学术都发生了急剧的变化。史革新认为：

> 从嘉道年间到中日甲午战争前，是传统儒学的主流学派——汉宋学——继续延绵，并不断调整其内部结构，以应付所面临的危机及内外挑战的时期。在此期间，汉学虽然走向衰落，但依然保持着一定的规模，且有局部性的回升；程朱理学乘汉学衰落之机一度出现短暂的"复兴"，汉宋学关系发生了从"鼎峙"到"合流"的走向。从中日甲午战争后到清朝垮台

① 郑吉雄《乾嘉学者治经方法与体系举例试释》，《乾嘉学者的治学方法》上册，"中央研究院"中国文哲研究所筹备处 2000 年版。

② 王国维《沈乙庵先生七十寿序》，《观堂集林》卷二十三，《王国维遗书》，上海古籍出版社 1983 年影印版。

的十余年,是中国传统儒学走向衰落和发生新转变的时期。科举制被废除,《四书》《五经》遭受冷落,再加上西学和今文经学的冲击,使汉宋学旧日的地位从根本上发生动摇。章太炎、刘师培等新一代汉学家在学术研究显示出的新趋向,反映了传统汉学在社会转型时期的新变化。①

史先生分析近代局势,又将嘉庆之后的传统儒学划分为延续期和转变期。纵观清代学术,嘉道时期恰如午后之日,极盛之后渐趋衰落,终出新变。

为标榜文治,扩大统治基础,清统治者倡导汉学主要措施有:访求图书、编纂图书、政策偏向与提倡导向。康熙、乾隆都深知稽古右文、访求图书的重要性,多次下诏求书。文化建设方面表现在编书,有清一代编纂的各类图书中,以《古今图书集成》和《四库全书》最为有名,影响最巨。乾隆特许士子入阁抄阅,从而使得江浙三阁(扬州文汇、镇江文宗、杭州文澜)成为事实上的图书积聚传播中心,不仅起到了"嘉惠艺林,启牖后学"的作用,而且大大促进了清代文化事业的发展。乾隆皇帝明确肯定"发挥传注,考核典章,旁及九流百家之言"的汉学"有所发明,有裨实用",并利用注经编书的机会,延揽大批汉学人才,给予特殊的恩宠和优厚的禄位。与此同时,还在政策措施上予以扶持,在号召"抡才大典"的科举考试中,加重经史考据内容,将一大批学有所成的学者吸收到各级官吏队伍中来,使汉学迅速走向庙堂,上升为封建统治阶级的官方学术②。嘉庆之后,汉学依靠历史运动惯性的作用,仍然保持着一定的学术优势。阮元编辑的《皇清经解》刊于 1829 年,收入从清初至嘉道期间的经学、考据学著作 173 种,凡 1408 卷。太平天国运动失败后,清政府重建文化秩序,复兴"古学"为其中重要措施之一,同光时期的汉学出现了恢复性发展的局面。光绪十四年(1888),

① 史革新《略论晚清汉学的兴衰与变化》,《史学月刊》2003 年第 3 期。

② 参阅黄爱平《朴学与清代社会》第二章,河北人民出版社 2003 年版。

江苏学政王先谦仿阮元《皇清经解》体例编辑成《皇清经解续编》，主要汇集乾嘉以后数十年间汉学研究成果，收录书籍 209 种，凡 1430 卷，在书籍种类、卷数上均超过阮氏所编《经解》。另外，从配享文庙的先儒也可以显示当时学术风尚，汉代的河间献王刘德在光绪三年从祀文庙，受到政府赏识，这也可以看出政府提倡"实事求是"的学习风气①。另外，晚清汉学的学者阵容也很可观，学术造诣深厚、成就卓著的汉学家不断涌现，苦力支撑着已处颓势的传统汉学殿堂。其中佼佼者有：陈奂、陈乔枞、马瑞辰、刘文淇、刘毓崧、朱骏声、陈澧、郑珍、莫友芝、苗夔、丁晏、王筠、张文虎、黄式三、黄以周、俞樾、孙诒让、王先谦等。王先谦对于晚清汉学的成就颇为称道：

> 道光间，前大学士臣阮元总督两广，荟萃国朝学人撰著，刊于粤东，为《皇清经解》千四百卷，皑昭代之儒风，导后进以绳矩，优优棣棣，观者美焉。今距粤东刻经之日，踰六十年，中间寇难迭兴，烽警相望，而率土人士，内函贞固之气，外炳文明之姿，枕席可安，弦诵不辍，纂述之盛，视承平时亦无多让。②

乾嘉时期，考据学派已经"群众化"，从事人员众多，风向所趋，正如梁启超所说："家家许郑，人人贾马，东汉学灿然如日中天矣。""夫无考证学则是无清学也，故言清学必以此时期为中坚。"③

学界对于乾嘉学术的形成进行了广泛的讨论，但往往从负面意义上强调清朝统治者笼络与镇压两手文化政策策略，而往往忽略执政者在倡导考据学时为改变社会风气所作的积极的考虑。清高宗在谕旨中多次提及经学有助于敦化世风：乾隆元年(1736)四

① 参阅安井小太郎等著，连清吉、林庆彰合译《经学史》，台北万卷楼图书有限公司 1996 年版。

② 王先谦《皇清经解续编序》。

③ 梁启超《清代学术概论》，上海古籍出版社 1998 年版，第 30 页。

月二十七日，高宗命广布官修经书，定生员加试经解，其理由是“从来经学盛则人才多，人才多则俗化茂”。三年（1738）十月二十二日，高宗颁谕，敦促士子“究心经学”，他认为“至于学问，必有根柢，方为实录。治一经必深一经之蕴，以此发为文辞，自然醇正典雅。若因陋就简，只记诵陈腐时文百余篇，以为弋取科名之具，则士之学已荒，而士之品已卑矣”。十年（1745）四月二十六日，高宗策试各省贡士，以“将欲为良臣，舍穷经无他术”相号召。十四年（1749）十一月，高宗颁谕，称“崇尚经术，良有关于世道人心”，令内外大臣荐举“潜心经学者”。十九年（1754）四月二十六日，高宗策试各省贡士，倡言整饬文风、学风，“以明经术而端士习”。二十五年（1760）殿试重申经学之重要。四十四年（1779）八月三日高祖颁谕，指斥一时文风士气，号召“沉潜经义”。四十五年（1780）五月十日高宗指出“帝王之学，与儒者终异”，希望士子发抒“经世之略”。四十六年（1781）二月十三日重申整饬文风、士风。四十九年（1784）四月二十六日，高宗命题，于泰和殿策试天下贡士，制曰：“夫致用在乎通经”。清仁宗继续乃父的政策，在嘉庆元年（1796）二月二日颁谕，斥责地方乡试命题失当，表示将一如其父，“敦尚经义，崇实黜华”①。这些谕旨表明清朝统治者认为“通经”和“致用”存在着必然的联系，其最根本一点就在于能敦化世风。

清初学术界酝酿的强调读书，注重实际，讲求经世致用的崭新学风，在乾嘉时期逐渐转向朴实的考经证史的途径。在国家倡导经学的学术思想指导下，汉学由此确立并日益得到学者认同。明末学林于天理心性之争没有肯定答案，形而上学层面的争论已经山穷水尽，所以只好回向原始经典，取证于经书②。正如当初郑玄

① 见《高宗实录》与《仁宗实录》，转引自陈祖武、朱彤窗著《乾嘉学术编年》，河北人民出版社 2005 年版，第 5、32、69、88、122、164、178、294、302、311、343、499 等页。

② 参见余英时《论戴震与章学诚》总序。余先生从学术内在理路分析朴学兴起原因，但并不排斥外缘因素。

将经学作为纯学术研究并使其独立一样，清代经学家以往学以经世的理想难以实现，另外随着人们认识的进步，国家法规的健全，也不再需要以经治国，因此学者的理想由经世致用转变为经明行修。也就是说，乾嘉学者所具有的学术理想与汉人援经治世不同，他们在康乾盛世的环境中，只求经义之明，品行之修了。

无论是统治者还是学者本身，他们都已经不再相信经学能像以往那样"经世致用"，白衣卿相。但是他们都重视经学的态度——朴素之学，面对当时许多假道学和游谈无根之学，这一学风明显影响到社会风气，那么要改变就要提倡一种求真务实的学风。这也就是清廷提倡汉学的原因。这与宋学倡导的人伦道德相辅相成，并行不悖，一个是意识形态，一个是表现形式，并不如后来学者认为的那样二者相悖。汉学与宋学在当时并不处于同一层面，而是各有指向。惠栋、戴震所实践的古文经学与政治的距离使得政府可以放心的提倡。这一点政府比学者更为清醒，反而是学者自己将二者拧在一块纠缠不休。其实说到底，清政府希望当时学者能够为当时社会风气树立良好的风范，要在既定的程朱理学的伦理形态下造就朴实的民风，这就是所谓的经明行修。以往经学者的责任是发明微言大义，但现在已经不再需要"微言大义"。学者没有了论政的权利，政府也不需要、不希望他们论政，所以他们走向朴学。以往是经世致用，"用"在政治，而今是经明行修，经之"用"在品行。

章太炎在评价清儒时说：

> 大抵清世经儒，自"今文"而外，大体与汉儒绝异。不以经术明治乱，故短于风议；不以阴阳断人事，故长于求是。短长虽异，要之皆征其通雅。……以此综贯，则可以明流变；以此裂分，则可以审因革。①

① 章太炎《清儒》，《检论》，《中国现代学术经典·章太炎卷》，河北教育出版社1996年版，第259页。

其中多以考据学者为论述对象。正是因为现实政治不允许他们议政,所以他们只有训诂文字,考证典章了,由此产生了学术专业化的趋向。但是因为这种学术专业化与儒家经世理想相背,它之所以产生,是因为政治高压,所以是一种扭曲的学术专业化。汉学及其实证方法从未如宋学一样,广泛影响科举考试。因此,音韵、训诂造诣不仅无助于举业成功,甚至会产生妨碍作用。李慈铭在读刘文淇给朋友们写的传记与墓志之后就发有感叹,说:"所记皆一时朴学,而毕生坎廪。""区区科名,世上小儿如拾地芥,而经师宿儒,穷老尽气,不能一遇。"①正如美国学者艾尔曼所说:

> 汉学因与以宋学为基础的正统儒学对立,至多处于科举考试的边缘位置,其支持者往往被排斥于朝廷之外,考据学发展的结果是儒学的专业化和职业化。汉学凭借士绅阶层提供的广泛赞助,赢得并维持他们在江南学术共同体的位置,捍卫小学考证的特殊意义。②

刘文淇周围的一些汉学大家大都是没有功名的穷书生,以游幕授徒为生,即是印证。刘氏家族从刘文淇二十岁(1820)接触《十三经注疏》以来,直到刘师培逝世(1919),在百余年的治学历程中,刘氏家族始终没有脱离汉学家法,沉浸于典籍的研究,与政治较少接触,走出了一条学术专业化道路。他们不仅学术功底扎实,而且积极参与地方行政与慈善事业,真正做到了"经明行修"。

乾嘉学者虽然不废科考之事,但并不像唐人那样热衷功名,而是互相砥砺学术,以求进步为目的。他们不仅是学术文化的宣传者,也是道德精神的倡导与实践者,甚至是地方行政力量的依赖。

---

① 李慈铭《越缦堂读书记》同治癸亥(1863)九月初三日。

② 艾尔曼著、赵刚译《经学、政治和宗族——中华帝国晚期常州今文学派研究》,江苏人民出版社 1998 年版,第 67 页。

清朝,特别是19世纪中晚期的“地方精英”可能不仅仅属于士绅阶层;但士绅阶层的人却一定是“地方精英”。士绅阶层由缙绅与绅衿两部分人组成。缙绅指在职、非在职的官员;绅衿指有功名而未仕之人。这样一个阶层,在基层社会成为各系列组织的领袖,保证了国家对基层社会统治的实现,确保基层社会在尊礼守法、完粮纳税、安民缉盗、防卫治安、文教卫生、民俗教化、水利仓储、社会保障等方方面面正常运行。在上层政权与基层社会对立统一体现为双层统治的中国传统社会,科举制、官僚流转制培育出来、具有双层身份的士绅阶层发挥着上下连接的作用[①]。刘氏家族属于下层士。下层士包括拥有低级功名的绅衿和屡试不售的读书人。多数绅衿继续读书应考或作幕僚,向仕途努力;另一些绅衿成为地方保甲、宗族、乡族的头面人物,办理地方事务。下层士最普遍的生计是作塾师或到富人家中课子弟,生活清苦。然而正是这些学人以其纯朴的学风影响了社会风气。

章太炎认为:“诸学皆可以训致躬行。近世为朴学者,其善三:明征定保,远于欺诈;先难后得,远于侥幸;习劳思善,远于偷惰。故其学不应世尚,多困幅寡尤之士也。”[②]从方法论意义上称乾嘉学术为考据学虽无不可,但若考虑其精神风貌,将其称为朴学当更为恰当,因为这一学者群体在治学上普遍表现出淳朴、朴实的气质。

乾隆四十二年(1777)六月,洪榜撰戴震《行状》成,携戴遗孤中立往谒朱筠,求撰墓志铭。朱筠称:“状中所载《答彭进士书》可不必载,性与天道不可得而闻,何图更于程朱之外复有论说乎?戴氏可传者不在此。”朱筠大指大略有三:“其一谓程朱大贤立身制行卓绝,其所立说不得复有异同,疑于缘隙奋笔,加以酿嘲,夺彼与此。

---

① 张研、牛贯杰《清史十五讲》,北京大学出版社2004年版,第130—131页。

② 章太炎《学隐》,《检论》,《中国现代学术经典·章太炎卷》,河北教育出版社1996年版,第263页。

其一谓经生贵有家法，汉学自汉，宋学自宋，今既详度数，精训诂，乃不可复涉及性命之旨，反述所短以掩所长。其一或谓儒生可勉而为，圣贤不可学而至，以彼硁硁稽古守残，谓是渊渊闻道知德，曾无溢美，必有过辞。”①不论洪榜如何辩论，朱筠论旨乃在于程朱思想作为当时的政治指导思想，它的权威是不容挑战的，甚至是不可以讨论的。正是因为这样，所以学者只能在度数与训诂中求详、求精，对于伦理道德与政治方略是不许置喙的。也正是因为首先设置了程朱等圣贤的神圣而崇高的地位，所以读书人只能匍匐在他们的脚下。

仪征刘氏自文淇开创儒学门庭之后，严格遵循朱筠的论旨，行为世范，经求家法，对于义理多不涉及。他们不仅侍亲恭敬，家庭和睦，而且对于乡邑慈善事业尽力支持，对于节妇列女加以宣扬；治经遵守家法，不敢跃雷池一步，所以三代人兀兀穷年，欲图恢复《左传》旧注本来面目，对于其是非价值却极少考虑。刘氏第三代学人名字取恭、良、谦、诚，亦反映了刘家的道德趋向仍然以宋明以来的理学规范为标准。在一定程度上来说，他们走的是知识主义的道路，这是盛世下平庸的反映②。

只有到了刘师培，才完全抛弃了朱筠的论旨，他不仅颠覆了满清的政治指导思想，而且运用《春秋》夷夏观念欲图驱逐满族，进行民族革命，进而宣扬无政府主义，提倡绝对平等的社会，虽然其中充满幼稚的乌托邦思想，但他对未来的设想完全不以圣贤为依据，而是以近现代民主观念指导，从而开启了现代学术与思想。正如历史对朱筠结论的反讽一样，学术史记住戴震的考据功夫之外，学林更重视他的义理思想。当初许多大学者对于刘师培没能完成家传《左传》学深表遗憾，可是学界对于他的民族革命宣传、无政府主

---

① 洪榜《上笥河朱先生书》，《戴震全书》卷七，黄山书社 1995 年版，第141页。

② 参阅葛兆光《中国思想史》第二卷《七世纪至十九世纪中国的知识、思想与信仰》第一编第一节，复旦大学出版社 2001 年版。

义思想载入了史册；虽然他后来对于早年学术与思想有所后悔，认为自己得意之作在于《左传》和三《礼》，但是他的具有启蒙意义的学术史学著作与政论标榜上了时代的光辉。刘师培亲手总结了乾嘉学风，开启了现代学术的走向。可惜天不假年，在风华正茂的三十六岁，他就遽然逝世。他像流星一样，用一个惊叹号给他的家族学术旅程断句。

四

面临盛衰转换，新旧交替，中外冲突所带来的新的矛盾和新的问题，清代学术也发生了深刻的变化，盛极一时的汉学走向衰落，今文经学异军突起，经世呼声日益高涨。正如章学诚所说："天下事凡风气所趋，虽善必有其弊。"[①]汉学的发展是以牺牲经世致用为代价的，与最初顾炎武因厌倦元明清谈性理而反求之经的价值取向是相背的。顾炎武认为文章须有益于天下，那么就要"明道"、"纪政事"、"察民隐"、"乐道人之善"[②]。以戴震为代表的汉学家则通过爬梳整理古文献对原儒宗旨的追求，甚至将作为工具理性存在的训诂、考据之学置于价值理性之前。以阮元为代表的扬州学派是汉学高峰的延续，虽然他们在一定意义上确实接近或达到了经书字义训释的真实，也由此而阐发了某些思想，但一方面缺少系统，一方面远离现实。他们所做的是恢复远古的东西，在一定意义上做到了学术专业化，但没有直接解决当前的需要。在救亡压倒一切的时代背景下，汉学也就面临着尴尬与挑战。

即使在汉学如日中天的乾嘉时期，也有诸多学者对其价值取

---

① 章学诚《文史通义新编新注》外篇卷一《淮南子洪保辨》，浙江古籍出版社 2005 年版。

② 《文须有益于天下》，顾炎武著，黄汝成集释《日知录集释》卷十九，上海古籍出版社 2006 年版，第 1079 页。

向提出不满意见，像袁枚、程晋芳、章学诚、翁方纲等都从文学、考据、史学等不同方面对汉学提出了看法，从而出现了“非考据学对考据学的挑战”①。程晋芳认为当时学者“繁琐章句，至老死不休”②。姚鼐指责汉学家：“专求古人名物、制度、训诂、书数，以博为量，以窥隙攻难为功。其甚者，欲尽舍程朱而宗汉之士，枝之猎而去其根，细之搜而遗其钜，夫宁非弊与！”③嘉道之际，学界出现了第一部系统批判汉学的著作，即方东树的《汉学商兑》。李慈铭这样论述当时学界风气：

> 嘉庆以后之为学者，知经之注疏不能遍观也，于是讲《尔雅》、讲《说文》。知史之正杂不能遍观也，于是讲金石、讲目录，志已渝矣。道光以下，其风愈下，《尔雅》、《说文》不能读而讲宋版矣，金石目录不能考而讲古器矣。至于今日，则诋郭璞为不学，许君为蔑古。④

汉学阵营学者如段玉裁、焦循等都认识到汉学弊端。段玉裁转述戴震学术宗旨时以轿夫比喻六书、九数等事，而义理则是轿中人⑤。在总结自己生平学术时，自谓生平：“喜言训诂考核，寻其枝叶，略其本根，老大无成，追悔已晚。”⑥焦循治学则“证之以实而运之于虚”，强调“通核”，反对“据守”，甚至主张摒弃“考据”之名，径称“经学”⑦。阮元则汉宋兼采，主张“崇宋学之道性，而以汉儒经

① 参看王勇《论乾嘉时期非考据学派学者对考据学的批评》，北京大学中文系2005年硕士论文。

② 程晋芳《勉行堂文集》卷一《正学论》。

③ 姚鼐《赠钱献之序》，《惜抱轩全集·文集》卷七，中国书店1991年影印本。

④ 李慈铭《札记》第一，《越缦堂札记》一二。

⑤ 段玉裁《戴东原集序》，《戴震集》卷首，上海古籍出版社1990年版。

⑥ 段玉裁《博陵尹师所赐朱子小学恭跋》，《经韵楼集》卷八。

⑦ 焦循《与孙渊如观察论考据著作书》，《雕菰楼集》卷十三。

义实之”。

学界认为，道咸以后，汉学衰落的原因有：一、汉学以提倡一个“实”字而昌盛，以不能贯彻这一“实”字而衰落；二、尊古疑古倾向最终导致今文经学占据上风，续而古史辨一派出现，逐层加剧，汉学的根本不复存在①；三、汉学为承平之学，咸丰、同治年间儒经焚毁，造成很大损失②。究其实质，考据学在阮元以后从兴盛走向衰微③的原因与时代要求与学人传统的心理定位密切相关，亦即孔子以来“经世致用”的思想顺应了时代的需要，而学术专业化的趋向也就宣告停止。

学术与国家的关系一向为读书人所关注。刘师培着力提倡国粹，而国粹派学者大都认为学术为立国之本：“国有学，则虽亡而复兴；国无学，则一亡而永亡。何者？盖国有学则国亡而学不亡，学不亡则国犹可再造；国无学则国亡而学亡，学亡而国之亡遂终古矣。”④既然学术关乎国家存亡，那么兴学以救国就成了当务之急，“学术救国”每每推到历史前台。18世纪中叶以后，清廷渐呈衰落征兆，政治困境导致学术与政治结缘日益亲密。社会变动在即，讲求经世，善于应变的今文经学于沉潜千年之后一朝复兴，成为显学。其倡始者，首推庄存与。与同时代的苏州、扬州学者相比，庄存与不太注意文献考证问题，而重视《春秋》隐含的“微言大义”。

---

① 梁启超以为清代二百余年学术史是一个不断“以复古为解放”的过程，由元明复宋，由宋及汉唐，再至西汉、先秦。（参见《清代学术史概论》第6页）但他没有继续推导出后来古史辨派的激进，不再是复古，而是疑古与非古，陷入历史虚无主义。

② 参见吴雁南《清代经学史通论》第196—197页，云南大学出版社2001年版。相同看法的有梁启超《中国近三百年学术史》、皮锡瑞《经学历史》、本田成之《中国经学史》。

③ 吴雁南主编《清代经学史通论》，云南大学出版社2001年版，第132页。

④ 许守微《论国粹无阻于欧化》，《国粹学报》第7期，1905年8月20日。

庄存与的保守观点可谓经学、国家权力的合法性、政治阐述三者综合的产物，体现出他和清朝国家正统学说在思想上的一致立场。汉学对古文尚书(伪)的威胁，就是对科举考试规程包含的士绅官僚共识的威胁。庄存与关心的不仅是小学研究，而是政治权利和意识形态①。面临嘉道年间清政权日见衰败的困境，面对当时西方资本主义国家开始进逼中国的危机，刘逢禄借助《春秋》微言大义的阐发，大声疾呼从上层统治者开始采取应对措施②。

嘉道以后，龚、魏等渐渐脱离《公羊》学传统的路径，他们把《公羊》学为核心的今文经学纳于“政治一途”。清代学者钱大昕这样分析儒家学术与政治密切的关系：

> 儒者之学，在乎明体以致用。《诗》、《书》执《礼》，皆经世之言也。《论语》二十篇，《孟子》七篇，论政者居其半。当时师弟子所讲求者，无非持身处世辞受取与之节。而性与天道，虽大贤犹不得而闻。儒者之务实用而不尚空谈如此。③

刘师培在《习斋学案序》中纵观学政结合的学术史道：

> 昔西汉中叶，经生蔚起，以《禹贡》行水，以《春秋》折狱，以《三百篇》代谏书，虽缘饰经术，谀媚时君，似若无取。然政学合一，即此可窥。自宋儒区分体用，政学以歧，讲学之儒，渐舍事实功。④

---

① 艾尔曼著、赵刚译《经学、政治和宗族——中华帝国晚期常州今文学派研究》，江苏人民出版社 1998 年版，第 72 页。

② 参见黄爱平《朴学与清代社会》第三章《朴学的衰微与经世思潮的崛起》，河北人民出版社 2003 年版。

③ 《潜研堂文集》卷二五《世伟序》，《钱大昕学记第五》，《清儒学记》，齐鲁书社 1991 年版，第 190 页。

④ 刘师培《左盦外集》卷十七，《刘申叔遗书》，江苏古籍出版社 1997 年版，第 1756 页。

皮锡瑞在《经学历史》第一章中说:“后之为人君者,必尊孔子之教,乃足以治一国……后之为士大夫者,亦必尊孔子之教,乃足以治一身……此万世之公言,非一人之私论也。”周(予同)先生以为:“今文学者,尊崇孔子,以为他怀抱着伟大的政治思想……但不论时代,不论地域,以他主观所得的孔教印象冒失地应用来拯救现世,这不是很危险吗?”周先生的批评可谓的当①。汉学诸大家探求文献之真难以解决现实困境,因此很多学者纷纷从经学中挖掘改革或革命理论,让经学为其学说服务。章太炎与刘师培等与康、梁之辨虽然主张不同,但是论争方法都是从古代寻求立说依据,都是以学论政的思维模式。

正如当初顾炎武将大明江山的灭亡归于明代学人高谈讲学一样,也有人将清代的没落腐败归于清代学者。戊戌政变之后,湖南苏舆把地方乡绅王先谦、叶德辉、宾凤阳等攻击维新派的文字编成《翼教丛编》,叶德辉惊呼《公羊》学、维新理论的传播引起“举国若狂”,他在一封信中说:

> 时务学堂梁卓如主张公羊之学,以佐其改制之谬论,三尺童子,无不惑之。……况今之公羊学又非汉之公羊学也。汉之公羊学尊汉,今之公羊学尊夷。改制之圣人,余知其必不出于此。梁卓如来湘,苟务申其师说,则将惑我湘人。……大抵公羊之学便于孔疏。近世所谓微言大义之说者,亦正蹈斯病。生已盗名,而欲使天下后世共趋于欺罔,一人唱,百人和。聪颖之士既喜其说之新奇,尤喜其学之简易,以至举国若狂,不可收拾。蚁孔溃河,溜穴倾山,能毋惧与!……公羊之学,以之治经,尚多流弊,以之比附时事,更启人悖逆之萌。其书空

① 杨向奎《清末今文经学三大师对〈春秋〉经传的议论得失》,《杨向奎学术文选》,人民出版社 2000 年版,第 40 页。

言改制，有害于道……①

叶氏作为汉学代表，难以接受维新思潮，但他忽略了许多政府官员和边疆大吏不关注国计民生，反而在旧籍中寻求一己的心安理得，对外界政治、经济、科技发展毫不关心。所以晚清贺熙龄从国计民生的角度批评汉学家："夫读书所以经世，而学不知要，瑰玮聪明之质，率多隳败于词章训诂、擘绩破碎之中，故明体达用之学，世少概见。"同卷《唐镜海四砭斋文存序》："夫学术至今日而益裂矣。其高焉者，空谈心性，而不求诸实用；其卑焉者，溺于训诂考据，斫斫于一名一物之微；又其下者，剽窃词章，以图幸进；而皆置身心于不问。故其出而临民也，鲁莽灭裂，以利禄为心，而民物不被其泽。"②当然这个责任不能由当时的知识分子承担。无论是古文经学家还是今文学者，他们都有济世情怀。这是长期以来儒家道德教化所致，学而优则仕，学术与政治搅在一起，学术与科学技术没有独立地位。学者并不能担起所有的社会任务，而应该是"恺撒的事归恺撒，上帝的事归上帝"。

章太炎从史学观念对经学进行了全新解释：

《慎子》曰："《诗》，往志也；《书》，往诰也；《春秋》，往事也。"庄生亦言《春秋》经世，先王之志。……故志者，史官所记当世徽号，谓书契图象之属矣。事亦从史，而义为记徽。《春秋》，往昔先王旧记也。……义者，《春秋》凡例，掌在史官，而仲尼以退吏私受其法，似若盗取，又疑于侵官。此其言"罪"言"窃"所由也。……自《春秋》作，十二公始有叙次，事尽首尾，以年月相衔，归之隐括，而文无殆疑，故曰"经世"。经世者，犹

① 叶德辉《叶吏部与石醉六书》，《翼教丛编》卷六，上海书店出版社2002年版。

② 贺熙龄《文钞》卷二《严乐园文钞序》，转引自《湖南学记第七》，《清儒学记》，齐鲁书社1991年版，第322页。

云世纪编年矣。……始作《春秋》凡例者，必宣王时太史官也。……故《传》亦兼仲尼作也。……且孔子作《春秋》，本以和布当世事状，寄文于鲁，其实主道齐桓、晋文五霸之事。五伯之事，散在本国乘载，非鲁史所能具。为是博征诸书，贯穿其文，以形于《传》，谓之属辞比事。（属辞比事谓一事而涉数国者，各国皆记其一端，至《春秋传》乃排比整齐。犹司马《通鉴》比辑诸史纪传表志之事同为一篇，此为属辞比事。自非良史，则端绪纷然，首尾横绝，故《春秋》之失乱矣）……《春秋》作，史道兴。①

在这个基础上，他否定了通经致用的观念：

且旧章诚不可与永守，政不骤革，斟酌古今，未有不借资于史。先汉之史，则谁乎？其惟姬周旧典，见于六籍者。故虽言"通经致用"，未害也。迁、固承流，而继事者相次十有余家。法契之变，善败之数，则多矣。犹言"通经致用"，则不与知六籍本意。章炳麟曰：仲尼，良史也。……夫不学《春秋》，则不能解辫发，削左衽。②

刘文淇以《礼》治《左》是承继戴震以来否定宋代的理学，尤其是凌廷堪的"以礼代理"的思想，这是一种哲学意义上的方法论。而到刘师培则将它用于社会实践，妄图援古经世，实行过去的无治的政治模式。这就导致了他的悲剧。刘师培《国粹学报》三周年写祝辞，其中反对过分强调学术的经世作用，刘氏似乎认识到过分强调学术经世反而给一些学者进行政治投机提供了借口。从1907

① 章太炎《春秋故言》，《中国现代学术经典·章太炎卷》，河北教育出版社1996年版，第193—198页。

② 章太炎《订孔》，《中国现代学术经典·章太炎卷》，河北教育出版社1996年版，第208—212页。

年初开始，他逐步转变文风，较少运用西方进化原理和社会学原理来研究中国历史文化，而是把精力放在诸子校释和经学沿流的整理方面。

1919 年 8 月，胡适写了《论国故学——答毛子水》，文中首先强调要用“为真理而求真理”的标准去批评各家学术，要抛开“有用无用”的成见和“狭义的功利观念”，继而提出“现在整理国故的必要，实在很多，我们应当尽力指导‘国故家’用科学的研究法去做国故的研究”。他甚至说，“发明一个字的古义，与发现一颗恒星，都是一大功绩”①。一个成熟的社会、一个优秀的民族必须有一批专注于学术研究的人群，这样这个民族才有希望。

（原载《社会科学论坛》2011 年第 2 期）

① 胡适《论国故学——答毛子水》，《胡适文存》一集卷二，上海亚东图书馆 1921 年版，第 287、286 页。

刘师培文学文献研究

一、文学论著叙论

从1903年发表《国文杂记》始，直到1919年8月（距离死亡仅3月，期间生病停课）任教北京大学和北京女子高等师范学校课程，刘师培文学论述可谓贯穿其学术活动始末。但是，正如《刘申叔遗书》所收文辞篇目表明，文学论述在其学术中所占比率实在很少。在清末民初之时，刘氏是以学术大师的形象凸现的。沿袭传统看法，刘氏对文辞之道不是很重视。如果说他引以为自豪并得到当时人认可的经学①是他有心栽下的花朵的话，那么文学就是他无心而插下的柳树。有心栽下的花在他身后开的并不多，而柳树却形成浓浓的树荫。早在1928年时鲁迅先生评论说："我看过的已刊的书（指中国文学史一类），无一册好。只有刘申叔的《中古文学史》倒要算好的，可惜错字太多。"②此后刘氏的文学论述为很

---

① 当时人称赞刘师培家四世传经。1912年10月章太炎与马良、梁启超发起函下考文苑，仿造法兰西学院，下设研究院，此事由于所需的经费太多而没有成功。所拟邀请教师名单中刘师培教群经。章太炎对其《左传》之学称赞非常，黄侃拜师亦因为刘的经学。钱玄同编《刘申叔遗书》时亦以群经为首。

② 《鲁迅全集》第九卷，人民文学出版社1981年版，第350页。

多研究者引用或研究，尤其是他的《中古文学史》和《论文杂记》。刘氏 1917 年进入北大后，出任中国文学门（1919 年改为文学系）教授，兼任文科研究所的指导老师。他所担任的课程主要是文学史①。当时中国文学史的研究正处于发轫时期，这在他学术生涯中是和学术发展密切合拍的一次，也是他的文学研究集大成时期。他的文学研究成果建国后为人所认可，学界对其研究超过对他的经学研究。

刘师培对文学的论述涉及到文学理论、文学史、文集与史料编纂等方面，他的论述方式有专著（如《中古文学史》）、讲稿（《〈文心雕龙〉讲录二种》）、序跋等形式。对他的文学论著进行考察，以往学界缺少对序跋的研究，而这一方面的研究有利于全面认识刘师培的文学思想及其在文学研究史上的地位。同时刘师培的文学创作在当时也是很有名气的，被当时人称作为“地飞星八臂哪吒项充”②，因此有必要将其文学论著与文学创作结合起来研究。

（一）理论体系

现存刘氏最早的关于文学的论述是《国文杂记》，该文是 1903 年撰述的《国文典问答》附录。钱玄同在《刘申叔遗书》总目后记评此文为“陈义甚新”。《国文典问答》是小学课本，《遗书》未收，而此文却以鲜明的特点收入。“陈义甚新”之处在于提倡白话、倡逻辑、论理学以及运用西方语法理论，新天下耳目，为作文启蒙教育之精

---

① 1917 年至 1918 年，“中国文学”（一年级、二年级每周各三小时）、“中国古代文学史”（二年级每周三小时）（《文科本科现行课程》，北京大学日刊，1917 年 11 月 29 日）；1918 年至 1919 年，“中古文学史”（二年级每周二小时）、“文（中国文学）”（三年级每周六小时）（《北京大学文科一览》，民国七年度，北京大学档案馆藏）；1919 年“文学史”（二年级每周二小时）、“文（中国文学）”（三年级每周四小时）。（《国立北京大学八年至九年度学科课程一览》，北京大学档案馆藏）

② 汪辟疆《光宣诗坛点将录》，见《汪辟疆说近代诗》，上海古籍出版社 2001 年版，第 90 页。

义。刘氏与林獬等在 1903 年 12 月共同创办《中国白话报》，提倡白话。这一思想与梁启超 1899 年“文界革命”提出的“新语句”以及黄遵宪的“言文合一”一脉相承，是陈独秀等提倡“口头语言(白话)”来进行创作的先导。刘氏恰好是近代白话运动与“五四”新文化运动的桥梁。从此文可以看出，刘氏最初论文就具有创新性、开放性。此文显示出刘师培文章一贯的作风，即思路清晰，判断准确，具有可操作性，行文流畅，但细读却感到或有善始而未能善终的地方。这也正是其学术与思想均处于转型期的特征。尤其可贵的是，此文已经表现出一反传统作文法(涵咏背诵之法)，而是采用具体步骤，循序渐进，具有现代思维特点。此后刘师培有关文学的论述不断出现于报端，大多收入《左盦集》、《左盦外集》，其中包括论、议、书、序、记、传、碑、诔、祭文、诗、词等形式，后收入《刘申叔遗书》。因为多种原因，《遗书》尚有多篇未收，如《质文篇》、《讲教授国文的法子》、《光汉室诗话》等①。

刘师培在文学特质论上认同俪词韵语，坚持扬州学派“文选”文学观，亦即上承萧统下接阮元的“骈文为文体正宗”的观念。这也可以看作他对美文(或纯文学)的坚持。同时，他能够从历史发展的角度，承认新变，看到六朝文学自身的进步，可谓慧眼独具。他用研究朴学的精神看待文学，议论虽不无偏执，但也有独到见解。相关文章有《中国文学教科书》第一册序例、《文章源始》、《文说》和声篇第三、《论文杂记》、《论近世文学之变迁》、《论美术与征实之学的不同》、《国学学校论文五则》(附文笔词笔诗笔考)、《广阮氏〈文言说〉》等文，以及《汉魏六朝专家文研究》有关章节。《文章源始》从语源上阐明语言、文字、文章三者的概念及关系，认为文章导源于小学，“集字成句，集句成文，欲溯文章之缘起，先穷造字之源流”。《论文杂记》进一步提出上古时文学大抵为韵语，区分言、语、文：言有文言、质文，语为论难者，文为修辞者，说明文与语分。

① 论文中所引刘师培文章具体出处参阅文后附录《刘师培著述系年》。

《广阮氏〈文言说〉》明确文学具有辞采和声律之美，要求以小学训诂基础，辨义达情，言谐能诵，认为“文以藻缋成章为本”，“凡可观可象秩然有章者咸谓之文”，“故魏晋六朝悉以有韵偶行者为文”，区别文字、文体①。仪征阮元倡“文笔之论”，斥韩欧之文不得为文，只能称为“笔”，而六朝有韵排偶之作，才合于文的古训。龚自珍、谭嗣同用以载“非圣无法之道的”，都是所谓“沉博绝丽之文”，都打着六朝的旗帜。张之洞非之曰：“古人愿逢尧与舜，今人攘臂学六朝……物之大小必有雅，凡物不雅必为妖。”刘师培《论文杂记》要载异端于道，以抗孔孟之道，加上文笔之辨，根本排斥八家于文的领域之外，这是企图从文学上破桐城派的专制。这种文学观甚至成为他的民族自信心，他曾说：“俪文律诗为诸夏所独有；今与外域文学竞长，惟资斯体。”②而《论近世文学之变迁》则体现了较为开放的观念，注重“骈偶韵语”，同时也强调“真率有存”；语录、注疏决不可目为文，不过方言俚语有时也可以在文学作品中出现③。《汉魏六朝专家文研究》则提出“文质得中，乃文之上乘”，“文章之美，全由性情”④。

在文学发展观上，刘师培持历史的发展观，认为文与时变。《文说·耀采篇》第四云：“六朝以来，风格相承，刻镂之精，昔疏而今密；声韵之叶，旧涩而新谐。凡江、范之弘裁，沈、任之巨制，莫不短长合节。追琢成章，故《文选》勒于昭明，屏除奇体；《文心》论于刘氏，备列偶词，体制谨严，斯其证矣。”《论文杂记》根据历史发展，指出俗文入语，为今后必然的趋势。同时又从普及文化的角度来说明言文合一的必要性与迫切性。文学进化有一大关键，即由古语之文学变为俗语之文学。刘师培在很多文章中提到语言的通俗

① 《左盦集》卷八，《刘申叔遗书》，江苏古籍出版社 1997 年版，第 1283 页。

② 刘师培《中国中古文学史讲义》，上海古籍出版社 2000 年版，第1页。

③ 参见《刘申叔遗书》第 105—106 页。

④ 参见《汉魏六朝专家文研究》“文质与显晦”、“神似与形似”部分。

化,1904 年 1 月 17 日,在《中国白话报》上首次发表白话文章《做百姓的事业》。此后一年多在该刊及《扬子江白话报》上发表几十篇白话文,参与编辑《中国白话报》与《安徽俗话报》①。在这方面刘氏可以说是先天下倡,甚至有一段时间认为汉字阻碍表达,撰有《中国文字流弊论》,主张改用标音文字,统一语言。刘氏提倡白话文,同时不反对文言文,而以文言保存国粹,白话开启民智。这种态度与后来新文化运动诸将比起来不能不说更具有科学性、先进性。

在文学源流上,刘师培继承章学诚的观点,以集还子。刘氏是以经学家辨章学术流别之旨,转而论文学,集与子并列,以图提高文学的地位。相关文章有《论文杂记》、《文章学史序》等。在分析文学与环境影响方面,刘氏更明确提出文学地域论,从自然地理入手,推衍文学与地理之关系。历史上《管子》与《隋书·经籍志》都提出过南北文学的差异,而刘氏更是大力倡导,1905 年 10 月 18 日撰写《南北文学不同论》,此后王国维亦倡此论,影响深远。刘氏还继承柳宗元的观点,阐明作家所处地域的变迁,文风亦随之变化。《汉魏六朝专家文研究》进行了个案研究。

如果说刘氏在文学本质论上倾向于传统的话,那么他的创作论则具有更多的现代思维。刘氏强调创作要打下基础,其中包括:一、作家修养,强调学力,学习"规矩方圆"。二、取法步骤,从"意思入手",以得其"神理风韵"。《汉魏六朝专家文研究》提出追溯名家流别,取法前人要以专门名家为主,"无所专主,必致驳杂"。同时正确处理形似与神似的关系,注重性情,强调"变化":一为创新格,另辟蹊径;一为守旧范,独标古意。三、取法标准以汉魏六朝文学为断,"学文者应以情辞合契为选择对象"。尤其可贵的是,刘氏的创作技巧更有可操作性,《国文杂记》一文讲授作文之法,循序渐进的程序进行教育:识字(先授俗字)—作文初演话法—阅读与

---

① 参见万仕国《刘师培年谱》卷一,广陵书局 2003 年版。

理论指导—作文程序—传统教法之弊，改良方法—提倡白话—倡通易—反背书—编辑课本—倡逻辑、论理学—破除神秘感—提倡方法—语法分析、句子成分、句法分析（成分省略、表语、形容词助词）①。刘氏认为文章命意应该意在笔先，分析《史记》借题发挥，重人事，排异怪。在谋篇布局方面讲究篇法、章法、格局、层次、首尾、转折、繁简；而且注意字句、音节，要求感情充沛、结构流畅。在创作原则上讲究"文气"，意思与辞采相辅而行，以方入圆，方中见圆。

刘师培认为"透视文体，足觇文体变化之脉络。"刘氏的文体论首先是阐释名义，从文体的由来与特点着眼，提出富有启发性的见解。然后探寻源流，向上追踪文体本源，向下求索其演变，以解释嬗递之迹，而在辨别源流之中寄寓正本清源之意。在此基础上，刘氏对文体类聚区分。《论文杂记》说："观班《志》之分析诗赋，可以知诗歌之体，与赋不同，而骚体则同于赋体。至《文选》析赋、骚为二，则与班《志》之义迥殊矣。"班《志》区分诗赋，即是辨体的事实。其以屈原作品称为赋，而与枚、马诸人并类，则反映了汉人关于《楚辞》的观念里是将辞赋混而为一的。但班《志》毕竟不是辨体的著作，故论、说、书、记、敕、传、箴、铭均附于《六经》，所为区别者，惟诗赋诸体。刘师培说："若诗赋之体，则为古人有韵之文，源于古代文言，故别于文艺九流之外；亦足证古人有韵之文，另为一体，不与他体相杂矣。"文体辨析观念的产生，来源于文体增繁的事实。1905年分中国书籍为：文言（骈文）、语（散文）、例（应用文）。《与友人论文书》提出文分三类：析理、论事、考核。1918 年分文体为三类：一为诗赋以后之韵文，含碑、铭、箴、颂、赞、诔；二为析理议论之文，含论说、辨议；三为据事直书，含纪传、行状。这种分类显示了试图运用西方文学观念，以表达方式进行分类的努力，类目次序排列考虑仔细，兼包新旧之长。然而也有不足，那就是标准不一，界定不

① 参见《刘申叔遗书》第 1658 页。

明确。

刘师培的文学史研究也具有特色。在文学的起源上，刘氏认为文学发于巫祝。《文学出于巫祝之官说》、《舞法起于祀神考》等文从古代社会学角度对文学史进行探讨。《文学出于巫祝之官说》用《说文》"祠"释义，"古代文词恒施于祈祀，故巫祝之职，文词特工"。提出考察文章源流的新方法"欲考文章源流者，盍溯源于清庙之守乎？"①《文体之沿革》在文学变迁的因素上分为外在因素与内在因素。外因有政治领袖、文人集团、学术思潮等方面，这种思想引导后人对汉魏六朝文学的研究。内因有风格、体势、语言表达、作者才学等方面。刘氏著述着重从具体作家作品进行研究，论作家作品的优劣，重视独创，称扬《楚辞》。对中古各代文学风貌准确概括，编写文学史的方法上强调史料。在北京大学讲课用的教材《中古文学史》，就编写得颇为特殊：以辑录排比中古时代的诗文评资料为主，间以引言和按语。刘师培的意思似乎宁肯要古人现身说话，也不愿轻易站出来"代人立言"。《搜集文章志材料方法》一文目的是为"编纂《文章志》、《文章源流》二书，以为全国文学史课本，兼为通史文学传之资。惟斯事体大，必以搜集材料为主"。

（二）重点评介

《中国中古文学史讲义》是 1917 年秋在北大的讲义，因为这本书使得不善讲课的刘氏博得众多学生的青睐②。这部讲稿 1920 年由北京大学出版部出版，收入《遗书》。1923 年、1926 年、1934 年北京大学先后再版，1957 年人民文学出版社标点重印，1959 年人民文学出版社又将其与《论文杂记》合刊再印，2000 年上海古籍

① 《左盦集》卷八，《刘申叔遗书》，第 1283 页。

② 蔡元培回忆道："余北京大学后，聘君任教授。君是时病瘵已深，不能高声讲演，然所编讲义，元元本本，甚为学生所欢迎。"（蔡元培《刘君申述事略》，《刘申叔遗书》第 18 页）冯友兰、杨亮公等对刘氏上课情景都有回忆文字。

出版社"蓬莱阁丛书"有程千帆、曹虹导读本，又收入陈引驰编校的《刘师培中古文学论集》。该书总字数只有七八万字，以有选择地辑录中古有关文学的论说为主，并酌加申论和批案，胪列排比成书。所引中古文学史料主要出自《三国志》、《晋书》、《南史》、《隋书》等中古正史及《文心雕龙》、《诗品》等中古文学批评论著，也引有《初学记》、《北堂书钞》等类书。主要功夫在引录文字的去取与排列上。全书五讲：一、概论；二、文学辨体；三、论汉魏之际文学变迁；四、论魏晋文学之变迁；五、宋齐梁陈文学概论。每讲之中分门别类地辑录有关史料，系统而周详。其后题解和辑录后的按语，议论不多，却自成体系。诸课之中，刘氏自己的描述议论文字都极少，只是通过排比胪列的原始史料说话，阐述中古文学发展的脉络、文坛各期的状况和文人社会生活的变化等。堪称文学史著作博采原始资料的典范。在20世纪之初的北大学子记忆里，在中国文学史方面讲授最成功的，正是刘师培这门"中国中古文学史"。甚至可以说，经典意义上的中国文学史研究，是从刘师培开始的。杨亮公曾有回忆："刘申叔先生教中古文学史，他讲的是汉魏六朝文学源流与变迁。他编有《中国中古文学史讲义》。但上课时总是两手空空，不携带片纸只字，不得已时偶尔写一两个字，多是残缺不全。""刘先生教我们于汉魏六朝文学中每人任选择一两家作专题研究。他认为研究任何一家文学必须了解其师承所自、时代背景及个人身世。我研究的是徐陵(孝穆)、庾信(子山)两家。有一时期我专致力于魏晋六朝文学，这也是受了刘先生的影响。"①

《汉魏六朝专家文研究》是1918年罗常培整理的听课笔记，罗氏发表于1945年《文史杂志》，1976年台湾中华书局有单行本。《遗书》未收。后收入陈引驰编校的《刘师培中古文学论集》。

《〈文心雕龙〉讲录二种》(《文心雕龙·颂赞篇》、《文心雕龙·诔碑篇口义》)(罗常培整理听课笔记，发表于余冠英编辑的《国文

① 杨亮公《早期三十年的教学生活》，《杨亮公先生丛著》，台北商务印书馆1988年版，第661页。

月刊》1卷9期、10期、36期。《遗书》未收。收入陈引驰编校的《刘师培中古文学论集》)据程俊英回忆:“刘老师学问渊博,对经学尤有研究,素为陈、黄老师所敬仰,他介绍《国粹学报》让我们读,初步吸收他有论有据的治学方法,当时他患有肺病,咳嗽不已,学校雇马车接送,不到一学期就不能来了。”①

(三)序跋管窥

刘师培治学继承传统方法,故其序跋亦多透露其治学思想,这作为他主要治学思想的补充,可以全面展示其学术面貌。

古代创作现象的规律总结。《〈文史通义·言公篇〉书后》对章学诚观点的阐发,“古代墓志之文亦多沿袭”,引语相同,沿袭前作,点窜古人②。

对古籍编纂失误的论证。《读〈全唐诗〉书后》指正《全唐诗》“考核未精”,有“误收”、“重出”、“有以后人之注误为自注者”、“辑者注释之词亦多失考”、“唐人诗序亦有讹文”、“诗题之字讹者甚繁”等失误③。《〈元宪集〉书后》认为《元宪集》“多误收之作”、“字句讹脱”、“篇必数见”。《〈浮溪集〉书后》“误收”,均重刊斯集者所当删改。《〈苏集合著〉书后》讹误亟宜辨正④。

诗史互证方法的提出与实践。《〈樊南文集详注〉书后》较早地运用以史证诗的方法,指出《白香山诗后集·送兖州崔大夫驸马赴镇》中“崔大夫”为“崔戎”,指正冯浩之失⑤。《读〈全唐诗〉发微》除了指出编纂错误之外,还提出“《全唐诗》中所载感时伤世之诗,均可与史书互证”。列举杨炯、岑参、白居易等诗作证明诗作可以“唐

---

① 程俊英《陈钟凡老师在女高师》,《学林清晖》,南京大学出版社2003年版,第53页。

② 《左盦集》卷八,《刘申叔遗书》第1285—1286页。

③ 《左盦集》卷八,《刘申叔遗书》第1287—1288页。

④ 《左盦集》卷八,《刘申叔遗书》第1289页。

⑤ 《左盦集》卷八,《刘申叔遗书》第1288页。

代之秘史矣。其足考证人物者,其证尤多","《全唐诗》有补于考史"①。

文体分类标准的讨论。《〈汉书·艺文志〉书后》依据西方以表达方式(议论、描写、抒情)分赋为议论、描写、抒情,对《诗赋略》中赋分四类标准进行分析:主客赋为总集、屈赋为"缘情托兴之作也,体兼比兴,情为里而物为表"、陆贾赋为"骋词之作也,聚事征材,旨微而词肆"、荀卿赋为"指物类情之作也,侔色揣称,品物必图,舍文而从质"②。

(四)文学创作

正如钱基博所论:"特其(师培)生平之誉,掩于问学。"③刘师培一生文学创作在当时并不逊于他人,不过是因为学术名气更大,创作才情反而不显而已。刘氏最早为人称道的作品是他在11岁时为姐姐而作的《凤仙花》绝句100首和《水仙花赋》。当时亲友传诵,称为神童④。而今这些诗赋不传。钱玄同编刘氏诗为《左盦诗录》,共四卷:卷一《匪风集》家藏稿,刘氏手定,共收诗55首。最早者发表在癸卯(1903)以前,最晚者或至丁未(1907)。卷二《左盦诗》刘氏手定,共收诗62首,本有64首,《伤女颎》二首另行裁出。首有序,一行诗下皆自注作年。据序知起庚子(1900)。迄庚戌(1910)。《匪风集》中之诗为《左盦诗》重收者有《怀桂蔚丞丈》、《佳人》(《匪风集》题作《古意》)、《宋故宫》,文字稍有出入。卷三《左盦诗续录》刘氏手定,共收诗62首,钱玄同定为辛亥(1911)至民国二年(1913)所作。《左盦长律》仅有《癸丑纪行六百八十八韵》一首,为民国二年(1913)作。卷四《左盦诗续录》共收诗72首。据钱玄

① 《左盦外集》卷十三,《刘申叔遗书》第1657页。

② 《左盦集》卷八,《刘申叔遗书》第1284页。

③ 钱基博《现代中国文学史》第113页。

④ 据梅鹤孙遗稿《刘师培的家学渊源及其生平杂记》。万易《刘师培年表》称:"初习诗赋,曾作《水仙花赋》。"蔡元培《刘君申叔事略》亦有称道。

同称，刘氏诗多刊于《国粹学报》(最多达 52 首，与《遗书》文字有出入。)、《政艺通报》(28 首)、《天义报》、《国学荟编》(初名《四川国学杂志》，刊有刘诗 20 首。)、《独立周报》、《甲寅》、《雅言》、《中国学报》各杂志，另有丛稿十七纸①。

后来冯永敏先生辑录《遗书》未收诗文 127 篇，其中文学创作有《留别扬州士人书》、《亭林先生轶诗二首》、《井中心史歌》、《咏晚村先生事》、《昆仑吟》、《水调歌头·书王船山先生〈龙舟会〉杂居后》、《壶中天慢·春夜往月》、《杂咏》、《甲申年自述诗》、《春深》、《吊何梅士》、《岁暮怀人》、《黄炉歌呈彦复穗卿》、《和孟厂作》、《寒夜望月》、《读天演论》、《满江红》、《昆仑吟》、《元旦述怀》、《板荡集诗余》等。这些诗作大都是早期在上海办报时所作，分别载于《苏报》、《江苏》、《警钟日报》、《中国白话报》等刊物②。

《左盦文集》是于《左盦集》刻成之后，“裒集其俪词及韵语为此集，民元二年刻成于成都”，刻木写样七篇:《与吴伯朅书三首》(卷十六)、《答罗芸裳书》(卷十六)、《答诸贞壮书》(卷十六)、《廖氏学案序》(卷十七)、《刘节妇杨氏墓碑》(卷十九)、《毬盘铭》(卷二十)、《仓场侍郎桂公清像赞》。另有《咏史十二首》刊于《甲寅》杂志第一卷第一号。

二、刘师培文学文献研究

对于刘师培文学思想的论述单篇文章较多，但缺少系统的论述。直到台湾的陈燕 1989 年才开始对刘氏的文学理论进行总体研究，冯永敏进而对刘氏的创作也进行了分析。后来学界也注意到刘氏文学思想对后人(如对鲁迅、黄侃)的影响，重新定位刘氏的

① 钱玄同《左盦诗录后记》，《刘申叔遗书》第 1938 页。

② 参见冯永敏《刘师培及其文学研究》，台湾文史哲出版社 1992 年版，第 71—80 页。

文学史上的地位。

（一）总体研究

1989年台湾学者陈燕历时三载，师从香港大学中文系黄兆汉，撰成硕士论文，以后出版的《刘师培及其文学理论》一书中从“论文学”、“论文体”、“论文辞”以及“余论”几方面论述了刘师培的文学理论，标志着学界开始了对刘师培文学观的专题研究。陈燕在“论文学”一章分论“变化观”、“虚实生死说”、“评文以时人之见为准”；“论文体”一章分论“文章源本于经子”、“骈文为文体正宗”、“曲剧与巫舞有关”；“论文辞”一章分论“小学为文章始基”、“俗语入文”、“中文之利弊”；“余论”一章则论述了“文章作法”、“文学史编写法”、“国文教学法”①。此文具有开创之功，但有些论述较为含混，缺少条理。

相对而言，1992年台湾学者冯永敏的《刘师培及其文学研究》就更具有系统性。书中论及文学理论的有第四章《刘师培的文学观》、第五章《刘师培的创作论》、第六章《刘师培的文体论》、第七章《刘师培的文学史研究》。这几章利用西方的文学理论方法全面论述刘师培的文学思想。文章深刻揭示刘师培文学观，认为刘师培的文学特质论是俪词韵语，文学的进化论是文与时变，文学源流论是以集还子以及文学地域论强调环境影响。在创作论中，从创作基础、技巧、原则三方面论述。文体论则考察了类聚区分、阐释名义，探询源流和写作方法。文学史研究揭示刘师培的独特的文学史观，以及刘氏论作家作品的优劣、各代文学风貌以及编写文学史的方法等②。

（二）《中国中古文学史》研究

历史地位。最初对此书给予好评的是鲁迅先生。在1927年

---

① 参见陈燕《刘师培及其文学理论》，台湾华正书局1989年版。

② 参见冯永敏《刘师培及其文学研究》，台湾文史哲出版社1992年版。

所作的《魏晋风度及文章与药及酒之关系》的著名演讲中，鲁迅推荐说：“研究那时的文学，给予现在较为容易了，因为已经有人做过工作……辑录这时代文学讲座有刘师培的《中国中古文学史》……对于我们的研究有很大的帮助。”同时声明：“我今天所讲，倘若刘先生的书里已详的，我就略一点；反之，刘先生所略的，我就详一点。”清人对南北朝诗不甚重视，多所贬抑，故从事辑校、研究者较少。刘跃进认为“真正为这项学科（中古文学原始资料的考订排比）奠定坚实研究基础的当首推刘师培的《中国中古文学史》。”同时认为“此书遗憾在于上不详东汉，下不论北朝及隋代，对于中古文学研究而言不大完备”①。另外有马纯的《从刘师培到游国恩——四种中国古代文学史的评述》进行纵向比较，肯定刘氏文学史的历史地位②。

具体传承。该书第三课之论汉魏之际文学变迁，刘氏案：“建安文学，革易前型，迁蜕之由，可得而说：两汉之世，户习七经，虽及子家，必缘经术。魏武治国，颇杂刑名，文体因之，渐趋清峻。一也。建武以还，士民秉礼，迨及建安，渐尚通，则侈陈哀乐，通则渐藻玄思。二也。献帝之初，诸方棋峙，乘时之士，颇慕纵横，骋词之风，肇端于此，三也。又汉之灵帝，颇好词，下习其风，益尚华靡，虽殆魏初，其风未革，四也。”阐释魏晋文学的四个特点（清峻、通脱、骋词、华靡）为鲁迅所借鉴，本此论曰：“汉末魏初的文章可以说是‘清峻、通脱、华丽、壮大’。”王瑶先生作《中古文学史论》（也是讲义，是王先生 20 世纪 40 年代在清华大学授课所用），自序其“文人生活”部分：“这主要是承继鲁迅先生《魏晋风度及文章与药及酒之关系》一文加以研究阐发的”。而细考王著，其受刘著影响亦颇大。罗宗强先生认为：“本世纪初，刘师培始把玄学与文学的关系列入考察的范围。直到汤用彤先生的大力倡导，这个问题才日益引起

① 刘跃进《中古文学文献学》，江苏古籍出版社 1997 年版，第 116 页。

② 马纯《从刘师培到游国恩——四种中国古代文学史的评述》，《中国大学教学》1997 年第 5 期。

学界的关注。”[①]刘在文中还肯定统治阶级对文学的推动作用。

张杰的《鲁迅与刘师培的学术联系》揭示鲁迅与刘师培的复杂关系。除了政治思想上的影响(鲁迅在日本留学后期,刘师培在日本主办《天义报》宣传无政府主义,曾对鲁迅产生过影响)之外,更多地谈到文学思想的影响。鲁迅与魏晋文学,存在着两个层面,一个是精神崇尚的层面,一个是研究对象的层面。在精神层面上,鲁迅崇尚魏晋人物的个性高扬和行为的径行独往,同时还酷爱魏晋人为文的清峻与通脱。淡化感情色彩作理性的叙述和评价受刘师培影响较多。在文学史研究中,他们还有更契合的基础内容,都受晚清以降的将进化论这一生物学理论施之于社会现象的影响。鲁迅的有关文学史的基本观念和思路与刘师培一脉相承。《中国中古文学史讲义》给予鲁迅最重要最根本的影响,莫过于撰写文学史的大局观和宏观视野。鲁迅称魏晋时代“是文学自觉的时代”的观点就是在借鉴刘师培缜密索骥史籍的结论下形成的。再有就是对历史上的“文笔之辨”给予极大的关注。刘氏《中国中古文学史讲义》中的《文学辨体》与鲁迅的《汉文学史纲要》中的《从文字至文章》当有联系[②]。

周勋初先生《黄季刚先生与〈文心雕龙〉札记的学术渊源》认为黄氏文学理论方面受到刘氏影响,有十分精到的评述[③]。汪春泓撰文对“刘师培是如何接受《文心雕龙》”及其与桐城派的对立亦有论述,刘氏认为“古人词章,导源小学,记事贵实,不尚虚词。后世文人,渐乖此例,研句练词,鲜明字义,所用之字,多与本义相违”。从而指出刘氏词章之本在于小学的思想,论文重视小学基础[④]。刘勰《铭箴》篇赞扬“蔡邕铭思,独冠古今”。猎其有韵骈文之一端,

---

① 罗宗强《魏晋南北朝文学思想史》,中华书局 1981 年版。

② 张杰《鲁迅与刘师培的学术联系》,《鲁迅研究月刊》2000 年第 6 期。

③ 参阅周勋初《当代学术研究思辨》,南京大学出版社 1993 年版。

④ 汪春泓《论刘师培、黄侃与姚永朴之〈文选〉派与桐城派的纷争》,《文学遗产》2003 年第 4 期。

为之张皇幽眇，而刘强调“识字”、“解字”之小学，似乎小学通则文章难题迎刃而解，一切讨论文章之道的技巧、理论都属于俗学，对于《文心雕龙·神思》篇以下未能全面回应。然而小学与文学之间，在其论述中缺少一中间过渡环节，小学与文学关系究竟如何，显得语焉不详。刘、黄实质上是提倡汉学家之文，而文学家必须达到汉学家的水准，类似于在宋明道学家之道与文关系以外，别立一学者之道与文章之道的关系，其共同点就是轻视文学实质上有其独立本体，突出骈文的精英与唯美特质，而对于文学作用于现实社会与人生，却大为忽略了。

思想方法。蒋鉴璋在《文学范围略论》中认为：“刘申叔所为《中古文学史》，完全奉梁元昭明之说用以周旋也。”可见《文选》的选录标准及其理论原则，曾给予刘师培的文学史撰述以相当的影响。刘畅在《史料还原与思辨索原——中古文学研究的世纪回眸》一文中分析20世纪的中古文学研究走过了一条从史料还原到思辨索原的道路，指出“历史的还原”有两层含义：一是史料还原，二是思辨索原。无前者，研究缺乏根基；无后者，学术难有创新。在中古文学研究领域，我们看到了这两种“还原”。其中所反映的规律不仅适用于中古文学，对其他古典文化研究亦有借鉴意义。对刘氏文学史编纂体例给予高度评价①。

（三）散　论

张会恩、钟虎妹《刘师培文章学思想初探》一文认为：刘师培的文学论著表明了他对于文章的看法和对近代文坛现状的不满，在当时引起了极大的反响，他也因此而成为近代文论史上一位受人议论颇多的文论家。在方法上运用语源学方法。无意之中将文学作品附加到骈文上，使骈文这种狭义文章的一部分文体客观上包

① 刘畅《史料还原与思辨索原——中古文学研究的世纪回眸》，《天津师大学报》1999年第3期。

含了诗歌辞赋等文学题材①。自刘师培《南北学派不同论》之后，已很少有人再倡此论，钱钟书先生曾高屋建瓴地说："东海西海，心理攸同，南学北学，道术未裂。""宗派判分，体裁别异，甚至言语悬殊，封疆阻绝，而诗眼文心，往往莫逆冥契。"在刘师培看来，这一"轨道"的理论根据是"天演之例，莫不由简入繁，何独于文学而不然"？

探讨戏剧起源。王立兴的《刘师培戏剧起源观论略》认为刘师培的《原戏》、《古乐原始论》、《舞法起源于祀神考》揭橥了戏剧肇始于乐舞祀神的原始宗教祭仪活动这一重要结论。文章认为刘氏的《原戏》是晚清第一篇专门讨论中国戏剧起源的论文，提出戏曲源于古代乐舞说，对此前的戏剧界的论述有新的突破。《古乐原始论》主要考察了乐教的起源，尤其是乐舞。《舞法起源于祀神考》重点论述了原始的巫术活动，古代用乐舞以降神的问题。文章高度评价了刘氏用纯学术的方法探讨戏剧起源而能自成一家，进而指出刘氏运用历史文献排比的方法与实证性的治学方法②。

刘师培的文学方法论源流。他的祖父刘毓松对《文心雕龙》就有深刻研究，《书〈文心雕龙〉后》考证"此书之成则不在梁时而在南齐之末也"。范文澜先生肯定此论，学界对此很难推翻③。而且扬州历来重视《文选》研究，从曹宪、李善开始，到阮元、刘师培一脉相承。可见刘师培六朝文学观渊源有自。

（四）创作研究

相对而言，刘师培的文学创作并没有受到重视，而实际上刘氏

① 张会恩、钟虎妹《刘师培文章学思想初探》《中国文学研究》1994 年第 2 期。

② 王立兴《中国近代文学考论》，南京大学出版社 1992 年版，第 209—218 页。

③ 转引自刘跃进《中古文学文献学》，江苏古籍出版社 2000 年版，第 350 页。

的创作才华当时也是显赫一时的。汪辟疆在《光宣诗坛点将录》中将刘师培比作地飞星八臂哪吒项充，位于章太炎与黄侃之间。汪辟疆认为其诗“由亭林上窥浣花，气韵深稳。又五言出入鲍谢，自然高古。入蜀以后，诗境益拓，气体益高，盖学人而兼诗人也”①。分析简洁而深刻。

钱基博1933年于世界书局出版的《现代中国文学史》“骈文”一节对刘师培的论述着重从经学传统入手进行分析，对于其创作与文学主张多为抄缀刘氏《文说》、《广〈文言说〉》、《文笔诗笔词笔考》而成，认为刘氏能够“自成一家之言”，“师培雄丽可颂而浮于艳”，“步武齐梁，实阮元之嗣乳”；“论则考型六代，探源两京”②。同时对于刘氏的文论源流简单分析，认为“小学为文章之始基，以骈文实文体之正宗”本于阮元；“文章流别，同于诸子”，“诗赋根源，本于纵横”则出于章学诚。虽然简略，但亦可启发后人研究。据钱基博称：“会王闿运以端方之迎，来游江宁。师培写文百篇以示。闿运曰：‘非但为人所不能阐发；即索解人亦未易得。’师培大喜过望。”③

冯永敏的《刘师培及其文学研究》对刘氏的作品进行了系统的研究。第八章《刘师培的韵文作品》分析刘氏所创作的诗、词、赋，其中《左盦诗录》共261首，辑得佚诗14首，词20首，赋7篇。明确刘氏韵文形式上彩丽纷陈，题材多样，兼采百家，自成一派，曲折古奥；内容上对光阴流逝的怅感，无边的寂寞，傲岸孤立，壮志难酬。第九章《刘师培的散文作品》分政论、述学、记叙三类进行分析，指出其特点为：见解犀利明睿、论证缜密严谨、情感真挚浓厚、说理生动活泼、不囿旧说、自立新说、结合现实、宣传政治理念、科学方法与怀疑精神结合。第十章《刘师培的骈文》和第十一章《刘

---

① 《光宣诗坛点将录》，《甲寅》刊载，转引自张宏生《汪辟疆说近代诗》，上海古籍出版社2001年版，第91页。

② 钱基博《现代中国文学史》，岳麓书社1986年版，第115页。

③ 钱基博《现代中国文学史》，岳麓书社1986年版，第113页。

师培的白话作品》分别评析了晚期和早期刘氏的创作，指出骈文是刘氏晚期行迹与心境的见证。最后文章指出刘氏“欲肆力学术，却猛志长存了；欲革新政治，却无能为力；欲远弃宦海，却难超拔”，他具有忧患意识，批判精神，科学民主的光芒与实践的情操①。对刘氏评价甚高。

任访秋主编的《中国近代文学史》将刘师培与章士钊合论为一节，简要而全面评述刘氏文学特点、贡献与地位。文章认为刘氏的诗作“置之当时革命者的同类诗作中，思想内容、艺术功力，均不少让”。刘氏的散文绝大部分是学术论文和政论文，其思想敏锐、感情热烈、学贯古今、兼容中外，在当时的积极作用是别人难以代替的。在继承上，他的文笔论受阮元影响，骈文受汪中影响。此外，刘氏对美文和文学发展史的研究达到了较高水平，应视为这一时期较有成就的美学家之一。

① 冯永敏《刘师培及其文学研究》，台湾文史哲出版社1992年版。

刘师培小学与校雠学研究

清代乾嘉以来，汉学家辈出，汉学氛围主导学界，学界重视小学基础。刘师培作为扬州学派的殿军，其小学功夫亦是一流的。邵瑞彭评述刘师培的学术时说："仪征刘君申叔，三世治左氏，传其学，实出于高邮王氏，所精在训诂考订。"①十分看重刘的训诂之学。钱玄同对刘师培的小学特点与成就进行了全面分析和评价：

> 刘君于声音训诂之学，最能观其会同。前期研究小学，揭橥三义：一、就字音推究字义。其说出于黄扶孟、王石臞、伯申父子、焦里堂、阮伯元、黄春谷诸先生，而益加恢廓。《左盦外集》卷六《正名隅论》一篇发明此论最为详尽，《小学发微补》及《中国文学教科书》第一册亦及此意。而《外集》卷七《物名溯源》及《续补》、《论前儒误解物类之原因》、《骈词无定词释例》诸篇，及《尔雅虫名今释》一书，亦与此义有关。二、用中国文字证明社会学者所阐发古代社会之状况。《外集》卷六《论小学与社会学之关系》及《中土文字有益于世界》两篇，皆发挥此义。《小学发微补》中亦有言及者。三、用古语明今言，亦用今言通古语。《外集》卷十七《新方言序》中发挥此义。曾作札记三十余条，为先师章公(太炎)采入其所纂《新方言》中。此三义皆极精卓。以上为关于考古者。其关于应用者，

① 邵瑞彭《礼记旧说·题记》，《刘申叔遗书》，江苏古籍出版社1997年版，第99页。

刘君以为宜减省汉字点画，宜添造新字，宜改易不实用之旧训（说见《攘书·正名篇》及《外集》卷六《中国文字流弊论》）；宜改用拼音字，宜统一国语（说见《读书随笔》"音韵反切近于字母"一条）。凡此数端，甚为切要，近二十年来均次第进行，可谓先知先觉矣。

至后期主张，则多与前期相反。亦揭三义：一、对于《说文》，主张墨守，毋稍违畔。《外集》卷十六《答四川国学学校诸生问〈说文〉书》中述说此义。与前期所见相反。二、对于同音通用之字，主张于《说文》中寻求本字，《外集》卷七《古本字考》及卷十六《答四川国学学校诸生问〈说文〉书》中皆言此义，而反对前期音近义通之说。且曰同音通用之字为伪迹。三、对于新增事物，主张于《说文》中取义训相当之古字名之，而反对添造新字新词，《外集》卷十六《答江炎书》中言之。此与前期主张相反。至于改用拼音字之说，则前期之末，作《论中土文字有益于世界》一文时已表示反对矣，《外集》卷十七《中国文字问题序》中又申言之。①

刘师培撰有许多涉及普通语言学理论、传统语言学、语法学以及语言文字改革方面的文字。1903 年《小学发微》是现知刘氏最早的语言学方面的著作，《遗书》未收，据《甲辰年自述诗》所见存目确定为是年作。此文与《小学发微补》思想应该有一致之处。《小学发微补》（未完）1905 年 6 月 23 日开始在《国粹学报》第 5—10、12、13、17、19、22、23 期连载，收入《遗书》甲类群经及小学部。此后小学之作与经学之作不断见诸报端。刘师培的小学应该包括三方面，即训诂、文字、音韵，他认为"必三者具备，然后可以言小学"②。但刘氏论及的问题远远超出传统的樊篱，他运用崭新的方法论，对于语言起源、语法学、文字改革等论题先天下倡，进行了探

① 钱玄同《刘申叔先生遗书》序，《刘申叔遗书》，第 29 页。
② 《正名隅论》，《刘申叔遗书》，第 1417 页。

究。就学术成就、治学特色及其影响而言，刘师培在中国近代与现代文化学术史上可谓出类拔萃的人物，在中国语言学面临近代、现代交替的转折时期，他是拥有雄厚的传统语言文字学根基，又善于将中西方的学术加以融会，并且以创新的姿态卓有成效地保存和发展传统语言文字学的一位杰出代表。刘师培所作的语言研究，是对中国语言各个门类的既分析又综合的研究，是贯串着中国文学、史学、哲学的中国语言研究，是紧密联系着中国历史文化背景的中国语言研究。他的成绩体现了对传统的语言文字学在继承的基础上实行超越的中国现代训诂学的研究范式，显示了处于近现代交替时期中国语言研究的民族特点。把经书及传注（也就是先秦文献与训诂）作为研治文字的基础，对字词的“统纪”和古代历史文化进行证发的方法，为我们在字词和文化之间作系统的贯通提供了富有价值的借鉴。把具有系统联系的汉语字词同相应的历史文化背景结合起来作贯通的研究，这是刘师培大力倡导、刻意厉行的基本方法。他们在结合历史文化背景对汉语字词作系统贯通的研究方面尚不彻底，因而最终未能推进中国现代训诂学走向发展与成熟。

一、训　诂

刘师培的《古政原始论》、《小学发微》、《正名隅论》、《论小学与社会学之关系》、《论中土文字有益于世界》、《文章源始》等著作，都体现了对传统训诂学在继承的基础上实行超越的研究范式。

重新审视声符——“右文说”的起始与发展。宋代的王圣美倡“右文说”，认为“凡字，其类在左，其义在右”。由此而形成专门探讨形声字声符表意问题的学派——右文说，进而由此探讨汉语词源诸问题。清代段玉裁注《说文》，重倡“以声为义”说，经过朱骏声、戴震、孔广森、王念孙等的充实，进一步发现了用语音通转，探索转来派生新词新义的规律。清代是训诂学的鼎盛时期，“‘因声求义'作为训诂的一个重要方法，才臻于系统化、理论化"[1]。比较集中的研究字义源流的，在扬州学派中当首推黄承吉。南桂馨称刘师培"其声音之学则本之黄春谷，高邮父子不言切韵，申叔颇主之，以春谷也"[2]。刘师培对"右文说"深信不疑。《文章源始》称："文字者，基于声音也。""上古未造字形，先有字音，以声音流传难为久远，乃结绳为号，以辅言语之穷。及黄帝代兴，乃易结绳为书契，而文字之用乃兴。"文字的起源归结为应用的方便。引用阮元《文言说》："古人以简册传事者少，以口舌传事者多。"在《尔雅虫名今释自序》一文中谈论道："师培幼治小学，知万物形状，均可于声音训诂求。""非惟虫类然，凡万物名字歧异，皆可以诸类求之。故今述斯书，首溯得名之由，次证异称，继以今名缀其末，使方俗殊名，古今异语，均以声转通其邮，此则循王、郝、桂诸家之例者也，引而伸之，是在达者。"[3]对于"因声求义"这一理论，刘氏还专门撰文《字义起于字音说》(上中下)三篇追溯其发展源流，深入阐发。进而发挥之作有《原字音篇》(上下)、《古韵同部之字义多相近说》，提出"声类同者义必近"[4]。

刘氏还运用这一理论进行了名物训诂，认为得名之由"或以颜色相别，或以形状区分。然此皆后起之名也。夫名起于言，唯有此物乃有此称；唯有此意，乃有此音。盖舍实则无以为名也。故欲考物名之起源，当先审其音，盖字音既同，则物类虽殊，而状态形质不甚相远"[5]。其中《释蒲卢》、《释羌蛮闽》、《化即古为字说》都运用了这个理论[6]。吸取前人之长的同时又发现并指出前人之弊。《论前儒误解物类之原因》一文既承认"近儒王、郝诸家解释物类虽

---

① 参看陆宗达、王宁《训诂方法论》，中国社会科学出版社 1983 年版。

② 南桂馨序，《刘申叔遗书》，第 33 页。

③ 《刘申叔遗书》，第 1224 页。

④ 《刘申叔遗书》，第 1239—1241 页。

⑤ 《物名溯源》，《刘申叔遗书》，第 1443 页。

⑥ 《刘申叔遗书》，第 1235—1236 页。

稍近实”，又指出沿袭旧说之误，原因就在于“盖据字音以解物名，兼以目验为主，均非前人之所能及也”。分析王、郝致误类型有三类：二物并书误为一物；一物数名误为二物；二物名同实异，误为一物。

将训诂学的方法灵活运用到各项研究，为我所用。《广阮氏文言说》用训诂学阐释“文章”本义，《成均释》以训诂学为基础，阐明社会现象①。刘师培更强调小学与社会学间的互补性。《论中土文字有益于世界》明确提出：“故治小学者，必与社会学相证明。”1904年的《论小学与社会学之关系》和1905年的《古政原始论》对考古分期有详细论述。《论小学与社会学之关系》刊发于1904年11月21日—12月3日的《警钟日报》，收入《左盦外集》卷六。《古政原始论》1905年5月23日开始刊载于《国粹学报》第4、6、8、11、12期，收入《遗书》。二文认为中国远古发展经历了“石刀期”、“铜刀期”、“铁刀期”。他不仅肯定考古学对上述社会的分期是科学的，因而也完全适用于中国，而且他还着力于论证中国上古经历过石器时代。他还借助文字学功底，进而论证石器应先于铜器，实证了他的社会学进化理论。而像《释谊》、《文贤解》、《释儒》、《释理》、《理学字义通释》则又是其哲学思想的阐发。刘师培的《理学字义通释》上承戴震，下启傅斯年，是以训诂考据为工具建构自己的哲学思想，大大地推进了中国古代哲学概念范畴意识的发展。

二、文　字

对“六书”的分析。在《转注说》一文中，刘师培对转注进行了探讨，认为《释诂》是“以一洪名释众别名”，而许书所谓转注指“同部互训言，不该异部互训言”，分析转注产生的原因是“义不一字，物不一名”和“方俗语殊，各本所称以造字”。然后考察转注的类型

---

① 《左盦集》卷一，《刘申叔遗书》，第1211页。

可以分为:音近、双声、叠韵、音义全同以及变类等情况①。《古本字考》讨论假借,纠正朱骏声"引申即转注"和"况词联语无正文"的观点,认为"许书以令长说假借,例隶引申",分析互用例六:省形(字隶合体,省假右声)、益形(部首之文,陪益殊体)、同声(得声两符,形弗均录)、声近、音转、合音(本字一音,缓呼易二),对假借进行了细致的诠释②。《字诠自序》实践"以字诠史",《论美术与征实学之不同》:"古人词章,导源小学,记事贵实,不尚虚词。后世闻人,渐乖此例,研句练词,鲜明字义,所用之字,多与本义相违。"尹炎武在《刘师培外传》评论刘氏"雅好蔡中郎",就是从文字学角度推许蔡邕的文字之雅正。

探讨文字起源。《正名隅论》:"夫论事物之起源,既有此形乃有此义;既有此义然后像其形义而立名。是义由形生,形又由形义而生也。论文字之起源,则先有此名,然后援字音以造字既有此字乃有注视之文,是字形后于字音,而字义又起于字形既造之后。"同时此文还分析了古文此类活用现象③。《论小学与社会学之关系》用"西方社会治学考中国造字之源",如释"君"字曰:"中国上古之时,君为民众所共立。故《韩诗外传》、《白虎通》皆训君为群。"④这完全是西方近代民主思想与社会进化理论的阐释。刘氏还注意到字义的变化,撰有《字有虚用实用之分》一文,而《助词辨略正误》则对虚词误用进行了举例纠谬。

三、音　　韵

刘师培对上古音韵也进行了尝试性研究。《老子韵表自序》认

① 《刘申叔遗书》,第1232页。
② 《刘申叔遗书》,第1454页。
③ 《刘申叔遗书》,第1417—1427页。
④ 《刘申叔遗书》,第1427页。

为子书莫不有韵,“惟《老子》纯属韵文,所用古韵非惟足考古本也,其有符合于古韵者,恒足证双声通转”①。《〈新方言〉序》认为方言的产生是由于“五方水土有刚柔燥湿之异,宜地势不同,故语言区别”。评价方言的作用是“知古语可以证今言,而今言亦可以通古语”②。《原字音篇》继承《尚书疏》“言者意之声”的观点,探讨了发音的原理,认为“声象乎意,以唇舌口气象之,其蕴至精。盖人声精者为言,既为斯意制斯音,而人意所宣之音即为字音之所本,例如喜怒哀乐为人之情,惟乐为正字,喜怒哀三字之音即象喜怒哀所发之音”。同时还提出考古音的方法,因为“字音即象物音,字音恒易而物音弗移”,所以“今音异于古音者,验以物音可以知验其变迁”③。

刘师培较早地认识到中国文字的缺陷,从而提出改革的尝试。《中国文字问题序》提出仿照西方“言各一音,音各一文”的造字法,再造中文,从而“同音之字,形亦相同”,避免不必要的淆乱。《梵文典序》认识到汉字主形,梵文主音,梵文有益于中土,主张改用拼音文字④。《中国文字流弊论》指出《说文》专以字形为主之弊:“字形递变而旧意不可考”、“一字数义而丐词生”、“假借多而本义失”、“数字一义”、“点画之繁”;提出了改革的策略:“宜用俗语”、“造新字”。这些主张在当时可说是先锋理论。《音韵反切近于字母》则从“注古音必从字母”引申出“舍字形而用音字,势也;废各地之方言,用统一之官话,亦势之所必趋也”⑤。这可算最早提倡普通话的论述了。

宋永培认为中国现代训诂学的创始人和杰出代表是刘师培和章太炎。中国现代训诂学(1900—1982)体现了对传统训诂学在继

① 《刘申叔遗书》,第 1270 页。

② 《刘申叔遗书》,第 1241 页。

③ 《刘申叔遗书》,第 1240—1241 页。

④ 《刘申叔遗书》,第 1770—1771 页。

⑤ 《刘申叔遗书》,第 1945 页。

承的基础上实行超越的研究范式，显示了处于近代现代交替时期中国语言研究的民族特点。它实行的，是对中国语言各个门类作系统的有条理的研究，是贯串着中国文学、史学、哲学的语言研究，是联系着中国历史文化背景的研究，是融合了中西方文化学术的研究①。刘师培的治学方法与研究成果启示后人不同程度、不同侧面地汲取西方的学术文化与研究方法的滋养，黄侃、吴承仕、黄节、程树德、刘赜、沈兼士、杨树达等人在现代训诂学领域也多有建树，在继承的基础上实行超越。它超越传统训诂学，但前提是继承传统训诂学。因而现代训诂学不但熟谙先秦两汉及历代的经典文献与注释的材料，而且发挥新锐的科学精神，从这些材料与成果中抽绎出一系列新的训诂学术语、理论与方法。吴承仕的训诂研究注重字词的相互联系，且把这种联系置于历史文化背景中来探讨。这种方法，接迹于刘师培、章太炎研究方法的余绪，是从刘、章的方法中发源出来的②。

四、校　雠　学

钱玄同对刘师培的校雠成就这样概括：

> 刘君校释群书之著作，前后两期皆有之而后期占大多数。两期所用之方法全同，皆赓续卢抱经之《群书拾补》，王石臞先生之《读书杂志》，俞曲园先生之《诸子平议》。

黎锦熙也认为刘氏：“若四世传家之左氏，半生致力之周官，校

① 宋永培《中国现代训诂学的研究范式》，《达县师范高等专科学校学报》1995 年第 1 期。

② 宋永培《论刘师培、章太炎的训诂研究》、《中国 20 世纪上半叶的训诂研究》，《长沙电力学院学报》1997 年第 1 期。

释百家,贯通词例与字义,诸史则究及历法,释氏亦涉其堂奥,文采丽都,晚更典则。”①

刘师培八岁治《晏子》,经学之外,于诸子校注,致力尤勤。其传世之作,校勘学著作所占比重较大。刘师培后期主要着力于用传统的方法将经籍与诸子加以整理。自 1907 年始,他的校雠文章明显增加。1909 年为端方考订金石,称为“匋斋师”。他有机会见到端方所藏的丰富的不同版本的古籍。所校之书,已成专著者,有补释 6 种:《晏子春秋补释》、《法言补释》、《周书王会篇补释》、《荀子补释》、《琴操补释》、《穆天子传补释》、《白虎通德论补释》;定本 2 种:《白虎通义定本》、《晏子春秋斠补定本》;斠补 9 种:《晏子春秋斠补》、《管子斠补》、《庄子斠补》、《春秋繁露斠补》、《荀子斠补》、《贾子新书斠补》、《扬子法言斠补》、《韩非子斠补》、《白虎通义斠补》;辑佚 6 种:《晏子春秋辑补》、《荀子佚文辑补》、《贾子新书佚文辑补》、《春秋繁露佚文辑补》、《白虎通义阙文补订》、《法言佚文》;校勘记 2 种:《晏子春秋黄之寀本校记》、《群书治要引贾子新书校文》;读书记 2 种:《读道藏记》、《敦煌新出唐写本提要》。非惟面广量大,且“援证博而推阐精”,“能使古书坚城悉破”②。

其校勘之法,有对校法、本校法、他校法、理校法等。其本校法,约为 9 类,曰据对文校、据并文校、据文义校篇题、据篇题校文、据上下文校、据句义校、据叶韵校、据本书解说为校、据上下文互校;于他校法,或以他书征引之文句与今本相勘,或据旧疏寻绎旧貌,成就亦丰。其所最擅者,乃理校法,常能发人所未发。其理校法,约分 7 类,曰据语气词气校、据词例校、据职官校、据地理校、据史实校、据历法校、据学术渊源校。就其校语所指明者,可得古书致误之由 32 种。1. 古文形近致讹;2. 篆文形近致讹;3. 隶书形近致讹;4. 草书形近致讹;5. 俗体形近致讹;6. 异体形近致讹;7. 不识通假而讹;8. 不识省文而讹;9. 蒙上文而讹;10. 涉下文

① 黎锦熙序,《刘申叔遗书》,第 27 页。

② 南桂馨序,《刘申叔遗书》,第 33 页。

而讹;11. 字有残泐而讹;12. 阙文作□而讹;13. 以旁注代本字而讹;14. 涉上文而衍;15. 涉下文而衍;16. 涉注文而衍;17. 涉旁注而衍;18. 误重文而衍;19. 蒙上文而脱字;20. 涉下文而脱字;21. 阙文脱□;22. 重文而脱字;23. 二字形近脱其一;24. 涉重文脱句;25. 脱简;26. 一字误析为二字;27. 二字误合为一字;28. 误倒;29. 错简;30. 枉补阙文;31. 以讹易讹;32. 误读。

在校勘原则上,刘氏坚持古文家立场,同于吴派惠栋,深信汉人之作。在《老子斠补自序》中称:"故欲绎旧文故谊,必求之东周秦汉之书。"实是主张用《庄》、《列》、《韩非》对《老子》进行他校①。刘师培尝论清代校雠家曰:"卢抱经好改古书,自命择善而从,其实专求文从字顺。俞荫甫可谓聪悟绝人,然展一卷于案上,自以其学问审定之,前人已有之佳校,不屑一问也。其校语佳者,往往与前人雷同,即如所校《盐铁论》,乃似不知世间已有卢校者,无乃太简乎!校雠之善者,莫如顾千里,然琐碎已甚,不能举大义。高邮所以不可及者,在其虽凭平生学问,又具诸本异同也。"②从中可以看出,刘氏反对轻易改动,主张广博的学识加上版本依据进行校勘。《贾子新书校补自序》即指出建潭各本之不足,而"斯书刊本以南宋潭本为善"。《法言斠补自序》分析各种版本优劣,确定底本,"由斯上溯,则引于六朝唐宋各书者,均为故本"③。取证类书,细心排比,颇具独识,亦多有所获。其校语精者,在乎以例明句,推阐规律,新意迭出,如《古籍示期互伪考》、《王鲁新周说》,《古书疑义举例补》等。

刘师培校释典籍,不局限于传统的方法,能够以开放的心态接受文字学成果,进而探索古书行文规律(语法、修辞等)。《左盦集》卷七多为校勘之作的序跋,其中于校勘理论多有阐发。刘氏自幼读俞樾书,尤其钦佩俞氏的《古书疑义举例》的"约举其例,以治群

---

① 《刘申叔遗书》,第 1269 页。

② 南桂馨序,《刘申叔遗书》,第 33 页。

③ 《刘申叔遗书》,第 1275—1279 页。

书"治学方法,叹为绝作。1907年仿其例撰写《古书疑义举例补》,自10月26日始,连载于《国粹学报》第34、35、44期,收入《遗书》及1956年中华书局《古书疑义举例五种》一书。在《古书疑义举例补》篇中"于俞书所未备者得义数十条,以补俞书之缺",共列出"两字并列系双声叠韵之字而后人分析解之之例"、"两字并列均为表象之词而后人望文生训之例"、"二字相反而一字之中兼具其义之例"、"使用器物之词同于器物之名例"、"双声之字后人误读之例"、"二语相联字同用别之例"、"虚数不可实指之例"、"倒文以成句之例"、"举偏以概全"、"同意之词并用而义分深浅之例"、"同意同词异用之例"①。文字学手段刘氏用的最多的依然是由声音以明文字通假。正如南桂馨所说:"然其学术主张终不越乎扬州,其校雠之学固高邮也,其声音之学则本之黄春谷,高邮父子不言切韵,申叔颇主之,以春谷也。……余则谓申叔之学一切以校雠为基为其援证博而推阐精,遂能使古书坚城。"②

刘师培《楚辞考异》十七卷颇值得一提。刘氏从唐宋以前的类书、注疏、学术笔记、诗话等30余种文献中,辑佚、稽钩《楚辞》零句异文,然后逐一裒集于《楚辞章句》正文之后,"述而不作",作客观材料之罗列比较,虽未及王逸注本之是非,然则其是非不言自明。此书所列异文,未为称全,有待补正者诚夥,然其筚路褴褛,以启山林,开考校异文之先河,后世闻一多、姜亮夫之考校,皆承其余绪而发明光大。此书创轫考异之功实不可没。对《白虎通义》的研究,刘师培进一步认为《通义》是在《议奏》的基础上"撰集"而成的,"嗣则《议奏》泯湮,唯存《通义》,而歧名孽生"。《白虎通》则为《白虎通义》"文从省约",去"义"而存"通"。至于《后汉书·班固传》所见《白虎通德论》一名,他认为是《白虎通》和《功德论》二书,"德论"之上脱"功"字。应该说,刘氏这一考证颇有说服力,对后人的影响也

① 《刘申叔遗书》,第417页。
② 南桂馨序,《刘申叔遗书》,第33页。

比较大①。

刘师培之校勘学成就，不失为大家。其得在学，其失亦在学也。其校语精者，在乎以例明句，推阐规律，新意迭出。其取证类书，细心排比，颇具独识，亦多有所获。其失也，深信类书，合者是之，异者非之，臆断在所难免。

万仕国在《刘师培校勘方法说略》一文对刘氏的校勘方法进行了归纳总结，分析了取得成绩的缘由：一曰家学渊源。仪征刘氏四世业经，自刘孟瞻始，即依幕糊口，校书为业。其子刘毓崧“故通博，四方求请编纂斠文之役无虚日”。几代人所校如《旧唐书校勘记》、《宋元镇江志校勘记》、《王船山遗书校勘记》等，颇为学人推重。其家传校书之法，对刘师培影响颇大，自非虚言。二曰注重版本。刘氏本非豪富，家无秘籍。刘师培入端方幕后(1909)，称为“匋斋师”，为其考订金石。无论刘氏依幕出于何种动机，然端氏所藏善本甚多，刘师培因得饱览，所见益富，广校群书，甚得其便。考其校勘之作，多为此期所成，便是明证②。

---

① 《刘申叔遗书》，第1281页。

② 《中国研究》2001年第1期。

刘师培年谱

凡例并说明

一、本谱意在钩稽刘师培一生行迹，列举事实，一般不加评论。主要按照不同的历史阶段，结合刘师培思想活动发展转变，分为四个部分编次：1884 年—1902 年为第一部分，1903 年—1906 年为第二部分，1907 年—1908 年为第三部分，1909 年—1919 年为第四部分。详略视情况而定。

二、本谱系年，采取公元、民国、皇帝年号、干支纪年形式，便于和其他材料对照，更为方便确定时间，同时也使得时间精确，不致产生误差。一年之中，月份不可考者，系于是年之末；凡推定为某一时期之事迹，则系于此时期某年中。

三、本谱每卷前说明这一阶段的国内外形势和刘氏的思想活动。以时间为经，事实为纬，侧重记述刘师培政治、学术情况，于其中尽量明确勾画其发展转变的轨迹。至于性格形成、转变原因，略加分析说明；其中着重突出介绍刘氏的国学，辨析一些不确的事实。

四、有利于探讨刘氏思想和交往的资料，采取附录或并录的方式。凡引用材料，一律标明出处。凡采纳他人成果，亦一律说明。

五、每年附大事记，含国内政治以及学术动态，试图建立一个参照背景，从中看出刘师培在当时的思想和学术成绩，进步与否。近代社会时间虽短，但思潮迭起，进步与落后的标准只有结合社会、时代背景才能明了。

六、本谱每年末附《著作系年》，按照撰期或发表年月编次，并且注明参考文献来源。刘师培作品凡可考知年代并可说明其生活、思想者，均予列出，惟不作繁琐考订、征引。

七、年谱后附《刘师培研究论著（资料）目录》及《参考文献》，故年谱正文中一般注明版本。参考文献截至 2007 年 12 月。

八、年谱所附政治与学术大事取自《章太炎年谱长编》、《严复年谱》以及钱穆的《中国近三百年学术史》。

九、本年谱始创于 2002 年，草成于 2004 年硕士毕业。南京大学图书馆硕士论文库有底可查。

十、本年谱前有《刘师培研究概说》，对于《年谱》写作当时的学术状况已有交代，而此后不断有新成果增加，如万仕国、李帆、陈奇等人成果显著，为保持当初原貌和原有特色，并未加入新成果。

十一、本年谱依据刘师培一生分为四卷，每卷皆有“说明”，实可作为作者的研究观点与研究提纲。这一点也是本年谱重要特色。其他内容在《凡例》已作说明。

十二、万仕国先生《刘师培年谱》2003 年由广陵书社出版，是学界第一部系统而全面的《年谱》。《年谱》排比刘师培著述，一一系年，对原文不当亦有校雠，可谓用力颇深然每年事迹稍略。

十三、陈奇先生《刘师培年谱长编》2007 年由贵州人民出版社出版。陈《谱》详列 1884 年前刘师培家世，对学界颇有助益。（拙作《清代仪征刘氏〈左传〉家学研究》亦有专章讨论，见中华书局 2008 年版）同时，谱中较为详细地阐释了刘师培有些文章。《长编》对于刘师培漂泊西南、山西、北京等地事迹则语焉不详。

十四、本年谱较为详细地考辨了一些史实，所用材料除刘师培本人文章外，还多留意研究文献，比较万《谱》、陈《谱》而言，内容尚有可取:东京办报、北京讲学以及交游多有侧面反映。偶有相同材料,亦反映编者观点,不纯为资料收集,或可备览。

十五、学界对于刘师培的研究仍然集中在文学与无政府主义思想,而对于生平考证仍存不足,于其学术研究更显乏力。故刘师培研究仍有较大空间。

卷 一

(一八八四——一九〇二)

说 明

本卷考述 1884 年—1902 年间刘师培的生平活动。

刘师培生于乱世,近代中国面临着尖锐的阶级矛盾和严重的民族危机,半殖民化程度加剧。出生当年,中法战争爆发;十岁,中日战争爆发。在内忧外患面前,有志之士纷纷寻求救国自强之路。政治上,康、梁变法;孙中山建立"兴中会";义和拳运动蜂起。学术上,张之洞提倡"中学为体,西学为用";康有为、廖平今文经学兴盛;章太炎《訄书》追求古文经学学术真理。而扬州历史上的屠杀事件,此前 16 年的教案事件,以及家中研习王夫之的影响,使得刘师培较早就孕有民族革命思想。

刘师培父祖三世治《左传》,而家运不兴,三代前人寿命不永,难以自立,依人入幕。经济拮据而仕途不顺是前人留下的一个"情结"。能够引以自慰的是家传左氏之学(《春秋左氏传旧注疏证》),而这一任务三代未能完成,这又是一个家族遗传的"心病"。刘师培生于此种家庭,接受优秀的家庭熏陶和传统文化的教育是一个方面,另外,亦无形中增加一种忧患意识,一种心理焦虑与压力。刘师培自小聪慧,以振兴扬州学派自任,亦是家世使然。

刘师培自幼勤奋,生性孤僻。继承家学,对古文经学颇有心得。以古文字学《说文》为起点,沿袭二王(王念孙、王引之)训诂、音韵之法，汲取扬州学派前贤的成果，对儒家经典获得了自己的看法。此一点恰是刘氏赖以安身立命之本。此一阶段为刘师培成长之初期，亦为刘师培后期发展之端点，以后诸多事件多可由此寻找根由。

公元一八八四年（民国前二十八年，光绪十年，甲申） 一岁

本年6月24日（农历闰五月初二）刘师培出生于扬州青溪旧屋（今东圈门14号）。名师培，字申叔，小字闰郎，原字鲁源。

按：师培意为效法汉代经学大师申培公。1902年9月，应南京乡试，朱卷署名“鲁源”。1903年至上海，主张攘除清廷，光复汉族，遂更名“光汉”。用“光汉”为名的时间，约有五年，为1903年夏至1907秋。1905年3月被通缉，曾用化名“金少甫”。1907年至1908年秋，思想变迁，喜言无政府主义，在此一年中，常以“申叔”为名。1908年冬至1919冬逝世之时，均复用“师培”旧名。寓于天津时，曾将历年诗稿删定，并用“左盦”名其集。另，刘氏于报刊署名有“激烈派第一人”（《论激烈的好处》）、“无畏”（《醒后之中国》）、“韦裔”（《悲佃篇》）等名；苏曼殊《与刘三信》称之为“申公”、“少公”；1903年刘师培撰《中国民约精义》后被人称之为“东亚一卢骚”。又刘君在从父兄弟中位居第三，被称之为“刘三”，与刘季平并称“大江南北两刘三”。

父刘贵曾（1845—1898），字良甫，时年三十九。刘师培生时，其父爇香神前，忽潸然下泣。其叔父刘富曾在旁问：“生儿如愿，极喜庆事，何反感伤为？”[①]刘父当时念及家运衰弱，父辈寿命不永，中年得子，家学有人，自然感叹。然而亦无形中增加刘师培振兴家族之责任，于其一生中施无限压力，以后学业早熟，性格变异亦与此不无关系。

母李汝谖，江都小学家李祖望（字宾嵎）次女，通晓经史。生女

① 据刘富曾《亡侄师培墓志铭》，《刘申叔遗书》，第16页。

师铄,男即师培。刘师铄,字卫仪,长刘师培十三岁,后适江都梅兆琦。刘师培堂兄弟凡四人:师苍字张侯,师慎字许仲,师培字申叔,师颖字容季,皆以两汉经师为其名字。(据梅鹤孙《刘师培的家学渊源及其生平杂记》)李祖望通史博经,尤嗜六书金石之学,有《说文统系表》、《古韵旁证》、《说文重文考》、《小学类编》、《锲不舍斋诗文集》等传世①。刘家门前有一联:"红豆三传,儒林趾美;青藜四照,宝树联芳。"②

附:

刘氏三世传经简述

刘师培的高祖刘锡瑜(春和公)始迁扬州,占籍仪征,一度寓居金陵,遂为扬州人。高祖刘锡瑜(1749—1840),12 岁读书,国学生,17 岁帮人做生意,自学行医,以不能读书为遗憾,决心让儿子刘文淇读书③。并在扬州新城运司街东圈门外置了一所房屋,至孟瞻先生始署其门曰"青溪旧屋",取南齐刘子圭清溪授徒之意。据《南齐书》载:"相人刘子圭,家金陵檀桥,宅于清溪之上,聚徒授书,不期荣进,惟求丞彭城,以养贞素,生徒有清溪之称。私谥贞简。"孟瞻先生慕其为人,仰其清德,遂颜其居。历清代嘉、道、咸、同、光五朝,海内学人无不知青溪旧屋刘氏的门望④。

师培曾祖刘文淇(1789—1854),字孟瞻,候选训导⑤。在嘉、道间没有什么大的科名,仅仅是一名优贡生(嘉庆二十四年乙卯),诰赠奉政大夫,覃恩晋赠朝议大夫。以课徒游幕为生。在经学上

---

① 李帆《刘师培学谱简编》,《刘师培与中西学术》,第 192 页。

② 据高拜石《热中功名步歧途——刘申叔近利自误》,《新编古春风楼琐记》第二集,第 77 页。

③ 刘师培《先府君行略》,《左盦集》卷六,《刘申叔遗书》,第 1259 页。

④ 梅鹤孙遗稿《刘师培的家学渊源及其生平杂记》,《扬州文史资料》第七集,第 95 页。

⑤ 刘师培《先府君行略》,《左盦集》卷六,《刘申叔遗书》,第1259 页。

以《春秋左氏传》为专门之学，享有大名。年轻时家境贫苦，从其舅凌曙学习。包世臣《艺舟双辑》卷四《清故国监生凌君墓表》："君有甥仪征优贡生刘文淇，少贫如君。君爱其颖悟，不忍弃之逐末，自课之，且教且学。刘君齿未壮，即以淹通经史知名江淮间，而其学实自君出。"当刘氏子孙谈到自家学术渊源时，却不局限于凌曙，而必上溯到徽州学者江永、戴震，认为扬州之学，包括仪征刘氏在内，都是衍徽学之余绪，发展起来的。文淇的长孙刘寿曾《传雅堂文集》卷一《沤宧夜集记》："国初东南经学，昆山顾氏开之。吴门惠氏、武进臧氏继之。迨乾隆之初，老师略尽，儒术少衰。婺源江氏崛起穷乡，修述大业，其学传于修宁戴氏。戴氏弟子，以扬州为盛。高邮王氏，传其形声训诂之学；兴化任氏，传其典章制度之学。仪征阮文达公，友于王氏、任氏，得其师说。风声所树，专门并兴。扬州以经学鸣者，凡七八家，是为江氏之再传。先大父早年受学于江都凌氏，又从文达问故，与宝应刘先生宝楠切磋至深，淮东有二刘之目。并世治经者，又五六家，是为江氏之三传。先征君承先大父之学，师于刘先生。博综四部，宏通淹雅，宗旨视文达为尤近。其游先大父之门，而与先征君为挚友者，又多缀学方闻之彦，是为江氏之四传。盖乾嘉道咸之朝，扬州经学之盛，自苏常外，东南郡邑，无能与比焉。"

道光八年(1828)刘文淇与刘宝楠、梅植之、包慎言、柳兴恩、陈立同赴南京应试，谈到十三经旧有注疏不能令人满意，于是商议各人分任新疏一经：刘宝楠治《论语》，柳兴恩治《穀梁》，陈立治《公羊》，刘文淇治《左传》。此后，刘文淇集四十年之功，延及孙子寿曾始编成《左传旧疏考证》长编数十巨册，对《左传》的旧注进行了集大成的总结，刘文淇晚年仅写成了《疏证》一卷，一生岁月大部分消耗在教书生活中，其次便是替人校勘书籍：有宋元本《镇江府志》校勘记四卷，校订朱彬的《礼记训纂》，参与校勘《旧唐书》、《舆地纪胜》，共注《南北史》。著作有《左传旧疏考证》八卷、《楚汉诸侯疆域志》三卷、《扬州水道记》四卷、《读书随笔》二十卷、《清溪旧屋集》文十卷，诗一卷。《清史稿》："文淇事亲纯孝，父年笃老，目眚，侍起居，朝夕扶掖，寒夜足冻，侍亲以温其足。”与宝应刘宝楠并称“淮东二刘”。

师培祖父毓崧（1818—1867），字伯山，道光二十年举优贡生，荐选八旗官学教习，诰赠奉政大夫，覃恩晋赠朝议大夫。自幼随父客游四方。长于校书，居曾国藩、国荃幕中最久。主金陵书局，为曾国藩所重。对于校勘《王船山遗书》用力独勤。此外替杜文澜编辑《古谣谚》一百卷。著作有《春秋左氏传大义》二卷、《周易旧疏考正》、《尚书旧疏考正》、《毛诗旧疏考正》、《礼记旧疏考正》各一卷，《史乘》、《诸子通义》各四卷，《经传通义》十卷、《王船山年谱》二卷（湘绮老人曾对长沙叶德辉说：“我们湖南人未能为船山作年谱，而令外省人居其功，成此名作，亦大愧矣！”①）、《彭城献徵录》十卷、《旧德录》一卷、《通义堂笔记》十六卷、《诗集》一卷。生子四：寿曾（字恭甫）、贵曾（字良甫）、富曾（字谦甫）、显曾（字诚甫）。

师培伯父寿曾，字恭甫，年仅四十五岁即在南京去世。同治三年、光绪二年两中副榜（副贡生），同知衔候选知县。以游幕教书为生，亦入金陵书局，刊定群籍。其《传雅堂文集》卷三《先妣汪太宜人行述》：“寿曾为东台知县某公掌书记，又助先征君为运判杜公编纂《古谣谚》及词学诸书。每日检书盈尺，朱墨杂进。”著作有《读左札记》、《春秋五十凡例表》、《昏礼重别论对校义》、《南史校义集评》、《传雅堂集》、《志耘杂记》各若干卷②。恭甫先生一直在曾国藩幕府，极受器重。恭甫先生去世开吊这一天，曾氏亲来吊唁，行礼后命人移一张椅子在灵堂前默想了一晌方去。曾氏还赠自书挽联云：“我方驰千里书，为兖兖诸公，当共识眉山文字；君既赍百年

① 梅鹤孙遗稿《刘师培的家学渊源及其生平杂记》，《扬州文史资料》第七集，第96页。

② 以上参考赵尔巽等《清史稿》，第13274页；另参考方光华《刘师培评传》第一章；张舜徽《清儒学记·扬州学记》。

记，看英英群季，当继成服氏《春秋》。”①

师培父刘贵曾(1845—1898)，字良甫，号少崖，别号抱甕居士，亦以经术名。幼承庭诰，山阳丁先生晏亟称之。十二岁为太平军所掠，历十二旬逃脱。“兼训诸弟，佐父兄为文事”。光绪丙子、己丑副贡生，敕授文林郎，诰赠奉政大夫。游幕南昌等地，后返扬州理家，与当地士绅一起助守令治事。曾助兄寿曾完成祖父未竟之作《左传旧注疏证》，仅整理到“襄公四年”。通两汉古文家法。另有《左传历谱》、《尚书历草补演》、《礼记旧注疏证》、《抱瓮居士文集》等传世。(见《先府君行略》)

师培叔父刘富曾，无子，以显曾子刘师慎为嗣。师慎，名藏经学家许慎名。

伯山先生三子谦甫，诚朴孝友，悦亲养志，不慕荣利。少与良甫先生同入邑痒，光绪戊子科又与显曾先生兄弟同登江南乡榜。先生精于天算之学，为甘泉算学大师罗茗香士林弟子。礼闱弗售，绝意进取，客授四方，最后游上海，为吴兴刘翰怡先生礼聘校书藏书楼，历年甚久，曾为编订《宋会要初编》二百九十一卷，续编七十五卷。又曾为南陵徐积余先生延纂《南陵县志》，编辑山川人物指画区引，推为名作②。

师培叔父刘显曾，生子刘师慎、刘师颖，师颖名藏经学家颖容名。

伯山先生四子诚甫，少时读书南京惜阴书院。后与恭甫先生同登乡榜，壬辰进士，以主事分吏部转郎中。值庚子之乱，京官逃避一空，先生时为总理衙门章京，趋值如故，事平保送御史，以府道记名，历甘肃、辽、沈诸道监察御史。平生博闻强记，工骈散文，余

① 梅鹤孙遗稿《刘师培的家学渊源及其生平杂记》，《扬州文史资料》第七集，第97页。

② 梅鹤孙遗稿《刘师培的家学渊源及其生平杂记》，第96页。

事为词章。终年七十八①。

刘氏谱系略表

刘春和(自溧水迁扬州)——起寅

(赠明威将军)　　　　　起泰(国学生)——瞰(占籍仪征)——刘锡瑜——

刘文淇——刘毓崧——刘寿曾——刘师苍——刘次羽(葆儒)

　　　　　　　　　刘贵曾——刘师培

　　　　　　　　　刘富曾——刘师慎(过继)

　　　　　　　　　刘显曾——刘师慎、刘师颖(容季)②

[**大事记**]

本年五月(公历6月)中法战争(1884—1885)爆发,中国在福建、台湾方面损失惨重。吴清卿(大澂)《说文古籀补》刊行。王先谦(益吾)《续东华录》四百一十九卷成。廖平(季平)经学初变。康有为酝酿著《人类公理》,始演大同义。王韬担任上海《申报》编辑主任。陈三立32岁(1852年生),郑文焯、陈衍29岁(1855年生),朱祖谋28岁(1856年生),况周颐26岁(1858年生),谭嗣同20岁(1864年生),刻苦求学,并各地漫游。孙中山18岁(1866年生),章太炎17岁(1867年生),日人幸德秋水13岁(1871年生),欧阳渐13岁(1871年生),冒鹤亭12岁(1873年生),梁启超11岁(1873年生)补博士弟子员,易孺、张尔田11岁(1873生),夏敬观10岁(1874年生),王国维7岁(1877年生),胡汉民6岁(1878年生),叶恭绰、鲁迅3岁(1881年生),马一浮、吕碧城、汪兆铭2岁(1882年生),萧友梅、吴梅1岁(1883年生)。此前1868年《万国公报》创刊,扬州人民反对外国侵略,捣毁传教士住所。

---

① 梅鹤孙遗稿《刘师培的家学渊源及其生平杂记》,《扬州文史资料》第七集,第98页。

② 参看[日]小林文四郎《仪征刘孟瞻先生年谱》,《北京图书馆藏珍本年谱丛刊》第143册。

公元一八八五年(民国前二十七年,光绪十一年,乙酉)　二岁

[**大事记**]

本年二月二十九日(公历4月4日)中法在巴黎签订"议和"草约。日本派伊藤博文到中国,签订《天津条约》。吴清卿印行《恒轩所见所藏吉金录》。严复回籍,治八股文,纳粟为监生。康有为(28岁)着手撰著《人类公理》。黄遵宪由美国回国。梁启超本年始治训诂之学。邹容、周作人生。张文虎78岁去世,张校雠诸书,考据家称为善本。所著书有《史记札记》、《古今乐律考》、《舒艺室全集》等。

公元一八八六年(民国前二十六年,光绪十二年,丙戌)　三岁

[**大事记**]

本年《中英缅甸条约》签订。御史朱蓉生参奏李莲英,以主事降补。清政府设置台湾省。吴清卿始从事为《窸斋集古录》。黄遵宪辞谢外交任命职务,在家乡潜心编著《日本国志》。廖平(35岁)撰成《古今学考》。同光体诗派逐渐形成,其名称始自本年,主要作家有陈衍、郑孝胥、沈曾植、陈三立等。王闿运等在长沙创立碧湖诗社,被看作魏晋六朝诗派,使晚清诗坛更加纷繁热闹。易顺鼎、郑叔问等人创立诗社,名吴社。王鹏运等人编辑合集《薇省同声集》。黄侃生。

公元一八八七年(民国前二十五年,光绪十三年,丁亥)　四岁

[**大事记**]

本年张之洞(香涛)聘朱蓉生至粤。黄遵宪《日本国志》成书,凡四十卷,五十余万言。梁启超肄业于广州学海堂。

公元一八八八年(民国前二十四年,光绪十四年,戊子)　五岁

[**大事记**]

本年康有为首次上书光绪皇帝,倡言变法维新,未达。王先谦《皇清经解续编》刊成。孙诒让改《商周金石拾遗》为《古籀拾遗》,

重校付刊。朱蓉生(一新)主讲端溪书院。廖平著《知圣》、《辟刘》两篇,经学二变,表明了鲜明的今文经学观点,通常被看作是康有为的《新学伪经考》的学说来源。缪荃孙选《续经世文编》八十卷。梁启超为学海堂专课生,撰著《汉学商兑跋》,不存。

公元一八八九年(民国前二十三年,光绪十五年,己丑) 六岁

[**大事记**]

本年二月初三日(公历3月4日),慈禧太后"归政",光绪帝"亲政"。吴清卿《古玉图考》刊行。康有为返回广东。俞樾将侠义小说《三侠五义》(石玉昆述,120回,光绪五年北京聚珍堂活字本最初行世,其后版本颇多)改编为《七侠五义》。廖平在苏州访问俞樾,俞称赞《古今学考》,而对于廖氏由中分两派变为尊今抑古不以为然。廖平至广州,与康有为会晤。邵瑞彭生。

公元一八九〇年(民国前二十二年,光绪十六年,庚寅) 七岁

刘师培生而岐嶷,髫龀授书,过目成诵,习为诗文,有如宿构。习《周易》,学变卦之法。勤勉好学,聪明不凡,被朱凤仪目为奇童。另一方面又近视、口吃、性格怯懦①。

[**大事记**]

本年张之洞(香涛)督两湖。郭筠仙(嵩焘)《礼记质疑》付梓;又成《大学章句质疑》、《中庸章句质疑》。俞樾《右台仙馆笔记》十六卷成。王先谦主讲思贤讲舍。康有为在广州致陈千秋、梁启超、徐勤于门下,讲述全新学说。章太炎先君殁,肄业诂经精舍,从俞樾(荫甫)、高宰平(学治)、谭仲修(献)问学。陈寅恪生。

公元一八九一年(民国前二十一年,光绪十七年,辛卯) 八岁

自幼读《荀子》,为日后撰写《荀子补释》和《荀子词例举要》奠

① 据刘富曾《亡侄师培墓志铭》;支伟成《清代朴学大师列传(前)·仪征刘氏四世传·师培》。

定基础[①]。

自幼读俞樾书，尤其钦佩俞氏的《古书疑义举例》的“约举其例，以治群书”治学方法，日后仿其例撰写《古书疑义举例补》[②]。

[**大事记**]

本年黄遵宪在伦敦使馆任参赞，作《人境庐诗草序》。二月（公历3月）前，康有为在广州长兴里万木草堂设馆讲学。七月（公历8月），《新学伪经考》刊行。王先谦《荀子集解》刊成。章太炎开始撰写《膏兰室札记》、《春秋左氏读》。郭嵩焘去世。

公元一八九二年（民国前二十年，光绪十八年，壬辰） 九岁

[**大事记**]

本年孙诒让《尚书骈枝》成。王先谦《水经注合笺》四十卷成。朱蓉生成《无邪堂答问》。常州派词论家陈廷焯去世，著有《白雨斋词话》、《白雨斋词论》。

公元一八九三年（民国前十九年，光绪十九年，癸巳） 十岁

[**大事记**]

本年孙诒让《墨子间诂》十五卷成，又有附录一卷；《札迻》十二卷成。郑观应《盛世危言》发表。梁启超于冬季到东莞讲《公羊》学。

公元一八九四年（民国前十八年，光绪二十年，甲午） 十一岁

刘师培是年秋初习诗赋。其姐偶取庭前凤仙花汁染指甲，时刘师培才十一岁，在旁看见，也要其姐替他染。姐未允，但说如能

---

① 据刘师培《荀子词例举要》序言：“《荀子》一书，自垂髫以来即朝夕披阅……”《刘申叔遗书》，第410页。

② 据刘师培《古书疑义举例补》序言：“幼读德清俞氏书，至《古书疑义举例》叹为绝作。”收入《刘申叔遗书》及1956年中华书局《古书疑义举例五种》。

作一首诗即可。刘师培在一个下午就做了六十几首《凤仙花》绝句,第二天又足成一百首。当时亲友传诵,称为神童①。

按:万易《刘师培年表》称:“初习诗赋,曾作《水仙花赋》。”蔡元培《刘君申叔事略》将此事系年在刘君十二岁。而此赋亦不传。其读他书,勤奋亦如是。

[**大事记**]

本年中日甲午战争(1894—1895 年)爆发,孙中山组织“兴中会”,翌年在香港成立兴中会总部。廖平为《古学考》。康有为《新学伪经考》遭到朝廷官员参劾、焚毁。康讲学于桂林。夏曾佑与章太炎、梁启超相交。谭嗣同作《三十自纪》,极论变法维新。吴湖帆生。薛福成去世,薛与张裕钊、吴汝纶、黎庶昌并称“曾门四子”,著有《庸庵全集》。陈千秋去世(26 岁)。李慈铭去世,著有《越缦堂日记》。赫胥黎《进化与伦理》出版。

公元一八九五年(民国前十七年,光绪二十一年,乙未) 十二岁

刘师培幼慧,自小从母学,后从塾学,年十二既读毕《四书》及《五经》。博学强记,出语恒惊长老②。另据刘师颖称:“兄赋质睿敏,儿时偶阅书疏,背诵一字不移。年未十二已毕《五经》。”③

[**大事记**]

本年三月二十三日(公历 4 月 17 日)《中日马关条约》签订。二十九日(公历 4 月 23 日)俄、德、法“三国还辽”。四月初八(公历 5 月 2 日)康有为公车上书,要求“拒和”、“迁都”、“练兵”、“变法”,资产阶级改良派开始登上历史舞台。六月二十七日(公历 8 月 17 日)康、梁在北京办强学会,出版《中外纪闻》。九月初十日(公历

① 据梅鹤孙遗稿《刘师培的家学渊源及其生平杂记》,《扬州文史资料》第七集,第 96 页。

② 据蔡元培《刘君申叔事略》,《刘申叔遗书》,第 18 页。

③ 据刘师颖跋,《刘申叔遗书》,第 2407 页。

10月27日),资产阶级革命派兴中会在广州起义失败。九月十五日(公历11月1日),康有为设上海强学会,创《强学报》。章太炎加入上海强学会。十二月初六日(公历1896年1月20日),清政府封强学会,改为官书局。严复译赫胥黎《天演论》脱稿,并有非正式刊本。

公元一八九六年(民国前十六年,光绪二十二年,丙申) 十三岁

刘师培为深度近视,十余岁即戴眼镜。偶见一亲戚目御黄金镜架,甚为羡慕,并向母亲提出必须得此。母言:"何来如此多金?"无已,将其首饰拿去数件,辗转托人代办,不数日携归。刘大乐,跳跃而出。适在考书院的时候,刘因说必作二十本,所得膏火(旧时书院给学生的津贴。)尽归母氏。

按:当时扬州书院有安定、梅花、广陵等院,皆聘高名硕学的老宿为山长。每月考试一次,皆是盐运使署拨款,为诸生的膏火,这是照顾寒儒的办法。士子除教书束脩外也无其他费用,所以寒士用功的,皆恃为仰事俯畜之资。其中也有许多士子不去考的:一为富家子弟懒于作文,一是荒疏日久不敢尝试,所以空名额就多了。他人如有余勇,也可借用空名额去应试。每次题目有制艺、诗文、算学、词赋各种。因前夕得题,次晚即须交卷,若有兼人之勇,除自己名字外,最多再用他人名字作一两本,也就吃力了。刘君穷一日之力,如数完成,竟得正课十余名,外有副课。正课得银数两,自然偿还镜架有余,此事戚友传为美谈。

刘师培胆小好静,不喜与家人共处一室。在家住藏书室旁三间房子,白天一人读书其中,至夜晚仍不肯离去。每月考书院,均得十余两膏火,此银取来,大部分买书。当时初有香烟,刘氏每日吸量极大,书案布满烟灰,衣袖常为洞穿,有时竟将烟蒂插入墨盒①。

---

① 据梅鹤孙遗稿《刘师培的家学渊源及其生平杂记》,《扬州文史资料》第七集,第96页。

[**大事记**]

本年七月初一日(公历 8 月 9 日)梁启超在上海创办《时务报》。章太炎为《时务报》撰述,并完成《春秋左传读》,虽主古文,但对今文并不排斥。谭嗣同撰写《仁学》。康有为撰写《孔子改制考》。孙诒让完成《逸周书斠补》。南洋公学在上海设立。张东荪生。

公元一八九七年(民国前十五年,光绪二十三年,丁酉) 十四岁

刘师培本年开始治《晏子春秋》[①]。

堂兄刘师苍中举,崭露头角,名满江淮,有著作《国语注补辑》、《元代帝王世系表》。师苍,字张侯,刘寿曾之子,9 岁时,父逝世,由刘贵曾抚养成人。贵曾视之如己出,"躬自督教,爱逾己子,食必同席,出必与偕。乡里播为美谈"[②]。通左氏家学,于学深有心得。

[**大事记**]

本年康有为等展开变法活动,清政府发出"自强"上谕。严复、王修值、夏曾佑等在天津创办《国闻报》,康有为《孔子改制考》出版。章太炎反对康有为师徒创建孔教,返杭后创立兴浙会,创办《经世报》。张元济在北京开设通艺学堂。商务印书馆在上海创立。任中敏生。王韬去世,撰有《弢园文录》、《文录外编》等。黎庶昌去世,撰有《拙尊园丛稿》等,又辑有《续古文辞类纂》,刻《古逸丛书》二十六种。

公元一八九八年(民国前十四年,光绪二十四年,戊戌) 十五岁

三月三日寅时(公历 3 月 24 日),刘父贵曾病故,终年 54 岁。在世之日,理家之余,勤勉读书,昼夜辛勤,并以身作则,督率子弟,

① 据刘师培《晏子春秋补斠跋》,《刘申叔遗书》,第 1752 页。
② 刘师培《先府君行略》,《左盦集》卷六,《刘申叔遗书》,第 1260 页。

曾教诲刘师培道："古语有言：'流水不腐，户枢不蠹，养身之要，是在勤矣。'"[①]从此家境日落。随母学《毛诗》郑笺、《尔雅》、《说文解字》诸书。十行俱下，经目不忘。未冠即耽思著述，服膺汉学，以绍述先业，昌扬扬州学派自任[②]。

兴化李审言和二刘（张侯、申叔）的堂叔刘富曾（聚卿）交好，便由聚卿介聘在家教书[③]。另据刘师颖称："当夫志学之岁，笃嗜《左氏春秋》，研经而外并及子史。其答客难也，尝证穆王西征之事；其应射策，历举苗冈种族之事，出语惊其长老，记问冠于朋从。"[④]

研习《佚周书》，旁考近儒之说，间有撰述，未能定稿。为日后仿孙诒让《周书斠补》而作《佚周书补释》奠定基础[⑤]。

读章学诚《文史通义》，立志赓续，为日后作《国学发微》打下基础[⑥]。

喜读周秦典籍，对于学派源流留心关注，立志著述《周末学术史》，日后仅撰成《周末学术史序》十七篇[⑦]。

［**大事记**］

本年6月，光绪颁布《明定国是诏》，决定变法。慈禧太后等人发动"戊戌政变"，康梁变法失败。严复所译《天演论》由湖北沔阳卢氏慎始基斋木刻出版，天津嗜奇精舍石印出版。梁启超在横滨创办《清议报》。张之洞《劝学篇》出版，鼓吹"中学为体，西学为用"。廖平经学三变。马建忠《马氏文通》出版。王国维（22岁）到

---

① 刘师培《先府君行略》，《左盦集》卷六，《刘申叔遗书》，第1260页。

② 据刘师培《先府君行略》；尹炎武《刘师培外传》。

③ 据高拜石《热中功名步歧途——刘申叔近利自误》，《新编古春风楼琐记》第二集，第75—76页。

④ 刘师颖《刘申叔先生遗书跋》，《刘申叔遗书》，第2407页。

⑤ 据刘师培《佚周书补释序》，《刘申叔遗书》，第1206页。

⑥ 刘师培《国学发微序》："予少读章氏书，思有赓续。"《刘申叔遗书》，第477页。

⑦ 据刘师培《周末学术史序》总序："予束发受书，喜读周秦典籍，于学派源流，反复论次，拟著一书，颜曰《周末学术史》。"《刘申叔遗书》，第504页。

上海担任《时务报》校对。苏舆辑《翼教丛编》。京师大学堂成立。

公元一八九九年(民国前十三年,光绪二十五年,己亥) 十六岁

刘师培继续勤奋学习,博览群籍,“内典道藏旁及东西洋哲学,无不涉猎及之”[①]。另,读《东华录》、《扬州十日记》、刘宝楠《胜朝殉扬录》、黄宗羲《明夷待访录》以及王夫之等人的书,由于书中反满情绪影响,形成传统种族意识。据其自述,20岁之前撰《扬民却虏录》、《读船山丛书札记》等著作,表达自己对华夷关系的看法[②]。

刘师慎入赘高邮杨家,精于西北地理。刘师培经常与他通信讨论《元史》。日后刘师培写成《重刊洪氏元史西北地理附录释地序》(收入《左盦外集》)、《元史西北地附录补释》二卷即受其影响[③]。

[**大事记**]

本年康、梁在日鼓吹保皇,反对革命。章太炎赴日会见孙中山。章太炎《訄书》、谭嗣同遗著《仁学》在日本出版。孙诒让完成《周礼正义》。严复译穆勒的《自由论》,出版时改题《群己权界论》。淮县商人初售安阳甲骨。林纾(琴南)翻译小说《巴黎茶花女遗事》出版。谢玉岭、李冰若、陆维钊生。

公元一九〇〇年(民国前十二年,光绪二十六年,庚子) 十七岁

7月刘师培补县学生员,应府试,以诗文冠场。冒广生(字鹤亭)阅其卷子并录取之。据冒氏回忆:“予中乡榜,刘申叔尚在小考。扬州府试,知府沈笔香延予阅卷,得申叔考卷,字如花蚊脚,忽

---

① 据冯自由《革命逸史》第三集,第186页。

② 光汉《甲辰年自述诗》,《警钟日报》1904年9月10日。

③ 刘师培《仲兄许仲先生行状》,《刘申叔遗书》,第1836页。

断忽续，丑细不成书，但诗文冠场。如此卷不放府案首，决不能得秀才。予乃将其八股诗赋，密圈到底，竟压府案。诗题《咏扬州古迹》七律四首，其咏花木兰院一首有警句云：'木兰已老吾犹恨，笑指花枝空自疑。'尤为俯仰感慨。是岁秋闱，连中乡榜，申叔见予，尊为知己。"①

按：蔡元培《刘君申叔事略》，万易《刘师培年表》将此事系于1901年。

［**诗词系年**］

《湘汉吟》、《燕》、《宫怨》（以上三诗均见《左盦诗》，《遗书》1904页）

［**大事记**］

本年春，义和团群众性反帝爱国运动爆发。8月，八国联军进犯北京，慈禧和光绪仓皇西逃。唐才常（佛尘）被杀。严复《计学》脱稿，改名《原富》，1902年由上海南洋公学院译书院出版。甄克思《社会进化简史》出版。王闿运刻《汉书补正》百卷。王正儒（懿荣）初购安阳甲骨。俞平伯、夏承焘、黄孝纾生。

公元一九〇一年（民国前十一年，光绪二十七年，辛丑）　十八岁

［**诗词系年**］

《有感》、《杨花曲》、《幽兰》（以上三诗均见《左盦诗》，《遗书》第1904页）

［**大事记**］

本年9月，清政府派李鸿章为代表，与德、美、英、法、俄、日、意、奥、西、比、荷等十一国公使签订《辛丑条约》，承担"庚子赔款"。全国改书院为学堂。《苏报》在上海创刊。康有为在槟榔屿，成《中庸注》、《春秋笔削大义微言考发凡》及《孟子微》。章太炎《訄书》刻

---

① 据冒怀苏《冒鹤亭先生年谱》。

成于苏州。唐圭章、黄君坦生。谭献逝世。

公元一九〇二年(民国前十年,光绪二十八年,壬寅) 十九岁

9 月 15 日(农历八月),刘师培与堂兄师慎赴南京乡试,堂兄师苍送考。刘师苍在镇江不幸失足溺死,尸首漂到焦山之北,当汉唐陵观潮处浮起,年仅 29 岁。刘师苍(张侯)五岁吟诗,有"山外夕阳多"句①。其丧,"士林识与不识,无不痛惜之"②。一说刘师苍是去南京看望正在乡试的堂弟,携一仆同行,"在镇江怡和趸船失足坠水死,仆呼救不及"③。

按:刘富曾在《亡侄丁酉科举人墓志铭》中载:"(师苍)壬寅中秋送其弟师慎、师培应乡试,涉水厄死。"④师苍死因以此为实。

本年补行庚子、辛丑恩、正并科江南乡试。这是中国历史上首次废试八股文,考试内容改为第一场试中国政治史事论五篇,第二场试各国政治艺学策五道,第三场试四书义二篇、五经义一篇⑤。刘师培中第十三名经魁,朱卷署号"鲁源",后未见用。中乡举后,在扬州常与王郁人(字无生,号天僇生)往还。王郁人时在上海某报任编辑,鼓吹新潮。据其外甥梅鹤孙(时十岁左右)回忆,刘氏曾携其至城外香影廊吃茶,并与王郁人一同逛史公祠。"他是一个清瘦有神的人,手携《浙江潮》一本,坐在梅花岭石头上,与舅谈到天黑方归。王先生每日必来,通过他,舅氏又与福建党人林少泉成为密友,少全就是林白水"(梅鹤孙遗稿《刘师培的家学渊源及其生平杂记》)。

---

① 据高拜石《热中功名步歧途——刘申叔近利自误》,《新编古春风楼琐记》第二集,第 75—76 页。

② 袁镳《刘张侯传》,《碑传集补》卷五十二。

③ 李审言《李审言文集》,第 660 页。

④ 参看[日]小林文四郎《仪征刘孟瞻先生年谱》,《北京图书馆藏珍本年谱丛刊》,第 143 页。

⑤ 商衍鎏《清代科举考试述录》,第 65 页。

按:《浙江潮》第一期发刊于1903年2月17日(光绪二十九正月二十日),于日本东京印刷发行,传到国内,当晚于是时。梅鹤孙稿记忆有误。

刘师培体质秉赋极弱,不到二十岁的年纪,秋冬间就经常咳嗽,后来渐渐加重了,一两个月就见他咳血一次。其母烦虑非常,请其舅父李颐园先生诊治。李学问淹通,医学尤精,著作丰富。刘服药方颇为有效。每逢咳血,其母即行监督,由内室到书房,不许写文章,甚至不许看书。时常有谬托知己文人前来问候,实为求题跋诗词赠序之类,亦有考书院不知题解之人来问出处。其母命人一概谢绝。据梅鹤孙回忆:"舅氏在发病的时候,外祖母就留他坐在自己卧室内,开了藏置尺页手卷的箱子,还有许多家藏的手札订成本子的,让他优游翻阅。我看他的意思,似乎很以为乐的。"①

附:

刘张侯(李审言著)

仪征刘张侯师苍,曾祖文淇,祖毓松,父寿曾,具见《清史·儒林传》。张侯世传左氏学,故师汉计相而字其姓焉。丁酉科拔贡生,旋中本科举人。余昔与张侯试经古覆试,诸人皆携书籍满竹笼若负畚者,至力不能胜。张侯提一小篮,载笔砚数事,余窃伟之。张侯试《穀梁》大意,振笔直书。余与之语,口答手写,几于五官并用。壬寅始交张侯,访于清溪旧屋,门著一联,为"红豆三传,儒林趾美;青藜四照,宝树联芳"。余曰:"君家四传矣。"张侯亟对曰:"不敢!不敢!其实惠氏亦四传也。"余与张侯游梅花岭,皆方地山昆弟为主,以扬州前辈遗事质张侯,张侯应之如响。本年张侯从弟应秋试,张侯携一仆来江宁省其弟,在镇江怡和趸船失足坠水死,仆呼救不及,尸经渔船捞获,已流至焦山门左右,面为鱼吃如创瘢,

① 据梅鹤孙遗稿《刘师培的家学渊源及其生平杂记》,《扬州文史资料》第七集,第97页。

一手曲掩其心，盖极文人之至惨已。张侯目短视，躯干庞硕，褦襶无比，星夜登舟，故及于难。张侯遗集，为歙汪君宗沂所定，尚未刊。余有《杨季子集》，即从张侯借抄。

答刘申叔（师培）

甓社珠光夜竟天，石臞遗绪渺如烟。岂知移曜青溪叟，四叶通人寄妙年。

《刘君葱石聘余教其一子一侄，以家祸迁延未赴，寄此谢之》：刘君酷似蒯金粟（礼卿蒯君自署金粟道人），肯礼淮南一秃翁。愧预人师丧乱后，自陈家釁流泪中。权舆醴酒劳先设，舟楫神州路未穷。仲蔚交游堪指教，重因岁晚识刘龚。①

［**诗词系年**］

《怀桂蔚丞先生（时客汴省）》、《寒夜望月》、《宋故宫》、《送春》、《中兴颂》（以上五诗均见《匪风集》，《遗书》1907—1908页），《咏史》（二首）、《舟发金陵望月》、《古意（用李樊南效长吉诗韵）》（以上五诗均见《左盦诗》，《遗书》第1904页）

［**大事记**］

本年一月，慈禧和光绪等从西安返回北京。三月初一（公历4月8日），《中俄交收东三省条约》签订。四月，蔡元培等在上海发起组织中国教育会。五月，两江总督刘坤一等倡议兴办师范，后经张之洞继续筹备，创建三江师范学堂于南京。七月二日（8月15日），清政府颁行学堂章程。严复为编译局总办，译甄克斯《社会通诠》等书。廖平经学四变。吴汝纶任京师大学堂总教习。孙诒让撰《周礼政要》。王先谦刊行《日本源流考》二十二卷。康有为在大吉岭，成《论语注》、《大学注》、《大同书》。梁启超创办《新民丛报》、《新小说》，《大公报》在天津创刊。章太炎译日人岸本武能太的《社会学》一书。詹安泰、王仲闻生。

① 李审言《李审言文集》，江苏古籍出版社1989年版。

卷 二

（一九〇三年—一九〇六年）

说 明

本卷考述1903—1906年间刘师培的生平活动。

由于没有机会参加科举考试，刘氏家族通过科举光宗耀祖的迷梦破灭。刘师培以其固有的激进性格和民族意识，一踏上上海地面之后，立刻就投入到民族民主革命中去，成为倡导革命的急先锋。这一阶段一方面进行政治革命的宣传，一方面与国粹派诸将一起实践保存国粹。这反映了刘师培对以往信仰的背叛，同时由于传统信仰的破灭，刘氏更为猛烈地对当权者以攻击，表现出非常革命的姿态，甚至参与暗杀。

此一阶段刘师培结识众多的民主革命人士，尤其是章太炎。章太炎对刘氏家学渊源的激赏，趣味相同，引刘氏为知己，为其延誉，从而激励了刘师培革命的兴趣。章氏入狱后，刘氏继续用文字倡导民族主义斗争，占尽风光，声名大震。又与陈独秀、柳亚子等相交往，推动革命与文学的发展。与何震结婚，二人成为革命夫妇，令人艳羡。同时何震的开放为日后刘氏的变化埋下了祸根。

刘氏活动的范围主要在苏、皖、沪一带，参与革命始终是以学人的身份出现的。撰写革命文章，与革命人士诗歌互答，从事教育，参与暗杀不成，被通缉后化名到芜湖教书。对苏曼殊亦是爱护有加，成为好友。

公元一九〇三年（民国前九年，光绪二十九年，癸卯）　二十岁

春，刘师培到河南开封参加中国历史上最后一次科举考试会试，未中。万易《刘师培年表》云“赴京会试”误。清廷1903年（癸卯）会试，因北京贡院于1900年被八国联军焚毁，是年会试改在河南开封举行[①]。刘氏此次会试并写有若干首有关开封的记游诗，如《左盦诗录》中的《宋故宫》、《送春》、《东京清明杂感》,《左盦词录》中《卖花声》(登开封城)、《扫花游》(宿迁道中见杏花)、《扫杨花》(汴堤柳)、《一萼红》(徐州怀古)等可能均作于此次应试之中。此前,作《留别扬州人士书》,宣布他决心排满。

会试不得意,遂以举人保荐知府;中间曾充任过学部的咨议官[②]。

在经扬州回仪征途中,他不断对会试发表议论,且常有微词,酒后更是狂态毕露。刘师培的言论惊动了官府,欲将这位举人捉拿问罪。刘师培知道后,不得不改变行程,"由扬州以政嫌遁沪"。

四五月间一天,刘师培忽然出外未归,举家惶急,派人四处寻觅。有人说看见他乘红船过江的后来接到自上海来信,当时是林少泉与他一同赴沪的[③]。

按:1903 年刘氏是否应试中举以及为何到上海,众说不一。尹炎武谓刘为"光绪壬寅举人"[④],钱玄同《左盦年表》同。但钱谓刘于 1903 年春至汴参加会试落第,归途至上海,参加中国教育会[⑤]。此后凡言及刘氏生平的论著,均从钱说。1998 年朱维铮始提出异议,认为:"1903 年春闱被取消。刘师培只可能于壬寅八月(1902 年 9 月)赴汴乡试中举,然临近会试,忽知此科会试将延至丙午(1906)举行,故大失所望,非'下第'而归。钱说误,诸家沿钱说者亦误。"[⑥]朱氏以清政要文献为依据,论证有力。光绪三十一年(1905)八月《清帝谕立停科举以广学校》:"而我国独相形见绌

① 见商衍鎏《科举考试的回忆》。

② 据蔡元培《刘君申叔事略》;陶菊隐《筹安会"六君子"传》;高拜石《热中功名步歧途——刘申叔近利自误》。

③ 据梅鹤孙遗稿《刘师培的家学渊源及其生平杂记》,《扬州文史资料》第七集,第 97 页。

④ 尹炎武《刘师培外传》,《刘申叔遗书》,第 17 页。

⑤ 钱玄同《刘申叔遗书》卷首序,《刘申叔遗书》,第 31 页。

⑥ 朱维铮《刘师培辛亥革命前文选》导言注七,三联书店 1998 年版。

者,则以科举不停,学校不广,士心既莫能坚定,民智复无由大开,求其进化日新也难矣。故欲补救时艰,必自推广学校始。而欲推广学校,必自先停科举始。……立沛纶音,停罢科举。""凡算学、地理、财政、兵事、交涉、铁路、矿务、警察、外国政法等事,但有一长,皆可保送。……正科举之门,专归于急需之学堂。""著即自丙午科为始,所有乡、会试一律停止,各省岁科考试亦即停止。其以前之贡举生员分别量以出路……"①

刘氏到上海的原因有家贫谋生、政治逃难、会试落第等说法,莫衷一是②。万易《刘师培年表》以为:"往上海,欲谋教席,未果。"高拜石以为:"师培自负所学,好为大言,又不安守儒素,京官穷,学部咨议官他却没有兴趣,不久,他叔父替他说了亲事,是扬州何家辂的妹妹何震,促他回家成婚,他便由京南下,归途经上海,由江都王钟麟介绍,和章太炎及爱国学社诸人认识。"(高拜石《热中功名步歧途——刘申叔近利自误》)蔡元培也认为:"二十,赴京会试,归途滞上海……"(蔡元培《刘君申叔事略》)尹炎武以为:"家贫不能自已,乃从友人江都王钟麟(无生)游上海。"(尹炎武《刘师培外传》)章士钊以为:"由扬州以政嫌遁沪。"综上各人之见,可知刘氏家本贫穷,刘本人自负又高,口出狂言惹祸,故不得不离家远走到上海谋生。

夏间到上海,在梅福里章士钊寓斋遇章士钊、陈独秀、谢无量等。当时情况,章氏回忆云:"见一少年短襟不掩,仓惶叩门趋入,嗫嗫为道所苦。则申叔望门投入日也,时年且不足二十耳。"③

章士钊后来有诗论刘氏:"梅福里中门半开,科头短褐乍归来。小年卓荦书虫篆,知是人间绝异才。"下注:"癸卯春,吾与陈独秀、

① 《光绪政要》第二十七册卷三十一,第57—59页,转引自舒新城编《中国近代教育史资料》上册,第62—64页。

② 赵慎修《刘师培评传·作品选》。

③ 参见《孤桐杂记》,载《甲寅周刊》第一卷第37号,1926年12月25日出版。《章士钊全集》第六册,第340页。

张溥泉、谢无量辈，在沪梅福里闲话。有客苍黄启门，状甚狼狈，衣履不完。据云：有蹑者在后。吾等极力慰藉，为备食宿。此即申叔由扬州初到上海情状也。”①

蔡元培云：“晤章君炳麟及其他爱国学社诸同志，遂赞同革命。”②刘氏一直在家庭庇荫与母亲劬劳慈爱下生长，对人情世故是生疏的。他在上海与孑民、太炎诸公朝夕谈论，思想日新。会试未中，心中甚为愤郁，革命观点愈加高涨。他的学术著作，被章太炎誉为“胜得清酒三升”（《与刘光汉书一》，《国粹学报》一）。与章炳麟通信并出示所著两种（《与刘光汉书二》，《国粹学报》一：“昨得手扎并大著两种。”③）。尹炎武云：“交余杭章炳麟太炎，学益进，当时有‘二叔’之目。缘炳麟初字枚叔也。”④章炳麟对他家传《左氏》之学极为欣赏，引刘为知己，刘亦因章而扬名。虽年岁相差甚大，但两人学问兴趣相投，都主张古文经学，从此成为莫逆之交。刘氏一生转变与章炳麟影响关系甚大。

不久，刘师培家人找到上海。刘氏这一年已择定与何震结婚，其母派人到沪将他接回。他这时已剪除辫发，改着西装，一时亲友互相传说，带着疑惧的心情，避而远之，甚至有不肯认为亲戚朋友的。刘氏回扬后，家中就不让他一个人外出，但上海的信电仍如雪片飞来，家中也不与他看。到了秋天就结婚了。

按：何震（1886—1919?）也是仪征人，原名何班，字志剑，是仪征何承霖（字春海）的二女儿。母殷氏，江苏甘泉人。她有两个哥哥，名叫何家辂（誉生）、何家勤；一个姐姐，叫何采苹（据刘师培《何大姑哀赞》，见《左盦外集》卷二十。此人伤足弱行，因贞不字，于1916年卒于弟家辂之居，年48岁。又代何震作哀赞曰：“我丧严亲，二六之年。”则何震当生于1886年，比刘师培小两岁）。何震幼

---

① 章士钊《论近代诗家绝句》，转引自《汪辟疆说近代诗》，第91页。

② 蔡元培《刘君申叔事略》，《刘申叔遗书》，第18页。

③ 《刘申叔遗书》，第19页。

④ 尹炎武《刘师培外传》，《刘申叔遗书》，第17页。

年在家，秉承闺训甚严，不见生人，结婚后忽然思想大为解放，以后就与刘氏出必同行了。

6 月 12 日，刘师培作《创设师范学会章程》(原载《苏报》,《遗书》未收)。单就“创设师范学会”和“联合教师，改良教法”这个口号的提出而言，这是最早的。谈论师范教育，首推梁启超 1896 年写的《变法通议》中有《论师范》一节；首办师范学校的是 1902 年京师大学堂开办的师范馆和张謇开办的南通师范学堂。

6 月 22 日，发表《论留学生之非叛逆》，支持学生运动。

7 月 1 日，作《黄帝纪年论》，提出以黄帝纪年取代封建帝王纪年。章士钊回忆道：“《黄帝魂》所收论述文字，计四十五篇，第一篇开宗明义曰《黄帝纪年论》。此刘申叔执笔为之，曾在《国民日日报》来文栏内发表，署名‘无畏’。文由扬州寄来，久之申叔方至沪。余初见此文，写在小小赫蹄之上，字细碎如蚯蚓，类未成年人所书，决不似出身集学之士之手。故此说露布，不啻为舆论矗立一指方向之界牌，使天下之士分途奔集而无歧误。盖当时革命，立宪两党，文字相伐，互立职志，一则曰君立，一则曰共和；一则曰保教，一则曰保种。由此发轫，两方所用年号，于焉不同。前者为康梁一派，用孔子纪年，后者孙黄一派，用黄帝纪年。此清朝末期之趋势如此，非《黄帝魂》编辑者一家之创论也。黄帝纪年，以及大同小异之大事表等，见于当时各种公私著述，尤非《黄帝魂》编辑人独擅之技也。……独其编辑年月，在《国民日日报》或《黄帝魂》之后，则为沿袭前人所表界牌，走入正确革命方向，了无可疑。字句间偶有出入，亦不足细论。”①

这篇文章第一个对“黄帝纪年论”进行专题论述，其文公然称清政府为“北敌”，倡言“欲保汉民族之生存，必以尊黄帝为急。黄帝者，汉民族之黄帝也，以之纪年，可以发扬汉民族之感觉”。刘师培首倡“黄帝纪年”，很快为“排满革命”论者普遍接受。12 月 13

① 《章士钊全集》第八册，第 184 页。

日，宋教仁从上海到日本东京，于顺天学校、政法大学、早稻田大学学习政法。到日本后不久，他即与田桐、白逾桓等创办《二十世纪之支那》杂志。在第一期上，宋教仁用黄帝纪年代替了帝王纪年①。后来黄帝纪年为革命党人普遍采用，直至民国纪年为止，成为革命党人与保皇党的一个显著区别。

10 月，刘师培续黄梨洲《明夷待访录》之后，仿照卢梭《民约论》作《中国民约精义》，交林少泉办的镜今书局印行，第二年印出。该书宣传天赋人权，破除君权神授思想；提出人民是国家主体的口号，批判君为臣纲；主张以法立国，反对人治；要求实现民主共和，废除君权。此书影响广泛，被誉为"空前之作"。黄天《题攘书》称："此书即麟经，读之当奋起。"（《警钟日报》，光绪三十年九月一日）吴樾云："乃知前此梁氏之说几误我矣。"②从此放弃了改良主张，走上了反清革命道路。棣臣写诗赞道："刘生今健者，东亚一卢骚。赤手锄非种，黄魂赋大招。人权光旧物，佛力怖群妖。倒挽天瓢水，回倾学海潮。"（《题〈国粹学报〉上刘光汉同志诸子》，《国粹学报》合订本第二年第 16 期）

刘师培改名光汉。钱玄同云："与章太炎、蔡孑民诸先生相识，主张攘除清廷，光复汉族，遂更名'光汉'。用光汉之时期，约有五年，为前九年癸卯夏至前四年戊申秋也。……因刘君之更名'光汉'，实有重大之意义，在用此名之时期，刘君识见之新颖，与夫思想之超卓，不独为其个人之历史中最宜表彰之一事，即在民国纪元以前二十余年间有新思想之国学诸彦亦有甚高之地位……"③

刘师培另撰有《中国民族志》。该书志在探讨中国各民族的斗争与融合，以及中国人民与帝国主义的矛盾，唤起国人的反帝意识。

陈去病 1903 年写诗给刘师培，《重九歇浦示侯官林獬、仪真刘

① 熊罗生《宋教仁》，见柳无忌《南社人物传》。
② 吴樾《暗杀时代序》，转引自冯自由《革命逸史》第三集，第 200 页。
③ 钱玄同《刘申叔遗书》总目，第 8 页。

光汉》云:"惨淡风云入九秋,海外寥廓独登楼。凄迷鸾凤同罹网,浩荡沧瀛阻远游。三十华年空梦幻,几行血泪付泉流。国仇私怨终难了,哭尽苍生白尽头。"

冬,沙俄大举入侵我国东北三省。蔡元培、叶瀚等发起"对俄同志会"。刘师培成为积极成员,撰文揭露沙俄侵吞中国的阴谋,藉以抨击清帝国的对外政策。

冬,陈独秀回到芜湖,按上海进步刊物的路子和格局,创办了著名的《安徽俗话报》。临行之时,陈独秀送给为之饯行的友人章士钊和刘师培一份诗作,以抒心志。诗云:"勤王革命皆形迹,有逆吾心罔不鸣。直尺不遗身后恨,枉寻徒屈自由身。驰驱甘入棘荆地,顾盼莫非羊豕群。男子立身惟一剑,不知事败与功成。"这首署名"陈由己"的手书气度恢弘,难怪后来章士钊对刘师培感叹说:"诗标其人,仲甫就是这样一匹不羁之马啊!"刘师培深为友人"忠于自己的意志和思想"所感动,在诗下题道:"由己,由己,由一己所欲。"

12 月 15 日,与蔡元培、林白水等创办《俄事警闻》,报道边境战况,号召全国人民一致抵抗外侮,反对帝俄侵略中国东北,宣传俄国虚无主义①。《俄事警闻》于是年 10 月 27 日发刊,它是继《苏报》、《国民日日报》后又一份宣传革命的报纸。刘师培曾说他自己激烈的排满思想是"由于《苏报》之刺激"。

按:1903 年 7 月《苏报》案发生,《苏报》被清政府勾结上海租界当局查禁后,章士钊、陈去病、陈独秀等随即续刊号称《苏报》第二的《国民日日报》。《国民日日报》被查封后,很快改组为《俄事警闻》,又改名为《警钟日报》,刘都是主要撰稿人。

刘师培在和蔡元培编辑《警钟日报》时,首先向蔡元培提及陈独秀,从而使蔡对陈留下了深刻印象②。蔡元培《我在北大的经历》:"我对于陈君,本来有一种不忘的印象,就是我与刘申叔君同

---

① 钟碧容《林万里》,柳无忌《南社人物传》。

② 王世儒《蔡元培先生年谱》上册,第 178 页。

在《警钟日报》服务时，刘君语我：'有一种在芜湖发行之白话报，发起若干人，都因困苦及危险而散去了，陈仲甫一个人又支持了好几个月。'"（《东方杂志》31 卷 1 号，1934 年 1 月）

是年，刘师培续王夫之《黄书》撰成《攘书》十六篇。《攘书》是以中原地区的汉族为中心，以其他民族为四裔，主张严格区分华裔之界，其意在唤起汉族人民的反清意识。

是年，患失血。（1903 年章炳麟《与刘光汉书一》，《国粹学报》一："溥泉来，知君忽患失血。"）

是年，与诸多人相交。上未列者有张继（据张继序《遗书》云：清末予居沪上，始与申叔识。《苏报》案起，《国民日日报》继续发扬民族主义，未及亦因费诎停刊。申叔鸠合同志，再建《警钟报》）、夏曾佑（《攘书》序云："钱塘夏卿语余曰：'上古时为游牧时代，民皆食肉衣皮。……'"可见刘氏曾与夏曾佑学术有往来。）、合肥蒯公光典（据刘师颖《遗书跋》："二十出游，合肥蒯公光典惊为天人。"）。

是年还在《政艺通报》任事。马叙伦在《石屋余沉》中写道："余之主撰《新世纪学报》也，邻有顺德邓秋枚（实）所治之《政艺通报》。然初不相往还，及学报中废，而秋枚时尚为科举之业，欲赴开封应顺天乡试，……乃徵余为代，既而乃有学报之组织。其时仅秋枚与余及黄晦闻（节）、陈佩忍（去病）数人任其事，实阴谋藉此以激动排满革命之思潮。其后刘申叔、章太炎皆加入焉。"庚子后，清廷被迫暂将顺天乡试移闱开封，壬寅、癸卯连开恩正两科。查《新世界学报》停刊于 1903 年 4 月，马叙伦正式代主《政艺通报》更在 8 月间，可知其时邓实乃赴是年 9 月于开封举行的癸卯乡试①。

是年随着民主革命思想的兴起，出现了中国近代史上第一个宣传无政府主义的浪头。英人客喀伯的《俄罗斯大风潮》、日人久津见蕨村的《近世无政府主义》等书先后被介绍到中国，不少刊物都在谈论无政府主义，张继还专门编译了《无政府主义》的小册子。

---

① 郑师渠《晚清国粹派》。

马君武、佚名、马叙伦、杨笃生、燕客、自然生(张继)、蔡元培等都有文章论述无政府主义[1]。

旅居金陵时期,利用空余时间,参引慧琳《一切经音义》、希麟《续音义》以及《北堂书钞》,补历城马氏、甘泉黄氏、钱塘汪氏三人《国语贾注》辑补之不足,撰成《国语贾注补辑》一卷。此前,刘师苍(张侯)致力于《国语》研究,欲集贾注为一编,未成先死[2]。后于旅中遇清河汪子旭,并为其《小学丛残》作序,序文中称"弱冠以前"补辑《国语》贾注。而且序文提出小学辑佚原则:"以近辑古字书为主,旁及经注、纬书、子、史之属,上采钟鼎古文,下考古籍别本,近儒之说其有精碻可据者,广加甄引。"[3]于此可见刘氏辑佚之主张与成就。

[**诗词系年**]

《宋故宫》、《佳人》(《匪风集》题作《古意》)、《采莲歌》、《莫愁湖》、《答周美权诗意》(以上五诗均见《左盦诗》,《遗书》第1904页。)、《书顾亭林先生墨迹后》、《咏晚村先生事》、《读王船山先生遗书》、《杂咏》、《满江红》、《癸卯夏游金陵》、《癸卯夏记事》。

[**大事记**]

本年四月,寓沪各界绅商以东三省新约事,在张园召开拒俄大会,通电反俄。马君武译《物种原始》出版。卢梭《民约论》(上海作新社,杨廷栋由日译本重译)出版。《苏报》案发生。六月十五日(公历8月7日),章士钊、张继等创刊《国民日日报》于上海。十二月二十一日(公历1904年2月6日),日俄战争爆发。是年严复译著甄克斯《社会通诠》成,斯宾塞《群学肄言》(文明编译局)、约翰·穆勒著《群己权界论》(商务印书馆)出版。孙诒让撰成《古籀余论》。刘鹗成《铁云藏龟》。王国维致力于康德、叔本华哲学研究。夏曾佑撰《小说原理》。吴趼人著《二十年目睹之怪现状》。苏曼殊

---

① 葛懋春、蒋俊、李兴芝《无政府主义思想资料选》。

② 据刘师培《国语贾注补辑自序》,《刘申叔遗书》,第1221页。

③ 据刘师培《小学丛残序》,《刘申叔遗书》,第1243页。

翻译《悲惨世界》。邹容《革命军》,陈天华《猛回头》、《警世钟》相继出版。章太炎发表《驳康有为论革命书》。吴汝纶去世,著述后人辑为《桐城吴先生全书》。

公元一九〇四年(民国前八年,光绪三十年,甲辰)　二十一岁

是年刘师培仍在《警钟日报》任副主编,常在该报发表文章,"尤能针砭时弊,阐扬革命,深博社会称许"(尹炎武《刘师培外传》)。

1月12日,"对俄同志会"决议将《俄事警闻》定为该会机关报,并扩大篇幅。陈去病《革命闲话》称:"《警钟》者,承《俄事警闻》之后,以扩大其范围者也。先是孑民、小徐、浩吾、竞全诸子,以俄警日迫,特组对俄同志会,筹应付之法。又发行日报一纸,名曰《俄事警闻》,以告群众。辞气慷慨激厉,读之者莫不惊心动魄,为之流涕。每晚更于镜今书局门口,张贴要电,大书磅礴,血泪交崩,环而观者如堵墙。于是诸子知群情之融洽也,因有《警钟日报》之举,设馆于福州路英巡捕房东首之惠福里,以孑民总其成,予与允中、申叔、静庵为任撰述编纂之责,而竞全独任其赀。"①

按:《俄事警闻》于2月26日改名《警钟日报》出版。报纸的内容由介绍清政府处理东北问题的政策转向全面宣传西方社会原理,研究中国衰弱的原因:"举凡社会之情状,国家之原理,敌国外患之缘因,国计民生之要领,一一研究其指归,期于倡导吾国同胞对外患之决心。"(《俄事警闻之尾声》,《俄事警闻》1904年2月25日)

1月17日,在《中国白话报》上首次发表白话文章《做百姓的事业》。此后一年多在该刊及《扬子江白话报》上发表几十篇白话文,向广大农工兵宣传反满思想。本月,《中国民约精义》一书,在上海印行。

---

① 《江苏革命博物馆月刊》第6期,转摘自杨天石、王学庄编《南社史长编》,第26页。

按:《中国白话报》是1903年12月在上海创刊的,林獬主编,主要发表以白话文通俗形式宣传民族民主革命的文章,一直到1904年10月才被迫停刊。这是一份形式和内容都十分独特的报纸,半月一期。

2月28日,致信于湖广总督端方,纵谈华夷之防、满清暴政,劝端方舍逆从顺,明言"汉族光复,此其时矣"。

3月1日,在《中国白话报》第6期刊载《论激烈的好处》,署名"激烈派第一人",文中指出中国的衰亡都误在"平和"二字,只有激烈行动,中国才可以一天天好起来。批判那些"又获名,又获利,又能保全身家妻子"的"平和党",指出:"平和党的为害,也共洪水猛兽夷狄一样",强调"激烈有三大好处":一是"无所顾忌",二是"实行破坏",三是"鼓动人民"。大声疾呼:如果不激烈,"再过几年,连一个做事的人都没有了,可不是把中国弄的灭亡么?"

3月13日,参加对俄同志会第二次会议。与会成员以时局变化,"非复可以对俄二字为吾人唯一之责任",决议改名为"争存会","以养成国民性格,抵制外界压力为宗旨"(《对俄同志会广告、争存会广告》,《警钟日报》1904年3月14日)。

4月7日,《警钟日报》刊登《争存会变更议案》,其中有刘师培的议案。因对俄同志会改名争存会后,入会的同志很少,故刘师培提议将争存会并入中国教育会,认为"扩张教育会之范围,即以实达争存之目的",不必另立机构,以分教育会之力。议案并未通过。

4月,陈独秀从刘师培与章士钊那里得知友人何梅士病逝,虽疾病缠身,仍沉痛相祭。刘师培读了陈独秀《哭何梅士》诗怆然泣下,将该诗编发于4月15日的《警钟日报》,又向陈约稿。为此陈独秀又作了《夜梦亡友何梅士觉而赋此》,刘师培收到后,于5月7日付梓。陈的稿件皆以书法形式寄出,字迹歪斜的刘师培将陈的底稿仔细收存。针对友人的情切谊殷,刘曾于稿下戏道:"由己乎?不由己已,不由己已耳,不由己已耳矣!"这段文字情缘加深了两人的互识,自此无论两人相对咫尺,还是远隔天涯,都有斩不断的游思相连。

年初（五、六月间），刘师培回到家中把其未婚妻何班（字志剑）接到上海，改名何震，送进爱国女校学习，经常出入于上海文化界中间。从此"刘光汉偕何震"云云就成了一道风景，一段佳话，一种谈资和诗料。此等举动，应属于开风气之先者①。刘夫妇被上海革命党人比作普鲁东和索菲亚。据《警钟日报》1904 年 7 月 26 日何震《赠侯官林宗素女士》诗后林宗素"附识"说："何女士为刘申叔先生夫人，结婚才逾月……"则刘、何结婚当在六月。

6 月 23 日，在《中国白话报》第 13 期上发表《讲教育普及的法子》，提出普及教育的设想。

7 月 20 日发表《杂咏》："朝饮燕市酒，夕驱夷门车。丈夫不得志，寥落悲穷途。长铗鸣秋风，知音无风胡。""宁为投林鸟，不为吞钩鱼。君看投林鸟，犹借一枝居。游鱼吞钩去，何时反江潮。"（原载《警钟日报》，《遗书》未收。）

7 月 22 日，《中国革命家陈胜传》开始在《中国白话报》上连载。

7 月，陈去病编著《清秘史》成，署名为妫血胤，光汉子（刘师培）及弃疾子（柳亚子）作序。柳亚子《五十七年》："其二，则仪征刘师培改名光汉，当时给巢南作序，自称光汉子。"②陈去病与刘师培交谊深厚，二人都好戏剧，曾邀约观赏汪笑侬《桃花扇新戏》③。

秋，由蔡元培介绍，加入光复会。蔡元培与杨笃生共主"国民教育暗杀团"，并运筹一个新型的革命组织，此即组建"光复会"的前奏曲。刘师培参与谋略，以显示自己反清的决心。一段时间下来，暗杀团深感知己奇少，同怀匮乏，敢为者更是难得。于是刘师培与章士钊同向蔡元培举荐"江淮志士"陈独秀。章士钊请陈入盟

① 据赵慎修《刘师培评传》，第 18 页。

② 《文学创作》第三卷第 2 期，转摘自杨天石、王学庄编《南社史长编》，第 30 页。

③ 《警钟日报》1904 年 8 月 30 日，转引自冯永敏《刘师培及其文学研究》。

的理由是:“此君志大心雄,有一种不峻之坡弗上的斗志,而且人格甚美,忠于人,忠于事,不乏侠士之风。”刘师培则推举说:“陈君还是吾报的作者。他重友情,讲信用,在芜湖创办并发行一种白话报,发起的若干人都因困苦及危险而散去了,他一个人还在干,已经支持了好几个月。”蔡元培当即拍案相邀。刘所说的“困苦及危险”,即是陈独秀曾在信中语及的,《安徽俗话报》因“登载外交消息”触犯洋人,“为驻芜英领事要求中国官厅勒令停办”一事。为此,刘曾回信深表佩服和敬重。

11月19日,与万福华在上海设计并参加行刺王之春行动,未成,万福华被捕,刘师培也被拘留一日。黄兴、林少泉、章士钊、张继、薛大可、彭义民、徐佛苏等均被拘捕,因罪证不足,不久释放。与林少泉奔波筹款,聘请知名律师,为万福华力争,结果,万被判处监禁十年。

按:刘氏当时住在一品香旅社。当时广西巡抚王之春奉清廷命来沪与外国人签订密约。这个密约酝酿已久,内容当然是丧权辱国的。刘氏与诸革命同志大为愤慨,遂在一品香定议,由万福华探明王之春次日在三马路金谷春番菜馆宴客。是日刘氏与陈佩忍等人(据闻还有章行严)各怀手枪前往行刺,由万福华冲锋直抵楼上。一时万与王已经对面,正欲开枪,奈何子弹不出膛,顷刻为其护兵所执。刘氏与陈等甫登楼梯上层,目睹情况即弃枪于地上奔出,被巡逻者盘问,见其行色仓皇,言语支吾,知为怯懦书生,以嫌疑罪名,拘入捕房坐了一夜,次日释放。刘氏获释后,因有三处报馆主持笔政,留沪未归,万福华直到辛亥光复后甫出狱①。

对于当时情形,章士钊后来有回忆文章云:“时蔡孑民在上海办一中学,余与刘申叔、林少泉,俱为都讲。学生中唐才常之子有壬,年不过十一、二岁,别有一扬州学生曰陈自新,为刘、林所激赏,谓其志在革命,尤愿比综荆、聂,能听指挥,数数强聒于余。余顾不

① 梅鹤孙遗稿《刘师培的家学渊源及其生平杂记》,《扬州文史资料》第七集,第97页。

知信，然亦无理由驳之，是湖南华兴会所败……然谓万福华案乃华兴会主之，则殊未然。夫万福华既与余习，其渐因余而缔交当时著名党人，自为事势之所必至。适刘、林盛称陈自新有胆，旋与福华一拍而合，亦不待烦言而解。于是刘、林、万合谋而图一逞，要余以不得不从，乃为当时势之显然眉目。顾克强不之知。……”

“刘、林定计，诱致之春入彀，则以余外舅吴北山名义，折简邀之(但其时余与吴尚无婚议)，地点在金鼓番菜馆二楼。崭崭执役射杀者为陈自新，先时登楼，人至辄狙，万福华守候楼下，以防不测。顾二人只有一枪，而枪又为前述下关击铁各而未用之物，中程与否未可知。刘、林认为器不利，恐误事。适余购置一握，备预自用，少泉厉声责余，以新枪专委自新，福华则持旧枪盾后，以备万一，余不得不承。或谓枪由张继手授，非也，继此役诚牵连入狱，然其初并未预谋。”

“夫记役定矣，时间骎骎薄近，福华目击之春马车到门，浸假而之春与仆肩随登梯而上。福华刚毅木讷人也，而心怦怦然动。顾久之，非微寂无枪声，且之春又与仆相随蹑梯下矣。时则危急存亡，间不容发，福华一怒而断，不遑筹思，急出之春前，拔枪拟之。顾机屡拔而弹不出，两造俱木然而不知所为，旁观者麇集，亦俱无所措手足。正僵持间，卒于人声鼎沸中，捕者骤至，出械系福华以去。所谓刺王一案，当时实际情形，乖戾如此。后知自新佯充日本人，与之春笔谈数语，之春见机反走。自经此役，吾在辛亥前后，都不闻自新消息，忆民国六、七年间，忽与北京遇之，时已易名绍唐，奔走于段氏之门，摇身为浮滥政客。”①

因为万福华暗杀未遂事件，万遭逮捕，林白水、蔡元培、刘师培等奔走营救，并延请律师为万福华出庭辩护，却遭清廷监视。林白水、张继为避清廷耳目，以至远走日本。蔡元培远赴法、德。章太炎因为《苏报案》尚在狱中。年初刘师培作《岁暮怀人》一诗，列蔡

---

① 参见《文史资料选集》第十九辑，《章士钊全集》第八册，第150—154页。

元培、吴保初、马君武、张继、陈佩忍、林少泉、朱菊平、谢无量等九人,而以章太炎居首。诗作发表于 1904 年 10 月 24 日《警种日报》:"枚叔说经王、戴伦,海滨绝学孤无邻。蕫斋无灵晚村死,中原遍地多胡尘。"(章太炎)"著书不作郑思肖,拭剑偶慕吴要离。纷纷蛾眉工谣诼,蜩鸠安识鲲鹏奇。"(林白水)"神州陆沉古人叹,屹然一士当颓澜。夔海牙旷文不作,茫茫四海知音难。"(蔡元培)"荆卿不作渐离死,易水萧萧白日寒。言念渔阳豪侠士,四方多故薄儒冠。"(张继)"琼琚玉佩美无度,少年奇气干将横。眼前腐儒不称意,从君共入寥天行。"(谢无量)"六朝撷艳文派古,雠书哦诗百不堪。满眼牙官谁屈宋,天留词笔大江南。"(陈去病)"蹈海归来一握手,颖慧杰出无其俦。西土光明照震旦,期君才笔横九秋。"(陈去病)①

秋冬之际,相继参加蔡元培等主持的军国民教育会、暗杀团,并成为在是年组建的光复会的首批成员。(据冯自由《革命逸史》)

冬,所作小学教科书《国文典问答》由上海开明书店印行。该书错误较多,乃不经意之作,但其附录《中国文字流弊》颇多精义,提出三大改革措施:一、"宜有俗语";二、"造新字";三、"改用拼音,统一国语"。

是年,发表《论孔教与中国政治无涉》、《论中国并不保存国粹》、《读某君孔子生日演说稿书后》等文,同以康有为、梁启超为首的保皇派展开针锋相对的论战。《攘书》出版。钱玄同云:"甲辰(1904)读章氏之《訄书》及刘君之《攘书》。"(钱玄同序,《遗书》第 30 页)

是年,交南桂馨。据南桂馨回忆:"然交申叔于弱冠之年也。"(南桂馨序,《遗书》第 32 页)

是年,张继于德国柏林读到马克思的《资本论》后,立即把它捎回祖国,送给了他当时寄予厚望的光复会会员刘师培办的国学扶

---

① 转引自冯永敏《刘师培及其文学研究》。

轮社，期望得以传播。

［**诗词系年**］

《后湘汉吟》、《招隐诗》（以上二诗均见《左盦诗》，《遗书》第1904页）。

《匪风集》（钱玄同以为最早者发表在癸卯以前，最晚者或至丁未）录目：《铜人辞汉歌》、《孤鸿》、《效长吉》、《杂咏·大块劳我生》、《古意·美人弄鸣机》、《杂咏·朝饮燕市酒》二首、《读〈天演论〉》二首、《雨花台》、《忆昔》、《题照相片》、《题梁公约诗册》二首、《癸卯夏游金陵》、《赠杨仁山居士》四首、《杂咏·如此风尘行路难》二首、《偶成》、《赠娄县瞿鼎臣》二首、《赠兴化李审言》二首、《仲夏感怀》二首、《题袁季枚丈松林庵古松画册》四首、《端阳日偕地山泽山彀人泛湖，言念旧游，怆然有作》、《阅赵撝叔诗集，诋吕晚村甚力，因作二绝正之》、《相忘》、《有感》、《读王船山先生遗书》、《和周美权〈夜坐偶成〉，用原韵》、《读〈庄子·逍遥游〉》二首、《癸卯夏记事》、《答袁康侯》二首、《静坐》、《书顾亭林先生墨迹后》、《赠子言》、《杂诗·世界一微尘》二首、《静观》。

［**大事记**］

本年日俄战争（1904—1905）仍在继续。2月15日，黄兴在长沙组织“华兴会”。冬，蔡元培、陶成章、龚宝铨等在上海成立“光复会”。严复所译甄克斯《社会通诠》（商务印书馆）出版，章太炎后作《社会通诠商兑》。康、梁一派于上海创刊《时报》。康有为游历欧美，商务创办《东方杂志》。柳亚子、陈去病于上海创刊《二十世纪大舞台》。王先谦刻成《尚书孔传参正》。孙诒让撰《契文举例》二卷。章太炎在狱中研习佛经。傅抱石、缪钺生。王鹏运、文廷式卒。

公元一九〇五年（民国前七年，光绪三十一年，乙巳） 二十二岁

1月15日写诗怀念谢无量、陈去病：“狂歌当哭不称意，嘻笑怒骂皆文章。李白苏坡皆蜀产，惟君有才相颉颃。”（《怀谢无量》）

“蹈海归来再握手,颖慧杰出仍无俦。文豪不幸逢亡国,党狱于今多伪流。醉酒无端生痛苦,著书不就为穷愁。西风黄叶申江上,故作平原十日留。”(《怀陈去病》)①

正月十七日,在《警钟日报》发表《光汉室诗话》(内有《饮酒楼》、《赠君武》、《赠谢无量》、《游张园》),记与朋友谢无量、马君武、王郁人、陈去病等在上海聚饮唱和所成之诗。

刘师培担任国学讲习会正讲师,并编了五种讲义:《伦理教科书》(二册,民元前七年、前六年)、《经学教科书》(二册,民元前七年、前六年)、《中国文学教科书》(一册)、《中国历史教科书》(二册)(《古政原论》为第一册之一部分,登在前六年丙午之《政艺通报》)、《中国地理教科书》(二册)(上海国学保存会原印本,民元前七年)(《国粹学报》第 24 期,《国学保存会报告》第 5 号)

按:国学保存会藏书楼创于 1905 年,以邓实、黄节、刘师培个人藏书为基础,初约 6 万卷,后扩充至 20 多万卷。藏书楼虽因经费支绌,几经竭蹶,但坚持开放,未尝中断。为进一步发挥藏书的社会效应,他们不仅编了《国学保存会藏书目录》,还另编有《国学保存会藏书志》,以介绍每本藏书的内容提要。

正月二十日(2 月 23 日),《国粹学报》创刊于上海。刘师培任该刊主笔,在该刊第 1 期发表《周末学术史序》(其中有《总序》、《心理学史序》、《伦理学史序》、《论理学史序》、《社会学史序》、《宗教学史序》、《政法学史序》、《计学史序》、《兵学史序》、《教育学史序》、《理科学史序》、《哲理学史序》、《术数学史序》、《文字学史序》、《工艺学史序》、《法律学史序》、《文章学史序》,共十七篇,分期刊登在《国粹学报》),这是他系统总结我国前代学术史的重要著作,《论古学出于史官》则对中国文学的起源作了新的探讨。《国粹学报》第 1 号刊有章氏癸卯年《与刘申叔书》、《再与刘申叔书》②。刘氏论学

---

① 《光汉室诗话》,《警钟日报》1905 年 1 月 15 日,转引自冯永敏《刘师培及其文学研究》。

② 汤志钧《章太炎年谱长编》,第 201 页。

文字大半见于《国粹学报》。据郑师渠统计，在《国粹学报》的 82 期中，其中 80 期刊有刘师培的文章（第 41 和第 43 两期没有），刘师培著述在该刊中连载过的就有 33 种，在该刊部分发表五十余种①。从中可见他对国学大力倡导之功。

按：《国粹学报》为上海大型国学丛刊。为国学保存会机关杂志，铅印线装，月出一册，按时发行。1905 年 2 月 23 日（光绪三十一年正月二十日）在上海创刊。邓实、黄节、马叙伦等参与创办，邓实任主编，黄节、刘师培、章太炎、陈去病为主要撰稿人，还有王国维、罗振玉、马叙伦、金一、王闿运、廖平、柳亚子、黄侃、郑孝胥、罗惇曧等五十人参与撰稿。以"发明国学，保存国粹"为宗旨，以国学"救亡图存"。设社说、政篇、史篇、学篇、文篇、博物篇、美术篇、地理篇、丛谈、撰录、藏书志、绍介遗书等门类。刊有《国粹学报序》、《古学复兴论》、《国学无用辨》、《原儒》等一系列阐扬国学精义，发皇汉学国魂，光复黄、帝、尧、舜、禹、汤、文、武、周公、孔子之思想文化的文章，宣传以国学为"立国之本"，保存国粹。既严厉批判改良派泥古守旧的今文经学，又指责向西方学习为"醉心欧化"，倡言明夷夏之辨，重夷夏之防，尊王攘夷，爱国保种。鼓吹"排满革命"，实行民主共和；反对保皇立宪而维护清朝专制统治。1912 年 9 月停刊，总计发行 82 期。旋改名《古学汇刊》继续出版②。

3 月 25 日，《警钟日报》因抨击清政府外交上的失败引起德国领事馆的注意，报馆横遭查封。经理李春波事先离上海，发行人戴普鹤被监禁年半，校对胡少卿监禁半年。印刷机器充公。刘师培系主笔，被通缉，化名金少甫，逃往浙江嘉兴，隐藏在平湖大侠敖嘉熊家，助理温、台、处会馆事。敖为浙江平湖人，当时寄居嘉兴，他为策动革命而建立的"温、台、处会馆"也设在嘉兴。这是一个专门从事联络苏南浙北一带的浙江温州、台州、处州客籍移民的机构，

---

① 郑师渠《晚清国粹派》。

② 参看章开沅主编《辛亥革命辞典》。

全称为“温、台、处会馆”①。

按:万易《刘师培年表》云“逃往浙江温州”,并云“助理温台处兴中会馆事”。其中有误。据经盛鸿《〈刘师培年表〉史事订正》一文改正。

4月3日(旧历二月二十九日),邹容病死狱中,西牢电话通知《中外日报》,由《中外日报》的陈竞全买棺收敛。闻讯作诗以哭。中国教育会蔡元培、蒋维乔等于旧历三月一日在愚园开追悼会。邹容同学刘三于旧历四月二十五日(公历1905年5月28日)携柩捐地葬于华泾宅侧。宋教仁日记有载。1906年陈去病有怀刘三诗:“生从沧海求雄骏,死为要离脱左骖。莽莽风尘论侠客,大江南北两刘三。”此处“两刘三”即指刘师培、刘三(原名刘钟龢,字季平)。②

5月23日,《古学原始论》发表于《国粹学报》第4期。文章从历史的角度,探讨古代宗法、田制、国土、姓氏、职官、刑法、教育、礼俗、音乐、兵制的起源。

6月2日,《中国文字改良论》在《广益丛报》上发表,进一步阐发他的汉字改良主张。

8月20日,同盟会成立于日本东京。

9月8日,由同盟会会员吴春旸推荐,蔡元培任上海同盟会分会会长。光复会会员全体加入同盟会。18日,《古学起源论》发表在《国粹学报》第8期上。

9月29日,撰成《醒后之中国》,诗曰:“起向高楼撞晓钟,人间昏睡正朦胧。纵令日暮醒犹得,不信人间尽耳聋。”该文认为,爱国主义思想不仅表现在外国打来时挺身而出,抗击外敌,捍卫国家和民族的利益,而且还表现在日常的具体事业上。“所谓既醒之中国人也,能自牺牲其人是也:或牺牲其身以钻研科学,输入智识焉;或牺牲其身以诛杀盗贼,炮弹自焚焉;或牺牲其身以尽瘁教育,作成

① 据陶菊隐《筹安会“六君子”传》。

② 刘颖白《刘三》,柳无忌《南社人物传》。

人才焉。醒之途万，报国之途万，要须各尽其一分子之职分，殚精竭力，死而后已”，这样我们的国家就有希望了。反之，如果整天高唱爱国调子，不脚踏实地干，那就不行，“徒拾革命排满之空说，附和保皇立宪之谬论，自命曰志士志士，曰吾既醒矣。此等志士日多则中国日危”。该文还独特地提出了宗教、民族的问题，实际上是一个对国民进行爱国和民主教育的问题，指出：“国民必有宗教。宗教者，进化之伴侣也。然世运日新，犹太之古箴，断不足为不变之圣典，且上帝非实有。新中国宗教者以国家为至尊无对，以代上帝，一切教义，务归简单，且随人类之智识，经教会若干议员之允可，可得改良。既经群认为教义，则背之者为叛国家，由众罚之，以代地狱。有功于国家者，若发明家，侵略家，教育家，由众赏之，以待天堂。”（《醒狮》第一期，署名无畏）

按：《醒狮》，月刊，1905 年 9 月创刊，共出五期。在日本东京印刷，东京日本留学生会馆总发行。国内发行所有上海四马路教育馆、国粹学报社等。为革命重要刊物之一。每期有论说、军事、教育、政法、学术、化学、医学、音乐、谈丛、文苑、小说、时评、杂录等栏目，编辑兼发行人为李昙，撰稿人有朱髯侠、柳亚子、马君武、李叔同、宋教仁、高旭、金天翮、王见善等①。

10 月，刘氏到嘉兴半年后应陈独秀、洪泽丞邀请，易名金少甫，赴芜湖安徽公学、皖江中学、赭山中学任教，为时两年。在进步学生中，组织“黄氏学校”，密谋“暗杀”工作。后又参与组织岳王会，与柏文蔚、安徽公学创始人李光炯都是歃血入盟的，意在效法岳飞抗击金兵、至死不变的精神，竭力于排满复汉的革命斗争。皖南革命之风，自此始兴。还同陈独秀一起办起《白话报》②。尹炎武《刘师培外传》云：“怀宁陈仲甫，歙洪汝闿泽丞迎归国，主皖江中学，师培易名金少甫，居皖江讲学二年，成就甚众。”《陈独秀年谱》是年载：“陈独秀除担任安徽公学国文教师外，还经常到安庆尚志

① 据丁守和主编《辛亥革命时期期刊介绍》，第 367 页。

② 据陶菊隐《筹安会“六君子”传》，第 122 页。

学堂演讲。陈独秀还邀荐刘申叔(化名金少甫)到安徽公学、皖江中学教书。"[①]同事者有章行严、陈独秀、谢无量等。台静农云:"当严几道任安徽高等学堂监督这一年,芜湖皖江中学却大放光彩,一群青年学者而且是革命党,如刘申叔、章行严、陈独秀,都集于此校。申叔为避清吏耳目,易姓名为'金少甫'。"[②]

按:1905年,陈独秀创办用白话撰述的《安徽俗话报》,并与柏文蔚等组织"岳王会",陈任"岳王会"总会会长。刘师培在芜湖安徽公学,是以光复会的身份出现,并未参与组织岳王会。《历史研究》1979年第10期沈寂《辛亥革命时期的岳王会》指出:"芜湖的岳王会总部,因陈仲甫经常流动,会务无大发展,而光复会在芜湖却很活跃,刘师培在安徽公学就暗中发展了不少会员。"陶菊隐《筹安会"六君子"传》与万《表》对此记载均有误。

在刘到来之前,陈独秀与体育教员柏文蔚已吸取上海暗杀团之形式,在关帝庙前歃血为盟,在芜湖成立了暗杀组织。刘师培来到后,有以钦差大臣自命的架势,为此与陈独秀产生龃龉。"不愿依人成事"的陈独秀哪里肯承认芜湖与上海的组织是下级与上级的服从关系,两人自此各执一端,相持不让。刘师培初次来到陈的客厅就吟诵了陈独秀手书的对联:"推倒一时豪杰,扩拓万古心胸。"虽然刘也曾亮出"光汉"的威风作招牌,可陈并不欣赏,反而认为"光汉"狭隘,不利联络更多的革命志士。这一段时间,陈、刘两人互不相让,争夺会员,都想一枝独秀。于是两人在友情之外,又平添了一层互不服气的架势。

冬,《文说》一书成,自称"篇章分析,隐法《雕龙》。庶修词之士得所取资,非曰竞胜前贤,特以启悟后学耳"。刘教书之外,显然有更多时间读书写作,因为这期间他的学术论著最多。在学术上涉猎广泛,贯串古今,沟通中西,罕有激烈的议论,学术气息较强。多次宣布应作"通儒"。

---

① 唐宝林、林茂生《陈独秀年谱》,第40页。

② 台静农《龙坡杂文》,第132页。

12 月 16 日,《群经大义相通论》在《国粹学报》第 11 期上开始连载,其中有《公羊孟子相通考》、《公羊齐诗相通考》、《毛诗荀子相通考》、《左传荀子相通考》、《穀梁荀子相通考》、《公羊荀子相通考》、《周官左氏相通考》、《周易周礼相通考》八篇。文章从群经的思想、理论出发,论证了《公羊传》、《穀梁传》、《诗经》、《荀子》、《左传》之间在思想和义例上是相通的,充分体现了清代扬州学派兼包并蓄的主张(《遗书》第 349 页)。"国学"一名起于清末,与当时欧美西方文化所传入的"西学"相对而言,中国固有的学术称为"中学"。一直到刘氏撰写《国学发微》,"国学"一词成为国人对中国传统学术的通称。

[**诗词系年**]

《拟茂先情诗》二首、《咏蝙蝠》、《扇》(以上四诗均见《左盦诗》,《遗书》第 1904 页)

[**大事记**]

本年八月孙中山、黄兴、蔡元培、章太炎等在日本成立中国革命同盟会,孙中山被推为总理,出版《民报》,第二期第一次发表马克思的传略和《共产党宣言》的部分内容。三江师范学堂改称两江师范学堂,亦称两江优级师范学堂,学制照旧。严复所译穆勒《名学》(金粟斋)和孟德斯鸠《法意》(商务印书馆)陆续出版。《国粹学报》创刊。梁启超编成《节本明儒学案》、《德育鉴》、《越南亡国史》等书。孙诒让著《名原》。王国维编成《静庵文集》。黄遵宪编成《人境庐诗草》去世,另有著作《日本国志》四十卷。曾朴《孽海花》刊行。施蛰存生。

公元一九〇六年(民国前六年,光绪三十二年,丙午)　二十三岁

刘师培仍在芜湖,任皖江中学教员。

春夏间,刘师培与宁调元、诸贞壮、马君武、柳亚子等订交于上海。据柳亚子回忆:"二十岁春……病愈后,欲入健行公学读英文,又为高天梅、陈陶遗所拉,使主国文讲席,始识马君武、孙竹丹、苏曼殊、刘申叔诸人。邹威丹先生墓上纪念碑落成，率健行公学同学数十人往赴之。高才生参与者，有杨伯谦、赵伯贤、朱季恂诸人。章太炎先生出狱，迎赴吴淞中国公学，旋送别东渡。”①又云：“这一年他（苏曼殊）是在上海客栈中过年的。申叔和他的夫人何志剑，暑假后同到芜湖，此时也同在上海过年了。”“我和曼殊的相识，记得是申叔介绍的。而我的认识申叔，即在这一年的夏天，是他从上海将要去芜湖时。”②

夏，苏曼殊应刘师培之邀来皖江中学任教，与刘师培相处甚好。暑假，陈独秀与苏曼殊东游日本③。这时校中还有陈独秀、柏文蔚、陶成章、张通典、谢无量、江彤侯、周震麟等人任教。一时安徽公学几乎成了革命机关，刘师培更是公开地在课堂上大讲反清革命，几乎被捕入狱。任历史、伦理学教员，与苏曼殊同住弋鸡山中，关系甚密。

按：马以君《苏玄瑛（曼殊）》一文载：“苏曼殊在湘赣起义之后，转回上海，加入光复会，结交蔡元培、陶成章、龚味生、秋瑾、刘师培。刘师培对苏曼殊很热情，当他知道这位同自己一样狂热的朋友失业时，就介绍到芜湖皖江中学任教。在芜湖曼殊交上了邓实（绳侯）、张通典、江彤侯、葛循叔。暑假与陈独秀东渡日本。暑假之后，曼殊随陈独秀返抵芜湖，偕邓实、江彤侯等游南京。此时他绘了《绝域从军图》赠赵伯先，《莫愁湖图》赠刘师培。”④

另据《重订苏曼殊年表》载：1906 年“之芜湖，主讲皖江中学，与刘申叔（师培）同事，始识邓绳侯（艺孙）。……旧历八月中旬，重过金陵，访刘季平。游莫愁湖，作画寄刘申叔”。刘申叔收有许多苏曼殊的画，据郑桐荪致柳亚子信说：“曼殊的画，在申叔处甚多。

① 柳无忌、柳无非《柳亚子文集》，第 10 页。

② 柳亚子《苏曼殊全集》第五册，第 176 页。

③ 唐宝林、林茂生《陈独秀年谱》第 41 页。

④ 马以君《苏玄瑛（曼殊）》，见柳无忌《南社人物传》。

申叔死后，刘文典君实为料理其身后事。”①《苏曼殊文集·苏曼殊年谱》：“与陶成章、龚微生逃回上海，应刘师培（申叔）之邀，赴芜湖赭山皖江中学任教。结识邓绳侯（艺荪）、江彤侯（一木）、张伯纯（通典）等。……中秋前后，……绘《莫愁湖图》寄赠刘师培。……晤刘师培，得邓绳侯赠诗《忆曼殊阿阇黎》。”1906 年 9 月 13 日（农历丙午七月）苏曼殊致刘三信称：“少甫兄同住山顶，体弱异常，日以耿耿。此间学堂俱已开学。但须待来月方可上课。（注云：少甫，刘师培的号。他被通缉时改名‘金少甫’）”②由此可见，刘氏与苏曼殊友谊很深，非同一般。

到芜湖后，刘氏邀请敖嘉熊，敖与大侠徐幕达同往，居安徽公学。徐空余时间教授学生技击。数月后，敖与徐归浙，敖为人途中暗杀，徐不久亦喝药自杀③。

6 月 29 日，章太炎三年监禁期满。这天一早，蔡元培、于右任、朱少屏、柳亚子、刘道一、张默君、熊克武、但懋辛、刘光汉等，和同盟会总部从东京派来上海迎接章太炎的代表龚练百、仇式匡、邓家彦等人，分乘马车数辆，直奔四马路工部局巡捕房门前迎候。……当天晚上，他（章氏）就在同盟会总部代表陪同下，登上日本客轮，离沪赴横滨，转赴东京。孙中山等迎为《民报》总编辑④。

不久，陈去病到徽州府中学任教。路过芜湖时，遇见《警钟日报》时的老友刘师培，经他介绍，加入中国同盟会⑤。

11 月 28 日，《邗故拾遗》一卷成。本书是续焦循《邗记》而作，上自明末，“参考志乘各书，旁及文集部”，“以彰乡邦节义之盛”（《邗故拾遗·序》）。

---

① 柳无忌《苏曼殊研究》，第 103 页、113 页、123 页。

② 柳亚子《苏曼殊全集》第一册，第 331 页。

③ 刘师培《徐幕达传》，《刘申叔遗书》，第 1833 页。

④ 据姜义华《章太炎思想研究》，第 211 页。

⑤ 杨天石《陈去病》，见柳无忌《南社人物传》，又见柳亚子《南社纪略》第 6 页，杨天石、王学庄《南社史长编》第 50 页。

12 月 5 日，发表《论孔子无改制之事》，驳斥康有为《孔子改制考》。

冬，与刘三相会。据苏曼殊 1907 年 6 月 28 日东京致刘三(农历丁未六月日本)称："衲昨冬自芜至沪，月余过西湖，少住数日回申，闻申叔谓曾会足下。"①

本年章太炎在《国粹学报》第 11 号(总二十三期)上发表《与人论朴学报书》，信中肯定了邓实、刘师培办《国粹学报》振兴古学的作法，但主要是批评该报在小学、经学、史学研究方面的不足。《小学发微补》以社会学理论解释文字的意义，从而证明古代社会的演变过程，并说明古代社会的状况，章氏认为应该进一步研究文字的声类；对于经学，章氏反对将经学研究与致用联系起来，对运用西方学术原理来分析中国历史文化的作法，章太炎也作了批评。国粹研究应该将历史文化的客观真实性摆在第一位，而不必去寻求历史文化的现实意义。

在《国粹学报》第 12 号上，章太炎撰《与某书》一文敦促刘师培"笔其精粹、以示后生"，将"《左传》学"发扬光大。

章太炎致信刘师培，《与刘光汉书(三、四)》。(《国粹学报》廿四)刘氏赠章炳麟明黄生《字诂义府》，章氏对黄氏小学大加赞赏，其中称："达者能就其声类以知通转，比合雅诂，穷治周秦两汉之籍……如其上者，通神旨，知义趣，余与刘生所有志也。"②

本年刘氏所编小学教科书五种(《经学教科书》、《伦理学教科书》、《中国文学教科书》、《中国历史教科书》、《中国地理教科书》)由上海国学保存会全部出齐。伦理学的创立最早可以追溯到刘氏编著的《伦理教科书》。

[**诗词系年**]

《芜湖赭山秋望》、《对月》、《燕子矶》、《清凉山夕望》(以上二诗均见《左盦诗》,《遗书》1904 页)

---

① 柳亚子《苏曼殊全集》第一册，第 335 页。

② 章炳麟《说林下》一则，《文录》一，《民报》十，《刘申叔遗书》，第21 页。

［**大事记**］

本年清政府宣布“预备立宪”。革命派与立宪派论争。黄兴组织萍乡、浏阳起义。五月章太炎出狱，赴日本主持《民报》编辑。新文艺迅速发展，春柳社成立，《月月小说》于上海创刊。严复著成《政治讲义》，译孟德斯鸠《法意》，旋任安庆师范学堂监督。梁启超著述有《中国法理学发达论》、《论中国成文法编制之沿革得失》。朱祖谋病免礼部右侍郎。王季思（起）、胡云翼生。俞樾（曲园）去世，著有《春在堂全书》。

卷　三

（一九〇七年——一九〇八年）

说　明

本卷考述刘师培在1907—1908年之间的生平活动。

刘师培在这两年间思想达到了激进的顶端，率中国知识分子之先提倡无政府主义，一反以往的民族民主革命主张。然后又从这个顶端迅速的下移，投入端方幕下，转为传统保守。在这两年中，刘师培经历丰富，从事《民报》编辑，组织社会主义讲习会，编辑《天义》、《衡报》，红红火火，不久却一跌而为人称作“叛徒”。人生比戏剧还富于变化。在这些变化的背后却始终有一样没有变，那就是他对国学的态度。如果说前阶段刘氏是改革固有文化，以求中华文化能与世界文化并立的话，那么现阶段刘氏则更钟爱传统，保留传统。

刘师培与章太炎的友谊在这一时期也从高峰跌入低谷，最终不睦而永无见期。章是刘的革命领路人，而当领路人自己亦迷失方向时，难免使得刘对革命产生怀疑，终至远离革命。章刘交恶原因复杂，但刘氏个性倔强，自以为是，不轻让于人，由龃龉而致友谊破裂，以后就难以缝合。同时，刘与当时革命主流孙中山所领导的革命党意见不合，产生边缘化心理。刘氏爱慕虚荣，端方迎为座上宾，最易下水。

公元一九〇七年（民国前五年，光绪三十三年，丁未） 二十四岁

1月，刘师培所作江苏、江宁、安徽乡土历史、地理教科书第一册（计六种）由上海国学保存会印行。后因赴日本，未能续写。

正月初一（公历2月13日），应章太炎之招，刘师培、何震夫妇从上海东渡日本，扶母携妻，及汪公权、苏曼殊等同往。黄节《蒹葭楼诗》丙午年有《除夕有怀广州故人兼送刘申叔元日东渡》。过马关，曼殊作画一帧，有感于甲午战争不平等条约的签订以寄意。抵东京，先住民报社小石川区久坚町廿四番地①。

刘师培随即在东京加入同盟会。时为《民报》撰文，与章炳麟甚相得。据钱玄同称：刘君于丁未春因党祸而避地日本（钱玄同撰《左盦诗录后记》谓此事在丙午岁杪，误，今附正于此），彼时"光汉"之名不能复见于国内之杂志，故自丁未始，《国粹学报》中所登刘君之文，即改署旧名"师培"。蔡元培回忆亦称：前五年，亡命日本，何班偕往，改名震。时为《民报》撰文，与炳麟甚相得。（蔡元培《刘君申叔事略》）另据苏曼殊1907年6月28日（农历丁未六月）东京致刘三称："嗣于元旦日同少甫、少甫夫人航海而东，今住东京已阅五月……衲今后决意与太炎先生同谒梵土，但行期现尚不能定；申叔亦未定回国之期。"②尹炎武称："前五年丁未春，走日本。"（尹炎武《刘师培外传》后钱玄同说明）

2月，日本内阁大臣内田良平通知孙中山，在日本政府公布"驱逐令"之前离开日本，并赠五千元为路费；日商铃木久五郎捐送一万元。25日，与章太炎、鲁夕卿、胡展堂、宋教仁及日本内田良平、青藤幸七郎、和田三郎、宫崎滔天等在东京牛込区赤阪三河屋设宴为孙中山送行。正月十三日（2月25日），刘师培与孙中山

① 据马以君《苏玄瑛（曼殊）》，柳无忌《南社人物传》。

② 柳亚子《苏曼殊全集》第一册，第335页。

晤。宋教仁《我之历史》记:"至孙逸仙寓。四时,同逸仙、章枚叔、刘申叔、鲁夕卿、胡展堂等至赤阪三河屋。"(第六第十一叶上)[①] 2月25日,日本外务省次官举行宴会,为中山饯行。参加宴会的有黄兴、章太炎、胡汉民、汪精卫、宋教仁、张继、汪东等人,日本方面则有宫崎寅藏、清藤幸七郎、和田三郎几位,刚刚踏足于此的刘师培也在其中[②]。

3月,刘师培提议改组同盟会东京本部。事由孙中山离开日本,到香港、新加坡等地开展革命而起。这时《民报》社经费拮据,章太炎要求孙中山将铃木所赠一万元留作报社经费。孙中山因考虑南方再举起义急需经费,只拨给两千元。由于孙中山没有把日本政府赠款一事告诉章太炎等人,所以后来有谣言说"孙中山已为日本政府重金收买,放弃革命"云云。章太炎怒火中烧,撕下《民报》社所悬孙中山像,以示羞辱,并提议罢免总理职务。同盟会领导集团分裂,此即第一次"倒孙运动"。这时刘师培提议改组同盟会东京本部,准备把日本无政府主义者北辉次郎、和田三郎等拉进同盟会领导集团,因庶务干事刘揆一坚决反对,未成。至此,与同盟会领导阶层隙痕渐深。

3月,章太炎与张继、刘师培、苏曼殊、陶冶公等在日本发起"亚洲和亲会",中国、日本、越南会员近百人。陶冶公所列中国会员名单附识如下:"此会成立于1907(光绪三十三年)丁未之春,首由中、印两国革命志士发起于日本之东京。《亚洲和亲会约章》为章太炎先生之手笔,译成英文,开章明义即为反对帝国主义。其后陆续加入者有:越南、缅甸、菲律宾、朝鲜诸邦,形成亚洲民族解放统一战线。以余记忆所及,中国方面入会者有:章太炎(炳麟)、张溥泉(继)、刘申叔(师培)、何殷振(震)、苏子谷(元瑛,法名曼殊)、

---

① 汤志钧《章太炎年谱长编》,第241页。

② 见毛注青编著《黄兴年谱长编》该日。又《宋教仁日记》该日,见《宋教仁集》下册,第716—7页。汪东《同盟会和〈民报〉片段回忆》,见《辛亥革命回忆录》第6集。

陈仲甫(独秀)、吕剑秋(复)、罗黑子(象陶)及余等数十人。”据陶菊隐称:日本无政府主义者幸德秋水在《平民新闻》发表一文,主张亚洲各国社会党联合起来,首先由中日两国革命党携手合作,以为之倡。章太炎、刘师培两人表示赞成。章太炎与流亡在东京的印度革命党人共同发起组织了亚洲和亲会①。有日本学者指出:“该会旨趣十分明显,与孙文等人期待帝国主义列强、特别是日本援助这种对帝国主义的认识,尖锐对立。”②又任鸿俊说:章太炎“虽主《民报》笔政,但其政治主张亦不全与同盟会相合,如《代议然否论》一文,显然与当时革命党中的民权论大有出入。”③

刘师培在日本仍然关注国学,留意散逸在日本的中国古籍。甫到日本,即报告:在东京博物馆发现宋版《玉篇》、《广韵》,医书数种、唐石刻及字画等。(《国粹学报》第 4 年第 3 期《国学保存会报告》)

春,与陈独秀等过往甚密。据《陈独秀年谱》称:(陈独秀)还与在东京的同盟会成员章太炎、张继、刘师培过从甚密、切磋中西学问,议建梵文书藏,但不参加同盟会,而参加由章太炎、刘师培、苏曼殊、陶冶公及日本人幸德秋水、印度人钵罗罕·保什等发起的“亚洲和亲会”④。

4 月 22 日,于章君太炎座上始识钱玄同。《钱玄同年谱》载:“四月,在章太炎的住处认识了刘师培。”⑤据钱玄同回忆:“丁未(1907)阳历四月二十二日,于章君座上始识刘君……自尔遂恒与刘君谈论,获益甚多。”⑥

---

① 陶菊隐《筹安会“六君子”传》,第 122 页。

② [日]富田升《社会主义讲习会与亚洲和亲会——明治末期日中知识界人士的交流》,《国外中国近代史研究》第 22 辑。

③ 见《追忆章太炎》,第 269 页。

④ 唐宝林、林茂生《陈独秀年谱》,第 44 页。

⑤ 曹述敬《钱玄同年谱》,第 10 页。

⑥ 钱玄同《刘申叔遗书》,第 31 页。

4月25日,《普告汉人》一文发表于《民报》临时增刊《天讨》上,署名"豕韦之裔"。文章申称:"今日之讨满,乃种族革命与政治革命并行者也。"该文对同盟会纲领首倡"驱除鞑虏"的历史必要性的辩护,而所举大量例证,都引自清朝文献,以毒攻毒,更增强了控告的力量,受到同盟会人士激赏。

5月12日,高旭倩人绘制《万树梅花绕一庐》卷子,"托此孤芳,用以寄意",征求海内外"诗豪词杰"题咏,本日,发表高燮、柳亚子、高增、刘三、沈砺、刘师培、傅専、陈去病等人的作品①。

5月31日(农历四月二十日),《国粹学报》丁未年第四号出版,刊有《某君与某书》,即章太炎《文录》卷二《再与刘光汉书》,讨论《左传》、《后明史》"编辑辞典"等事②。

6月8日,刘师培《辨满洲人非中国之臣民》一文在《民报》第14期上发表,"博引史册,以辟彼说之诬"。章太炎阅后嬉言:"申叔此作,虽康圣人亦不敢着一词,况梁卓如、徐佛苏辈乎?"其时,梁启超在《新民丛报》撰文为满族辩护,称满人为明朝藩属,满洲人入主中华不算亡国,不过是改朝换代而已。刘著此文以驳之③。另据梅鹤孙称:宁武南桂馨先生于1962年函告刘氏著文驳斥梁任公一事,言曰"余于光绪丁未二月到日本,在民报社见有申叔著《满洲非建州卫考》一文。当时正值申叔革命思潮最高、主张排满之际,口诛笔伐,殆无虚日。因梁任公著《满洲为建州卫》一文,揭橥《新民丛报》,意在调和满汉矛盾,以达其君主立宪之旨。申叔遂著此篇刊诸《民报》,驳斥梁说,征引精详,博雅宏通,约五六万言,确为有功民族革命之作"云云。此文刘氏在发稿与《民报》时,改其题目为《辩满洲非中国之臣名》,署名"韦裔"④。

---

① 杨天石、王学庄《南社史长编》,第79页。

② 汤志钧《章太炎年谱长编》,第244页。

③ 据陶菊隐《筹安会"六君子"传》,第122页。

④ 梅鹤孙遗稿《刘师培的家学渊源及其生平杂记》,《扬州文史资料》第七集,第101页。

6月10日(四月三十日),刘师培通过何震,以女子复权会的名义在东京创办《天义报》。创办人何班,主要撰稿人刘师培,出版一十九号,于1908年四月改名《衡报》。

按:《天义报》最初是“女子复权会”的机关刊物,标榜“女界革命”,对“社会主义讲习会”的活动大部分都有报道。每月两期。刊登在《复报》1907年第10期的《天义报启》曾详细叙说办报原因和宗旨:“自民族主义明,然后受制于异族者,人人均以为辱;自民约之论昌,然后受制于暴君者,人人均以为耻;自社会主义明,然后受制于富民者,人人均以为羞。由是种族革命、政治革命、经济革命,遂为人民天赋之权。……故今之论者所言之革命,仅以经济革命为止,不知世界固有之阶级,以男女阶级为严。……居今日之中国,非男女革命与种族、政治、经济诸革命并行,亦不得合于真公。”创办《天义报》的目的就是要补充以往言革命之不足,“以破坏固有之社会,实行人类之平等为宗旨,于提倡女界革命外,兼提倡种族、政治、经济诸革命。”“每册以二十页为限,首图画、次社说、次学理、次时评、次译丛、次来稿、次杂记、均以醒世齐民为主。”(据《辛亥革命前十年时论选集》)其《简章宗旨和命名》为:“以破坏固有之社会,实现人类之平等为宗旨,于提倡女界革命外,兼提倡种族政治经济诸革命,故曰《天义》。”其中有“社会主义讲习会”报道,也介绍过《共产党宣言》(第十五册),其实是宣传无政府主义的刊物。发起人还有陆恢权、徐亚尊、周怒潮、张旭等人。

柳亚子《读〈天义〉杂志感题一律》:“一卷新书仔细论,浇愁未信酒盈樽。华、拿数子何须说,巴、布英雄有几存?压线穿针贫女泪,快抢炸弹富儿魂。群龙无首他年事,好与驱除万恶门。”①据蔡元培回忆:“夏,君创《天义报》。”(蔡元培《刘君申叔事略》)

《天义报》第一册《破坏社会论》对民生主义彻底否定,文说:“今之言计学者,多倡土地国有之说。夫此说果行,似足夺资本家

---

① 《南社》第二集,转摘自杨天石、王学庄编《南社史长编》,第82页。

之势力，然土地既为国有，则必有分配之机关，既有分配之机关，则必有执政之人。如曰一国之民当听命于执政之人耶，则与专制、立宪、共和之政府何异？岂非彼为主治之人而民为被治之人乎？”《天义报》反对在中国进行一场资产阶级民主革命，革命派的民族、民权、民生三大主义都受到指责。民族主义被指责有三大错误：学术之谬、心术险恶、政策之偏。

6、7月间，刘师培邀苏曼殊迁天义报社同住。苏曼殊迁往小石川区久坚町天义报社，与刘申叔夫妇同居①。据柳亚子《苏玄瑛新传》云：“刘师培为《天义报》，倡无政府主义，邀玄瑛同居，刊其画于报端。师培妇何震则从玄瑛习绘事，号称女弟子。震为玄瑛辑画谱，玄瑛自有序，河合氏暨炳麟为序，震为后序，将付梨枣。又思刊布《梵文典》，印度波罗罕学士暨炳麟，师培为序，独秀为题诗，震为题偈。顾咸未集事，仅于《天义报》刊其序跋著作而已。”柳亚子就说过：“曼殊书札上的时间观念，不很正确，也许还是有意的夸大。”②

另附《曼殊之轶事》：“曼殊与刘申叔夫妇同寓东京牛込区新小川町时，偶患精神病。有一夜，忽一丝不挂，赤身闯入刘室，手指洋油灯大骂，刘夫妇咸莫名其妙。”③

7月5日，发表《悲佃篇》于《民报》第15号上，署名韦裔。

7月10日，发表《人类均力说》于《天义报》第三卷，文章称“共产主义”社会，就是“扫荡权利，不设政府，以田为公共之物，以资本为社会共产，使人人做工，人人劳动。”25日，《无政府主义之平等观》在《天义报》上发表，认为“欲维持人类平等权，宁限制个人之自由权。”强调暗杀的作用，“无中心故可无政府，无畛域故可无国家”。

按：刘师培成为无政府主义者，1907年6月至1908年十月是以宣传为主要活动的时期。据钱玄同称：“但自前五年丁未秋至前

① 据《二、重订苏曼殊年表》，柳无忌《苏曼殊研究》，第9—19页。

② 柳亚子《苏曼殊全集》第五册，第204页。

③ 冯自由《苏曼殊之真面目》笺注，第275页。

四年戊申秋，思想变迁，喜言无治，在此一年中，常以'申叔'为名，光汉二字渐已稀用。"刘师培思想历来偏于极端，1904 年作文声称"宁可作狂狷一类的人，断断不可作乡愿班人；宁可立一种极偏之议论，断断不可共这庸人和同。"[①]无政府主义所欲达的目标既避免了现存社会包括西方(日本)民主社会的弊端，又超越了中国革命党人排满兴汉所要达到的目的——建立类似西方民主政权的汉人政府。刘谙熟中国历史，所以思考问题往往会从这一点出发，他觉得中国社会和欧洲、日本不同，国情特殊，与无政府主义社会最为接近，即"中国自三代以后，名曰专制政体，实则与无政府略同"。"故中国现今之政俗，最与无政府相近"。"无政府革命，凡种族革命之利无不具，且尽去其种族革命之害。况实行无政府，则种族、政治、经济、诸革命均赅于其中"[②]。"若于政府尚存之日，则维新不如守旧，立宪不如专制"[③]。"中国自战国以后，封建之制久更，政治悉偏于放任"(《刘师培与端方书》)。刘师培曾说："东渡以后，察其隐情，遂大悟往日革命之非。""盖孙文本不学之徒，贪淫性成，不知道德为何物。"习惯于采用中国传统视角诠释无政府主义，把中国历史上出现过的"无君论"看作"与无政府之说同"《鲍生学术发微》(《天义》第 8、9、10 卷合册，1907 年 10 月 30 日)，将道家学说与无政府思想画了等号，将"无君"、"废人治"视作无政府之表征。对中国士人而言，无治主义不仅是一种政治理想，也是一种文化理想。"中国国粹之存亡，亦视共产无政府主义之实行与否而已"(刘师培《衡书三篇》，《衡报》第 10 号，1908 年 8 月 8 日)。[④]

---

① 《刘练江先生的学术》，《中国白话报》第 9 期，1904 年 4 月 16 日。

② 震、申叔《论种族革命与无政府革命之得失》，《天义》第 6、7 卷，1907 年 9 月 1 日、15 日。

③ 申叔《论新政为病民之根》，《天义》第 8、9、10 卷合册，1907 年 10 月 30 日。

④ 李帆《歧路彷徨——也论刘师培的政治选择》，《文史知识》2002 年第 6 期。

在某些地方，刘师培力图弥合马克思主义、社会主义和无政府主义之间的分歧，《天义》第6期《欧洲社会主义与无政府主义异同考》一文，于叙述了欧洲社会主义思想的起源、派别和发展阶段后说“社会主义多与无政府主义相表里”，“若合群的无政府主义，其共产一派则与社会主义不殊”，“社会主义必有趋向无政府之一日，若徒执社会主义，而排斥无政府主义，此则偏于一隅之见耳”。但是，刘师培等却坚决攻击马克思主义的阶级专政学说。在《〈共产党宣言〉中译本序》中，他说：“惟彼之所谓共产者，系民主之共产，非无政府之共产也。故共产主义渐融于集产主义中，则以既认国家之组织，致财产支配不得不归于中心也。由是共产之良法美意亦渐失其真，此马氏学说之弊也。”《天义报》出版期间，第二国际日益陷入迷信议会斗争的机会主义泥坑。刘师培认为这一责任在于马克思主义，13、14卷合册发表的《社会主义与议会政策》一文说：“从其说者，欲达社会革命之目的，必先攫政治之特权，以为由议会政策扩充党力，可促中央集权制度之实行。”“自1899年开万国劳民运动大会，各社会党人（亦有不属于马尔克斯派之社会民主党者），多持议会政策，此实社会党唯一之卑陋政策也。”马克思主义把议会斗争看作一种手段，并不企图由此取得政权。刘师培这里的攻击是完全错误的①。无政府主义理论使刘师培早期的民族民主革命思想产生了变化，宣传无政府革命优于民族民主革命，批评了民族民主革命的目标和民生主义的主张。

5月至7月，《民报》在3期内便连载了刘师培的四篇长文：《利害平等论》（从伦理学角度批评严复用西方功利观念否定义利之辨，是以助长国人“自利”心理，来危害革命信心）、《清儒得失论》（通过明清两代士节与学风取向相反的比较，抨击清廷政策促使知识界风气日益败坏，学问愈实者愈不幸，心理愈劣者愈得意，言行愈伪者愈得势）、《辩满人非中国之臣民》、《悲佃篇》。

---

① 杨天石《天义报、衡报》，《辛亥革命时期期刊介绍》第三集，第341页。

7月10日,《天义报》第3期发表《人类均力说》,设想"破坏固有之社会,破除国界","凡人口达千人以上,则区画为乡。每乡之中,均设老幼栖息所。人民自出生以后,无论男女,均入栖息所;老者年逾五十,亦入栖息所,以养育稚子为职务"。另设阅书和会食(共同进餐)之地,作为人民共集之区。在这样的社会里,没有任何"在上"之人,连管理和指挥生产的人员也不需要。他们设想,由于社会产品无限丰富,因此,可以听任人们"各取所需"。何震在《天义报》8—10合册《论女子当知共产主义》一文中说:"无论什么东西,都不准个人私有。凡吃的、穿的、用的,都摆在一个地方,无论男人女人,只要做一点工,要多少就有多少,同海里挑水一样,这就叫做共产制度。到那个时候,不独吃饭不要靠人,还天天都有好饭吃,还可以有好的穿,好的用,好的玩。"

7月25日,《保满与排满》一文说:"彼之排满者,非尽恶政府也,特恶满洲耳。其倡言革命者,特希冀代满人握统治之权耳。故革命尚未实行,已私立总统之名,或利用光复之名以攫重利,而其所比拟者,不曰华盛顿,则曰拿破仑。夫华盛顿者大统领也,拿破仑者帝王也,今之言革命者,动以此语导其民,岂非排满以后,仍冀握国家之权耶?既欲握国家统治之权,则排满亦出于私,与倡保满者同。"《天义报》第4、6、7期刊载的《无政府主义之平等观》一文中,刘说:"无政府非无稽之说也,蔽以一言,则无中心、无畛域已耳。无中心故可无政府,无畛域故可无国家。"

8月10日(七月初二),《天义报》第五册出版,载有章氏《秋女士诗集序》和《曼殊画谱序》。刘师培的《西汉社会主义发达考》一文指桑骂槐,借古喻今。该文批评汉武帝的盐铁官营和王莽改制是"假限制富民之名,垄断天下之利源,以便其专制",进而攻击孙中山说:"土地、财产国有之说,名曰均财,实则易为政府所利用。观于汉武、王莽之所为,则今之欲设政府,又以平均地权愚民者,均汉武、王莽之流也。"

8月25日至31日,各国无政府主义者在荷兰的阿姆斯特丹召开大会,会后,在伦敦成立无政府国际(无政府万国事务局)。

《天义报》曾做过报道,并发表有关文件。如《万国无政府大会记略》、《万国无政府大会决议案记》、《无政府党第四次大会决议》、《无政府党大会后事实汇记》等。8月,第二国际在德国斯图加特举行第七次代表大会,有列宁参加。《天义报》第二卷在"近事报告"栏中发表《万国社会党政纲》、《万国社会党大会决议案》,并说"其决议中最注意者则为殖民问题及劳民问题"。又说:"既为万国社会党大会,则中国人民亦宜加入。本社深望旅欧之华人乘机入会,否则吾国之大羞也。"(《天义报》第2卷。)随即,又在第六卷发表了《万国社会党大会记》,在第8、9、10卷合册发表了《万国社会党大会再记》,较为详细地介绍了大会的情况和进程,并记述了倍倍尔的观点和活动。

8月31日,在幸德秋水等人组织的社会主义金曜讲演会的影响下,刘师培与张继等创办"社会主义讲习会"。"社会主义讲习会"成立会召开,会址在东京牛込区清风亭,到会者90余人。演说者为刘师培、张继、何震、幸德秋水。刘师培主持会议并发表演讲,认为无政府主义易行于中国,与排满革命是一致的,宣布开会宗旨并讲无政府主义之必要,无政府主义在中国之易行,称:"吾辈之宗旨,不仅以实行社会主义为止,乃以无政府主义为目的者也。"刘师培从原始社会、人类心理、自然科学等方面对无政府主义作了论证,认为它最为圆满,"于满洲政府颠覆后即行无政府,决不欲于排满以后另立新政府"。"若言无政府,必以劳动组合为权舆,使全国之农工,悉为抗力"。又说:"未行革命以前,则联合农工,组合劳动社会,实为今日之要务。然欲达此目的,势必于全国民生之疾苦,悉行调查。"(《社会主义讲习会第一次开会记事》,《天义报》第6卷)张继诠释无政府主义。幸德秋水介绍了第一国际时期马克思和巴枯宁的分歧,无政府主义之起源及其与社会主义之区别。何震作《无政府主义实行之手段》的报告。山川均、大杉荣等出席讲演。由张继与刘师培联名在《民报》第十五号发布《社会主义讲习会广告》,宣布:"近世以来,社会主义盛于西欧,蔓延于日本,而中国学者则鲜闻其说。虽有志之士,间倡民族主义,然仅辨民族之异同,不复计民族之休戚,即使光复之说果见实行,亦恐以暴易暴,不知其非。同人有鉴于此,慨社会主义之不昌,拟搜集东西前哲诸学术,参互考验,发挥光大,以饷我国民。又虑此学之不能普及也,拟设社会主义讲习会,以讨论此旨。”

社会主义讲习会共举办若干次,至 1908 年仍在活动,吸引了成百留日学生。据蔡元培回忆:“秋,(刘师培)与张君继设社会主义讲习会。”(蔡元培《刘君申叔事略》)孙中山讲民族主义,要建立新国家,刘师培却说:“有志之士渐知民族主义,然仅辨种族之异同,不复计民生之休戚,即使光复之说果可实行,亦恐以暴易暴,不知其非。”可见,刘师培已偏离同盟会建立中华民国的纲领,也改变了他往日所追求的民族、民主主义立场,因为不久前的他,就是“仅知民族主义”的。有日本学者称,刘师培等人是有别于孙文一派的“为中国革命追求新哲理的新的革命家”,他们“不满于孙文的美国式民主主义,因而要追求新的革命哲理”。他在给端方的信中说:“中国革命党所持之旨,不外民族主义,故舍排满而外,别无革命。师培自此以后,凡遇撰述及讲演之事,均设词反对民族主义,援引故实,以折其非。盖事实均由学理而生。若人人知民族主义不合于学理,则排满之事实,自消弥于无形。此即古人正本清源之说也。”

据南桂馨讲,章太炎曾经让钱玄同下通知,要南氏等人不要参加幸德秋水召开的会议,而刘师培、汪公权、丁惟汾及苏曼殊等,却主张参加。章太炎还曾禁止南与刘师培往来,南氏居然不惜愤而去职来保持与刘的关系①。

8 月,刘师培经张继介绍,结识幸德秋水、堺利彦等无政府主义者,并为其所吸引。

9 月 1 日,何震撰文《女子解放问题》。《天义报》第 7 期《论种族革命与无政府主义革命之得失》对民权主义进行批驳,尖锐地揭

① 南桂馨《山西辛亥革命前后的回忆》,《辛亥革命回忆录》第 5 集。

露资产阶级选举制、议会制和共和制的虚伪:“夫今之为国会议员者,非贵族资本家乎? 即使出于普通选举,然多数之平民屈从于贵族资本家之下,以仰其鼻息,势不得不以之应选。加之文明各国,咸有政党,两党相持,咸以贿赂之多寡,定党势之胜败。故总统之选举,内阁大臣之任用,均由贿赂之公行。议员亦然,凡欲充议员之选者,必以资财运动。”刘甚至把作为上层建筑的“代议政体”看作社会罪恶根源,说是:“故代议政体为世界万恶之源,谓为平民之敌,非虚语也。”他还说:“若虑既无政府,无以御外人之侵略,则于革命既成之后,或暂设外交、军事两机关,以为对外之准备。或近与亚洲诸弱国相联,远与欧美无政府党相络,摧折白人之强权,以覆其政府,由无政府之制而为无国家。”“既无政府,若不实行共产之制,则富民之横暴,盗贼之劫掠必不能免。惟实行公产,使人人不以财物自私,则相侵相害之事将绝迹于世界。”

9月15日,社会主义讲习会第二次会议于元町江户川亭召开,到会约百余人。刘师培作《中国民生问题》及《宪政之病民》演说。堺利彦作题为《人类社会之变迁》的报告,叙述人类社会由蒙昧、野蛮进而至文明时代的变迁史,提倡恢复古代的“共产制”。张继的讲题为《论自由结合之益》并介绍堺利彦之学术宗旨(《社会主义讲习会第二次开会记事》,《天义报》第8、9、10卷合册)。

9月22日讲习会第三次会议在清风亭开会,到会数十人。演说者为刘师培、章太炎、潘怪汉、景定成、汤增璧、张继。刘师培的讲题为《中国财产制度之变迁》,提倡土地国有,家族共产制。章太炎讲题为《国家学说之荒谬》,发言“痛斥国家学说之荒谬并立宪之病民”。他认为:“无论君主立宪、民主立宪,均一无可采。”汤增璧作质疑言无政府不若言民族主义,说:“无政府主义虽系高尚,然今日欧美尚未实行,恐终偏于空论,不若仅言民族主义。”张继答辩“力陈世界民生之苦及经济界之趋向,并言各国民党多赞成无政府主义,以与政府为敌,必有实行之一日。”另某人作《无政府之利益及人民不受压制之幸福》报告。(《社会主义讲习会第三次开会记事》,《天义报》第8、9、10卷合册)

9月，章太炎、刘师培二人配合搞无政府，章从《民报》社搬到牛込区新小川町刘师培寓所，与刘夫妇同住小石川久坚町二十七番地宅邸。章、刘之间的关系从此更加密切①。刘师培与章太炎学术既同，情好甚敦②。

10月6日，讲习会第四次会议在清风亭召开。刘师培发表演讲《排强权与排外不同》。并提议发起组织"农民疾苦调查会"，意在"举官吏、富民之疟，据事直称，以筹农民救济之方，兼为申儆平民之助"(《农民疾苦调查会章程》)。据称"是日大雨，到会人数亦稀"。山川均讲题为《互助主义之道理》，张继、景定成亦作讲演。

10月26日，《古书疑义举例补》连载于《国粹学报》。此系续补俞越《古书疑义举例》，凡11条，数十例。

10月30日，《论新政为病民之根》发表于《天义报》。本文是刘师培与同盟会分道扬镳的政治宣言书，"尚于政府尚存之日，则维新不如守旧，立宪不如专制"。同时发表启事，征求"穷民俗谚"，宣传民生维艰，以唤起革命者的注意。罗列德国无政府主义者，著有小册子《总同盟罢工》，被视为无政府主义的经典。刘师培大力推荐此书，认为只要总同盟罢工的斗争方式在中国推行起来，就将出现"闾阎驿骚，纷若羹沸，则握政之人，丧其所依"的局面。(《天义报》第8、9、10卷合册)

11月10日上午，参加章太炎发起的"拒款会"，并发表演讲，认为"立宪不足保存铁路"，"维罢市、罢工，尚为有益"。下午，参加讲习会第五次聚会，作《中国经济界之变迁》演说。又于清风亭开会，演说者为张继、刘师培、大杉荣，讲题分别为《南洋群岛华民之苦及中国革命方法》、《中国经济界之变迁》、《巴枯宁联邦主义》。

11月17日，参加留学界全体大会，并发表演讲。

11月24日，于东京清风亭开会。首由刘师培报告《中国经济

① 据陶菊隐《筹安会"六君子"传》，第126页。

② 据梅鹤孙遗稿《刘师培的家学渊源及其生平杂记》，《扬州文史资料》第七集，第101页。

界之变迁》,次由张继演说(国际)无政府党大会事和《南洋群岛华民之苦及中国革命方法》,再次由大杉荣继续演讲《巴枯宁联邦主义》,末由乔义生演讲《基督教中无政府共产主义》。

11月25日刘师培在《天义报》11、12卷合册介绍托尔斯泰的《人道主义》,认为该书最精粹的地方有三点,一为废钱币说,一为废干涉说,一为务本及人人劳动说。

11月26日,讲习会第七次集会,刘师培作演讲。因经济拮据,何震偕刘母先期回国。月余,刘师培也返回国内。

11月30日,刘师培撰写了《苦鲁巴特金学术述略》一文,除介绍"互助扶助"说外,又介绍了苦鲁泡特金的"无中心"说。(《天义报》第11—14卷)《天义报》及以后的《衡报》对苦鲁泡特金介绍最多,先后译载《面包掠夺》、《无政府主义之哲理同理想》、《无政府共产主义之基础及原理》等书中的部分章节。《天义报》对苦鲁泡特金的介绍,值得一提的还有周作人的《论俄国革命与虚无主义之别》一文,为鲁迅嘱周作人作,包含着鲁迅的若干观点。

12月8日,于清风亭开会,到会50余人。首由汪公权报告,次由山川均演讲,次由张继演说,报告(国际)无政府党本部情况,并提议教授世界语。

12月20日,章太炎《国粹学报》第12号《与人论国粹学第二书》其中对国粹研究中"学无绳尺"、"徒知派别"的作风作了严厉的批评。

12月22日,于清风亭开会,到会约60余人。演说者为张继、大杉荣(讲演《巴枯宁联邦主义》)、潘怪汉、汪公权①。

12月30日,章太炎给刘师培写信,谈到他们走后讲习会第八次开会情形,还说:"大杉荣来会,讲'巴古宁'联邦主义,甚有理致。"《天义报》在13、14期《经济革命与女子革命》一文中,何震引录了《共产党宣言》的有关段落。《天义报》译载马克思主义的著

① 杨天石《天义报、衡报》,《辛亥革命时期期刊介绍》第三集,第334—337页。

作,介绍过马克思主义关于妇女问题的部分理论。接受马克思主义关于阶级斗争理论、关于经济基础的理论,看出了马克思主义和黑格尔的唯心主义不同。刘师培认为托尔斯泰的学说适用于有政府之世,苦鲁泡特金的学说适用于无政府之世。他说:“处现今有政府之世,阶级社会,利用物质之文明,以掠夺平民之权利,则文明适为害民之具,不若用托氏之说。然政府及阶级社会果能废灭,则文明当力求其进步。盖物质文明日进,则人民愈便利。民性惟便利是趋,未有舍积极而主消极者。故托氏之说,用之有政府之世,足以利民;苦氏之说,则用之无政府之世,足以便民。”至于斯帝纳尔的学说,刘师培则信心不足。他说:“若斯氏之说,则较苦氏为尤高。然近今之人决无此程度……异日物质文明倍为进步,或一切事物可以自用,则斯氏之说,或有实行之一日。”(《苦鲁泡特金学术述略》,《天义报》第13、14卷合册。)刘主要吸收了苦鲁泡特金的学说,同时也容纳了托尔斯泰、罗列等人的有关思想。

是年,刘师培为章炳麟《新方言》疏数十事,争论“有”字究竟从“月”正确与否,讨论小学训诂问题。(章炳麟《与刘光汉、黄侃问答记》,又《文录》一,《遗书》第22页。)刘师培为《新方言》作序,提出“知古音可以证今音,而今音亦可以通古音”,称章氏是书“方俗异语摭拾略备,复以今音证古音,参伍考验,以穷声转之原读”。给予高度评价。(刘师培《新方言序》,《遗书》第1241页)

是年底,苏曼殊去了趟杭州便赴东京,时值刘师培应聘为《河南》杂志顾问,约请他绘图。曼殊以此杂志宣传革命,且鲁迅亦为之撰文,便为之绘《洛阳白马寺图》,写上汉代西寻佛法及建寺缘由的跋语①。

是年底,当江浙两省收回沪杭甬路权的斗争波及东京时,刘师培、张继等一起竭力主张罢工罢市,企图将斗争引向“总同盟罢工”的轨道。1908年汉口发生商摊骚动及商民罢市事件。刘师培又

① 马以君《苏玄瑛(曼殊)》,柳无忌《南社人物传》。

高声欢呼，认为这是"中国社会革命之先声"，并且预言中国革命必将由汉口的总同盟罢工开始。

是年于东京认识黄侃、丁惟汾、张继、汪东。据《黄季刚先生年谱》载："仪征刘君申叔（师培）时居东京，尝于章君（太炎）座上见之。于是三君相与筹商革命，并共论学，交往益密。"①据丁惟汾回忆："清光绪间余游学日本，获交申叔于东京，当是时，太炎、季刚皆在焉。每值闲暇，得与诸君相过从，质疑订难，考文析字，夙障涣然冰释，而与申叔交谊尤笃，相处最久，获益亦最多。"（丁惟汾《遗书》序，《遗书》第25页）据张继回忆："后至日本，入同盟会，《民报》中摈弃东胡之文字，亦多出其手，遭时不淑，用晦而夷。参政京师，卒为佞人牵引其出处，进退之间，颇遭讥议，要非其本怀，未足以为深病也。"（张继《遗书》序，《遗书》第26页）据汪东回忆："清光绪末年，革命党人麇集日本东京，创《民报》社，余年未冠，亦预撰述之役，先后识余杭章君、蕲春黄季刚及申叔。季刚师事章君，余亶以后辈礼见，视申叔犹等夷也。然窃尝闻其与人论学，随事征引，往复不穷，故惊怖之若河汉。"（汪东《遗书》序，《遗书》第26页）

[**诗词系年**]

《日本道中望富士山》、《冬日旅沪作》、《滇民逃荒行》（以上三首诗均见《左盦诗》，《遗书》第1904页）

[**大事记**]

本年革命党先后在潮州、惠州、钦州、廉州、镇南关起义。光复会会员徐锡麟在安庆起事，刺死安徽巡抚恩铭，后因起义未成，殉难。秋瑾在绍兴起事，失败，被清政府杀害于古轩亭口。孙中山与黄克强（兴）产生分歧。清廷下诏"预备立宪"。夏，梁启超等在东京组织"政闻社"，秋，政闻社遭革命党人冲击。陈焕章在纽约发起"昌教会"，提倡孔教。章太炎作《社会通诠商兑》、《新方言》。王国维任学部图书馆编辑，由哲学转而治文学。鲁迅在东京筹备出版

① 《黄侃日记》，黄焯《黄季刚先生年谱》，第1098页。

文艺杂志。本年创刊报纸杂志甚多,有《神州日报》、《政论》、《天义报》、《小说林》等。德人罗列《总同盟罢工论》,由张继翻译出版,章氏、刘氏为之撰序。

公元一九〇八年(民国前四年,光绪三十四年,戊申) 二十五岁

1月(农历腊月),汪公权、何震、刘师培三人先后由东京回到上海,在上海过年。与柳亚子、陈巢南、高天梅、黄晦闻、朱少屏、张聘斋、邓秋牧、杨笃生结社。柳亚子说,此乃酝酿南社。据柳亚子说:"南社之名目,开始于一九零七年冬天,是没有疑义的了。南社的人物,除掉后来作为发起人的陈巢南、高天梅和我,次第加入社籍的黄晦闻、朱少屏、沈道非、张聘斋以外,还有刘师培、何志剑、杨笃生、邓秋枚四人。……他俩(刘、何)是当时有名的革命夫妻,曾在日本发刊《天义杂志》,提倡无政府主义,表面上主干是志剑,实际却是申叔在揽。所以一九零七年诗上说他俩是布鲁东和苏菲亚,而一九零八年的诗上又说是法国大革命时代的罗兰先生和玛利侬夫人了。"①回国后,章太炎五次致书,托他去找端方,为章赴印度学佛筹谋路费。端方以章太炎去鼓浪屿学佛为条件。事未成,而刘师培落入端方圈套,作《上端方书》,提出十条"弭乱之策"镇压革命党人。适陶成章也由南洋回国。陶、刘二人关系素深,为了向端方立功,刘竟跟踪侦探陶在上海的活动情况,久之毫无所得②。据苏曼殊九月十五日"与刘三书"称:"少公无一书至,其老太太及令弟子等于前月东渡,今尚未见来信,殊耿耿!兄捐入《天义》之款,弟到东即交申公便是。申公忙甚,不易抽身回国。"但十月廿九日"与刘三书"(上海),却说:"顷俟剑妹来,方能定日东行。剑妹十五日回乡,云一周可返,今逾半月尚未来,殊邑邑。……申公有意明春返居沪渎,以留东费用繁浩,且其老太太远适异国,诸

① 柳亚子《南社纪略》,第4页。

② 据陶菊隐《筹安会"六君子"传》,第122页。

凡不便故也。”(末属十月二十九日)[①]柳亚子认为:“此时他俩(刘、何)已归国,志剑去扬州,申叔大概也在上海等她。曼殊本想和申叔夫妇同返日本,但后来他们又变计,在上海过年,所以曼殊只好一个人还日本去。我十二月到上海,和申叔夫妇及杨笃生、邓秋枚、黄晦闻、陈佩忍、高天梅、朱少屏、沈道非等相聚数天。”[②]

1月7日,刘师培、高旭、柳亚子、沈砺、陈去病相聚上海。陈去病提议继续明末云间(今上海松江)几社的事业,组织文社。本日,《神州日报》发表有关酬唱诗作。佩忍《无畏、天梅、亚卢、嘐公翩然萍聚,喜成比什》,无畏《步佩忍韵》:“老木清霜黄歇浦,故人应讶我重来。海天归棹人千里,江国消愁酒一杯。尽有文章志离合,似有欢笑杂悲哀。四方豪杰今寥落,越水吴才汨霸才。”[③]

1月12日,陈去病等再次聚宴于上海的一家酒楼,除原有五人之外,又增加了《神州日报》的主编杨笃生、《国粹学报》的邓实、黄节等六人。席上,一致同意结社并摄影。后来,陈去病在《高柳两君子传》中说:“至丁未冬,复与余解南社于上海,而天下豪杰咸欣然心细,以为可藉文酒联盟,好图再举。”即指此事。陈很喜欢南字,改字巢南,诗集亦名《巢南集》。他以为“南者对北而言,寓不向满清之意”。定名为“南社”,正是为了表现他们的反清主旨[④]。柳亚子《磨剑室诗初集》在1908年(清光绪三十四年戊申)春间,已有“海上题南社雅集写真”的两首诗:“云间二妙不可见(原注:高天梅、张聘斋里居未出),一客山阴正独游(原注:陈巢南时客绍兴)。别有怀人千里外,罗兰玛丽海东头。”(原注:谓刘申叔、何志剑伉俪)“鸡鸣风雨故人稀,几复风流事已非。回首天涯惟汝在,相逢朱沈倍依依。”(原注:南社诸子时在上海者惟朱少屏、沈道非两人而

① 柳亚子《苏曼殊全集》第一册,第199页。

② 柳亚子《苏曼殊全集》第一册,第195页。

③ 《神州日报》,1908年11月7日,转摘自杨天石、王学庄编《南社史长编》,第99页。

④ 杨天石《陈去病》,柳无忌《南社人物传》。

已)(柳亚子《南社纪略》,第 2 页)

柳亚子《偕刘申叔、何志剑、杨笃生、邓秋实、黄晦闻、陈巢南、高天梅、朱少屏、沈道非、张聘斋海上酒楼小饮,约为结社之举,即席赋此》:"慷慨苏菲亚,艰难布鲁东。佳人真绝世,余子亦英雄。忧患平生事,文章感慨中。相逢拼一醉,莫放酒樽空。"①另据《苏曼殊年谱》:"与柳亚子、刘师培、邓秋枚、朱少屏等重相聚首,拍照志念。"

1 月 12 日,社会主义讲习会开会,山川均作《代议政治与革命》的演讲。

1 月 15 日,《天义报》发表民鸣译恩格斯《〈共产党宣言〉1888 年英文版序言》。

1 月 17 日,发生了幸德秋水等组织的社会主义金曜(星期五)讲习会的屋顶事件,堺利彦、山川均、大杉荣、竹内善朔等被捕入狱,张继受牵连,走避法国。社会主义讲习会由刘师培一人支撑。张继于 1908 年初离开日本,同年 3 月到达巴黎,不久即去伦敦。4 月 23 日由曹亚伯陪同访问了《自由报》主笔邵可侣(Roekles)。3 月、4 月期间刘师培两次写信给张继。张继在回信中指出"西方普通人士均言中国人无革命之资格,革命党人亦谓中国仅有革命之空言,恐难成事","欧美革命均属社会革命,与中国革命之性质不同"。提出应当效法法、英革命党人:一、设立工党,"以劳民为基础",运动群众参加革命;二、提倡生活节俭,痛改旧习,不论国内国外,深入贫民宣传革命,而且指出中国立宪的可笑,"中国之人欲立于世界上博荣誉,舍革命别无他法"。《衡报》第 4 号(1908 年 5 月 28 日)刊登《张继君由伦敦来函》。此信的后半部分即记述了访问的详细情况②。张继此封信对刘师培的影响很大。此前刘氏的无政府主义文章(如《利害平等论》、《鲍生学术发微》、《论共产制易行

① 柳亚子《南社纪略》第 3 页,转摘自杨天石、王学庄编《南社史长编》,第 100 页。

② 葛懋春、蒋俊、李兴芝《无政府主义思想资料选》。

于中国》）多从文献角度立论，而此后刘更多地关注社会现实与农民。他在6月8号《衡报》发表《论中国宜组织劳民协会》可能即受其推动。在该文中刘师培发挥张继的看法，肯定“处今之世，一切革命均由经济革命发生，而经济革命又由劳民团体发生，此必然之世也，故吾党对于中国，首冀劳民之革命”。尤其可贵的是，刘检讨历史，举秦、隋、宋、元、明诸朝革命为例，证明“中国历代之革命均发端于劳民，则现今中国革命必以劳民为根本”。而且他还进一步论证劳民的革命主动性。接着他又提出具体做法：“必先从事于劳民结合。”而后又从职业、乡谊、会党的结合情况说明“中国劳民素有结合之团体”。6月28日，在《衡报》第七号又发表题为《无政府革命与农民革命》，文中认为“所谓农民革命者，即以抗税诸法反对政府及田主是也”，观点比较幼稚，但这是中国最早从阶级、经济和农民自身性质等方面论证农民革命的文章。他的革命方法（抗税、劫谷）简单化，而且他还设想革命成功之后解决农业问题的两个方面：“土地共有”、“改良农业”。同期《衡报》还载有他的《论农业与工业联合制可行于中国》，文章认为“中国往昔之民，为农业者恒兼营他业”，而“今则不然”，提出农民兼营工业、开导农民智慧（“惟对大多数农人，晓以利弊，触其知识之发达”）。

1月，由于日本政府的镇压，《天义报》对“社会主义讲习会”的活动未作报道，直到《衡报》发刊，才继续发表消息，但已改名“齐民社”。

2月，刘师培夫妇与其母抵达日本。梅鹤孙称：“戊申年舅氏又赴日本，外祖母及舅母也同去。章太炎也在日，住在舅氏家中。”①

3月，上海粤人在政闻社社员徐勤、徐佛苏、伍宪子主持下聚会，倡议抵制日货。广东粤商自治会数万人聚会，定2月19日为国耻日。会后，抵制日货运动继续发展。

3月，在《〈面包掠夺〉序目》中，刘师培称：“彼于未来之社会生

---

① 梅鹤孙遗稿《刘师培的家学渊源及其生平杂记》，《扬州文史资料》第七集，第101页。

活，计划周详，其与空想家不同者，则援引现今之实例，以统计之法推测未来，其可适之于实行，殆无疑义。”(《天义报》第 16—19 卷合册)《天义报》第 16—19 合册以白话译载了意大利共产无政府主义者马拉特斯塔的《无政府共产主义之工人问答》，译者为周作人与吴弱男。刘师培序称：“凡艰深之语，均译为浅夫共解之词，使佣夫隶卒，均可观阅，彼劳民之心，庶可油然而生与！”

3 月，为《共产党宣言》中译本作《〈共产党宣言〉序》。

按：《共产党宣言》的中文全译本是 1920 年陈望道译出的。刘作序的仅是民鸣的《共产党宣言》的第一章《资产者与无产者》的一部分，刊于《天义报》16—19 卷合刊。

3 月 20 日，社会主义讲习会在东京清风亭开会，宫山崎民藏作《社会主义及无政府之派别》的演讲。刘师培作《法律出于宗教说》的演讲，章太炎作《人之根性恶》讲演。

《朱希祖日记》3 月 22 日记载：“下午，偕屈君至清风亭，聆宫崎民藏讲社会主义及无政府主义派别，刘申叔讲法律出于宗教说。太炎讲人之根性恶，以其具好胜心，二物不能同在一处，即排斥性也，而断定愈文明之人愈恶，愈野蛮其恶愈减……”①

4 月 12 日下午，社会主义讲习会(此时已改名“齐民社”)在东京清风亭集会，刘师培演说“国家之害”，并证明国家不能保卫人民(《齐民社开会纪事》，《衡报》第 1 号)。江苏某君作《日本军人之苦》演讲。汪公权等提出“公学筹款事”。大杉荣作《佛国叛乱之精神》讲演。

4 月 26 日，齐民社在神田町锦辉馆集会，兼为阪本清马送行。首由南桂馨报告，次由潘怪汉作《俄国社会党要求土地法案事》讲演，山川均作《动植物之互助》讲演，竹内善朔作《日本阶级制度及绅商之压制》，阪本清马作《暗杀主义》讲演。

4 月 28 日，《天义报》停刊，《衡报》第 1 号在东京出版，托名澳

① 参看汤志钧《章太炎年谱长编》，第 291 页。

门。宗旨是:“一、颠覆人治,实行共产;二、提倡非军备主义及总同盟罢工;三、记录民生疾苦;四、联络世界劳动团体及直接行动派之民党。”刘师培为该刊作《发刊词》。《衡报》粗浅地介绍了马克思主义关于剩余价值的理论,直斥“共和政体”为“专政政体之变相”。第1号刘师培《共和之病(Republic Abuse)》一文说:“如曰共和国人民均享幸福,则试观于纽约工民,其困乏若何?巴黎之乞儿及解雇之工,其贫困又如何?是则共和、专制,其名虽异,而人民受害则同。”该文表示:“使此制而果行于中国,吾人亦视为大敌。”

4月,与章太炎同宅而居,因生活习性不同,彼此生隙,又有人从中离间,遂与章太炎绝交。苏曼殊从中说合,又迁怒于苏曼殊。5月7日(农历四月八日)苏曼殊东京致刘三称:“盖近日心绪乱甚,太、少两公又有龃龉之事。而少公举家迁怒于余,余现已迁出……”① 导致曼殊“漂泊无以为计”②。此前章曾将何震与汪公权的隐私告诉了刘师培,结果遭到刘、何、汪三人的一致反感。章在刘宅无法安身,便又搬回了《民报》社。据梅鹤孙称:“章先生囚首垢面,衣巾经月不浣。曾养松鼠于袖中,果壳和干肉狼藉,室内虫蝇飞扰。又曾夜斥下女,继以号哭,旋复高歌。舅母(何震)不能堪,噪逐之,先生逡巡出,入小旅舍。外祖母以为同在客中,宜相照顾,晓舅母以大义,命舅氏迎之归。故先生见外祖母,必致敬礼,与舅氏亲若昆季。可惜后来为人播弄,加以论学及政见不同,竟发展到与章绝交的地步。”③蔡元培回忆道:“是年,君忽与炳麟龃龉,有小人承间运动何震,劫持君为端方用。”(蔡元培《刘君申叔事略》)不久,《民报》社发生“毒茶案”,《民报》副主编汤增璧误饮毒茶,险遭不测。事后查明是清朝驻日公使曾派人到《民报》社下毒,刘师培的姻弟汪公权所为。何震首先变节,被两江总督端方收买,随后刘师培也上了

① 柳亚子《苏曼殊全集》第一册,第208页。

② 马以君《苏玄瑛(曼殊)》,柳无忌《南社人物传》。

③ 梅鹤孙遗稿《刘师培的家学渊源及其生平杂记》,《扬州文史资料》第七集,第101页。

这条黑船，居间穿针引线的就是那个姻弟汪公权①。

按：汪、何二人是否真有暧昧关系？据当时身在东京的汪东回忆：刘终日埋头著作，又有肺病，何震则外好名而内多欲。她一面利用刘的文名，替她办刊物出名，一面嫌弃刘的瘘弱，不安于室。汪公权趁此勾引，便与何发生了关系。（汪东《同盟会和〈民报〉片断回忆》）。周作人也说："由于苏曼殊住在刘家，已有轶事传出，龚未生、钱玄同、刘叔雅先后都讲过。"②

4 月，《国粹学报》和国学保存会三周年纪念，张謇、孙诒让、陈三立、夏敬观，魏繇、章炳麟、汪德渊、黄节、郑孝胥、陈锐、刘师培、吴涑、李世由、汪国垣、刘三、潘复、王锡祺、徐鋆、秦琴、诸宗元、胡朝梁、魏耀仪、邱逢甲、许屯、吴承仕等二十多人，纷纷题辞赋诗。（见《国粹学报》第 38、39、42 期）刘师培《国粹学报》三周年写祝辞，其中反对过分强调学术的经世作用，刘氏似乎认识到过分强调学术经世反而给一些学者进行政治投机提供了借口。从 1907 年初开始，他逐步转变文风，较少运用西方进化原理和社会学原理来研究中国历史文化，而是把精力放在诸子校释和经学源流的整理方面。

5 月 8 日，《论共产制易行于中国》注意到生产力问题，提出先"共产"，后发展生产力。

5 月 9 日，陈去病《寄天梅书》："……刘、章结果，弟数年前早料到，盖两人皆经生，铿铿好辩，不肯服输，非若吾侪不肯以意气坏大局也。好兄弟而如此，能无泫然？所愿吾侪当日凛凛，无蹈此复辙，而自破其贞盟，则吾心安矣。"③

5 月 10 日。齐民社在麴町富士见楼开会，刘光汉作《结合之必要》演讲，守田有秋作《劳动结合及无政府主义》演讲，李君作《蜂群之组织》演讲，南桂馨、汪公权均有演讲。

① 陶菊隐《筹安会"六君子"传》，第 126 页。

② 周作人《知堂回想录》第四卷《北大感想录》。

③ 杨天石、王学庄编《南社史长编》，第 110 页。

5 月 17 日下午，齐民社为扼止抵制日货运动，在锦辉馆集会，名为“排斥日货研究会”。到会 700 人。是年 2 月，清两广总督下令扣留私运军火的日轮二辰丸，日本驻华公使林权助抗议，激起广东各地人民愤怒，群起抵制日货。此会即系对此而发。刘师培发表《排斥日货问题专题研究》演讲。潘怪汉等十四人发表旨在说明排斥日货是立宪党之阴谋，应将劳民对外团体加以运动，促进为对内团体的演讲。“均归罪保皇党”，“决议刊布书册，陈述利害，使此举速结，否则将排斥日货各机关以暴力破坏，并宣布次等劳民对外团体，当加以运动，使进为对内团体”。

5 月 18 日，《衡报》第三号《社会革命与排满》一文试图指出“排满革命”乃是一场“阶级斗争”，他说：“满汉之界乃满人所区画者也。彼族对于汉民既划分种界，其背于大同主义何如乎？因区划种界之故，致所定制度遂迥背平等之旨，所谓援种界、区阶级者也。”“故排满主义不必以种族革命自标，谓之阶级斗争之革命可也。”

5 月 24 日，他人伪造《炳麟启事》，刊于上海《神州日报》，启事称章炳麟“闭门却扫，研精释典，不日即延高僧剃度，超出凡尘”。

6 月 1 日，章太炎致函孙诒让，请其调解与刘师培的矛盾，书未至而孙氏已故。章太炎在给孙诒让的信中，称“仪征刘生（原注：旧名师培，新名光汉，字申叔，即恭甫先生从子）江淮之令，素治古文春秋，与麟同术，情好无间。独苦年少气盛，喜受浸润之谮，自今岁三月后，谗人交构，莫能自主，时吐谣诼，弃好崇仇，一二交游为之讲解，终无能济。（原注：以学术素不逮刘生故）先生于彼，则父执也，幸被一函劝其弗争意气，勉治经术，以启后生，与麟戮力支持残局，度刘生必能如命。悽悽陈述，非为一身毁誉之故，独念先汉故言不绝如线，非有同好，谁与共济？故敢尽其鄙陋，以浼先生，惟先生少留意焉。”①

① 章炳麟《与孙仲容书》，《制言》三十原函，《文录》二，《国粹学报》四十一，《遗书》第 22、23 页。

6月10日，章太炎在《民报》第21期上发表《特别广告》，声称5月24日有一方名印失窃，并否认《炳麟启事》出其手笔。而且提到“散布匿名揭帖”的是“山西宁武县人”。当时在东京的“山西宁武县人”中，确有人信奉无政府主义，与章太炎不睦，并与刘师培关系密切。章太炎声明已经查得，但没有点名。至于“冒名告白”的作者，章氏只表示“尚待调查”，没有公布结果。

按：此处很多人有成见，认为《炳麟启事》是刘氏所为，并说是章氏所说，实际并非如此，章氏并未说刘氏偷走他的印章，也未攻击刘师培夫妇是清廷侦探。所谓“山西宁武县人”疑即南桂馨，以后在1936年出资编刘氏遗著。

6月14日，齐民社在神乐坂上文明馆开会，刘师培作《人类具有之性情》演讲，称：“此次所演，非关于劳民疾苦，即系人民愤激之举动，深望观者之有感于中，以发破坏社会之观念。”汪公权放映、解说“活动大写真”，原拟放映《法国杀君》、《足尾铜山暴动》、《俄国革命》等片，因为日警干涉，改映：工厂之放火（说明资本家虐待工人）、马贼之劫掠（世界贫富不均）、伊国矿山火灾（矿夫生命危险）、伪造银币者末路（废金钱主义）、纽约大惨灾（当时无政府之态）、法国水兵之苦（说明非军备主义）、巴黎无赖民杀警察（秘密会之特色）、警察之无壮（警察不能保民）、宗教之残酷（非宗教主义）、盗贼之冒险（贫穷为犯罪原因），到会数百人。这是目前所能看到的“社会主义讲习会”活动的最后记录①。

6月28日，《衡报》出版第7号——农民专号，研究农民问题。其中，《无政府革命与农民革命》一文认为：“中国农民果革命，则无政府之革命成矣。故欲行无政府革命，必自农民革命始。所谓农民革命者，即以抗税诸法反对政府及田主是也。”

本月，章太炎在《民报》上发表《排满评议》一文，宣告“无政府主义者，与中国国情不相适应”，表示与无政府主义彻底决裂。刘

---

① 杨天石《天义报、衡报》，《辛亥革命时期期刊介绍》第三集，第337—338页。

氏向传统回归，落入乾嘉学术的窠臼。刘师培在与章太炎决裂后，不久又与陶成章大闹别扭。此时刘在东京已成众矢之的，人人避而远之①。刘氏将章太炎要他们和端方联系筹款赴印度的五封信影印寄给黄兴，中经孙中山、吴稚晖，在《新世纪报》大肆诬蔑章太炎为清政府的侦探。对章太炎的政治形象起了极坏作用，并加剧了同盟会内部进一步分化。1910 年 2 月，光复会从同盟会中分裂，在东京重立山头。

7 月 9 日，陈陶怡自日本归国，刚到上海，即因刘师培夫妇告密，被清两江总督端方下令逮捕，转押南京②。

冬，回国，据尹延武称："前四年戊申冬，返国。"（尹炎武《刘师培外传》后钱玄同说明）蔡元培回忆道："君于是年冬归国，依端方于江南。"（蔡元培《刘君申叔事略》）自前四年戊申冬至八年己未冬逝世之时，均复用师培旧名。

10 月 19 日，《民报》被日本查封。《民报》被封在日本政府的通知如下："《民报》发行人兼编辑人章炳麟：明治四十一年十月十日发行《民报》第 24 号，有人告发，违背《新闻纸案例》第 33 条，遂依同《案例》之 23 条，停止其发买颁布。……明治四十一年十月十九日　警视总监龟井英三郎。"9 月 25 日，日本政府"徇清政府之请，下令封禁《民报》"。邹鲁《中国国民党史稿》称："同盟会成立，首重宣传，故设《民报》以司其责。《民报》于纪元前七年（乙未）十一月发刊，至纪元前四年（戊申）底，出至二十四期。时适清廷派唐某（按：即唐绍仪）为中美联盟专使，道经日本，《民报》为文抨击，唐某觉之，嗾使驻日清使与日政府交涉，求封禁《民报》。日政府惧中美关系同盟弗利于己，乃允清使请，以见好朝廷，借口《民报》文字有激扬暗杀、破坏治安之嫌，即行封禁，不准发行，于是《民报》

① 据陶菊隐《筹安会"六君子"传》，第 126 页。

②《神州日报》1908 年 7 月 10 日，转引自杨天石、王学庄编《南社史长编》，第 113 页。

中断。”①

10月,《衡报》出满第11号后被日本政府查封。

10月,在上海,与苏曼殊、邓秋枚、朱少屏、林立山、韩笔海诸人合影留念。据柳亚子回忆:(1908)曼殊在南京时常到上海来玩,我十月中到上海,和曼殊相见,申叔夫妇亦在,同拍小照,还有邓秋枚、朱少屏,以及和曼殊没有关系的林立山、韩笔海诸人。

12月,陈去病自粤返沪,徐自华、刘师培、何震、苏曼殊、包天笑、邓实、朱少屏、沈砺、杨天翼、叶楚伧、林寒碧、徐小淑等置酒相迎。陈去病为述南游状况,不胜感慨②。

是年遇王闿运,王对刘才学极为称赞。据钱基博称:“会王闿运以端方之迎,来游江宁。师培写文百篇以示。闿运曰:‘非但为人所不能阐发;即索解人亦未易得。’师培大喜过望。”③

刘师培、何震为《神州女报》题词撰文。据《神州女报》第2、3期载:志剑《题字题词》;亚卢撰《湖南女子请开国会》。

在南京的时候,有一次发病,经朋友介绍,请了六七名有名的中西医生,客厅都坐满了。看了几天,病是好了,但也不知是谁治愈的。(据梅鹤孙遗稿《刘师培的家学渊源及其生平杂记》)

本年,《佚周书补释》上卷出版。这是刘较为满意的著作之一。

本年,李梅庵特聘刘师培任两江师范历史教员,刘师培住北洋督署④。

[**诗词系年**]

《再渡日本舟中作》、《宫女怨》三首、《从军行》六首、《译石门和夫氏希望诗》二首(以上十首诗均见《左盦诗》,《遗书》第1904页)

---

① 汤志钧《章太炎年谱长编》,第284页。

② 杨天石、王学庄编《南社史长编》,第119页。

③ 钱基博《现代中国文学史》,第113页。

④ 南京大学历史档案馆,转引自《南京大学校史资料选集》,1982年内部发行。

［**大事记**］

本年清廷打击急于立宪的改良派，罢斥袁世凯。清德宗载湉、慈禧去世，溥仪即位，载沣监国。清政府设立教育部。王国维编著《曲录》、《人间词话》（始连载于《国粹学报》）。梁令娴编《艺蘅馆词选》成。章太炎著有《排满平议》、《政闻社解散之实情》等。刘师培为章太炎《新方言》撰后序论述了研究方言的价值，不仅着眼于古代语言的演变，还考虑到未来言文一致问题，借此发扬国粹、激发爱国心。钱仲联生。孙诒让、皮锡瑞去世。

卷　四

（一九〇九年—一九一九年）

说　明

从1909年起，刘师培远离近代历史发展的大潮流，走进个人的研究圈子，研究方法与内容都是传统的，再也难见创新之论。革命形式如火如荼，而刘氏却钻进故纸堆。离开革命阵营后追随端方，考证金石，研究经子，虽有收获，但毕竟有限。他的政治思想也日趋保守。曾经的革命者，在辛亥革命成功之日，几成革命的对象。虽得旧友相救，刘氏终不再言革命，不见章氏。与革命背道而驰，参与“筹安会”，帮助袁世凯篡夺帝位。然而他这一次又被历史嘲弄，帝制失败后，流落天津。所幸最后几年进入北大教授文学史，生命再次焕发光彩。奈何天不惜才，短命而逝，时值英年，遗恨学林。

刘氏这一阶段的活动主要在四川、山西、北京。在四川蒙旧人谢无量相延，教授国学院，与今文经学大师廖季平互相切磋，学术上能够兼容并包，而思想上倾向佛老，相信天命。山西是他的一个驿站，北京谋得参政之席亦可说达到了刘氏家族仕途的高峰。然而结局却是惨状空前，惶惶如丧家之犬。

刘师培在“五四”新文化运动时期支持学生创办《国故》，然而刘氏决没有与新文学对抗之意。而且与新文化干将陈独秀的关系亦非常融洽，友谊深厚。

刘氏一生不停地追求人生灿烂的极致，然而命运弄人，一个天才，一个少年国学大师留下太多的遗憾而离开尘世。

公元一九〇九年（民国前三年，宣统元年，己酉） 二十六岁

刘师培夫妇及其母回国，至上海，把章太炎托其运动端方筹款的五封信拍成照片，广为传布。尹炎武云："前三年己酉，入端方（此传中为'托活络忠敏公'）幕。"（尹炎武《刘师培外传》后钱玄同说明）

按：刘、章交恶事出有因，章太炎当时确曾和端方交涉。杨天石在《章太炎与端方关系考析》一文有详细考辨。1909 年冬到 1910 年初，在陶成章、李燮和、章太炎等发动对孙中山的攻击之后，香港《中国日报》、巴黎《新世纪》等报刊先后公布过章太炎给刘师培、何震夫妇的五封信。……(1912)章太炎倒向袁世凯方面，同盟会会员主持的上海《民权报》5 月 4 日便重新发表了这五封信中的四封(《章太炎之丑史》)：致何震函一(以下简称函一，余类推)云"近想安抵沪上"，"所托诸事，务望尽力"。末署："兄麟顿首。"何震注解说："此信无甚关系，惟观'所托诸事，务望尽力'二言，则凡运动张之洞诸事，皆包括其中矣。"函三云："闻妹将赴金陵，想近日已在途也。……刘、卞二处消息如何？幸告。"末署："兄麟顿首，阳十一月二十五日。"何震注解说："刘、卞二处。刘即□□□姊，系章下狱后，刘允月贴二十金，至今未交者也。卞即前长崎领事卞綍昌，张之洞之女婿。彼于去年八月致函张之洞，誓言决不革命，决不与闻政治，且言中国革命决难成功，若赠以巨金，则彼往印度为僧。书为申叔所见，始知彼与官场有往来。及我返国，彼知吾兄何誉生与前长崎领事卞綍昌亲善，彼为张婿，故嘱我往长崎访之，使再致书于之洞。"函三云："四、六君鉴：二十九日接得手示，知四弟在船甚苦。……四弟既不往宁，在沪交涉亦善、前书言恐有枝节，愚意可密致杨仁山书，令其转圜。"末署："毛一顿首。十二月三十日。"何震注："四君、四弟，均刘申叔也。六君即何振也。毛一，章自称也。……杨仁山也，池州杨文会也，以通佛学闻，南京官场多敬之，故彼欲嘱何致书于彼，请向其江督为彼乞恩。”函四云：“黄、叶亦无他语，惟已明知四弟到沪，在外宣传，黄更知兄欲出家。前数日有周尊者，自上海来信去(当作云)：‘闻黄抱香语，公欲出家。’则此事已稍漏泄矣。运动之事，想二子无不周知。”何震注：“黄者，湖北黄抱香也；叶为黄友，浙江人，忘其名。黄见章不作《民报》，将疑彼无心革命，在东京对人宣言，故彼畏之甚，疑其尽知彼事。又叶为邻人，知申叔返沪，故信中言‘运动之事，想二子无不周知’也。”函五云：“领事按月支款之说，万难允从。一、若按年分摊，则一岁不过千余元，或仅数百，必不敷用。二、若摊年过久，章甫去江宁后，事即中寝。三、领事为政府所派，非两江私派，若果迁延抵赖，亦无如何，以留学官费证之可见。要之不以意气相期，尽力磋磨，亦无益也。弟若转圜，当要以先付三分之二，不则二分取一，如或未能，当面回复。此则当令六弟任之。”末署：“兄毛一白。阳三十日。”何震注：“此信最有关系。何接彼第四信，复致书于彼，故为疑问之词，谓‘将付巨款欤，抑至印后按月支款欤？请示明，以便开交涉。’彼乃以此函相答，反对按月支款之说。章甫者，端方也。”①据考，此信作于 1907 年 12 月前后。章太炎在 1907 年确曾计划去印度为僧，并为路费所苦。刘氏《与端方书(三)》亦作于 1907 年 12 月或稍后，时、地、人、事与之吻合。另有《天铎日报》(1912 年 6 月 6 日)证明章太炎确曾通过刘师培向端方处活动，章五函是真的。1907 年夏，肃亲王善耆派遣在其府中幕僚的老革命党人程家柽“辇金三万元，赴东献诸同盟会本部，谓此举只对革命党表示好意，并无其他条件”②。而章太炎本人，这时则想到自己与张之洞“有一二日之旧游”，在东京时，对于张之洞，“关于文学、教育诸事，亦尝遗书献替”(章太炎《复浙江统一党支部电》，1912 年 6 月 6 日《越铎日报》)凭借这一关系，他想，或可径自向张之洞“告贷”，从他

① 杨天石《章太炎与端方关系考析》，《从帝制走向共和》。

② 冯自由《清肃王与革命党之关系》，《革命逸史》第五集，第 251 页。

那里筹得一笔款子。时清政府驻长崎领事卞綍昌是张之洞的女婿，“于何震为戚属”（刘师培《致黄兴函》，1910年1月15日《星州晨报》），正要卸职返国，何震便托称自己也要回国办事，怂恿章太炎立即给张之洞写一封信，自告奋勇愿出面托请卞綍昌携带回国面交张之洞。何到达长崎后，即函告章太炎，卞綍昌已于日前卸职乘轮回国，当待回国后遇到卞綍昌再按原计划进行。何归国后，经过一番活动，致书章太炎，说卞綍昌不敢将章太炎书转致张之洞，但曾私下告诉端方，端方对章太炎甚是敬重与同情，愿资助十万金或五万金以成全章太炎出家为僧之志，而何震本人则拟亲赴南京摸底。刘师培回国，秘密向端方上“弭乱之策十条”，同时致书章太炎，谎称他不去南京，只“在沪交涉”。

关于刘师培投向清廷的大体经过，大致已考证清楚；对其所以这样做的缘由，则众说纷纭：或从其思想上的局限性入手，或从其与孙中山等人的矛盾纠纷入手，或从章太炎当时的消极态度对其产生之不良影响入手，或从何震、汪公权的诱惑以及其个性弱点入手①。

关于刘师培和章太炎纠纷回国背叛革命一事，高拜石有论：“他的夫人何震，却是风流跌宕的女子，在东京有交际花之称，抛头露面，活动异常，生性又很泼辣，口头心眼却不让人。这时师培与太炎争名，又和陶成章不和，大家对何震指指点点，疑她被清廷收买作留学界的侦探。这妇人本是不甘寂寞的，亡命久了，总觉得不如归去，便向她丈夫怂恿，师培是一个书呆子，除了读书不糊涂外，做人处世无一不糊涂。……师培返国之后，端方托人表示好意，延

① 参见陈奇《刘师培思想研究》，贵州人民出版社1999年版，第332—342页；方光华《刘师培评传》，百花洲文艺出版社1996年版，第96、97页；李洪岩《刘师培背叛革命公案述说》，《文史知识》2000年第11期；王汎森《刘师培与清末的无政府主义运动》，《大陆杂志》第90卷第6期；经盛鸿《论刘师培的三次思想变化》，《东南文化》1988年第2期；嵯峨隆《近代中国革命幻影——刘师培的思想生涯》，第167—176页；李帆《歧路彷徨——也谈刘师培的政治选择》，《文史知识》2002年第6期。

他入幕，他初尚不踌躇，经不起妇人富贵利禄的幻想，枕边絮聒，便也觉得不便峻却，聊以委蛇。……他这个人，对革命意志不坚，却是不诬，但一定说他做侦探出卖党人，似也太过。平心而说，他是负气而脱离革命阵营的。"①"亚子自云，耳食之士，必轻魏收轻薄，自有心人视之，缕缕皆血泪痕耳。数言洵勘为定评。惜知其意者稀耳。奈何！"②

按：何震的哥哥何家辂是刘师培叔叔刘富曾的女婿③，又与张之洞的女婿、清廷驻长崎总领事卞綍昌"亲善"。所以，何震与卞有联系。据何震说，章太炎1907年8月间写信给张之洞，"誓言决不革命，决不与闻政治，且言中国革命决难成功，若赠以巨金，则彼往印度为僧。书为申叔所见，始知彼与官场有往来。"此函由何转给卞。何震回国前，章又嘱托她到长崎去见卞某，请卞再次向张之洞提出此事④。由此看来，卞与何震是亲戚关系，但两人在长崎仅为章太炎事见面，至少就有两次。1908年11月，何震再次从日本回国时特意绕道长崎，日本学者嵯峨隆认为，也可能是去见卞，事虽不确，但何震与官方有接触，是没有疑问的。

至南京，刘师培公开倒入端方幕府。据说，师培归来，端方曾大排筵宴，欢迎其改变信仰。僚属士绅，相关名流约一百余人，纷纷向刘师培敬酒庆贺。刘师培有些陶醉了。当然，这一切都是秘密进行的。从此，他便踏上了一条为人所不齿的不归路，给革命造成了一定程度的破坏。此后为端方考订金石，称为"匋斋师"。入幕后，任两江督辕文案兼三江师范学堂(今南京大学前身)教习，住

---

① 高拜石《热中功名步歧途——刘申叔近利自误》，《新编古春风楼琐记》第二集，第78页。

② 《太平洋报》，1912年4月21日，转摘自杨天石、王学庄编《南社史长编》，第123页。

③ 刘富曾《亡侄师培墓志铭》："已配何氏，为余女夫扬子增生何家辂胞妹。"

④ 参看杨天石《何震揭发章太炎》，《近代史研究》1994年第2期。又《刘师培举报章太炎》，杨著《横生斜长集》，第36页。

在大行宫，不久，又上书端方，奏设两江存古学堂于南京朝天宫，培训国学教员，未见实施。据尹炎武称，陈庆年荐刘师培入端方幕："托活络忠敏公开府江南丹徒陈庆年（善余）荐师培入幕府，已而临川李瑞清（梅庵）聘师培教授三江师范学校。大江南北，英流才彦，多归之。"（尹炎武《刘师培外传》）

刘师培的外甥梅鹤孙对此事有详细的回忆，其遗稿称："时端方为两江总督，李瑞清为两江师范学堂监督，这时学校开办历史地理选科，为全国高等教育的先河，必须硕学高名的人担任教授，其中历史一门尚乏通才。有人建议延聘舅氏，但李瑞清以舅氏名挂党籍，不敢专主。时丹徒陈庆年在督署为首席幕僚，端方对陈言听计从。李商之陈，陈听了非常赞同，力任进言。次日即与端谈到仪征刘氏三世传经，家学渊源，为嘉道以来江淮间第一。他本人又是英年博学，虽为革命党人，近年已不谈种族革命。他若能来，实为上选。端方遂嘱江宁藩司布政使、诗人樊增祥（云门）具函礼聘，由李、陈电约返国。舅氏接电后尚在考虑。这时舅母何震久厌居东，听小人之言并符合她的名利思想，以为能与官场联系，自然另有出路，遂极力怂恿要挟。刘氏是一个疏于事故的人，听她的话，不能坚定立场，权其得失，就贸然返国。舅氏由日本回国后，有人造谣诽谤，说章太炎外和内忌，游扬当道，有不利于孺子之心等语，并登诸报章。再经何震加以饰词，刘氏引为大恨，遂向太炎绝交。太炎百计修好，刘氏都置之不理，有信不复。太炎急了，遂写了一封信与温州孙诒让先生，托他调停。章太炎函劝'先迷后复，无减令名'；又寄书何震，切责其贻误刘师培一生前途。刘氏未复信，也未听章氏的劝告。在写信与孙先生的次年，听到刘氏就端幕的消息，除托某君寄声切责何震外，又写了一封信与刘氏，加以规劝，而刘氏竟未采纳。"[①]章炳麟《与刘光汉书七》称："申叔足下，与君学术素同，盖乃千载一遇，中以小衅，翦为仇雠，岂君本怀？虑亦为人诖

① 梅鹤孙遗稿《刘师培的家学渊源及其生平杂记》，《扬州文史资料》第七集，第102页。

误,兼以草泽诸豪,素昧问学,夸大自高,陵蔑达士,人之践忿,古今所同,铤而走险,非独君之过也。天荚其衷,公权陨命,君以权首众所瞩目,进无搏击强御之用,退乏山林独善之地,彼帅外示宽宏,内怀猜贼……”①

按:刘师培投靠端方有一些客观因素。在与章太炎发生分歧之前,刘氏与同盟会其他骨干有矛盾。他一到东京,就为东京同盟会党员的涣散深表不满。与章太炎用宗教鼓舞革命者的道德意识相呼应,刘氏在1907年3月23日(公历5月5日)出版的《民报》13号发表《利害平等论》以及年初发表的《王学释疑》都表明刘氏希望用一种理论来焕发革命斗志,提高革命者的道德自觉。1907年3月,孙中山离开东京,同盟会本部更加涣散,内部分歧叠出;继而有章太炎揭民报社孙中山照片事件,张继与刘揆一在民报社互相揪打事件。刘师培与章太炎一度都有用黄兴取代孙中山地位之打算。刘师培还积极作了革命理论探索,提出了与孙中山有别的革命目标与革命策略。虽然改组同盟会的活动终因黄兴顾全大局没有发生严重后果,但刘师培已给大多数同盟会会员造成了不好印象。而刘师培也自视甚高,不愿改变这种印象。随着章太炎与刘师培之间的分歧越来越大,刘师培觉得没有什么革命力量可以依靠,于是他的目光盯住了端方。1906年刘因其表弟汪公权的关系得以认识端方。1909年夏,王金发在上海将汪公权击毙(《续暗杀与进步》,《新世纪》1909年7月24日,第105号)。章太炎得知汪公权被击毙的消息写信给刘师培(《再与刘光汉书》,《章太炎文集》第四册。)

刘师培夫妇公开投降清政府,柳亚子、高旭作诗寄慨。钝剑《重视海上写真成两章》:“今贤那识古贤心,几复风流何处寻?富贵于侬本无分,聊将皓月证初襟。”“残阳疏柳黯魂消,吟到河山惨不骄,毕竟经生成底用,可怜亡国产文妖。”亚子亦有两诗,可谓同

① 章炳麟《与刘光汉书七》,《刘申叔遗书》,第23页。

心之言:“风流坛坫成陈迹,盟誓河山保令名。凤泊鸾飘吾辈事,未须憔悴诉平生。”“扬子美薪称绝学,士龙入洛正华年。千秋谁信舒章李,几社中间著此贤。”

《有感次巢南韵》一律:“聂姊宠娥旧等伦,如何竟作息夫人?琵琶青冢方辞汉,歌舞邯郸已入秦。国外争传司马语,梦中犹是坠楼身。伤心一传河间妇,刻画无盐恐未真。”①

春,闻陶成章自南洋返回上海。其时,陶成章遭通缉,刘师培遂与两江督标中军官率官兵在各码头查侦,未果。

5月9日,《琴操补释》发表于《国粹学报》。

夏,刘师培列席陈其美、张恭、王金发等密议江浙起义会议。会后,密报端方,租界出面查抄设在上海马霍路德福里的革命机关,张恭被捕。王金发得悉后,持枪找刘氏算账。刘氏担保张恭安全,张恭果未被判处死刑。汪公权后被王金发击毙于上海,王亡命香港②。

7月14日,《新世纪》发表《续暗杀进步》,揭露刘师培变节卖友事。

与苏曼殊等仍有交游③。

9月4日之后,刘师培参与敦煌卷子的考释。是日,京师学者在六国饭店设宴招待伯希和,侍读学士恽毓鼎在致词中,正式提出影印其中精要之本的要求,伯希和表示“自可照办”。具体实施者是罗振玉。罗氏又请端方襄助,敦请伯希和出售所携和已运回国的四部要籍写本照片,伯氏如约,陆续寄到,端方分交罗振玉和刘师培考释。1911年初,刘师培撰成《敦煌新出唐写本提要》十

① 柳亚子《南社纪略》,第4页。

② 陶菊隐《筹安会“六君子”传》,第122页。

③ 柳无忌编《苏曼殊研究》二、重订苏曼殊年表:“九月十三日抵金陵……刘申叔夫妇归沪,仍同游宴。”

九种[①]。

12 月 2 日,《转注说》发表于《国粹学报》第 60 期。26 日,孙中山因章太炎发表《伪〈民报〉检举状》相攻讦事,致函吴敬恒,嘱他将刘师培"发露章太炎同谋通奸之笔迹照片"寄上,遂有第二次"倒孙运动"。

年底,随端方往天津。游燕蓟,与家人堂弟刘师颖始会面[②]。《致林宝麟书一》称自己"频年漂泊,备尝艰辛。近旅白门,暂为栖身之计。顾念先著未成,于《左疏》一书,不得不赓续,于二年内刊板行世,以为缵述先业之一助"。从中可看出他投靠端方的一个原因就是想完成三世未竟的《左传旧注疏证》事业。同时,书信中还提到自己的经济状况:"现到陵仅两月,支款浩繁,而家中学费,复需按节汇寄。"可见,刘师培不仅要支持自己一家的生活费用,而且还有家族中其他人的学费[③]。《致林宝麟书二》中即提到"《左疏》旧稿现已发抄,嗣后定当随编随刻,以期速成"。"两侄学费并大伯母月费已寄扬州",表明刘师培此时需照顾刘寿曾的遗孀(即大伯母)的生活费用以及刘师苍的两个女儿的学费。信中谈到刘寿曾遗稿的情况,其中还隐约谈到纠纷,刘师培的大伯母"询及先伯父遗稿",而刘寿曾的日记去向似乎成了问题,刘师培说:"惟日记数册,则仍在家中,弟实未曾携出也。"诗文集并《南史校义》、《文谱类释》、《昏礼重别论驳议》诸稿本,"均宝藏甚至,并拟俟《左疏》刊成,将《文集》渐次付印。"[④]《致林宝麟书三》谈到将刘寿曾《文集》二册送回扬州,"似此办理,想家中必无异言也"[⑤]。

① 荣新江《北京大学与敦煌学(上)》,《文化的馈赠——汉学研究国际会议论文集》。

② 据刘师颖跋,《刘申叔遗书》,第 2407 页。

③ 万仕国辑校《刘申叔遗书补遗》,第 1285 页。

④ 万仕国辑校《刘申叔遗书补遗》,第 1287 页。

⑤ 万仕国辑校《刘申叔遗书补遗》,第 1288 页。

［**诗词系年**］

《金陵城北春游》、《从匋斋尚书北行初发焦山》、《答梁公约赠诗》、《秋怀》、《得陈仲甫书》、《咏史》四首、《励志诗》(以上十首诗均见《左盦诗》,《遗书》第 1904 页)

［**大事记**］

本年二月十五日(3 月 6 日),清政府宣布实行"预备立宪、维新图治"之宗旨。五月十一日(6 月 28 日),清政府命两江总督端方为直隶总督兼北洋大臣,粤督张人骏为两江总督兼南洋大臣,以粤抚袁树勋署粤督。九月初一(10 月 14 日),清各省咨议局开会。光复会与同盟会分裂。南社成立于苏州。王先谦刻成《庄子集解》。王国维撰《唐宋大曲考》、《戏曲考源》、《录曲余谈》诸文,载于《国粹学报》。鲁迅、周作人兄弟合译《域外小说集》。章太炎《庄子解诂》、《小学答问》成。张之洞、刘鹗逝世。

公元一九一〇年(民国前二年,宣统二年,庚戌) 二十七岁

1910 年 1 月 18 日《星州晨报》刊发刘师培《致黄兴书》,对自己与章太炎的交往与反目作了较详细的交代,首先是章太炎"当此之时,已无心于革命,欲往印度为僧"。因为日本长崎领事卞綍昌为张之洞女婿,又与刘师培的夫人何震为亲戚,于是让何震托卞向张之洞转信,向张索款三万元,以二万元助章太炎旅印度,以一万元归刘师培,为印书之资。而卞已卸任回国,而此事无果而终。章太炎乃转而求助于端方。刘师培在上海活动的结果是端方答应按月支款,章计划遂寝。而刘师培回日本,章太炎怀疑刘师培筹款成功,乾没其款,于是误会日深①。

春,端方调任直隶总督,往天津。刘师培随端方北上,有《从匋斋尚书北行初发焦山》诗。出任直隶督辕文案、学部谘议官等职。不久,何震由南桂馨介绍,在阎锡山家任家庭教师。

---

① 万仕国辑校《刘申叔遗书补遗》,第 1292—1293 页。

2 月，刘师培“将平昔说经及考订子史之作，编为《左盦集》，刊木印行。书八卷，装订六册”(《〈左盦集〉出版广告》，《国粹学报》第 63 期)。

3 月 13 日，生女刘颎。

8 月 13 日，刘颎因病夭折。作《女颎圹铭》、《伤女颎》诗二首。本月，成《白虎通义校补》二卷。

9 月 18 日，《左盦诗》一卷，计六十二首，交成都茹古书局印行。

秋，拜徐固卿(字少桢)为师，学六历。(据万《表》)

孟冬，旅居北京白云观研究《道藏》。《读道藏记》(未完)刊于《国粹学报》第 75 至 77、79 期。在后来的《读道藏记》的序中，他叙述了这段经历：“迄于咸、同之际，南《藏》毁于兵，北《藏》虽存，览者逾勘，士弗悦学，斯其征矣。予以庚戌(1910)孟冬旅居北京白云观，乃启阅全《藏》，日尽数十册，每毕一书，辄录其序跋。”法国汉学家施舟人评论道：“(中国本土)第一位比较科学的研究道教的人是刘师培(1884—1919)，他是清代著名的学者刘毓松(1818—1867)的后代。1910 年，他在北京白云观读《道藏》。……当然，刘氏在这么短的时间是不可能看完《道藏》的，而且他在 1934 年出版的《读道藏记》中并没有多少提要。但因为刘氏是一位有名的学者，他到白云观读《道藏》的故事后来成了一段佳话，所以此事还是颇有影响的。此外还提到陈垣(第二个道教学者)、陈国符、汤用彤、许地山、冯友兰、饶宗颐、王明。”①

[**诗词系年**]

《游天津公园》、《折柳词》三首、《季夏雨霁游北洋公立种植园泛舟竟夕》、《新白纻曲》、《秋思》、《题赵受亭黄山松图》、《夕雨初晴登西山重兴寺孤亭》、《送诸贞壮》、《西山观秋获》。(以上十一首诗均见《左盦诗》，《遗书》第 1904 页)

---

① 施舟人讲演《中国文化基因库》，第 158 页。

［大事记］

本年资政院开院。康梁一派年初于上海创办《国风报》。1910年同盟会领导的第一次广州起义失败。章太炎创办《教育今语杂志》，提倡平民普及教育。《学林》创刊出版。缪荃孙刊成《续碑传集》。章太炎《文始》、《国故论衡》、《齐物论释》完成。钱钟书生。王国维著《人间词话》。宋恕（平子）逝世，有《有均文集》、《津谈》等。吴趼人逝世。

公元一九一一年（民国前一年，宣统三年，辛亥） 二十八岁

5月23日，端方奉命南下，强收鄂、粤、川、湘四省铁路公司，刘师培随之南下。其母则由人护送返回扬州清溪旧屋。（据万《表》）

9月，端方被任命以侍郎身份督办川汉、粤汉铁路。端方严厉推行铁路国有政策，刘师培随端方途次夔州，作《悲秋词》。

10月13日赶到重庆。但此时武昌起义已经爆发，11月波及四川。

按：尹炎武称："嗣师培从忠敏入蜀，行至重庆，忠敏殉难，师培只身流亡。"实际上刘氏已被资州军政府拘留，后来多方努力，刘氏才得以幸免。前一年辛亥秋，从端方之四川，端方被杀后，申叔任四川国学院教员。（尹炎武《刘师培外传》后钱玄同说明）

11月27日，端方被部将杀于资州，刘师培被四川军政府资州军政分府拘留。弟子刘文典在上海小花园胡同找到章太炎，请其电恳四川都督释放刘师培；章太炎已拟就电稿，不谋而合。

12月1日，章太炎在《民国报》第2号上发表《宣言》九则。其第五则称："今者文化陵迟，宿学凋丧，一二通博之材，如刘光汉辈，虽负小疵，不应深论。若据执党见，思复前仇，杀一人无益于中国，而文学自此扫地，使禹域沦为夷裔者，谁之责耶？"26日，章太炎、蔡元培电请孙中山，请他出面保释刘师培。但章太炎当时并不知刘氏已被资州军政署囚拘。蔡元培后来回忆此事道："前一年，随端方之四川。端方死，君幸而免，盖在四川国学院讲学，然长江下游不易知君之踪迹，炳麟不念旧恶，甚念君，乃约余共登一广告于上海各报，劝君东下。”（蔡元培《刘君申叔事略》，《遗书》第 18 页。）

是年《国粹学报》取消社说，用通论代替，多是学术著作。邓实在《第六年国粹学报更定例目》中表明该刊物的变化，目的就是为了更好地“罔逸拾残”，“庶几复古，无愧先民”，反映了复古的倾向。刘师培以当时他能看到的伯希和供应的少数材料为依据，撰写《敦煌新出唐写本提要》19 篇，1910 年 11 月 21 日开始连载于《国粹学报》第 75 至 82 期。这是对传统的“四部书”残卷进行的最早的深入研究，以考订写卷年代、进行文字校勘、评定写卷价值等为主。极为精审扼要，可称典范之作。开创敦煌研究之先声①。

［**诗词系年**］

九月作《悲秋词》

［**大事记**］

本年黄花冈起义。四川保路同志会成立。武昌起义成功。孙中山当选中华民国临时大总统。康梁诸人仍将学术活动与改良运动直接联系。朱祖谋刊《湖州词征》成。王国维由文学研究转向经史和古文字研究。胡适在美国研究哲学和文学。章太炎讲学，以佛学印证《庄子》。佛学大师杨文会（仁山）、端方（午桥）、杨守仁（笃生）、汪康年（恢伯）去世。

公元一九一二年（民国元年，壬子）　二十九岁

民国初年，刘师培曾满怀激情地写了一首七律，题为《乌孙公主歌》，表达了扬州人民对刘细君的深切缅怀，歌云：“胡筝拨怨黄金徽，尘毂凝香纨罽帏。镜里青鸾知惜别，歌中黄鹄宁羁飞？狼望春花雪絮积，龙堆秋草阳晖稀。到此应输青冢骨，芳魂犹共珮环归。”

1 月 11 日，章太炎、蔡元培联名刊登《求刘申叔通信》于《大共

① 据白化文《中国敦煌学目录和目录工作的创立与发展》，《古典目录学研究》，第 256 页。

和日报》。《通信》称:“刘申叔学问渊深,通知古今,前为宵人所误,陷入范笼。今者,民国维新,所望国学深湛之士提倡素风,任持绝学。而申叔消息杳然,死生难测。如身在地方,尚望先一通信于国粹学报馆,以慰同人眷恋。章炳麟、蔡元培同白。”①

1月25日,资州军政分府致电大总统,请示处理刘师培的办法。当时报载:“刘光汉在资州被拘,该处军政分府电大总统请办示法。”(《民立报》1912年1月25日“南京电报”)

1月29日,临时政府教育部、大总统府分别复四川都督府和资州军政署,令其保护刘师培到南京教育部,“电贵府释放”。教育部电文为:“四川都督府转资州分府:报载刘光汉在贵处被拘。刘君虽随端方入蜀,非其本意,大总统已电请贵府释放。请由贵府护送刘君来部,以崇硕学。教育部。宥。”(《临时政府公报》第一号,1912年元月29日,转引自《刘师培评传》第99—100页)总统府电文为:“四川资州军政署鉴:刘光汉被拘,希派人委送来宁,勿苛待。总统府。宥。”

1月30日,陈独秀等人签名于《为保护刘光汉致大总统书》。书谓:

“大总统钧鉴:仪征刘光汉累世传经。髫年岐嶷,热血喷溢,鼓吹文明。早从事于爱国学校、《警钟日报》、《民报》等处,青年学子读其所著书报,多为感动。今之共和事业得以不日观成者,光汉未始无寸尺功。特惜神经过敏,毅力不坚,被诱俭壬,坠节末路。今闻流系资州,行将议罚。论其终始,实乖大法,衡其功罪,或可相偿。可否恳请赐予矜全,曲为宽宥,当玄黄再造之日,延读书种子之传?俾光汉得以余生,著书赎罪,某等不啻身受大法矣。谨此布闻,伏待后命。

皖都督府秘书科:

邓艺孙、洪海阊、汪津本、李德膏、陈仲、卢光浩、马汝简、吕嘉

① 高平叔《蔡元培全集》第二卷,第128页。

德、李中一、龙炳等谨叩。”①

据《苏曼殊文集·苏曼殊年谱》称，苏曼殊曾建议刘师培前往欧洲留学：“对刘师培不计前嫌，建议找蒯理卿、沈乙庵、张啬庵集资让其往欧洲留学。”

刘获释后，由谢无量介绍在四川国学院讲学。此时，何震在山西都督阎锡山处为家庭教师，自请入川寻夫，得阎许诺②。据《民立报》载：“刘师培君前由资州只身来省，现与谢君无量组织政进党机关报。”(《民立报》1912 年 4 月 4 日“四川电报”)

按：1911 年，尹昌衡任四川都督，将枢密院改为国学院。国学院与存古学堂合并，吴之瑛任院正(正院长)，谢无量、刘申叔任院副(副院长)，但院内主要事务、学术教育，仍由谢无量拟议或献策，谢无量的工作量反而有增无减。……当时院内学者几乎概揽蜀中名流。后又礼聘浙江名学者楼黎然、资中李尧勋、成都大慈寺大和尚释圆乘。民国元年下期，国学院再扩大，外商校址远远不敷，又扩大三胜街院址③。又据邵瑞彭回忆：“(刘)岁辛亥入蜀，居成都。蜀人为立讲堂，奉廖先生为本师，而君二之。盍识余暇，辄相諏讨。时廖先生已摒弃今古部分之说，君反惓惓于家法，尤好《白虎通义》。每就汉师古文经说，寻绎条贯，沂流穷源，以西京为归宿，其所造述体势义例，敻异向日，三百年来古文流派至此碻然卓立。呜呼，岂不盛哉?”(邵瑞彭《礼记旧说·题记》，《刘申叔遗书》第 99 页)刘氏在辛亥入蜀，当不为讲学时间。

9 月，四川国学会成立，刘师培作《四川国学会序》。20 日该会机关刊物——《四川国学杂志》创刊，刘师培是该刊的主笔之一。

在四川国学院期间讲授群经，听课人数六十人，研究《左传》的有十一人，其中有萧定国、向华国、皮应熊、唐棣秾、魏继仁、李燮、

---

① 《临时政府公报》第 2 号，1912 年 1 月 30 日。转引自唐宝林、林茂生《陈独秀年谱》第 55 页。

② 陶菊隐《筹安会“六君子”传》，第 122 页。

③ 据刘长荣，何兴明《谢无量年谱》，《文教资料》2001 年第 3 期。

李茵、华翥、杨斌、鄢焕章、马玺滋等人。在讲课之余，师生讨论，授以札记。后经壁山郑刘生（阑）纂辑为《春秋左氏传答问》，共二十七条①。

夏，整理旧日诗文成《左盦文集》五卷。

在蜀期间，与廖平（季平）相交，学术上认同古文经学，兼容今文经学。刘师培称颂廖氏经学“由《穀梁》而兼治《公羊》，故主于礼制而不废神运之说，实以鲁学而兼究齐学，其长在《春秋》礼治……为魏晋以来所未有”。蒙文通称“世之真知廖先生学问者，与其谓康南海，不如谓刘申叔”。王森然对刘氏学术传承与变化有论：“（廖平）故先生之学，春秋其大宗，礼制其骨干，及学益宏远，世之讥笑亦因之，惟仪征刘师培独能知先生之真，故称道逾恒，左庵四世以左氏世其家，方其作《王制集证》，犹不信有今古之分，及既接先生，遂专治《五经异义》、《白虎通义》，其作《白虎通义》定本，辨析今古家法，极于毫芒，晚成《周官古注集疏》、《礼经旧注考略》，遂以礼为宗，其推明两汉说礼沿革，足以辅先生之说。自先生之学行，能知其底蕴者，一人而已。刘师培进而推明古今文立说之所由异，言礼不同之故，一则以为洛邑镐京之制有殊，一则以为东周西周之礼不一，义既难定，说亦不著，惟微词示而已。不同于先生张大其辞，廖刘两家立言之不同，而推本于礼则一，其辨析今古文则一。惟其说明今古相异之故乃不同耳。进而两人共同研究齐鲁之学，先生以鲁学为今文正宗，齐学消息于今古之间，而燕齐为古学，以壁中书为鲁学，为今文；刘左庵以壁中书为鲁学，鲁学为古文，而齐学为今文。”②

刘师培曾教授蒙文通《说文》，并对蒙氏学习予以首肯。据蒙文通的弟弟蒙季甫回忆：“（蒙文通）1911 年入存古学堂（辛亥革命后改名“四川国学院”），受业于井盐廖季平及仪征刘申叔，时闻廖、刘两先生纠驳汉宋学之误失，乃幡然知学问之非易事，遂潜心从两

① 据刘申叔《春秋左氏传答问》序，《刘申叔遗书》，第 311 页。

② 王森然《廖平先生评传》，《近代名家评传：初集》，第 76—81 页。

先生学。时刘氏授《说文》,尝以‘大徐本会意之字,段本据他本改为形声,试条考其得失’为课,先生答卷三千余言。刘氏于卷首批云:‘精熟许书,于段、徐得失融会贯通,区别条例,既昭且明,按语简约,尤合著书之体。’而廖氏见先生之好段氏书也,尝詈之曰:‘郝、邵、桂、王之书,枉汝一生有余,何曾解得秦汉人一二句,读《说文》三月,粗足用可也。’先生深韪其言,自是循廖氏之旨以治经,惟家法条例之求而不屑屑于训诂名物矣。”①

据尹炎武称:“(刘师培)入成都,谢无量邀主国学院。与蜀中今文大师廖季平角立。手订《左盦集》,雕版行之,蜀学丕变。”(尹炎武《刘师培外传》)

10月,章太炎与马良、梁启超发起函下考文苑,仿造法兰西学院,下设研究院,此事由于所需的经费太多而没有成功。所拟邀请教师名单中刘师培教群经。名单如下:“马良(相伯)、章炳麟(太炎)、严复(几道)、梁启超(卓如)、沈家本(子敦)(法)、杨守敬(惺吾)(金石地理)、王闿运(壬秋)(文辞)、黄侃(季刚)(小学文辞)、钱夏(中季)(小学)、刘师培(申叔)(群经)、陈汉章(倬云)(群经史)、陈庆年(善余)(礼)、华蘅芳(若汀)(算)、屠季(敬山)(史)、孙毓筠(少侯)(佛)、王露(心葵)(音乐)、陈三立(伯严)(文辞)、李瑞清(梅庵)(美术)、沈曾植(子培)(目录)。名单后附注云:说近妖妄者不录,故简去夏惠卿。廖季平、康长素、王壬秋亦不取其经说。”②

冬,西藏发生叛乱,四川军政府准备进藏平定,刘师培上书四川都督尹昌衡,分析利弊,认为应该仿效旧制,布恩感化,以臻统一。

12月22日,堂兄师慎登江都南门谯楼,服毒自杀③。

是年与林琴南相遇,且为林画题诗。据《冒鹤亭先生年谱》称:

---

① 龚谨叔《蒙文通先生传略》,第185页,蒙季甫《文通先兄论经学》,第59页,蒙默《蒙文通学记》。

② 黄焯《黄季刚先生年谱》,《黄侃日记》,第1103页。

③ 刘师培《仲兄许仲先生行状》,《刘申叔遗书》,第1836页。

“1911年三月，林琴南绘制《南河泊修禊图》，先生（冒鹤亭）作《三月三日山腰招苇湾修禊》。民国后。林携此图回川，后请谢无量、刘师培题诗。”①

［诗词系年］

［大事记］

本年清帝逊位。中华民国成立，孙中山任临时大总统。袁世凯窃国作临时大总统，章太炎被任为高等顾问，与之产生隔阂，迁都北京。康、梁分裂。国民党成立。10月，袁世凯迫使国会选举他为总统。王国维写成《宋元戏曲考》。黄侃在失意中整理词作，编成《腾华词》。严复受袁世凯之聘，任北京大学校长。章门弟子发起国学会，延章太炎任会长。赵熙编成《香宋词》。释敬安（八指头陀）去世。

公元一九一三年（民国二年，癸丑）　三十岁

本年，任成都国学院副院长，彭作桢、谢子夷等都是此时的学生。1912年入蜀为国学馆长，朝夕与廖氏讨教，专心于《白虎通义》。

2月12日，为李尧勋《中国文字问题》作序，批评廖平的“行简字，更六书”的主张。

在四川期间，刘师培对佛教开始产生浓厚兴趣。1914年他在《四川国学杂志》刊有《与圆承法师书》（收入《左盦文集》卷十六）、《心感论》、《余庆余殃论》、《信义论》（收入《左盦外集》卷十五）

夏，出蜀适沪。与陈独秀相遇于上海，据台静农称：“端方被杀后一年，申叔狼狈回到上海时，独秀问他怎么打算，他的太太器张地说，要北上找袁项城，使独秀不能说下去。”②

秋，离沪适晋，投入阎锡山幕下，充任高等顾问，何震任家庭教师。这些都是南桂馨介绍的（据《癸丑纪行六百八十八韵》，收入

① 冒怀苏《冒鹤亭先生年谱》，第172页。

② 台静农《龙坡杂文》，第161页。

《左盦诗续录》)。居住在南桂馨家中。据南桂馨称:“曩来太原,实住余家。”(南桂馨《序》,《遗书》第 32 页)何震入川迎刘至太原后,阎先聘为军属顾问,随后又向袁世凯保举,袁任之为公府咨议①。

7 月,《国故钩沉》杂志创刊,发表了几篇文章。该刊仅出一期即停刊。据蔡元培称:“至太原,创《国故钩沉》。”(蔡元培《刘君申叔事略》,《遗书》第 18 页。)北行途中有长诗《癸丑纪行六百八十八韵》。

刘师培到山西后,肺病更为严重。身体不佳。才三十岁,头发已经发白,加以水土不调,医生的治术南北各异,无人细心看护,自己又不善保养,日渐羸弱。(据梅鹤孙遗稿《刘师培的家学渊源及其生平杂记》,《扬州文史资料》第七集 104 页)

［**诗词系年**］

《左盦诗续录》(钱玄同定为辛亥至民国二年所作):《八指头陀诗》三首、《伤女颊》二首、《杂咏》三首、《乌孙公主歌》、《沪上送陈佩忍至杭州》、《九江烟水亭夕望》、《舟中望庐山》、《横江词》四首、《花园镇关帝庙夜宿》、《黄鹤楼夕眺》、《升天行》、《仙游诗》、《大堤曲》八首、《蜀中赠吴虞》三首、《蜀中赠朱云石》、《述怀一百四十韵示蜀中诸同好》、《浣花溪夕望》、《阴氛篇》、《八埏篇》、《大象篇》、《咏史》十二首、《凌云山夕望》、《重庆老君洞夕眺有感》、《题江永澄春湖载酒图》、《题文绮盦溪夜宴图》、《题张船山南台饮酒图》、《未遂》、《壮志》、《嘉树》二首、《答陆蓍那》二首、《上海赠谢无量》、《哀王郁人》、《独居》、《杂诗》二首、《蓟烟》、《癸丑纪行六百八十八韵》、《题马彝初所藏明人残砚》、《题董丈蜕盦菱湖泛舟图》、《樊云门七十寿诗》二首。

《左盦诗别录》:《台湾行》、《齐侯缶歌》、《文信国祠》、《古意》、《读楚词》、《有感》、《书扬雄传后》、《台城柳》、《楚词》、《咏扇》、《出郭》、《读戴子高先生〈论语注〉》、《归里》、《幽兰吟》、《咏明末四大

---

① 据陶菊隐《筹安会“六君子”传》,第 122 页。

儒》四首、《咏女娲》、《黄天荡怀古》、《申江杂感用苏东坡秋怀诗韵》二首、《烟雨楼》二首、《闻某君卒于狱作诗哭之》、《东京清明杂感》二首、《咏汉长无相忘瓦》、《咏怀》五首、《咏禾中近儒》三首、《题陈去病〈拜汲楼诗集〉》二首、《鸳鸯湖放棹歌》、《焦山放船至金山》、《夜月》、《燕雁代飞歌》、《拟杜工部赠李十二白二十韵》、《谒冶山顾亭林先生祠》、《书怀》、《题〈风洞山传奇〉》三首、《观物吟》、《多能》、《滴翠轩》、《留别》二首、《赠李诚庵》二首、《偶成》二首、《杂赋》、《张园》、《滇民逃荒行》、《宫女怨》二首、《从军苦歌》七首、《译石门和夫希望诗》二首缺一

［**大事记**］

本年召开第一次国会，袁世凯被选为大总统。北洋军阀日趋专横。宋教仁被刺。章太炎北京被禁。袁世凯通令各省尊孔祀孔，孔教会成立，康有为任会长。章太炎写《驳建立孔教会议》。孙中山发动讨袁战争，不久失败。康派《不忍》与章派《雅言》在上海对立。章太炎在《雅言》创刊号发表《驳建立孔教议》。教育部召开读音统一会，规定的注音符号原是章太炎所定。钱振锽辑《毗陵三少年词》刊。

公元一九一四年（民国三年，甲寅）　三十一岁

1 月，刘师培《庄子校补》发表于《国学荟萃》创刊号上。

春，刘师培经阎锡山推荐，赴北京谒见大总统袁世凯。刘偕何震至北京，袁世凯任命其为公府咨议，函谢袁①。袁封他为公府咨议。刘作《谢恩折》。据尹炎武称："辛亥改国，由蜀入晋，居未久，山西都督阎锡山荐师培于大总统袁氏，授参政院参政。"（尹炎武《刘师培外传》）蔡元培回忆亦称："三年，赴北京。"（蔡元培《刘君申叔事略》）

7 月 25 日，《答四川国学学校诸生问〈说文〉书五通》发表在

① 陶菊隐《筹安会"六君子"传》，第 122 页。

《雅言》杂志第一年第8期上。第9期又发表《四通》。这是他研究《说文解字》的专著。

本年,肺结核病逐渐加深。在《与成都国学院同人书》中刘称:"志意衰落,发白早凋,夙夜悼心,若涉渊水,常恐殒没。犬马齿穷,永衔罪责,入于畜土。企心东望,每用依依。"(《与成都国学院同人书》)

在《甲寅》上发表《咏史》:"朝倾蓟市酒,夕驱梁门车。丈夫诎鸣铗,志士伤郁居。罝兔在中道,亡羊多歧途。钓璜隐姜公,乞飧羁荆胥。掉手谢湎纷,条敝规江湖。"

[**诗词系年**]

《咏史》

[**大事记**]

本年第一次世界大战爆发,中国政府宣布中立。袁世凯解散国会,废除临时约法。孙中山组织"中华革命党"。章太炎处于囚禁之中。康有为不入政坛,实际从事复辟活动,梁启超对袁世凯逐渐采取不合作态度。王国维受罗振玉委托,编辑《国学丛刊》。章士钊在东京创办《甲寅》。黄侃任教北大。章太炎《訄书》修改增删为《检论》。钱仁康生。

公元一九一五年(民国四年,乙卯)　三十二岁

1月,袁世凯《颁定教育要旨》:爱国、尚武、崇实、法孔孟、重自治,戒贪争、戒躁进。

刘师培作《国情论》、《告同盟会诸同志》,为袁世凯称帝鼓噪。《国情论》认为:"一国政治必与土俗民情,有极大关系。""故讨论一国之国体,不可不研究国情","今中国国基未固,强邻逼处,较孔子所谓小康之世亦且不逮,顾欲推行之治,不亦难乎?"①《告旧中国同盟会诸同志书》称:"所谓革命主义者,实以民族主义为前提。"

① 万仕国辑校《刘申叔遗书补遗》,第1326页。

"今者清帝逊位，五族共和，大功告成，政体改革，数年宗旨，一旦实行。非惟恢复中华，抑且建立民国。此实国家休养生息之年，亦即诸君长揖归田之日也。"指出二次革命"骚动时闻，闾里有纷扰之虞，军备有扩充之实，则人民负担，亦必增益于无形"。如若借助外国势力干涉，则"甘心卖国，是则全国同胞之公敌，千秋万世之罪人"①。

4 月，刘师培请将汉儒贾逵从祀的文章《汉儒贾逵学行卓绝呈请从祀孔庙以挽世风而维经术呈》，以贾逵"学行卓绝"，从祀孔庙，"以挽世风而维经术"。刘师培之所以写作此文，实乃因为贾逵"传经卫道，厥功甚伟"，"方今国体问题，表决在即。远迩一词，赞成君宪。观于群情所趋向，愈征逵说之大醇"②。

8 月，刘师培经杨度拉拢，成为拥护洪宪帝制的筹安会"六君子"之一。蔡元培称刘师培"忽为杨度等所勾引，加入筹安会"（蔡元培《刘君申叔事略》，《遗书》第 18 页）。另据刘师培的外甥梅鹤孙认为，刘氏参与复辟帝制乃由于何震怂恿。梅称："舅氏学问文章闳通淹雅，故为学者所交推，但文人习气不免急功近名，加以妗氏时常怂恿，以为在教育界当教授是没有什么出路的。国内政治已到如蜩如螗的趋势，学者不研究政治是行不通的。种种论调，时加浸润，加以杨度、孙少侯等正在为袁世凯包办帝制，搜罗海内名流之时，舅氏与严复、缪小山诸君又是好友，所以就被列名筹安会，袁世凯任以参政和上大夫的职位。当时就有《国情论》、《君政复古论》等文字流布了。"③

8 月某日，刘师培参加杨度为筹安会准备的晚宴。《筹安会盗名记》载："明日（杨）度具柬邀先生（严复）晚餐，柬叙同坐则有孙毓筠、刘师培、李燮和、胡瑛，姓名赫然在焉，皆度所要结以发起筹安

① 万仕国辑校《刘申叔遗书补遗》，第 1331 页。

② 万仕国辑校《刘申叔遗书补遗》，第 1323 页。

③ 梅鹤孙遗稿《刘师培的家学渊源及其生平杂记》，《扬州文史资料》第七集，第 103 页。

会者也。"①

8 月 14 日,刘师培等六人联合通电各省发表组织筹安会的《筹安会宣言》。此外该会还电请各省将军、巡抚使及各团体派选代表到北京共同商讨国体问题。但迫不及待于八月二十三日在石驸马大街正式宣告成立。推杨(度)、孙(毓筠)二人为正副理事长,严、刘、李、胡四人为理事。该会通知各会员说:"本会宗旨,在乎研究君主、民主国体何者适于中国,专心学理之是非与事实之利善为讨论范围,此外各事,概不涉及。"他们便又迫不及待由各省旅京人士组织"公民团",分途向参政院请愿,所有请愿书概由该会代为起草②。

就刘师培参与帝制一事,刘的很多朋友书信劝说或反对。8 月 18 日,黄节(晦闻)致书刘师培,劝筹安会诸人"深查得失,速为罢止",刘师培置之不答。黄节反对袁世凯复辟帝制,指责"倾覆民国,是为内乱;聚党开会,是为成谋","愿因足下以告诸君,深察得失,速为罢止!"(《与刘师培书》)肯定共和制,谴责他组织筹安会、鼓吹帝制的行为(《南社》第十五册,杨天石、王学庄编《南社史长编》第 399 页)。刘师培召集知名学者,"讨论国体",称说帝制。会开到一半,黄侃愤然而起,说:"如是,请先生一身任之。"并首先退出会场,其他学究亦纷纷退席。事后章太炎说:"是时微季刚,众几不得脱。"(《黄季刚墓志铭》)

8 月 23 日,在袁世凯的授意下,杨度、严复、孙毓筠、胡瑛、李燮和、刘师培发起组织以"筹一国之治安"为目的的所谓筹安会。该会称其宗旨是"研究君主民主国体,二者何适于中国"。29 日发表第二次宣言,说本会"全体一致主张君主立宪"(《护国文献》,贵州人民出版社 1985 年版,第 1033—1036 页)。筹安会正式成立,会址设在北京石驸马大街。

---

① 转引自牛仰山、孙鸿霓《严复研究资料》,《中国近代文学研究资料丛书》,海峡文艺出版社 1990 年版,第 64 页。

② 陶菊隐《北洋军阀统治时期史话》,第 341 页。

9月1日，参政院开会时便有所谓山东、江苏、甘肃、云南、广西、湖南、新疆、绥远等省区代表纷纷呈递请愿书。刘师培列名在江苏请愿团中①。

9月9日肃政厅全体肃政使呈请袁取缔筹安会，呈文说："杨度身为参政，孙毓筠曾任约法会议议长，唱此异说，无怪人民惊疑。应请速予取消，以靖人心。"

9月16日，内务部逢迎袁的意旨说："该会发起人皆学问闳通，声望卓著之士，于此次讨论界说，范围亦已郑重说明。倘认为有扰乱秩序之虞，自当加以限制，以保公安。"自筹安会成立以来，袁就派武装警察保护"六君子"的私人住宅。

10月，刘师培被袁世凯任命顶替王闿运，署理参政院参政。刘师培先后任职为咨议、编审、参政等职，并给予上大夫的头衔。

10月16日，筹安会改称"宪政协进会"。23日，刘师培受命任参政院参政，代理参政院事务。

11月，刘师培接受袁朝的上大夫，献《君政复古论》。

刘师培曾想邀请黄侃共同为袁世凯新朝拟定年号。据高拜石回忆，细节如下：头几天，刘访季刚，见面便提出一个问题，说："我们做文章要纪年，总写什么甲子、乙丑，但六十年一转，这干支弄不清楚了，而元年、二年的下去也不方便，你说该怎么办？"

季刚不明他有什么用意，便说："这没什么，用年号来纪年，是汉武帝才起的，汉武帝以前写文章的却没有发生问题，欧洲各国用耶稣降生来纪年，到了现在也没什么不方便……"

刘听了没讲话，便辞去了。

第三天，筹安会发起人的名单在报上披露了，刘师培的大名也赫赫列在第六，季刚恍然悟了前日刘来谈的用意——这糊涂蛋在那里替"新朝"拟年号。

翌日，刘又来访，滔滔谈起"君政复古"的大议论，请一班学人

① 陶菊隐《北洋军阀统治时期史话》，第342页。

参加“筹安会”。言未毕，季刚大声说：“刘先生请！刘先生爱怎么办就怎么办，我们这班书呆子，不配做‘佐命大臣’的，请！”

不等他走，自己就进去了①。

冬，刘师培在北平期间遇到老朋友黄侃。据钱玄同称：“其后暌离数年，四年之冬，二君（刘氏与黄侃）复在北平晤面，申叔出其关于《左传》之著作示季刚，季刚读之而大悦，其后遂北面称弟子，以绍述申叔之学自任。”（《遗书》第 19 页钱玄同按语）

12 月 23 日，将军唐继尧、巡抚使任可澄通电劝告袁取消帝制。电报说：“……杨度等公然聚会，朱启钤等之秘密协商，皆为内乱重要罪犯。应请立将杨度、孙毓筠、严复、刘师培、李燮、胡瑛六人及朱启钤、段芝贵、周百齐、梁士诒、张镇芳、雷镇春、袁乃宽七人明正典刑，以谢天下……”（陶菊隐《北洋军阀统治时期史话》，第 380 页）

是年刘师培与杨度一起迎衍圣公孔令贻入京。

是年《刘申叔文钞》（三册）由进步书局出版。

［**诗词系年**］

［**大事记**］

本年袁世凯接受日本提出的“二十一条”，宣布称帝。蔡锷、唐继尧组织护国军声讨袁世凯。梁启超著《异哉所谓国体问题者》，公开反对帝制。陈独秀在上海创办《青年杂志》，后改名《新青年》。鲁迅在教育部任职。缪荃孙刊行《京本通俗小说》。王闿运辞去国史馆馆长职。况周颐《漱玉词笺》由中华图书馆发行。

公元一九一六年（民国五年，丙辰）　三十三岁

1 月，刘师培、康宝忠（字心孚）等重组《中国学报》，鼓吹君主复古思想。发表《君主复古论》。（尹炎武《刘师培外传》）

6 月 6 日，袁世凯死。

① 高拜石《“天王”孝子——黄十公子轶事》，《新编古春风楼琐记》第二集，第 104 页。

对于洪宪帝制与筹安会的认识，严复事后有所论述，或有助于认识刘师培的意图，附志于此，以备一说。1916 年“夫中国自前清之帝制而革命，革命而共和，共和而一人政治，一人政治而帝制复萌，谁实为之？至于此极。彼项城固不得为无咎，而使项城日趋于专，驯至于握此大权者，夫非辛壬党人、参政两院之捣乱，靡所不为，致国民寒心，以为宁设强硬中央，驱除洪猛，而后元元有息肩喘喙之地故耶！不幸项城不悟，以为天下戴己，遂占亢龙，遽取大物。一着既差，威信扫地。呜呼，亦可谓大哀也已。筹安会之起，杨度强邀，其求达之目的，复所私衷反对者也。然而丈夫行事，既不能当机决绝，登报自明，则今日受责，即亦无以自解。惟是公于取消帝制，复劝项城退位，则万万不能，何则？明知项城此一去，则天下必乱，而必至于覆亡。”（《与熊纯如书札节钞》第十八，《学衡》18 期）①

7 月 14 日，黎元洪下令惩办帝制罪魁，所列名单中，筹安会成员中缺严复和刘师培，因为李经羲“爱惜人才”一言已经将二人剔除。此后，流寓天津租界，生计维艰，肺结核症日深一日。黎元洪当总统，赦免刘师培等人复辟帝制罪。（陶菊隐《筹安会“六君子”传》，第 128 页）据蔡元培回忆：“袁世凯死，君留滞天津。”（蔡元培《刘君申叔事略》，《遗书》第 18 页）尹炎武亦称：“逮袁氏殂谢，师培流寓天津。”（尹炎武《刘师培外传》，《遗书》第 17 页）

按：在惩办帝制祸首这个问题上，陶菊隐曾有论述。他认为：段（祺瑞）与护国军之间也存在分歧，段本人与不少帝制祸首具有血肉相连的关系，而且一般帝制派也是他所尊敬的袁世凯的“谋臣勇士”，他既继承了北洋派领袖的地位，袁的私党也就是他的私党，自然不愿对他们有所伤害。在北京政府研究这批祸首名单时，多有被包，李经羲力保严复、刘师培，认为是“当代不可多得的人才”，从而从名单中剔除。而其他祸首也都在通缉前跑到天津、徐州等

① 转引自牛仰山、孙鸿霓《严复研究资料》，第 64 页。

地,不过是"通而不缉"①。

刘师培《庄子校补》受学人称赞。1916 年十二月嘉平十三日陶然致陈钟凡信中提到"刘氏《庄子校补》……精博自不可及"②。

江苏兴化李审言在洪宪坍台之后作《二刘诗》对刘氏家族兴叹哀婉,于申叔,"故重伤之而是非之"。

附:

李审言　二刘诗

青溪旧屋刘孟瞻,四叶孙子俱翩翩。昔将青藜配红豆,张侯晚起能争前。强死运追二王子,金华银朴伤湛渊。观涛不返记八月,披发上诉仓琅天。衰宗一线话申叔,绝足奔放孤腾骞。盛名显晦如儿戏,扰扰风纛空中悬。伯松不免巧为奏,子云剧美犹穷玄。安生冲远甘北面,儒生历此真堪怜。逝者既逝骨已朽,生者痛惜居幽燕。我顾生招入恒开,袚以爟火煎清泉。诸生侍经侍讲席,绵蕝瓠首相周旋。恨无竹实致此凤,空令逐肉如鸟鸢。愿浸著书善养性,毋以朝谤凋天年。张侯有集尚扃钥,申叔流布穷垓郲。秋窗月落百虑绝,微虫曳响凄鸣铉。偶忆二刘写余抱,诗成搁笔停宵眠。吁嗟我无爱憎念,不见刘柳温石皆见昌黎篇?(自注:余爱申叔,故重伤之而是非之,公不能由余而讳。昌黎《永贞行》之言刘、柳,《寄卢同诗》云:"永南永北两山人",即温造、石洪也。俱不免有微辞,后以为情好不终,误矣)③

[**诗词系年**]

[**大事记**]

本年孙中山发表"第二次讨袁宣言"。6 月 6 日,袁世凯死,徐世昌继位总统。军阀割据。十二月,蔡元培被任命为北京大学校

① 陶菊隐《北洋军阀统治时期史话》,第 463—466 页。

② 吴新雷等《清晖山馆友声集》,第 45 页。

③ 李详《李审言文集》,第 1318 页;又见高拜石《热中功名步歧途——刘申叔近利自误》,《新编古春风楼琐记》第二集,第 75—76 页。

长。丁福保辑成《清诗话》。缪荃孙任国史馆馆长。王闿运去世，著述有《湘军志》等，经学发扬《公羊》学说，作诗为汉魏六朝诗派首领。

公元一九一七年（民国六年，丁巳） 三十四岁

是年刘师培由陈独秀、黄侃推荐，受蔡元培之聘为北大教授。年初，蔡元培出掌北京大学，随即援引陈独秀任北大文科学长。陈独秀就职不久，即向蔡元培推荐因拥袁称帝失败而避地天津的刘师培来北大任教。据与晚年陈独秀往来密切的台静农说："关于申叔之入北大教授，据我听到的，还是陈独秀先生的意思。当袁世凯垮台后，独秀去看他，借住在庙里，身体羸弱，情形甚是狼狈。问他愿不愿教书，他表示教书可以，不过目前身体太坏，需要短期休养。于是独秀跟蔡先生说，蔡先生也就同意了。"①另据黄焯回忆，黄侃曾在蔡元培面前进言延刘授学。黄称："仪征刘君师培博稽载籍，经术闳深。焯尝贸然问先生，刘太师所阅书与章太师孰为少多？先生曰：'汝何知？刘先生之博，当世殆无其匹。其强记复过绝人。尝属余借书，予随持往，即于筵间匆阅一过，遽行掷还。予愕然曰：君不云需阅是书耶？君曰：吾已得其旨要矣。即背诵书中要语数十处。其经目不忘如此。'刘君时处北都，先生为言于蔡元培，延其授学。元培以君曾党附袁氏未以为可。先生曰：'学校聘其讲学，非聘其论政，何嫌何疑？而不予聘？'于是乃致聘约。"（黄焯《黄季刚先生年谱》，《黄侃日记》，第1110页）蔡元培回忆道："余长北京大学后，聘君任教授。君是时病瘵已深，不能高声讲演，然所编讲义，元元本本，甚为学生所欢迎。"（蔡元培《刘君申叔事略》）尹炎武亦称："寻主北京大学教授，群士蔚起，古学棣兴焉。"（尹炎武《刘师培外传》）

刘师培进入北大后，出任中国文学门（1919年改为文学系）教

① 台静农《〈早期三十年的教学生活〉读后》，《龙坡杂文》，第162、163页。

授,兼任文科研究所的指导老师,并为国史编纂处纂辑员,月薪280元。(《北京大学文科一览》,民国七年度,北京大学档案馆藏)他所担任的课程有:1917年至1918年,“中国文学”(一年级、二年级每周各三小时)、“中国古代文学史”(二年级每周三小时)(《文科本科现行课程》,北京大学日刊1917年11月29日);1918年至1919年,“中古文学史”(二年级每周二小时)、“文(中国文学)”(三年级每周六小时)(《北京大学文科一览》,民国七年度,北京大学档案馆藏);1919年“文学史”(二年级每周二小时)、“文(中国文学)”(三年级每周四小时)。(《国立北京大学八年至九年度学科课程一览》,北京大学档案馆藏)与刘师培共同执教的黄侃、黄节、康宝忠、钱玄同、章士钊、朱希祖、马叙伦、吴梅、周作人等,俱为一时之选。听讲的学生有罗常培、杨振声、俞平伯、傅斯年、许德珩、郑天挺、罗庸、杨亮功、夏承栋、张煦等。另据中国第二历史档案馆藏全宗号1057,案卷号79号的《北京大学前任及现任校长教员任职年限清册》:刘师培民国六年十一月到校,任文本科教授,任职年限五个月。

蔡元培曾就聘刘师培为北大教授一事《答林琴南书》:“筹安会之发起人,清议所指为罪人者,本校教员中有其人,以其所授为古代文学,与政治无涉,则听之。”①

刘师培从此谢绝交游,专心讲学,重新将精力放在古文经学的沿流研究之中,试图在学术研究中树立起他的尊严。罗常培、丁惟汾都是他的学生。其时主讲文科的,闽派独树一帜,主讲人为林畏庐、陈石遗两公。自刘氏应聘后,蔡又延黄季刚。当刘、黄二先生上课时,虽不属文科的学生,震于高名,无不齐趋讲堂,延颈跻踵,以得据隅听讲为荣,风气为之一变。由是林、陈稍不自安,未几即相率辞职而去。

8月,刘师培应陈钟凡之聘兼任北京女子高等师范学校课程。

---

① 《蔡元培选集》,第79页。

当时北京女子高等师范学校(简称女高师)学生不满班主任戴礼、陈树声,要求撤换两人经学、古文教员职务。校长方还(惟一)不得已,乃请陈钟凡为主任及教员,(陈)遂辞去纂辑员职务,接任后大加改新,及秉承蔡元培兼容并包之办学方针,聘请北大中文系旧派教授刘师培、黄侃(季刚),新派教授李大钊、胡适(适之)至女高师兼课①。

刘师培当时教学与身体状况,冯友兰、杨亮公、程俊英曾有回忆。

冯友兰曾听刘师培讲授中国中古文学史。冯友兰回忆道:"教授之所以为教授,在于他在学术上有所贡献,在他本行中是个权威,并不在于他在政治上有什么主张。譬如辜鸿铭,他的英文水平很高,他可以教英文,北大就请他教英文。这在蔡元培到校以前就是事实,蔡元培到校后不但没有改变这个事实,还又加聘了一个反动人物,就是刘师培(申叔)。刘师培出身于一个讲汉学的旧家,清朝末年他在日本留学,说是留学,实际上是在东京讲中国学问。袁世凯计划篡国称帝的时候,为了制造舆论,办了一个'筹安会',宣传只有实行帝制才可以使中国转危为安。筹安会有六个发起人,当时被讥讽地称为'六君子',其中学术界有两个名人,一个是严复,一个是刘师培。在袁世凯被推翻以后,这六个人都成了大反动派。就是在这个时候,蔡元培聘请刘师培为中国文学教授,开的课是《中国中古文学史》。我也去听过一次讲,当时觉得他的水平确实高,像个老教授的样子,虽然他当时还是中年。他上课既不带书,也不带卡片,随便谈起来,头头是道,援引资料,都是随口背诵,同学们都很佩服。"②

杨亮公曾有回忆:"刘申叔先生教中古文学史,他讲的是汉魏六朝文学源流与变迁。他编有《中国中古文学史讲义》。但上课时总是两手空空,不携带片纸只字,不得已时偶尔写一两个字,多是

① 据姚柯夫《陈钟凡传略》,《学林清晖》,第21页。

② 冯友兰《三松堂自序》,第310页。

残缺不全。""刘先生教我们于汉魏六朝文学中每人任选择一两家作专题研究。他认为研究任何一家文学必须了解其师承所自、时代背景及个人身世。我研究的是徐陵(孝穆)、庾信(子山)两家。有一时期我专致力于魏晋六朝文学,这也是受了刘先生的影响。刘先生在北大授课时肺病已到了第三期,身体虚弱,走起路来摇摇欲倒,真是弱不禁风。他在刮风下雨的时候,照例是请假。"①

刘师培在女高师担任《文心雕龙》课程。据程俊英回忆:"刘老师学问渊博,对经学尤有研究,素为陈、黄老师所敬仰,他介绍《国粹学报》让我们读,初步吸收他有论有据的治学方法,当时他患有肺病,咳嗽不已,学校雇马车接送,不到一学期就不能来了。"②

12 月 5 日,刘师培出席北大会议,周作人也到会。(据《北京大学日刊》1917 年 12 月 5 日)

年底,北大文、理、法三科各学门先后分别成立了研究所,刘师培与其他教授一样,兼任了文科研究所国学门的指导老师。他所指导的研究科目起初为"文"和"文学史",定每月第三周和第四周分别与"文学史"、"文"两个方向的研究员会面一小时,研讨该主题下的具体问题。(《国文研究所研究科时间表》,《北京大学日刊》,1917 年 12 月 4 日)

刘师培在担任中国文学门教授、文科教研所导师的同时,他还被聘为国史编纂处编纂员。国史编纂馆原直属于中央政府,袁世凯当政,曾聘湖南名士王闿运主持成立国史馆,王死后,机构徒有虚名。时 1917 年 6 月 26 日,教育部决定将国史馆并入北京大学,改为国史编纂处,以蔡元培校长兼任处长。国史编纂处分纂辑与征集二股,纂辑股纂辑民国史及历代通史,征集股掌征集一切史料。不久,蔡元培便聘刘师培、屠寄、钱恂、张相文、叶瀚、沈兼士、周作人等为纂辑股纂辑员③。

---

① 杨亮公《早期三十年的教学生活》,《杨亮公先生丛著》,第 661 页。

② 程俊英《陈钟凡老师在女高师》,《学林清晖》,第 53 页。

③ 李帆《刘师培与北京大学》,《中国近代史》2002 年第 3 期。

是年秋，刘师培撰《中国中古文学史讲义》。鲁迅先生在1928年时说："我看过的已刊的书（指中国文学史一类），无一册好。只有刘申叔的《中古文学史》倒要算好的，可惜错字太多。"①在《魏晋风度及文章与药及酒之关系》的著名演讲中，鲁迅推荐说："研究那时的文学，现在较为容易了，因为已经有人做过工作……辑录这时代文学讲座有刘师培的《中国中古文学史》……对于我们的研究有很大的帮助。"同时声明："我今天所讲，倘若刘先生的书里已详的，我就略一点；反之，刘先生所略的，我就详一点。"

［**诗词系年**］

［**大事记**］

本年张勋复辟失败。孙中山领导护法运动。章太炎发起亚洲古学会，后任军政府秘书。胡适首次发表白话诗词。章门高足钱玄同参加新文化营垒。蔡元培《红楼梦索隐》印行。王国维作《殷卜辞中所见先公先王考》、《殷周制度论》。朱祖谋（孝藏）编成《彊村丛书》。王先谦去世，著述有《汉书补注》、《荀子集解》、《东华录》等。

公元一九一八年（民国七年，戊午）　三十五岁

是年刘师培仍居北京大学授课，黄侃也在北大任教，两人时常往复②。

1月19日，蔡元培在北京大学发起成立北京大学进德会，征求会员，刘师培很快便加入其中。（《北京大学日刊》1918年6月3日）

该会规定入会标准：

甲种会员：不嫖、不赌、不娶妾。

乙种会员：于前三戒外加不作官吏、不作议员二戒。

丙种会员：于前五戒外加不吸烟、不饮酒、不食肉三戒。

2月28日，教育部批准了国史编纂处报送的国史编纂略例，该略例规定"通史部先编长编及辞典"，"长编分为政治史、文明史

① 《鲁迅全集》第九卷，第350页。

② 据《黄侃日记》，黄焯《黄季刚先生年谱》，第1111页。

两种。政治史长编分为年表、大事记及志三类。……文明史分为经济、风俗、宗教、科学、哲学、文学、美术等类”。“长编写定后,始由专门史学家编为通史”。各编纂员按此规定有所分工,刘师培负责通史部政治史长编之“志”和文明史长编之“风俗”。他为这项工作付出了很大的心力,在事务员与书记的协助下,很快就编出了大量稿本。

春,国史馆划归北大,改称国史编纂处。蔡校长兼处长,下设征集、纂辑两股。

4 月 30 日,《国立北京大学廿周年纪念册》编竣发行,刘师培在其上发表《题词》,以其擅长的华丽骈文表示对北大建校二十周年的祝贺。另外,李泰棻经丁惟汾介绍,刘师培还曾在经学上指教于他①。

6 月 1 日,与蔡元培、陈独秀、章士钊、沈尹默、傅斯年、罗家伦等一同当选该会的评议员。据 6 月 3 日《北京大学日刊》报导“进德会”选举评议员、纠察员事。报载陈独秀以 152 票、蔡元培 212 票、章士钊 111 票、王宠惠 81 票、沈尹默、刘师培 31 票被选为“进德会”评议员;李大钊以 61 票被选为“进德会”纠察员。(《北京大学日刊》1918 年 6 月 3 日)

6 月 20 日,在召开的国史编纂会议上,刘师培所提交的编纂报告为:“一、文明史风俗类,预定长编六册(三代一册、秦汉一册、三国南北朝一册、唐五代一册、宋辽金元一册、明清一册),已编纂长编三册(三代一册经传已采毕,子书采集过半,三国南北朝一册正史采毕,余尚未采)。二、政治史志(三国南北朝),预定长编十二册,已编长编四册(历律一册缺周隋,兵一册采至齐梁,舆服一册采至一册齐梁,职官一册晋以下未采,凡见正史各志均未采)。”(《北京大学日刊》1918 年 6 月 24、25 日)

刘师培准备恢复《国粹学报》和《国粹荟编》。(据万《表》)

---

① 王森然《李泰棻先生评传》,《近代名家评传:初集》,第 392 页。

7月,鲁迅曾写信给钱玄同,大骂"中国国粹,等于放屁",编《国粹丛刊》的人是"一群坏种,还想吃人";他们之"创刊屁志,系专对《新青年》而发";"然既将刊之,则听其刊之,且看其刊之,看其如何国法,如何粹法,如何发昏,如何放屁,如何做梦,如何探龙,亦一大快事也,国粹丛编万岁!老小昏虫万岁!!"①

8月10日,陶然致陈钟凡信中提到将老庄墨及商君书札记"并就正于当时方家如刘君者……刘君申叔处能代为索总序一篇,为异日之纪念,尤感"②。

10月,北大《国民》杂志社成立。

11月,新潮社成立。

12月,《每周评论》创刊。

是年刘师培在北大教授中古文学史。《北京大学日刊》民国七年一月五日载:第二学期课程表载刘申叔担任第一年级第二年级的中古文学史。

据杨亮公回忆:"当时,北大中文系教授有刘申叔(师培)先生讲授中古文学史,黄季刚(侃)先生教文学概论,钱玄同(夏)先生教文字学,黄晦闻(节)先生教诗,吴瞿安(梅)先生教词曲,朱逷先(希祖)先生教上古文学史,周作人先生教西洋文学史,以上几位教授先生教学的情形,给予先生的印象至深。节录如下(原注:先生自述稿及《早年三十年的教学生活》、《五年北大读书生活》):刘申叔先生教中古文学史,他所讲的'中国中古文学史讲义',但上课时总是两手空空,不携带片纸只字,源源本本地一直讲下去。声音不大而清晰,句句皆是经验之谈。刘先生在课堂上绝少批评新文学。他主张不妨用旧有的文章体裁来表达新思想,这是用旧瓶装新酒的办法。刘先生要学生于汉魏六朝文学中每人任选一两家作专题研究。他认为研究任何一家文学必须了解其师承所自、时代背景

① 《鲁迅书信集》,第16、17页。

② 吴新雷等《清晖山馆友声集》,第51页。

及其个人身世。先生所研究的是徐陵（孝穆）、庾信（子山）两家。”①

从1918年起，刘师培所担任的研究科目调整为经学、史传、中世文学史、诸子四科，国文教员中，他担任的科目最多，次为黄侃。（《北京大学文科一览》民国七年，北京档案馆藏）由于身体欠佳，后来他已很难定期指导，只能时而与诸研究员开会研讨。（《文科国学研究所启事》，北京大学日刊1919年3月20日）

民国七八年间（1918，1919），刘师培与黎锦熙晤于北京②。

刘师培为人不修边幅，蓬头垢面，衣履不整，看上去活像一个疯子。他住在北京白庙胡同大同公寓。一天，教育部旧同僚易克臬来访，见他一边看书，一边咬馒头，他面前摆着一碟酱油，却因专心看书，把馒头错蘸在墨盒里，送到嘴里去吃，把嘴和脸都涂得漆黑一片，看上去又像一个活鬼③。

［**诗词系年**］

［**大事记**］

本年徐世昌被选为总统。南方各派，矛盾加剧。新文化迅猛发展。鲁迅发表第一篇白话小说《狂人日记》。林纾发表《论古文白话小说之消长》，批评白话文。苏曼殊去世，著述有《梵文典》，小说《断鸿零雁记》、《天涯红泪记》等。梁启超主要精力投入学术文化事业。章太炎辗转于西南和两湖。

公元一九一九年（民国八年，己未）　三十六岁

是年仍主讲北京大学、女子高等师范④。傅斯年深得刘师培器重。傅斯年字孟真，山东聊城人。他出身儒门世家，熟读儒家经

① 杨亮公《早期三十年的教学生活》，《杨亮公先生丛著》，第55—56页。

② 据黎锦熙序，《刘申叔遗书》，第27页。

③ 据陶菊隐《筹安会“六君子”传》，第122—128页。

④ 蔡冠洛《清代七百名人传》，第1658页。

典，深得刘师培、黄侃等旧派大师的器重。

1月26日，《国故》月刊社在刘师培宅正式成立。两天后《北京大学日刊》就刊登出《国故月刊社成立纪事》。创刊号到3月20日才出版。《国故》第一期"本社记事录"云："岁初，俞士镇、薛祥绥、杨湜生、张煊慨然于国学沦夷，欲发起学报，以图挽救。遂定期于张煊处讨论一次并草定简章数条，决定首谒教员征求同意，次向校长陈述。嗣谒诸教员皆蒙赞允，同学加入者甚伙，遂谒校长，请助经费。校长允与垫办，俟社中经费充裕时，再行偿还。次日用发起人二十人名义上校长函请款，支领开办费三百元，本社遂以成立矣。"（《本社记事录》，《国故》1919年第1期）刘师培、黄侃出任《国故》总编辑，陈汉章、马叙伦、康宝忠、吴梅、黄节、屠孝寔、林损、陈钟凡出任特别编辑，其中马叙伦、吴梅、黄节三人为南社社员，张煊、薛祥绥、俞士镇、许本裕等十名同学出任编辑。

1月，钱玄同写信给鲁迅也痛斥国故和迷信，大骂："国故万岁！混蛋万岁！！"①

3月18日，北洋政府安福系的喉舌《公言报》发表《请看北京学界思潮变迁之近状》，其中将陈独秀划为新派，刘师培划为旧派。

3月20日，《国故》月刊出版，黄侃为作题词，指责新文化运动"扫荡故言"，黄侃大骂"八部书外皆狗屁"。

3月20、24、25日，北大文科国文学研究所学术会议在刘师培家里举行。（据该日《北京大学日刊》刊登消息）

3月24日，刘师培致函《公言报》，阐明《国故》月刊宗旨与自己并无"结合"之事。《国故》月刊社致《公言报》函，刘师培致《公言报》函云："《公言报》主笔大鉴，读十八日贵报北京学界思潮变迁一则，多与事实不符。鄙人虽主大学讲席，然抱疾岁余，闭关谢客，于校中教员，宿鲜接洽。安有结合之事。又《国故》月刊由文科教员发起，虽以保存国粹为宗旨，亦非与《新潮》诸杂志互相争辩也。祈

① 《新文学史料》第三期，第48页。

查照更正，是为至荷。刘师培启。”(《北京大学日刊》1919 年 3 月 24 日)

按:《国故》是一个“以昌明中国固有之学术为宗旨”的月刊。刘师培也不热心新旧文学之争，而且与陈独秀一直保持良好的交往。据周作人回忆，该刊虽奉刘师培为首，但主办者实为号称“黄门侍郎”的黄侃的弟子们，刘“只顾做他的考据文章，别无主张”，其实他并不关心这场斗争①。刘师培不大在校园中露面，与刘师培“同在国文系里任课，可是一直没有见过面；总计只有一次，即是上面所说的文科教授会里，远远的望见他，那时他的肺病大约已经很是严重，所以身体瘦弱，简单的说了几句话，声音也很低微，完全是一个病夫模样，其后也就没有见到他了”②。按周作人并非见过一次刘师培，查《北京大学日刊》，两人至少在国史编纂处会议上见过数面，如 1917 年 12 月 5 日的会议，两人同时出席。另据台静农回忆:“中文系新旧对立，只是文言白话之争。如反军阀统治，要求科学与民主，中文系新旧人物，似乎没有什么歧见。”(台静农《〈早期三十年的教学生活〉读后》第 162、163 页)刘师培与陈独秀“两人感情极笃，背后也互相尊敬，绝无间言”③。

3 月 26 日，刘师培作《国史编纂报告》。该日《北京大学日刊》刊载《国史编纂报告》上报的中有《纂辑员刘师培报告书》，内容为:“(一) 政治史长编册数三十六册:历律志长编三册，兵制长篇七册、礼志长编十三册、刑法志长编五册、乐志长编四册、舆服志长编四册;(二) 文明史长编册书二十七册:三代风俗史长编六册、秦汉风俗史长编九册、三国风俗史长编二册、六朝风俗史长编十册。”(《北京大学日刊》1919 年 3 月 26 日)

3 月 27 日(星期四)，刘师培下午三时开会研究诸子。3 月 24 日北大文科国文学研究所启事:“敬启者刘申叔先生定于本月二十

① 周作人《知堂回想录》，第 661 页。

② 周作人《知堂回想录》，第 430、431 页。

③ 陈觉玄《陈独秀先生印象记》，《大学》1942 年第 1 期。

七日(星期四)下午三时开会研究诸子,届时请研究诸君莅会为盼。”(《北京大学日刊》1919 年 3 月 24 日)

年初某月二十日,致书陈钟凡讨论陈玉澍《尔雅释例》的编辑排印问题,并赞扬陈钟凡的《马公墓志铭》。另附纸讨论阮元诗风。书云:“觉圆仁兄左右:昨诵华翰,具悉一是。执事以逸群之才,洞精典籍,遵萦稽古,用成振路,为西雍之美,洵群士之楷式,国桢之上美也。惕庵年丈,海淮大师,遗著《尔雅释例》远出征南例之上。得执事掇拾残丛,用恢先业,谨当援案卷目录付铅椠,一俟印毕,即可单行。惟首篇以下各稿,仍祈按期寄示耳。尊著《马公墓志铭》,嗣响伯喈,雅懿渊茂,文举中宣,犹或弗逮。信乎国门可悬,一字弗易者矣。故弗用盅弗盈,下问不耻,兹就鄙见所见,粗有更易,别纸呈览,仍候尊裁。余容面罄。手此,即诵道绥! 师培拜启 二十日。”附刘师培别纸答问一则:“仪征阮文达不以诗名,其诗不主一家,不尊一格,然长篇均有奇致,律诗迥绝俗氛。盖纯为学人之诗,而以性情为主者也。又五七古各篇,颇多考证之作,与大兴翁氏略同。足审乾嘉间风气,或以文达诗出香山,然全集之中,绝少模拟之作。”(吴新雷等《清晖山馆友声集》第 190 页)6 月 11 日,陈独秀因公开散发《北京市民宣言》而被捕。第二天,病魔缠身的刘师培迅即强自支撑着身体,由夫人何震陪同,串联北京大学、民国大学、中国大学等有名望的教授马裕藻、马叙伦、马寅初等几十位联名致函京师警察厅,要求将其释放。“查陈独秀此次行动果如报纸所载诚不免有越轨之嫌,然原其用心无非激于书生爱国之愚妄,夙仰钧厅维持地方,向主息事宁人,商学各界钦感同深,可否于陈独秀宽其既往,以示国家爱护士类,曲以裁成……俯准将陈独秀交保省释。”(京师警察厅档案《陈独秀被捕卷》,转引自唐宝林、林茂生《陈独秀年谱》第 102—103 页)

夏初,收黄侃为弟子。据黄焯称:“刘君肺疾转剧,一日悽然谓先生曰:‘吾家四世传经,不意及身而斩。’先生伤其无子,强慰之曰:‘君今授业于此,勿虑无传人。’君曰:‘诸生何足以当此。’曰:‘然则谁足继君之志?’曰:‘安得如吾子而授之。’先生蹶然,起曰:

‘愿受教。’翌日往执贽称弟子，扶服四拜，刘君立而授之。先生与刘君齿相若，名相埒，又十余年昆弟交，徒以经术弗逮，退居弟子之列，人咸以为难。后章君闻之，曰：‘季刚小学文辞，殆过申叔，何遽改此北面？’惟先生尝曰：‘予于经术，得之刘先生者为多。’后数月，刘君卒，先生为文祭之。有曰：‘夙好文字，经术诚疏，自值夫子，始辨经途。’又云：‘君之绝业，《春秋》、《周礼》，纂述未竟，以嘱顽鄙’云云。……刘君遗书目载《周礼古注集疏》，后有陈某跋语，称刘君有《礼经考略》四卷。又有《周礼古注集疏》四十卷，皆移写净本，存黄君处。又刘师颖跋亦谓《周礼古注集疏》、《礼经旧说》二种全稿为黄君假借以去。阅之不胜骇异。凡先生所藏书稿，经焯数度清理，从未见有所谓四十卷与四卷之清稿，亦无所谓全稿。案先生祭刘君文有‘《春秋》、《周礼》，纂述未竟’之语，是《周礼古注集疏》本为未完之作。又据钱玄同序，知《礼经旧说》亦不全，今附记于此，以念世之关心刘君遗书者。”①又据汪东回忆：“一日，黄谒刘氏问候，刘氏独以学无传人为忧。黄谓：‘先生所教满天下，何言此？’刘氏言：‘惜不得如足下其人者。’黄瞿然起曰：‘信如是，刘先生不弃，侃愿执经受业。’刘氏笑颔之。次日即备毡烛往行拜师礼。”②

刘师培自八月卧疾，本年五次致信陈钟凡③。

9月，刘师培在京病笃，陈钟凡日侍左右。（据梅鹤孙遗稿《刘师培的家学渊源及其生平杂记》）9月16日，陈独秀出狱。刘师培欲起身相迎，终因力不从心作罢。刘师培的中古文学史课已停下。

丁惟汾等到医院看望刘师培。据丁惟汾民国二十五年十月回忆：“归国后，余以服劳党务，不遑宁处，暌违者盖七八年，迨申叔既病始一遇于北平医院，神色惨沮不类昔时。乃未及半载，竟以疾死矣。”（丁惟汾《遗书》序）陈独秀再度视事时多次看望病中的朋友。

---

① 黄焯《黄季刚先生年谱》，《黄侃日记》，第1112页。

② 据梅鹤孙遗稿《刘师培的家学渊源及其生平杂记》，《扬州文史资料》第七集，第103页。

③ 吴新雷等《清晖山馆友声集》，第647页。

初冬，北洋政府欠薪不发，致使刘氏生计困顿，连医药费也无从措办，蒙陈钟凡相助，刘师培因病函请给假、借款，陈钟凡悉为办理。致书陈钟凡："自十二日卧疾，尚未痊愈。女校课定于下星期讲授。……"又："前蒙借款，感谢之至。兹因各薪未发，药费不给，陶款务祈设法代措，以救目前眉急，无任纫感。此请　斠玄兄著安！　师培拜启。"①

临终将身后事托付给南桂馨。据南桂馨称："及其殁也，蒙以身后之事相托。"(南桂馨《遗书》序)

11 月 18 日，刘师培因肺结核病逝世于北京和平医院，年仅三十六岁。临终说："我一生应当论学而不问政，只因早年一念之差，误了先人清德，而今悔之已晚。"无子，以刘师慎之子刘葆楹承嗣。

11 月 20 日《北京大学日刊》"本校纪事"发了一则《刘师培教授在京病故》，12 月 1 日、2 日又刊出《刘师培先生出殡定期广告》。陈钟凡参加治丧，料理善后，刘的叔父刘富曾、显曾特函申谢。刘富曾、显曾的信云："斠玄仁兄大鉴：……前因舍侄申叔疾终京寓，渥承照料一切。其后舍侄妇神经暴发，重荷鼎立维持，俾死者得正首丘，生者得归故里。缅怀高义，肺腑铭之。……敬修短笺，聊表寸忱。……"②陈独秀主持了刘师培的丧事，并用康有为的诗权作悼文："曲径危桥都历遍，出来依旧一吟身。"

12 月 3 日，在妙光阁出殡、公祭，"丧事由陈独秀先生主持"。(杨亮公《早期三十年的教学生活》)中国文学系诸同学参与"共同料理丧事，将刘先生遗著检齐，送交北大图书馆保存。"(陈觉玄《陈独秀先生印象记》,《大学》1942 第 1 期)家人有堂弟刘师颖从天津赴北京奔丧。(据刘师颖《遗书》跋)

陈孝起挽联称"家传绝学惠红豆，天靳余年无紫芝。"

---

① 吴新雷等《清晖山馆友声集》，第 194 页，又见姚柯夫《陈钟凡年谱》，第 15—16 页。

② 姚柯夫编著《陈钟凡年谱》，第 15—16 页。

陈钟凡作《刘先生行述》:"年未四十疾疢缠萦,狄涤医门,岁无间日。以民国八年十一月二十日卒于北京,上距生于清光绪甲申年闰五月二日,享年三十有六。生平精力锐于著述,世变纷纶,匪所能悉。而以贫病故,不能忘情爵秩,时时为敛壬牵引,致不退不遂,入于坎陷,非深知先生者,孰能谅之? ……先生教泽遍中国,清季主讲安徽公学、两江优级师范、四川国学院,执经问业者几千人。民国以来,主讲北京大学、女子高等师范,弟子从游者益进,闻先生之丧,莫不哀恸,太息流涕而不能自已也。"①

黄侃后来闻讯,作诗文纪念。《国学卮林》一,《唯是》一:"始闻刘先生凶信,为位而哭,表哀以哭:阴堂梦东里,山石折西州。哲人一萎丧,区域遂冥鬖,夫子挺异质。运穷才则优,名都富文藻。华宗绍儒修,一门兴七叶。经术超桓欧,析薪有负荷。堂构工涂塈。时命既差池,濡足增烦忧。逡巡岂初愿,审虑权图侯。利轻谤则重,位高祸实由。平生狎风波,今兹正首丘。夭枉良足哀,令终古所休。邦家欲沦丧,法术空探搜。帝典齐入棺,文献两悠悠。伤哉死后怀,悲罢追绸缪。肩随意北面,采获敢不周? 温言论古史,推挹殊恒俦。幽都难久居,数年为君留。属疾经岁时,将护常思憀。宁知帛腏辰,鳜生亦倦游。拜辞既歉阙,闻信翻疑犹。万恨岂易删,九原不可求。抚躯若槁目,泻泪因江流。哭寝礼虽毕,奉手恩难酬。"民国九年在《制言(十)》上发表《先师刘君小祥会奠文》:"学丰年吝,名高谤至。""夙好文字,经术诚疏。自值夫子,始辨经途。""贤士夭年,可数而悉,颜回韩非,贾谊王弼,如我夫子。"(《遗书》第24页)

刘师培(申叔)死后,他的妻子何震(志剑)神经病发作,曾在北大校门外伏地痛哭,后来削发为尼,法名小器,再后来就不知下落,有人说她是已经去世了②。另据台静农称:"(何)时时到北大门前喊叫,找蔡先生,找陈独秀。后来由陈独秀安排,请申叔的弟子刘

---

① 陈钟凡《刘先生行述》,《刘申叔遗书》,第15页。

② 柳亚子《南社纪略》,第5页。

叔雅将她送回扬州。”①月余，刘师培母亲李汝谖悲伤过度，倏然下世，终年78岁。

刘富曾作墓志铭：“岁在己未九月二十八日，三侄师培病殁京师，年甫三十有六也。时任大学讲席，大学校长蔡孑民先生经济其丧，翌年二月命门人刘君雅叔为之归榇扬州，旅梫萧寺，待寒冬窆祖饮焉。……嫂氏李今岁七十有八，衰龄值此，痛切撄心，倚闾门无望王孙之归，立槁乃转哭皋鱼之死，茕茕母子恸见黄泉，亦竟于今岁十月十二日，相继下世。盖去侄殁仅朞月十四日也，伤已，侄生子不育。嫂氏殁后，予季显增以孙葆楹为嫂承重孙。死者有知，亦应稍慰也。已配何氏，为予女夫扬子增生何家辂胞妹，艰难中，间关相从，武昌戎马，保全先著稿本蚕丛，崎岖寻夫蜀道，今者嫠室哀吟苦空彻悟，爰访名山，将为比丘尼终焉。”（刘富曾《亡侄师培墓志铭》，《遗书》第16页）

［**诗词系年**］

［**大事记**］

本年北洋政府与南方军政府议和，章太炎反对。“五四”运动爆发。林纾和蔡元培公开论战。胡适《中国哲学史大纲》上卷出版。杜威来华讲学。李提摩太去世，曾主持《万国公报》，著有《留华四十五年记》。缪荃孙去世，有《艺风堂文集》等著述。梁鼎芬卒。

1920年

刘师培的后事皆由蔡元培（孑民）先生经纪，灵柩由刘的弟子刘叔雅（文典）护送至扬州，冬杪安葬西乡郝家宝塔祖茔开家阪（今扬州市郊西湖乡境内），得偿归正首丘之愿②。

① 台静农《龙坡杂文》，第129页。

② 据梅鹤孙遗稿《刘师培的家学渊源及其生平杂记》，《扬州文史资料》第七集，第105页。又参见万易《刘师培年表》。

1936 年

《刘申叔先生遗书》酝酿于一九三四年(民国二十三年一月),毕成于一九三六年(民国二十五年一月),正式发行则是 1939 年春夏之间。参与此项工作的有刘师培的挚友南桂馨(出资组织刊刻)、钱玄同、郑裕孚(补佚拾遗校勘伪衍)及弟子陈钟凡、刘文典诸人参与组稿。(据刘师颖《遗书·跋》,《遗书》第 2407 页)其中七十四部著作,此外还有一百多篇文章散载于各地各种刊物,未能收入《刘申叔先生遗书》,著述总量超过 400 多万字,蔚为大观。这个数量已超过了《鲁迅全集》(人民文学出版社 1956 年版)的字数,在上世纪初的学者当中,无疑是名列前茅的。

刘师培研究论著目录

（以出版时间为序）

一、单篇文章

1. 杨赞襄《书刘申叔〈南北考证学不同论〉后》，《四川国学杂志》1912 年第 3 期

2. ［日］小岛佑马《刘师培之学・艺文》，1921 年第 5、7 号，大正九年 5 月、7 月；《中国之社会思想》，筑摩书房 1967 年版

3. 陈钟凡《仪征刘先生行述》，《国学丛刊》1923 年第 1 期

4. 赵万里《刘申叔著述目录》，《国立北平图书馆月刊》1928 年第 6 期

5. 任维焜《刘师培的文学论》，《新晨报》（副刊）1930 年 11 月 13 日、14 日

6. 王森然《刘师培评传》，《国风》1934 年第 4 卷第 9 期；又载《近代二十家评传》，王森然著，书目文献出版社 1987 年版

7. 洪业《清末革命史料之新发现——刘师培与端方书》，《大公报》（史地周刊）1934 年 11 月 2 日

8. 高良左《论刘师培与端方书》，《建国月刊》1936 年第 12 卷第 4 期

9. 宋佶人《读刘师培与端方书——革命的前一幕》，《清华周刊》1935 年第 42 卷第 6 号

10. 蔡元培《刘君申叔事略》，《蔡元培全集》，中华书局 1989 年版；（台湾）《传记文学》1934 年第 1 期

11. 陈钟凡《刘师培纾述》，《碑传集》（三编）1935 年版；收入《刘申叔遗书》1936 年版

12. 尹炎武《刘师培外传》,《碑传集补》(卷末),收入《刘申叔遗书》1936 年版

13. 汪东《刘师培传》,《吴县汪旭初先生遗集》;《辛亥人物碑集》,卞孝萱、唐文权编,团结出版社 1991 年版,收入《刘申叔遗书》1936 年版

14. 钱玄同《左盦年表》,《刘申叔遗书》1936 年版

15. 钱玄同《左盦著述系年》,《刘申叔遗书》1936 年版

16. [日]丰田穰《刘申叔先生遗书的阅读》,《斯文》1942 年第 24 卷第 9 期

17. 陶菊隐《刘申叔与黄季刚》,《菊隐丛谈六君子传》1946 年;《筹安会"六君子"传》,中华书局 1981 年版

18. 张经瓛《刘申叔著述年表》,《经世日报·读书周刊》1947 年 2 月第 26、27 期

19. 李渔叔《刘师培别记》,《鱼千里斋随笔》,(台北)中华书局 1958 年版

20. 李渔叔《刘师培学述》,《鱼千里斋随笔》,(台北)中华书局 1958 年版

21. 陈敬之《大江南北两刘三》(上、下),《畅流》,(台北)中华书局 1959 年第 18 卷第 12 期、第 19 卷第 1 期

22. [日]有田和夫《刘师培》,《中国近代思想史研究会会报》1962 年第 63 卷第 28、29 页

23. 张舜徽《清代扬州学记·刘师培》,上海人民出版社 1962 年版;又见张舜徽《清儒学记》,齐鲁书社 1991 年版

24. [日]小野川秀美《刘师培的无政府主义》,《东方学报》第 36 册《清末思想研究》1964 年 10 月

25. 刘成禺《刘申叔新诗获知己》,《世载堂杂忆》,中华书局 1960 年版

26. 醒吃《记刘师培》,(台湾)《畅流》,1967 年第 35 卷第 12 期

27. [日]小野川秀美:Liu Shih-p,ei and anarchism · Acta Asiatica77,1967;《东方学报》第 36 册,1964 年;《清末政治思想研

究》,筑摩书房 1969 年版

28. 胡汉民《对杨度与刘光汉的批评》,《胡汉民自传》,传记文学社 1969 年版

29. 冯自由《记刘光汉变节始末》,《革命逸史》(二),中华书局 1981 年版

30. 冯自由《刘光汉事略补述》,《革命逸史》(三),中华书局 1981 年版

31. [日]仓田负美《章炳麟、刘师培等的诗论》,《中国近代诗研究》,大修馆 1969 年第 1 卷第 3 期第 3 页

32. 五凤楼《刘师培惧内》,(香港)《工人日报 · 山川人物》,1970 年 10 月 26 日

33. 钱基博《现代中国文学史 · 骈文(刘师培)》,岳麓书社 1986 年版

34. 蔡冠洛《清代七百名人传(下) · 刘师培》,文海出版社 1971 年版

35. 支伟成《清代朴学大师列传(前) · 仪征刘氏四世传—师培》,岳麓书社 1986 年版

36. [日]丸山松幸《刘师培》,《中国古典文学大系月报》1971 年第 47—49 页

37. D. W. Y. Kwok: Anarchism and Traditionalism, Liu Shi-p, ei:《香港中文大学中国文化研究所学报》1971 年第 4 卷第 2 期

38. 劭镜人《刘师培》,《同光风云录》,《近代中国史料丛刊续编》第 950 辑,(台湾)文海出版社有限公司 1980 年版

39. [日]丸山松幸《刘师培略传初稿》,《人文科学科纪要》1972 年第 55 辑

40. [日]小岛晋治《刘师培"亚洲现势论"》,《中国》1972 年第 99 期

41. 郭湛波《刘师培》,《近代中国思想史》(香港)龙门书店 1973 年第 11 期

42. 汪东《刘师培传》,《汪旭初先生遗集》,台湾文海出版社 1974 年版

43.《刘师培(1884 年—1919 年)》,《传记文学》1973 年第 23 期

44. [日]森时彦《民族主义与无政府主义——国学之徒刘师培的革命论》《辛亥革命研究》,小野秀川美、岛田虔次编,筑摩书房 1978 年版

45. 朱信泉《刘师培》,《中华民国史资料丛稿·人物传记》,中华书局 1978 年版;《民国人物传》,中华书局 1981 年版

46. [日]小岛晋治《中国人最初的日本帝国主义批判——刘师培〈亚洲现势论〉》,《近代日本》,亚纪书房 1978 年版

47. [日]嵯峨隆《无政府主义者刘师培》,《中国研究》第 26 卷,1979 年第 1 期

48. [日]河田悌一《清末戴震像—刘师培场合》,《森三树三朗博士颂寿纪念东洋学论集》1979 年 12 月

49. [日]松桥时雄《刘师培》,《中国文化界人物总鉴》,中华法令编印馆 1926 年版

50. 杨天石《社会主义讲习会资料》,《中国哲学》1979 年第 1 期

51. 彭英名《〈悲佃篇〉性质质疑》,《学术月刊》1980 年第 5 期

52.《刘师培》,《民国名人传记辞典》,中华书局 1983 年版

53. 蒋俊《刘师培的无政府思想剖析》,《山东大学文科论文集刊》1981 年版

54. 吴雁南《刘师培与〈中国民约精义〉》,《历史知识》1981 年第 4 期

55. 李耀先《刘师培政治功过的评价——为纪念辛亥革命七十周年而作》,《南充师院学报》1981 年第 4 期

56. 吴雁南《刘师培的无政府主义》,《贵州社会科学》1981 年第 5 期

57. 赵金铭《刘师培(附〈刘师培语言学论著目录〉)》,《中国现代语言学家》(2),河北人民出版社 1982 年版

58. Martin Bernal: Liu Shi-p, ei, Ithaca, N. Y. Cornell Monograph,1974

59. Martin Bernal: Liu Shi-p, ei and National Essence, Charlortte Furth ed, The Limits of Change: Essays on Conservative Alternatives in Republican China, Harvard University Press,1976;中译本见刘静贞译《刘师培与国粹运动》、《近代中国思想人物论——保守主义》,(台湾)《时报》文化出版事业有限公司 1982 年版

60.《新闻界名人介绍:刘师培(1884—1919)》,《中国新闻年鉴》1983 年版

61. 何若钧《论刘师培政治思想的转变》,《华南师大学报》1983 年第 2 期

62. 李妙根《论辛亥革命前后刘师培的政治思想》,《求是学刊》1983 年第 4 期

63. 杨天石、王学庄《论〈天义报〉刘师培等人的无政府主义》,《近代中国人物》,中国社会科学出版社、重庆出版社 1983 年版

64. 杨天石《天义报、衡报》,《辛亥革命时期期刊介绍(三)》,人民出版社 1983 年版

65. 任访秋《刘师培》,《中国近代文学作家论》,河南人民出版社 1984 年版

66. 洪德先《刘师培与社会主义讲习会》,《思与言》1985 年版

67. 万易《刘师培年表》,《文教资料简报》1985 年第 2 期

68. 万易《刘师培专论目录》,《文教资料简报》1985 年第 2 期

69. 经盛鸿《〈刘师培年表〉史事订正》,《文教资料简报》1985 年第 4 期

70. 姚伟《刘师培与资产阶级方志学》,《中国地方志通讯》1985 年第 4 期

71. 林斌《刘师培失足成恨》,《中外人物专辑》第 4 辑,(台北)中外图书出版社 1973 年版

72. 张敏孝《刘师培(1884 年—1919 年)》,《中国民主革命时

期人物简介》,辽宁大学历史系函授部 1981 年版

73. 吴相湘《刘师培左倾又右倾》,《民国人和事》,(台北)三民书局 1979 年版

74. 马丁·鲍勒著、刘静贞译《刘师培与国粹运动》,《近代中国思想人物论》,台湾《时报》文化出版事业有限公司 1982 年版

75. 戴晋新《刘师培(1884 年—1919 年)》,《环华百科全书》第 7 册第 209 页

76. 万易《刘师培》,《仪征文史资料》1984 年第 1 期

77. 李妙根《〈悲佃篇〉的巨大贡献和可悲结论[刘师培]》,《安徽史学》1985 年第 1 期

78. 陈庆煌《左盦经学综论》,《孔孟月刊》1985 年第 23 期第 11 卷

79. 陈庆煌《论左盦之礼记说》,《孔孟学报》1985 年第 49 期

80. 经盛鸿《刘师培史事考订》,《史学月刊》1986 年第 3 期

81. 经盛鸿《论刘师培的无政府主义思想》,《南京大学学报》1986 年第 3 期

82. 田汉云《刘师培的一首佚词》,《扬州师院学报》1986 年第 3 期

83. 王奇珍《论刘师培的文学观与文学研究》,《文学遗产》1986 年第 5 期

84. Chang Hao: Chinese Intellectuals in Crisis, University of California Press, 1987。中译本为高力克等译《危机中的中国知识分子——寻求秩序与意义》,山西人民出版社 1988 年版

85. Chang Hao: Liu Shi-p, ei and His Moral Quest,"中央研究院"《第二届国际汉学会议论文集》(台)第三部分,1986 年

86. 陈奇《刘师培的经学与资产阶级民族主义宣传》,《贵州师范大学学报》1987 年第 2 期

87. 陈奇《刘师培的经学与资产阶级民主宣传》,《贵州师范大学学报》1987 年第 4 期

88. 陈奇《刘师培的汉、宋学观》,《近代史研究》1987 年第 4 期

89. 刘立人《论刘师培的文学史观》,《扬州师院学报》编辑部编(未公开)、《扬州学派研究》1987 年版

90. 田汉云《论刘师培的诗》,李坦、田汉云,《左盦词笺注》,《扬州学派研究》1987 年

91. 经盛鸿《刘师培出卖张恭时间小考》,《文教资料》1987 年第 5 期

92. 周文英《戴震、刘师培的朴素逻辑语义思想》,《江西教育学院学报》1988 年第 1 期

93. 经盛鸿《论刘师培的前期思想发展》,《徐州师范学院学报》1988 年第 2 期

94. 经盛鸿《论刘师培的三次思想变化》,《东南文化》1988 年第 2 期

95. 王凌《有关刘师培的一则早期反清史料》,《历史档案》1988 年第 3 期

96. 袁英光、仲伟民《刘师培与〈中国历史教科书〉研究》,《华东师范大学学报》1988 年第 4 期

97. 陈奇《刘师培对传统经学的批判》,《贵州师范大学学报》1989 年第 2 期

98. 周新国《析 1903—1908 年刘师培的政治思想》,《江海学刊》1989 年第 1 期

99. 朱维铮《刘师培:一个“不变”与“善变”的人物》,《书林》1989 年第 2 期

100. 陈奇《刘师培“力攻今文”析》,《贵州师范大学学报》1989 年第 2 期

101. 杨天石《刘师培举报章太炎引起的风波》,《团结报》1989 年第 9 期

102. Hao Chang(张灏): Liu Shi-pei(1884—1919) and his Moral Quest,《“中央研究院”第二届国际汉学会议论文集(明清与近代史组)》,台湾“中央研究院”1989 年版

103. 陈奇《刘师培的今古文观》,《近代史研究》1990 年第 2 期

104. 翟文奇《刘师培无政府主义活动述评》,《江西大学学报》1990 年第 4 期

105. 史革新《刘师培与晚清学术》,《北京师范大学学报》1990 年增刊

106. [日]富田昇《刘师培变节问题的再检讨》,《东北学院大学论集(人间、言语、情报)》,1990 年第 98 期

107. 朱维铮《刘师培论学论政》序,《刘师培论学论政》,李妙根编选,复旦大学出版社 1990 年版

108. 卢善庆《刘师培》,《中国近代美学思想史》,华东师范大学出版社 1991 年版

109. 李铁军《论刘师培对近代史学的贡献》,《锦州师专学报》1991 年第 2 期

110. 曹靖国《刘师培史学思想述评》,《东北师大学报》1991 年第 6 期

111. 浦伟忠《论刘师培〈左盦集〉的学术思想》,《史学研究》1992 年第 4 期

112. 经盛鸿《黄侃与刘师培》,《文史杂志》1992 年第 5 期

113. 吴雁南《刘师培的资产阶级民主思想与心学》,《贵州社会科学》1992 年第 11 期

114. 郑师渠《刘师培史学思想略论》,《史学史研究》1992 年第 4 期

115. 冯永敏《论刘师培的白话文》,《台北市立师范学院学报》1992 年第 23 期

116. 王立兴《刘师培戏剧起源观论略》,《中国近代文学考论》,南京大学出版社 1992 年版

117. 汤志钧《刘师培和〈经学教科书〉》,《东海学报》1992 年第 33 卷(一)

118. 赵炎才《刘师培的理想王国》,《毕节师专学报》1993 年第 1 期

119. 白洁《国学大师刘师培》,《江苏地方志》1993 年第 2 期

120. 郑师渠《章太炎刘师培交谊论》,《近代史研究》1993 年第 6 期

121. 蒋俊《论刘师培解决中国农民问题的思路》,《齐鲁学刊》1994 年第 1 期

122. 陈奇《刘师培“六经皆史”观》,《贵州大学学报》1994 年第 2 期

123. 张会思、钟虎妹《刘师培文章学思想初探》,《中国文学研究》1994 年第 2 期

124. 李洪岩、仲伟民《刘师培史学思想综论》,《近代史研究》1994 年第 3 期

125. 廖辅叔《刘师培论音乐亦有新意》,《音乐研究》1994 年第 3 期

126. 杨向奎《申叔学案》,《清儒学案新编》第 6 卷,齐鲁书社 1994 年版

127. 冯永敏《刘师培国语教学思想探析》,《人文及社会学科教学通讯》1994 年第 4 卷第 6 期

128. 胡楚生《刘师培〈攘书〉研究》,《清代学术史研究续编》,(台北)学生书局 1994 年版

129. 胡健《论刘师培的文艺美学思想》,《淮阴教育学院学报》1995 年第 1 期

130. 方光华《试论刘师培对〈左传〉的整理与研究》,《孔子研究》1995 年第 4 期

131. 张宝明《陈独秀与刘师培的恩恩怨怨》,《民国春秋》1995 年第 3 期

132. 王汎森《刘师培与清末的无政府运动》,《大陆杂志》1995 年第 6 期

133. 吴光兴《刘师培对中国学术史的研究》,《学人》第 7 辑,江苏文艺出版社 1995 年版

134. 胡健《论刘师培的美学思想》,《西北师范大学学报》1996 年第 2 期

135. 马纯《从刘师培到游国恩——四种中国文学史的述评》,《中国大学教学》1997 年第 5 期

136. 郭秉刚、孙耀芳《少年国学大师刘师培》,《名人传记》1997 年第 11 期

137. 陈克明《试论刘师培的经学思想》,《中国文化》1997 年第 15—16 期

138. 黄振萍《刘师培的白话思想及其转变》,《文史知识》1998 年第 1 期

139. 宋玉波、宁图良《〈刘师培评传〉简介》,《西北大学学报》1998 年第 3 期

140. 朱维铮《刘师培辛亥前文选》导言,《刘师培辛亥前文选》,李妙根编选,三联书店 1998 年版

141. 王枫《刘师培文学观的学术资源与论争背景》,《学人》第 13 期,江苏文艺出版社 1998 年版

142. 陈奇《刘师培的后期经学》,《贵州师范大学学报》1999 年第 1 期

143. 陈平原《激烈的好处与坏处:关于刘师培的失节》,《东方文化》1999 年第 2 期

144. 王枫《五四前后的刘师培》,《文史知识》1999 年第 5 期

145. 钱志熙《旧学之殿军、新学之开山:刘师培〈中国中古文学史〉》,《文史知识》1999 年第 3 期

146. 李洪岩《刘师培的前半生》,《小说家》1999 年第 2 期

147. [韩]曹世铉《二十世纪初的"反对国粹"和"保存国粹":以吴稚辉、刘师培两人为中心》,《文史知识》1999 年第 11 期

148. 杜学文《从刘师培的另一面引起的话题》,《黄河》1999 年第 6 期

149. 鲍国顺《刘师培人性思想研究》,第四届中山大学中国文学学术研讨会,1999 年 11 月 13 日

150. 陈洁《说长道短刘师培》,《炎黄春秋》2000 年第 1 期

151. 陈洁《善变的刘师培》,《大地》2000 年第 10 期

152. 吴艳玲,高士臣《刘师培无政府主义评析》,《齐齐哈尔大学学报》2000 年第 2 期

153. 赵瑛《刘师培与新史学思潮》,《华夏文化》2000 年第 1 期

154. 李帆《刘师培论先秦学术》,《长白学刊》2000 年第 3 期

155. [韩]曹世铉《在国粹与无政府之间:刘师培文化思想管窥》,《东方论坛》2000 年第 2 期

156. 张杰《鲁迅与刘师培的学术联系》,《鲁迅研究月刊》2000 年第 6 期

157. 鲍国顺《刘师培〈理学学义通释〉述要》,高雄中山大学中文系第八十三次学术研讨会,2000 年 11 月 14、15 日

158. 万仕国《刘师培校勘方法说略》,《中国研究》2001 年第 1 期

159. 李帆《〈刘申书遗书〉编误举例》,《文献》2001 年第 1 期

160. 李帆《陈独秀与刘师培》,《安徽史学》2001 年第 1 期

161. 赵炎才《刘师培无政府主义伦理道德思想析论》,《江海学刊》2001 年第 2 期

162. 陈奇《刘师培的地理学》,《贵州师范大学学报》2001 年第 1 期

163. 李孝迁《刘师培与近代清学史研究》,《东南学术》2001 年第 4 期

164. 赵炎才《伦理重构中的时代性与超越性:刘师培无政府主义伦理道德思想析论》,《贵州师范大学学报》2001 年第 3 期

165. 李孝迁《刘师培与近代诸子学研究》,《福建论坛》2001 年第 4 期

166. 李孝迁《刘师培"古学出于史官论"探析》,《北京科技大学学报》2001 年第 3 期

167. 李帆《刘师培与北京大学》,《北京大学学报》2001 年第 6 期

168. 李孝迁《刘师培与近代清学史研究》,《中国社会科学文摘》2001 年第 6 期

169. 李帆《论刘师培学术史研究的地位与特色》,《大陆杂志》(台湾)2001 年第 6 期

170. 散木《"卿本佳人,奈何作贼"的刘师培:关于他的"激烈"与"下水"》,《书屋》2001 年第 12 期

171. 经盛鸿《辛亥革命一位风云人物的浮沉:刘师培三次思想剧变述论》,《民国档案》2001 年第 4 期

172. 李孝迁《刘师培前期论〈左氏〉学》,《学术研究》2002 年第 2 期

173. 李孝迁《魏晋玄学及其学术地位的确立:刘师培论魏晋玄学》,《江海学刊》2002 年第 2 期

174. 李帆《歧路彷徨——也谈刘师培的政治选择》,《文史知识》2002 年第 6 期

175. 陈用《信仰支持的崩坍:刘师培堕落的原因》,《史学月刊》2002 年第 6 期

176. 陈奇《刘师培投身革命原因新探》,《黔南民族师范学院学报》2002 年第 2 期

177. 李孝迁、修彩波《刘师培论学观初探》,《福建论坛》2002 年第 3 期

178. 都重万《论辛亥革命前刘师培的新史学》,《中国文化研究》2002 年第 3 期

179. 汪春泓《论刘师培、黄侃与姚永朴之〈文选〉派与桐城派的纷争》,《文学遗产》2002 年第 4 期

180. 曹惠民《刘师培与〈国粹学报〉》,《内蒙古师大学报》2002 年第 5 期

181. 赵炎才《刘师培近代"私德""公德"思想述论》,《安徽师范大学学报》2002 年第 6 期

182. 张宝明《陈独秀与刘师培的恩怨》,《名人传记》2002 年第 9 期

183. 赵炎才《世纪更替与"公德""私德"的近代重构:以梁启超和刘师培为中心》,《重庆师院学报》2003 年第 1 期

184. 陈奇《刘师培的伦理学》,《贵州社会科学》2003 年第 1 期

185. 梅鹤孙《刘师培的家学渊源及其生平杂记》,《扬州文史资料》第七辑,1988 年

186. 梅轼(鹤孙)《青溪旧屋仪征刘氏五世小记》(未刊稿)

187. 徐自华《刘师培传》,郭延礼辑校《徐自华诗文集》,中华书局 1990 年版

188. 盛邦和《刘师培的中、西观与文化民族主义》,国学网 http://www.guoxue.com/discord/coutent/lsp.htm

189. 万仕国《近代怪杰刘师培》,仪征风情网站

190. 李洪岩《刘师培何以要背叛革命》,《公法评论》2002 年第 11 期

191. 李帆《章太炎、刘师培、梁启超与近代的戴学复兴》,《安徽史学》2003 年第 4 期

192. 陈红英、欧阳恩良《心学、民约论与刘师培政治思想的建构》,《邵阳学院学报》2003 年第 3 期

193. 汤志钧《读〈量守遗文合钞〉——黄侃与章太炎、刘师培》,《南京师范大学文学院学报》2003 年第 4 期

194. 赵炎才《二十世纪初刘师培道德救国思想刍议》,《天府新论》2003 年第 5 期

195. 朱义禄、张新《论刘师培的"大道为公之世"》,《同济大学学报》2004 年第 1 期

196. 李帆《章太炎、刘师培、梁启超对戴震及吴皖学术的评析——纪念戴震诞辰 280 周年》,《黄山学院学报》2004 年第 1 期

197. 刘建臻《刘师培与焦循——刘师培与扬州学派间关系的个案分析》,《福建省社会主义学院学报》2004 年第 2 期

198. 赵庆云、尹巧颐《刘师培民族主义思想初探》,《船山学刊》2004 年第 3 期

199. 戴斌武《刘师培伦理学思想研究》,《重庆三峡学院学报》2004 年第 4 期

200. 李帆《中国古典学术向现代的迈进——严复、刘师培吸

纳西学之比较》,《江海学刊》2004 年第 6 期

201. 赵炎才《略述刘师培的家族制度思想及其伦理近代化观》,《学术研究》2004 年第 11 期

202. 牛秋实《刘师培学术思想研究综述》,《许昌学院学报》2005 年第 1 期

203. 陈奇《刘师培与暗杀王之春案》,《贵州社会科学》2005 年第 1 期

204. 路新生《刘师培的〈左传〉学研究及其现代史学意义》,《华东师范大学学报》2005 年第 4 期

205. 路新生《刘师培的民族史研究及对蒙文通的影响》,《史学史研究》2005 年第 4 期

206. 李帆《民族主义与国际认同之间——以刘师培的中国人种、文明西来说为例》,《史学理论研究》2005 年第 4 期

207. 郭明道《刘师培与小学》,《社会科学家》2005 年第 5 期

208. 陈奇《西学与刘师培的国粹研究》,《贵州社会科学》2005 年第 5 期

209. 林旦旦《刘师培论汉代今古文之争》,《浙江万里学院学报》2005 年第 5 期

210. 陈奇《西学与刘师培的国粹研究》,《贵州师范大学学报》2005 年第 5 期

211. 储著武、汤城《历史教科书与新史学——以夏曾佑、刘师培为中心探讨》,《河北学刊》2005 年第 5 期

212. 杜新艳《俗语与骈文——刘师培的进化文学观》,《华北电力大学学报》2006 年第 1 期

213. 郭院林《刘师培的戴震学》,《中国典籍与文化》2006 年第 2 期

214. 刘和文《论刘师培的治文献学方法》,《图书 情报 知识》2006 年第 2 期

215. 喻大华《晚清国粹潮流中的章太炎与刘师培——交谊·学术·思想》,《河北师范大学学报》2006 年第 2 期

216. 王元琪《辛亥前刘师培的〈左传〉研究》,《西安电子科技大学学报》2006 年第 4 期

217. 毛新青《刘师培新文化建构中的文学观》,《江苏教育学院学报》2006 年第 4 期

218. 蔡苏龙《刘师培对陈独秀早期思想的影响》,《贵州社会科学》2006 年第 5 期

219. 雷平《刘师培清学史研究斟评》,《湖北大学学报》2006 年第 5 期

220. 贾乾初《刘师培社会主义观试探》,《前沿》2006 年第 10 期

221. 周振新、余桂红《解读刘师培——基于人格心理学的视角》,《学术论坛》2006 年第 11 期

222. 毛新青、钱伟《文化转型期刘师培的经学研究》,《管子学刊》2007 年第 1 期

223. 毛新青《论刘师培的白话文思想与实践》,《菏泽学院学报》2007 年第 1 期

224. 王元琪、崔锐《论刘师培的清代学术史研究》,《西北大学学报》2007 年第 1 期

225. 张仲民《刘师培的一则佚文——〈劝告中国人士宜速习世界新语〉》,《史林》2007 年第 3 期

226. 孙尧奎《从"激烈派第一人"到革命叛徒——刘师培叛变革命原因探析》,《青海社会科学》2007 年第 5 期

227. 曲洪波《近代学术史研究的新进展——评〈章太炎、刘师培、梁启超清学史著述之研究〉》,《福建论坛》2007 年第 11 期

228. 徐曼《刘师培与中国近代伦理学的建构》,《学术论坛》2007 年第 12 期

229. 吴建伟《刘师培与宋代理学研究》,《江西社会科学》2008 年第 1 期

230. 穆克宏《刘师培与〈文选〉学研究》,《许昌学院学报》2008 年第 1 期

231. 郭院林、程军民《保守与激进:刘师培思想历程分析》,《石河子大学学报》2008 年第 1 期

232. 罗军凤《刘师培是否参与了〈春秋左氏传旧注疏证〉的续纂?》,《南京晓庄学院学报》2008 年第 2 期

233. 化贯军《刘师培民族主义思想探新(1903—1907)》,《辽宁行政学院学报》2008 年第 2 期

234. 毛新青、钱伟《由"宗经"至"宗骚"——刘师培与传统文论批评模式的现代转换》,《管子学刊》2008 年第 2 期

235. 李铁军《谈刘师培对中国近代史学的贡献》,《辽宁师专学报》2008 年第 2 期

236. 谢桃坊《批评今文经学派——刘师培在四川国学院》,《成都大学学报》2008 年第 2 期

237. 李可亭《钱玄同与刘师培关系述论》,《淮北煤炭师范学院学报》2008 年第 2 期

238. 刘文斌《刘师培对〈晏子春秋〉研究的贡献》,《沈阳师范大学学报》2008 年第 3 期

239. 施秋香、佴荣本《论刘师培的"骈文正宗"观》,《南京师大学报》2008 年第 4 期

240. 郭院林《刘师培在〈左传〉学史上的建树》,《中国典籍与文化》2008 年第 4 期

241. 张晓兰《刘师培戏曲观研究》,《兰州大学学报》2008 年第 6 期

242. 毛新青《思想自由与个性解放——刘师培论魏晋》,《兰州学刊》2008 年第 7 期

243. 赵鼎、韩意《刘师培与章太炎交恶考》,《成都大学学报》2009 年第 1 期

244. 郭院林《刘师培治学特点平议》,《云梦学刊》2009 年第 1 期

245. 段怀清《刘师培的语言—文学观》,《杭州师范大学学报》2009 年第 1 期

246. 张凯《“今”“古”之争：四川国学院时期的廖平与刘师培》，《四川大学学报》2009年第2期

247. 毛新青《刘师培学术视野中的文艺研究》，《大连大学学报》2009年第4期

248. 闻言《资料详实　考证精审　公允平正　体例严谨——读〈刘师培年谱长编〉》，《贵州文史丛刊》2009年第4期

249. 于洋《论刘师培的“以字诠史”观》，《廊坊师范学院学报》2009年第6期

250. 金永健《刘师培的文学史观》，《安徽农业大学学报》2009年第6期

251. 王孝强《刘师培的〈左传〉“义例”观》，《淮阴师范学院学报》2010年第3期

252. 文炳赞《刘师培对〈左传〉解经地位的恢复》，《船山学刊》2010年第4期

253. 李帆《刘师培对康有为变法理论的经学驳难》，《晋阳学刊》2010年第4期

254. 焦霓、郭院林《〈天义报〉宗旨与刘师培、何震的妇女解放论》，《云梦学刊》2010年第4期

255. 曲洪波《刘师培与康有为“董氏学”研究之比较》，《徐州师范大学学报》2010年第4期

256. 刘跃进《刘师培及其汉魏六朝文学研究引论》，《文学遗产》2010年第4期

257. 刘跃进《刘师培及其汉魏六朝文学研究》，《古典文学知识》2010年第6期

258. 曾黎梅《刘师培与中国民族史研究——以〈中国民族志〉为中心》，《楚雄师范学院学报》2010年第7期

259. 郭院林、焦霓《彷徨与迷途——1903年刘师培著述与活动透析》，《社会科学论坛》2010年第20期

260. 杨丽娟《〈扬州书信〉所见刘师培〈遗书〉编纂考》，《史学月刊》2010年第4期

二、专著

1. 陈庆煌《刘申叔先生之经学》,“国立”台湾政治大学中国文学研究所1982年博士论文

2. 赵广洙《刘师培的无政府思想》,“国立”台湾政治大学政治研究所1986年硕士论文

3. Bernal Martin《刘师培与国粹运动,港台及海外学者论近代中国文化》,重庆出版社1987年版

4. 陈燕《刘师培及其文学理论》,(台北)华正书局1989年版

5. 冯永敏《刘师培及其文学研究》,(台湾)文史哲出版1992年印行

6. 叶程义《帛书老子校刘师培〈老子校补〉疏证》,(台北)文史哲出版社1994年版

7. 胡志伟《刘师培政治思想研究》,香港中文大学研究院历史学院1995年博士论文

8. 宋惠如《刘师培春秋左传学答问之研究》,“国立”中央大学1996年

9. 方光华《刘师培评传》,百花洲文艺出版社1996年版

10. [日]嵯峨隆《近代中国的革命幻影——刘师培的思想与生涯》,东京研文出版1996年版

11. [日]嵯峨隆《近代中国の革命幻影:刘师培の思想と生涯》,日本研文出版1996年版

12. 赵慎修《刘师培评传·作品选》,中国文艺出版社1998年版

13. 朱冠华《刘师培〈春秋左氏传〉研究》,光明日报出版社1998年版

14. 都重万《刘师培对晚清史学演进的贡献及影响》,北京大学1998年博士论文

15. 王元化《刘师培学术论著》,浙江人民出版社1998年版

16. 陈奇《刘师培思想研究》,贵州人民出版社1999年版

17. 李帆《刘师培与中西学术:以其中西交融之学和学术史研

究为核心》，北京大学 1999 年博士论文

18. 李孝迁《刘师培论学初探：以其诸子学与清学史研究为考察中心》，华东师范大学 2002 年硕士论文

19. 李帆《刘师培与中西学术》，北京师范大学出版社 2003 年版

20. 万仕国《刘师培年谱》，广陵书局 2003 年版

21. 李帆《章太炎、刘师培、梁启超清学史著述之研究》，商务印书馆 2006 年版

22. 陈奇《刘师培年谱长编》，贵州人民出版社 2007 年版

三、刘师培著作出版情况

1.《刘申叔先生遗书》(74 册)，宁武南氏校印民国二十五年印

2.《刘申叔先生遗书》(74 册)，华世出版社 1975 年版

3.《刘申叔遗书》，江苏古籍出版社 1997 年版

4.《刘师培全集》，中共中央党校出版社 1997 年版

5.《原戏》，开明书店 1937 年版

6.《中国中古文学史》，人民文学出版社 1959 年版

7. 李妙根编选《刘师培论学论政》，复旦大学出版社 1990 年版

8. 李妙根编选《国粹与西化：刘师培文选》，上海远东出版社 1996 年版

9. 吴方编《中国现代学术经典》(黄侃 · 刘师培卷)，河北教育出版社 1996 年版

10. 劳舒编《刘师培学术论著》，河北教育出版 1996 年版

11. 陈辞编《中古文学论著三种》，辽宁教育出版社 1997 年版

12. 陈引驰编校《刘师培中古文学论集》，中国社会科学出版社 1997 年版

13. 张先觉编《刘师培书话》，浙江人民出版社 1998 年版

14.《刘师培学术论著》，浙江人民出版社 1998 年版

15. 李妙根编选《刘师培辛亥前文选》，香港三联书店 1998 年版

16. 汪宇编《刘师培学术文化随笔》，中国青年出版社 1999 年版

17. 程千帆等导读《中国中古文学史讲义》，上海古籍出版社 2000 年版

18. 万仕国辑校《刘申叔遗书补遗》，广陵书社 2008 年版

主要参考文献

（以开头字母为序）

一、专著

曹述敬《钱玄同年谱》，齐鲁书社 1986 年版

蔡冠洛《清代七百名人传》，中国书店 1984 年版

丁守和《辛亥革命时期期刊介绍》，人民出版社 1982 年版

方光华《刘师培评传》，百花洲文艺出版社 1996 年版

冯永敏《刘师培及其文学研究》，（台湾）文史哲出版社 1992 年版

冯自由《革命逸史》，中华书局 1981 年版

高拜石《新编古春风楼琐记》，（台北）正中书局 2002 年版

黄侃《黄侃日记》，江苏教育出版社 2001 年版

姜义华《章太炎思想研究》，上海人民出版社 1985 年版

蒋俊、李兴芝《中国近代的无政府主义思潮》，山东人民出版社 1991 年版

刘师培《刘申叔遗书》，江苏古籍出版社 1997 年版

鲁迅《鲁迅全集》，人民文学出版社 1981 年版

柳亚子《南社纪略》，上海人民出版社 1983 年版

柳亚子《苏曼殊全集》，中国书店 1985 年版

柳无忌《南社人物传》，社会科学文献出版社 2002 年版

柳无忌《苏曼殊研究》，上海人民出版社 1987 年版

柳无忌、柳无非《柳亚子文集》，上海人民出版社 1986 年版

李审言《李审言文集》，江苏古籍出版社 1989 年版

李帆《刘师培学谱简编》，《刘师培与中西学术》，北京师范大学

出版社 2003 年版

罗家伦、黄季陆主编《国父年谱》,(台湾)中国国民党"中央"委员会编辑 1985 年版

冒怀苏《冒鹤亭先生年谱》,学林出版社 1998 年版

蒙默《蒙文通学记》,三联书店 1993 年版

牛仰山、孙鸿霓《严复研究资料》,海峡文艺出版社 1990 年版

《南京大学校史资料选集》,1982 年内部发行

钱玄同《钱玄同文集》,中国人民大学出版社 2000 年版

钱穆《中国近三百年学术史》,商务印书馆 1997 年版

钱基博《现代中国文学史》,岳麓书社 1986 年版

荣新江《北京大学与敦煌学(上)》,《文化的馈赠——汉学研究国际会议论文集》,北京大学出版社 2000 年版

施舟人《中国文化基因库》,北京大学出版社 2002 年版

商衍鎏《清代科举考试述录》,三联书店 1958 年版

舒新城《中国近代教育史资料》,人民教育出版社 1981 年版

陶菊隐《筹安会"六君子"传》,中华书局 1981 年版

陶菊隐《北洋军阀统治时期史话》,三联书店 1983 年版

台静农《龙坡杂文》,三联书店 2002 年版

汤志钧《章太炎年谱长编》,中华书局 1979 年版

唐宝林、林茂生《陈独秀年谱》,上海人民出版社 1988 年版

汪东《刘师培传》,《吴县汪旭初先生遗集》,卞孝萱、唐文权《辛亥人物碑集》,团结出版社 1991 年版

王世儒《蔡元培先生年谱》,北京大学出版社 1998 年版

吴新雷等《清晖山馆友声集》,江苏古籍出版社 2000 年版

吴新雷《学林清晖》,南京大学出版社 2003 年版

万仕国《刘师培年谱》,广陵书社 2003 年版

《辛亥革命回忆录》第 5、6 集,中华书局 1963 年版

[日]小林文四郎《仪征刘孟瞻先生年谱》,《北京图书馆藏珍本年谱丛刊》第 143 册,北京图书馆出版社 1999 年版

《袁世凯传记资料》(十七),南京图书馆藏

杨亮公《杨亮公先生丛著》,台北商务印书馆 1988 年版

杨天石、王学庄《南社史长编》,中国人民大学出版社 1995 年版

杨天石《辛亥革命时期期刊介绍》,人民出版社 1983 年版

殷海光《中国文化的展望》,上海三联书店 2002 年版

姚柯夫《陈钟凡年谱》,书目文献出版社 1989 年版

赵尔巽等《清史稿》,中华书局 1977 年版

支伟成《清代朴学大师列传》,岳麓书社 1986 年版

周作人《知堂回想录》,三育图书有限公司 1980 年版

朱维铮《失落了的"文艺复兴"》,《音调未定的传统》,辽宁教育出版社 1995 年版

郑师渠《晚清国粹派》,北京师范大学出版社 1993 年版

赵慎修《刘师培评传·作品选》,中国文艺出版社 1998 年版

章开沅《辛亥革命辞典》,武汉出版社 1991 年版

章士钊《章士钊全集》,文汇出版社 2000 年版

张舜徽《清儒学记·扬州学记》,齐鲁书社 1991 年版

张宏生《汪辟疆说近代诗》,上海古籍出版社 2001 年版;又见《汪辟疆文集》,上海古籍出版社 1988 年版

二、单篇论文

白化文《中国敦煌学目录和目录工作的创立与发展》,《古典目录学研究》,天津古籍出版社 1997 年版

高良左《论刘师培与端方书》,《建国月刊》1936 年第 4 期

经盛鸿《辛亥革命一位风云人物的浮沉:刘师培三次思想剧变述论》,《民国档案》2001 年第 4 期

李妙根《论辛亥革命前后刘师培的政治思想》,《求是学刊》1983 年第 4 期

李帆《歧路彷徨——也论刘师培的政治选择》,《文史知识》2002 年第 6 期

梅鹤孙遗稿《刘师培的家学渊源及其生平杂记》,《扬州文史资料》第七辑;《新文学史料》第三期

杨天石《何震揭发章太炎》,《近代史研究》1994 年第 2 期

朱维铮《刘师培:一个“不变”与“善变”的人物》,《书林》1989 年第 2 期

朱维铮《刘师培辛亥前文选》导言,三联书店 1998 年版

三、报刊杂志

《北京大学日刊》1917—1919 年

《国粹学报》1904—1911 年

《国立北京大学八年至九年度学科课程一览》,北京大学档案馆藏

《国故》1919 年

《警钟日报》1903—1905 年

《甲寅》1914—1915 年

《民报》1905—1908 年

《中国白话报》1904 年

《神州日报》1907—1919 年

从庐山到天山

（代后记）

2001年到2011年恰好是十年，十年对于每一个人而言是多长的跨度呀！尤其对于我而言，十年之间，时空变换，从庐山到天山，从中学老师到硕士、博士，再到大学老师。回首往事，徒增感慨之外，亦多经验收获。

2001年秋季，我乘九江的轮渡顺流而下，告别朝夕相对的匡庐，远离相濡以沫的父母，从乡村中学教师又成为了一名学生，来到紫金山下的南京大学攻读硕士。乘风破浪的欣喜似乎很快淡去，而更深的忧郁随之而来。因为自己的积淀太少，皓首穷经的古典文献学让我感到陌生、惶恐与焦虑。南大诸位先生严谨的学风如春夜之雨，润物无声。我慢慢养成了对学术的敬意。到了二年级，我选择徐有富老师作为我的导师。导师有时候是学术上引路人，有时候是生活上的贴心人，而徐老师无微不至地关怀着我的方方面面。他认真批改我的每一篇作业，连一个标点符号也不放过。在学术上，他循循善诱，从不苛责，更多鼓励，从而让我树立信心，思考学术定位。

对于刘师培的认识，最初来于课堂上老师讲《中国中古文学史讲义》，后来慢慢了解这本书的作者——一个传奇人物。最初的想法是找一个有争议而学界研究尚少的人物作为研究对象，可以便利毕业并获得认可。可谁曾想，这样一个选题，却伴随了我步人研究整整十年。

把撰写《刘师培年谱》作为硕士毕业论文，尤其是对于我这样一个基本功有欠缺的人来说，无疑是一项艰难的任务。当初开题报告时就有很多老师关怀地指出这一点。但当时徐有富先生之所以同意,一则因为南大古籍所诸多先生治学多从年谱入手,他们的成功证明这一方法十分有益而有效;一则出于对我的爱护,让我按着自己的想法大胆探索、实践。一年多时间过去,这时我才发现自己学力有限,捉襟见肘;后来毕业在即,勉为其难,草成《刘师培年谱》一稿。

在做《年谱》之前,徐老师指导我先考查前人对于刘师培的研究情况,确信此前没有人作《刘师培年谱》,这才正式着手收集《年谱》材料。我从目录入手,查阅近代以来学界关于刘师培的文章,编写了《刘师培研究论著目录》。在此基础上撰写《刘师培研究概述》,对学界关于刘师培的研究情况进行了较为全面的把握。此后对《刘申叔遗书》进行阅读,排比材料;同时参阅与刘师培同时人的材料,对刘师培生平活动建立一个时空坐标。本谱重点突出分析刘师培性格多变的原因,同时又勾画出刘氏一生对保扬国粹的热爱。对历来很多不确之说以按语形式予以分析,并非想作翻案,而是予以多角度考虑而已。对于刘氏交往重点分析与章太炎的关系变化之原因,辨析刘氏对"五四"新文化运动与陈独秀的态度。

硕士毕业后,我来到北大师从安平秋先生攻读中国古典文献学博士。从电话中想象到第一次在文献中心楼见到安先生,我心存忐忑。但安先生的话语如春日和风,让我忧郁冰释。同时,先生的严谨与敬业也令我肃然起敬。每每师门聚会,先生又让我感受到曾点气象。经师与人师,岂可分开?

北大是一个学术自由之地,但因为自由,也往往容易忽略方向。期间我也曾想过换做别的题目,但与安先生商量后,还是确定以刘氏家学为研究对象。博士论文开题之际,杨忠老师、曹亦冰老师都提出了很好的建议,还是安先生最后敲定为《清代仪征刘氏〈左传〉家学研究》。定而后能静,无论是人生还是研究,莫不如此。有了确定的题目后,研究写作就可以顺着罅隙而操刀了。博士论文其实是刘师培研究的延伸,亦即从刘师培往前溯到他的曾祖父,从一家四代人的经历与学术考察清代晚期到民国期间的学术史,并于2007年通过答辩毕业。

这年8月，我来到天山脚下的军垦城市石河子。当初除了冲动外，骨子里的浪漫激情起了不小的决定作用。或许恰恰是这种浪漫激情才让我一直保持着对刘师培研究的热情。很多事情过后才知道它的意义与价值。重新工作后，才越来越觉得选题的难得。在大学教学之余，2008年把博士论文修改出版。后来，为了切近地域做研究，我研究的重点转到了清代新疆史地。来石河子后，我不仅有了真正意义上的家庭，而且于2008年有了孩子。生活更为繁杂，但也逐渐体味到其中的真谛。遥看天山千年雪，近观槐花寒暑易。偶得清闲，我把从南京买来，一直伴我近十年的《刘师培遗书》一一展读，对《刘师培年谱》进行考订，几易寒暑，积累编纂，遂有了这部书稿。从初学者的好奇，到现在的同情与理解，我对刘师培的理解其实也是我对人生的理解。顿思至此，我体会到做学术研究并不能单单以选题的难易作为试金石，而是要看你对它付出的时间、精力以及情感！

这本小书能够出版，得益于古委会的项目资助，而其中安平秋先生与曹亦冰老师的鼓励与肯定是我持续研究的动力来源。文学艺术学院的李赋院长不辞辛勤，争取出版经费；石河子大学科技处的李预新处长慷慨资助，才使得这十年有了一个阶段的成果。书稿出来后，安平秋和徐有富二位先生欣然赐序，为拙著增色不少。尤其是安先生，在繁忙的工作之余，不顾伏案写作就会引起腰疼的不适，亲笔为我作序。两位先生的序文，字字如金，对我有莫大的鼓励和鞭策！思念至此，感慨何止！最初年谱撰写过程中，徐有富先生自始至终的关心，卞孝萱先生给予精神鼓励，严杰老师给予具体建议，在此致以衷心的感谢。仪征万仕国先生与北师大李帆教授在刘师培研究上都曾给予建言。凤凰出版社的樊昕编辑，也为此书编辑费心尽力。十年之间，凡是关心与帮助我的人，都让我成长，让我感激。

郭院林志于耦耕堂

辛卯年岁尾